广州文物考古研究丛书

广州城防史迹调查与研究

Investigations and Studies on the Defensive Relics of Guangzhou

广州市文物考古研究院
广东省珠江文化研究会　编著

暨南大学出版社
JINAN UNIVERSITY PRESS
中国·广州

图书在版编目（CIP）数据

广州城防史迹调查与研究 / 广州市文物考古研究院，广东省珠江文化研究会编著. —广州：暨南大学出版社，2022.1

（广州文物考古研究丛书）

ISBN 978 - 7 - 5668 - 2518 - 6

Ⅰ.①广…　Ⅱ.①广…②广…　Ⅲ.①城市防御—古建筑遗址—研究—广州　Ⅳ.①K878.34

中国版本图书馆 CIP 数据核字（2018）第 251639 号

广州城防史迹调查与研究
GUANGZHOU CHENGFANG SHIJI DIAOCHA YU YANJIU

编著者：广州市文物考古研究院　广东省珠江文化研究会

出　版　人：张晋升

责任编辑：曾小利

责任校对：苏　洁　孙劭贤

责任印制：周一丹　郑玉婷

出版发行：暨南大学出版社（510630）

电　　话：总编室（8620）85221601

　　　　　营销部（8620）85225284　85228291　85228292　85226712

传　　真：（8620）85221583（办公室）　85223774（营销部）

网　　址：http://www.jnupress.com

排　　版：广州良弓广告有限公司

印　　刷：深圳市新联美术印刷有限公司

开　　本：889mm×1194mm　1/16

印　　张：20

字　　数：405 千

版　　次：2022 年 1 月第 1 版

印　　次：2022 年 1 月第 1 次

定　　价：298.00 元

（暨大版图书如有印装质量问题，请与出版社总编室联系调换）

《广州城防史迹调查与研究》编委会

主　　任　朱海仁　王元林

副 主 任　易西兵　张强禄

委　　员　(以姓氏笔画为序)

　　　　　王元林　王　强　邝桂荣　吕良波

　　　　　朱明敏　朱海仁　闫晓青　李克义

　　　　　张强禄　陈　馨　易西兵

本书主编　李克义

撰　　稿　李克义　刘和富　谢应祥　李　鼎

　　　　　张茹霞　李丹丹

编　　务　胡丽华

本书得到广州市文物保护专项经费资助

目 录
contents

绪 言 / 001

第一章 概述 / 003

第一节 广州城及城防 / 003

第二节 城防史迹的发现 / 011

第三节 特点及价值 / 016

第四节 研究与保护 / 020

第二章 城墙、城壕、卫所、烽火台 / 024

第一节 城墙遗址 / 024

第二节 东濠涌 / 053

第三节 小东营卫所遗址 / 057

第四节 莲花城 / 058

第五节 大乌岗烽火台遗址 / 062

第三章 炮台 / 064

第一节 城防炮台 / 069

第二节 江防炮台 / 083

第三节 海防炮台 / 148

第四章　初步研究 / 200

第一节　广州炮台研究综述　/ 200

第二节　珠江潮汐水道与清末广州海防、江防的关系　/ 206

第三节　清末广州海防地理思想转变与城防炮台　/ 224

第四节　光绪年间的广州珠江沙路河道　/ 242

第五节　光绪年间广州长洲炮台体系的形成及其防御格局　/ 251

第六节　长洲要塞在近代广州城防体系中的地位和作用　/ 267

第七节　从历史记忆到文化景观——以广州蟹山炮台为例　/ 282

参考文献 / 290

后　记 / 301

插图目录

图一　　位于三江总汇处的广州 / 004

图二　　广州古代城址变迁示意图 / 005

图三　　广州城郭图（道光十五年）/ 006

图四　　广州市第一期新辟马路名称图（1919—1921）/ 007

图五　　广州城防图（光绪十年）/ 008

图六　　抗战初期正准备飞往虎门要塞海口轰炸敌舰的广州航空队 / 010

图七　　侵华日军占据虎门要塞 / 010

图八　　广州城防史迹分布示意图 / 018

图九　　广州考古发现的古城墙遗址点（截至 2021 年 10 月）/ 025

图一〇　南越国都城——番禺城位置示意图 / 026

图一一　南越国木构水闸遗址 / 026

图一二　南越国宫城北墙遗址 / 027

图一三　广州中山五路东汉、东晋、南朝三套叠城墙位置图 / 028

图一四　广州中山五路南侧考古发掘全景 / 028

图一五　广州中山五路东汉、东晋、南朝三套叠城墙遗址 / 029

图一六　南越国木构水闸南面的东汉城墙基址 / 030

图一七　广州中山四路南侧东汉至宋代城墙遗址 / 031

图一八　广州中山四路南侧东汉、东晋城墙角台基址全景 / 031

图一九　广州中山四路南侧东晋、南朝城墙角台基址全景 / 032

图二〇　广州中山四路旧仓巷东汉、东晋、宋代城墙遗址 / 032

图二一　广州仓边路与越华路交汇处的唐代城墙遗址 / 033

图二二　广州西湖路唐代城墙平面图、剖面图 / 034

图二三　广州西湖路唐代城墙遗址 / 034

图二四　广州文德北路唐末五代城墙遗址 / 035

图二五　广州中山四路长塘街唐末五代城墙遗址包边砖墙及散水 / 035

图二六　水军修城砖拓片 / 036

图二七　广州仓边路宋代城墙遗址发掘现场 / 037

图二八　广州仓边路宋代城墙遗址出土的"景定元年造御备砖" / 037

图二九　广州盘福路宋代城墙遗址 / 038

图三〇　广州盘福路宋代城墙墙砖上的"番"字铭文 / 038

图三一　广州越秀北路宋代城墙遗址发掘现场 / 039

图三二　广州越秀北路宋代城墙遗址 / 040

图三三　广州越秀北路宋代城墙角台基址 / 040

图三四　广州盘福路明代城墙遗址发现的包边砖墙及明末前膛铁炮 / 041

图三五　民国时期的镇海楼 / 042

图三六　镇海楼及城墙现状 / 043

图三七　《镇海楼记》拓片 / 044

图三八　《重修镇海楼记》拓片 / 045

图三九　拟改建镇海楼图式（1927 年）/ 046

图四〇　镇海楼现状侧面图 / 046

图四一　明代城墙遗存 / 047

图四二　镇海楼与广州明城墙地形图 / 048

图四三　广州中山七路西门瓮城遗址发掘现场 / 049

图四四　广州中山七路西门瓮城遗址 / 049

图四五　广州中山七路西门瓮城遗址明城墙石侧门通道 / 050

图四六　广州中山七路西门瓮城北段城墙墙基（部分）/ 050

图四七　广州中山七路西门瓮城遗址发掘出的铁炮 / 051

图四八　广州中山七路西门瓮城遗址现状 / 051

图四九　明代广州城墙归德门石额拓片 / 052

图五〇　20 世纪 30 年代的太平南路 / 053

图五一　东濠涌位置图 / 054

图五二　东濠涌现状 / 054

图五三　"整理东濠下游碑记"及其位置示意图 / 055

图五四　东濠涌边的东濠涌博物馆 / 056

图五五　小东营清真寺旧址 / 057

图五六　小东营位置图 / 058

图五七　莲花城 / 059

图五八　莲花城城门 / 059

图五九　莲花城地形图 / 060

图六〇　莲花城墩台、城垛复原图 / 061

图六一　大乌岗烽火台遗址位置示意图 / 062

图六二　　大乌岗烽火台遗址 / 063

图六三　　广州府城郭图（康熙二十四年）/ 064

图六四　　鸦片战争时期珠江口形势示意图 / 068

图六五　　拱极炮台现状 / 070

图六六　　拱极炮台 / 071

图六七　　"永宁台"石匾额 / 072

图六八　　四方炮台图 / 072

图六九　　1840 年 5 月英军侵占四方炮台 / 073

图七○　　四方炮台遗址出土的铁炮 / 073

图七一　　四方炮台遗址 / 073

图七二　　三元里平英团遗址 / 074

图七三　　三元里平英团遗址地形图 / 075

图七四　　广州城北三元里人民抗英斗争示意图 / 079

图七五　　升平社学历史照片及现状 / 080

图七六　　义勇祠及匾额拓片 / 081

图七七　　升平社学（包括义勇祠）航拍图 / 082

图七八　　广东人民抗英斗争烈士纪念碑 / 083

图七九　　中流砥柱炮台图 / 085

图八○　　南固炮台图 / 086

图八一　　仑头东炮台图 / 087

图八二　　仑头南土墩图 / 087

图八三　　西炮台图 / 088

图八四　　白兔岗炮台炮巷及通道 / 091

图八五　　白兔岗炮台总平面图 / 091

图八六　　白兔岗炮台 1 号炮位平面图、立面图、剖面图 / 092

图八七　　白兔岗炮台 2 号炮位平面图、立面图、剖面图 / 092

图八八　　白兔岗炮台之巨炮 / 093

图八九　　白兔岗炮台的大炮 / 093

图九○　　白鹤岗炮台入口 / 094

图九一　　白鹤岗炮台大门立面图、剖面图 / 095

图九二　　白鹤岗炮台总平面图 / 095

图九三　　白鹤岗炮台 1 号炮位平面图、立面图、剖面图 / 096

图九四　　白鹤岗炮台掩体（官厅）平面图、立面图、剖面图 / 096

图九五　　白鹤岗炮台克虏伯大炮 / 098

图九六　　　大坡地炮台入口 / 098

图九七　　　大坡地炮台总平面图 / 099

图九八　　　大坡地 1 号炮台平面图 / 100

图九九　　　大坡地弹药库平面图 / 100

图一〇〇　　大坡地炮台通道设施 / 101

图一〇一　　旧西岗炮台 2 号炮池 / 102

图一〇二　　旧西岗炮台总平面图 / 103

图一〇三　　旧西岗炮池平面图 / 104

图一〇四　　新西岗炮台"风车炮" / 104

图一〇五　　蝴蝶岗炮台 2 号炮池 / 105

图一〇六　　蝴蝶岗炮台总平面图 / 116

图一〇七　　鱼珠炮台总平面图 / 107

图一〇八　　"鱼珠台"门额 / 108

图一〇九　　鱼珠炮台入口立面图、剖面图 / 108

图一一〇　　鱼珠炮台炮池 / 109

图一一一　　蟹山炮台石门额 / 111

图一一二　　蟹山炮台巷道平面图、立面图、剖面图 / 111

图一一三　　蟹山炮台平面图 / 112

图一一四　　蟹山炮台 / 112

图一一五　　蟹山炮台炮池现状 / 113

图一一六　　蟹山炮台克虏伯大炮 / 113

图一一七　　狮山炮台入口 / 115

图一一八　　狮山炮台入口立面图、剖面图 / 116

图一一九　　狮山炮台巷道平面图 / 116

图一二〇　　狮山炮台炮池 / 116

图一二一　　狮腰炮台入口 / 117

图一二二　　狮腰炮台入口平面图、剖面图 / 118

图一二三　　狮腰炮台炮位现状平面图 / 118

图一二四　　牛山炮台分布图 / 119

图一二五　　牛山炮台 1 号、2 号、3 号炮台总平面图 / 121

图一二六　　牛山炮台 1 号炮台平面图 / 122

图一二七　　牛山炮台 1 号炮台展开立面图 / 122

图一二八　　牛山炮台 2 号炮台 / 123

图一二九　　牛山炮台 7 号炮台平面图 / 123

图一三〇　牛山炮台 7 号炮台展开立面图 / 124

图一三一　牛山炮台 6 号炮台内的阶梯 / 124

图一三二　乌涌清官兵合葬墓 / 125

图一三三　乌涌清官兵合葬墓残碑拓片 / 126

图一三四　乌涌清官兵合葬墓前牌坊正面 / 126

图一三五　乌涌清官兵合葬墓前牌坊背面 / 126

图一三六　《增建祥镇军祠添置祀田碑记》拓片 / 127

图一三七　沙路炮台全景 / 128

图一三八　沙路炮台遗址分布图 / 129

图一三九　马腰岗 1 号炮台现状 / 130

图一四〇　马腰岗 2 号炮台现状 / 131

图一四一　马腰岗 1 号、2 号炮台平面图 / 131

图一四二　马腰岗 1 号、2 号炮台掩体 / 132

图一四三　马腰岗 3 号炮台 / 132

图一四四　马腰岗 4 号炮台 / 133

图一四五　马腰岗 5 号炮台 / 134

图一四六　马腰岗 6 号炮台 / 135

图一四七　兵岗 1 号、2 号炮台 / 136

图一四八　穗石村炮台遗址航拍图 / 139

图一四九　穗石村炮台遗址平面图 / 140

图一五〇　穗石村炮台遗址现状 / 141

图一五一　车歪炮台远景 / 142

图一五二　车歪炮台航拍图 / 142

图一五三　车歪炮台总平面图 / 142

图一五四　车歪炮台内之三级塔 / 143

图一五五　车歪炮台垛口 / 144

图一五六　车歪炮台药局 / 144

图一五七　车歪炮台药局立面图 / 145

图一五八　西固炮台遗址所在的沙面航拍图 / 146

图一五九　西固炮台抗英遗址说明碑 / 146

图一六〇　西固炮台图 / 147

图一六一　西固炮台大炮 / 147

图一六二　光绪《广州府志》中的虎门图 / 148

图一六三　虎门炮台形势图 / 149

图一六四　　虎门图 / 150

图一六五　　虎门炮台平面示意图 / 152

图一六六　　上横档岛与下横档岛 / 154

图一六七　　上横档岛各炮台图 / 155

图一六八　　光绪时期上横档岛炮台分布图 / 156

图一六九　　上横档岛前山炮台 / 157

图一七○　　上横档岛前山炮台东台门楼及立面图 / 158

图一七一　　上横档岛炮台 1 号、2 号炮池平面图 / 159

图一七二　　横档月台及垛口 / 159

图一七三　　上横档炮台第一次鸦片战争前的 2 号火药库遗址和光绪时期的火药库遗址 / 160

图一七四　　上横档岛后山炮台、兵勇房、官厅、厢房、操场 / 161

图一七五　　义勇之冢 / 162

图一七六　　光绪时期下横档炮台分布图 / 163

图一七七　　下横档炮台 1 号炮池及平面图 / 164

图一七八　　下横档炮台 2 号、3 号炮池 / 164

图一七九　　下横档炮台 2 号、3 号炮池平面图 / 165

图一八○　　下横档炮台 4 号炮池及平面图 / 165

图一八一　　下横档炮台 5 号炮池及平面图 / 166

图一八二　　下横档炮台 6 号炮池及平面图 / 166

图一八三　　下横档炮台 7 号炮池及平面图 / 167

图一八四　　下横档炮台 8 号炮池及平面图 / 167

图一八五　　下横档炮台 9 号炮池及平面图 / 168

图一八六　　下横档炮台官厅遗迹 / 168

图一八七　　大角号令炮台图 / 170

图一八八　　大角山炮台 / 170

图一八九　　大角山各炮台及"节兵大冢"位置示意图 / 171

图一九○　　振威台门楼及立面图 / 172

图一九一　　振威台炮池及平面图 / 172

图一九二　　振定台门楼及立面图 / 173

图一九三　　振定台炮池及平面图 / 173

图一九四　　安平台门楼 / 174

图一九五　　安平台炮池及平面图 / 174

图一九六　　安定台门楼及立面图 / 175

图一九七　　安定台炮池及平面图 / 175

图一九八　安威台门楼及立面图 / 176

图一九九　安威台炮池及平面图 / 176

图二〇〇　流星台门楼及立面图 / 177

图二〇一　流星台炮池及平面图 / 177

图二〇二　安胜台门楼及立面图 / 178

图二〇三　安胜台炮池及平面图 / 178

图二〇四　大角山炮台火药局 / 179

图二〇五　专家现场论证大角山上的"节兵大冢" / 180

图二〇六　蒲洲炮台分布图 / 181

图二〇七　蒲洲炮台 1 号炮池及平面图 / 181

图二〇八　蒲洲炮台 2 号炮池及平面图 / 182

图二〇九　蒲洲炮台 3 号炮池及平面图 / 182

图二一〇　蒲洲炮台子药库 / 183

图二一一　大虎山远眺 / 183

图二一二　大虎山炮台 / 184

图二一三　大虎山炮台部分灰砂散落水中 / 184

图二一四　虎门十台全图 / 185

图二一五　巩固炮台的前膛炮 / 186

图二一六　蕉门炮台 / 186

图二一七　蕉门炮台遗址保护标志碑 / 187

图二一八　威远炮台露天炮位 / 188

图二一九　威远炮台图（1844 年） / 189

图二二〇　威远炮台暗炮位及铁炮 / 190

图二二一　威远炮台铁炮 / 190

图二二二　靖远炮台图 / 191

图二二三　靖远炮台露天炮位 / 192

图二二四　镇远炮台图 / 193

图二二五　镇远炮台清兵营房 / 194

图二二六　蛇头湾炮台露天炮位 / 195

图二二七　定洋炮台入口 / 195

图二二八　沙角炮台门楼 / 197

图二二九　沙角炮台濒海台 / 198

图二三〇　沙角炮台捕鱼台门楼 / 198

图二三一　沙角炮台捕鱼台平面示意图 / 199

图二三二　　林则徐画像 / 199

图二三三　　沙角炮台濒海台缴烟码头 / 199

图二三四　　彭玉麟画像 / 205

图二三五　　张树声像 / 205

图二三六　　张之洞像 / 205

图二三七　　珠江潮汐水道图 / 207

图二三八　　羊城山水形胜图（光绪十八年）/ 209

图二三九　　海珠石并岸过程图 / 209

图二四〇　　白鹅潭及周边炮台 / 210

图二四一　　长洲附近外国人欲租建署监处图 / 216

图二四二　　东、西航道图 / 220

图二四三　　第一次鸦片战争时期广州城北八台图 / 233

图二四四　　各城门驻防示意图 / 236

图二四五　　第一次鸦片战争时期抗击英军入侵广州之战要图（1841.3—5）/ 240

图二四六　　广州内河战斗示意图 / 244

图二四七　　黄埔舆图（1929 年）/ 252

图二四八　　长洲布防图 / 264

图二四九　　长洲炮台体系布防格局示意图 / 266

图二五〇　　黄埔长洲要塞史迹分布图 / 272

图二五一　　蟹山炮台入口 / 282

图二五二　　中山公园（1937 年）/ 285

图二五三　　蟹山炮台炮池藏弹洞和拴炮的铁环 / 286

图二五四　　蟹山炮台炮池边的侵华日军死亡官兵碑石残件 / 286

图二五五　　1933 年香港学生参观蟹山炮台留影 / 287

图二五六　　中山公园内的孙中山蒙难纪念碑 / 288

图二五七　　蟹山公园（原中山公园）内的凉亭 / 289

绪　言

广州地处珠江三角洲腹地，背靠五岭山脉，濒临南海，西江、东江、北江在此汇流入海，珠江穿市而过。作为南方海陆交通枢纽和对外交往的门户，广州素以中国"南大门"著称，是国务院公布的首批 24 个历史文化名城之一。

近几年随着国家对文化遗产保护高度重视，国家海洋权益的重要性又日益凸显，沿海各城市结合自身历史及现状，积极开展海防调查与研究，切实加大文物保护力度，推进文物合理适度利用,使文物保护成果更多惠及人民群众。深化广州城防（含江防、海防）史迹调查与研究，正是对此的响应与行动。同时展现广州城防所蕴藏的丰富历史文化内涵，可进一步彰显广州历史文化名城地位。

2016 年 8 月，广州市文化广电新闻出版局（今广州市文化广电旅游局）审时度势，划拨专项经费，指定广州市文物考古研究院用于广州城防保护项目。我院随即与广东省珠江文化研究会等相关单位合作，2016 年下半年开始进行广州古代城防遗迹总体保护规划编制和"长洲要塞"与广州近代城防综合研究项目。历时一年多，在广州各区文广旅局、文物管理所或文管办，以及炮台管理或使用单位的大力协助下，该项目最终于 2017 年 10 月顺利结项。本书即在该项目成果基础上编写而成。

本书分为四章，第一章概述广州城防史迹的特点和价值，以及研究、保护与利用；第二章介绍历年广州考古和文物普查中发现的城墙、城壕、炮台、烽火台等城防史迹的历史、现状；因为炮台类史迹最为丰富，如黄埔长洲要塞，现存有白兔岗、白鹤岗、大坡地、蝴蝶岗、旧西岗、新西岗等炮台（即长洲炮台群），鱼珠、狮山、狮腰、蟹山等炮台（即鱼珠炮台群），牛山炮台 7 座（牛山炮台群），以及最近几年我院在番禺考古发掘的马腰岗和兵岗等炮台（即沙路炮台群），所以本书将广州炮台史迹单列，作为第三章，并按区域分为城防炮台、江防炮台、海防炮台三节；第四章为广州城防初步研究，共 7 篇论文。其中对长洲要塞、炮台进行了较为全面的文献资料搜集、整理和研究，同时在保护与利用方面进行了初步探索。

因行政隶属变迁，今虎门炮台分属广州和东莞。但历史上，自建立海防军事防御工程（虎门炮台）始，虎门要塞作为外洋进入广州的第一道门户，相当长时间担负拱卫省城广州之责，虎门要塞也成为扼守中国"南大门"的金锁铜关。抗战时期，在此驻守的官兵对来犯的日本海军进行坚决抵抗，这是中国海军与日敌唯一一次在海上正面交锋。因此，广州城防史迹调查不仅仅着眼于虎门炮台广州南沙史迹部分，调查范围也适当延伸至虎门炮台东莞部分。这些珍贵的海防炮台遗产是我们反对外来侵略、维护海洋权益、保家卫国的历史见证，对于加强国家倡导的海防观念、海权意识宣传和教育，以及认识控制海权战略的重要性，具有极为重要的意义。

广州城防研究属跨学科研究，应综合考量，进行深入而持续的研究，使保护与研究、利用紧密结合。我们期望，在此调查研究基础上，有更多学科的专家学者参与到研究与保护工作中来，取得更多、更高质量的文物保护成果和研究成果，为广州规划、建设部门切实加强城防遗产保护与利用提供决策依据，为历史文化名城保护工作创造有利条件。

"文物承载灿烂文明、传承历史文化、维系民族精神，是老祖宗留给我们的宝贵遗产，是加强社会主义精神文明建设的深厚滋养。"从不同的视角对广州城防进行全面深入研究，挖掘广州城防史迹文物资源内涵及价值，并将其丰富历史文化内涵传递给社会民众，对于促进文物保护工作、城市建设和谐发展、爱国精神培育无疑都有重要的现实意义。

第一章 概述

近年来，国家文物局将广东和浙江作为试点单位，先行开展"明清海防遗址保护研究"，沿海其他省份也积极响应并取得了丰硕成果。①乘此机遇，广州开展了城防史迹调查与研究。城防指城区的安全防护和保卫。本书所指广州城防史迹，是指历史上为了广州城区的安全防护和保卫，直接或间接建立的城防设施而留存至今的史迹；时间上，自广州建城（时为番禺城）起，至中华民国成立。由于广州历史上所辖范围较广，本书述及广州城防史迹时，在时间和空间上作了适当延伸。

第一节 广州城及城防

古代中国，"城"往往是一个区域的政治、经济、文化、交通中心，而我国古代战争频繁，因此在长期的历史进程中，形成了以城为中心，以城墙为主，城壕为辅，点线结合、综合配置的防御体系。②广州位于三江（西江、北江、东江）总汇处，南临南海、与江海相通，作为古代航海港口，远通南洋诸国（图一）。自秦汉以来，广州始终是中国岭南地区的政治、经济、文化中心和海上交通贸易的重要港口。历经两千余年的持续发展，广州城由小扩大，逐步拓展，但城区中心一直未曾移动，这也是广州城发展的一个显著特点。③

① 张亚红、徐炳明编：《宁波明清海防研究》，宁波：宁波出版社，2012年；广东省文物局编：《广东明清海防遗存调查与研究》，上海：上海古籍出版社，2014年；海南省文物考古研究所、中山大学南中国海考古研究中心编：《环海南岛明清时期海防设施考古调查报告》，海口：南方出版社，2014年；上海市文物保护研究中心、上海大学文学院编：《上海市明清海防遗址调查报告》，上海：上海大学出版社，2016年。

② 胡岩涛：《中国古代城防遗存研究综述》，《宁夏大学学报》2017年第2期。

③ 广州市文化局、广州市地方志办公室、广州市文物考古研究所编：《广州文物志》，广州：广州出版社，2000年，第2页。

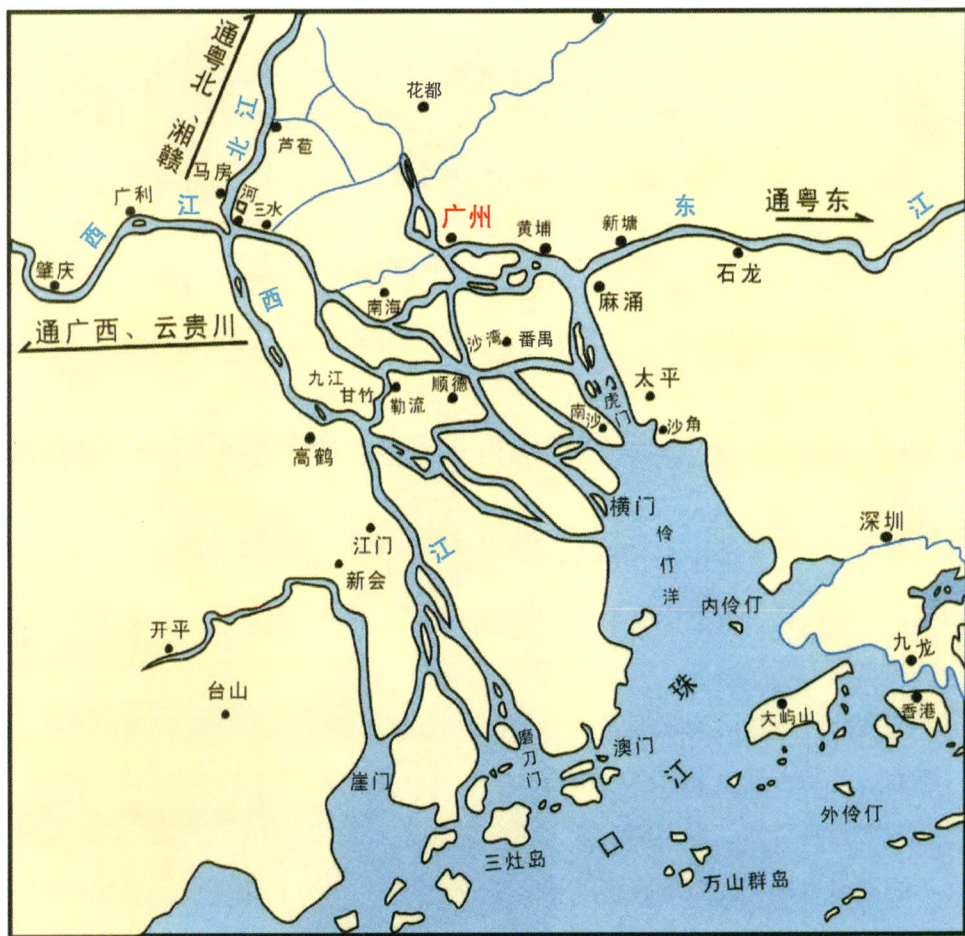

图一　位于三江总汇处的广州

　　秦汉以前，关于广州城的历史文献极为贫乏。秦始皇三十三年（公元前 214 年）秦征服岭南以后，设桂林、象、南海三郡，番禺成为南海郡治，此为有确凿文献记载广州城（当时名番禺城）的开始。番禺城建设的历史，始见于《淮南子》《史记》《汉书》等文献。晋代以后的地方志中，广州开始以楚庭、羊城（又曰羊石）、南武城、穗城、仙城、任嚣城、赵佗城、越城等早期的名称出现。

　　从目前发现的史料和考古出土文物来看，秦汉时期南海郡尉任嚣和赵佗所筑的"番禺城"为广州最早的城。任嚣所建番禺城（又名任嚣城）规模较小，但靠近越秀山、甘溪水道，除了军事上借地理位置险要、使城池牢固达到防御敌人侵袭和免受水淹外，又便于取得流入城内的淡水。[①]继任嚣任南海郡尉的赵佗，兼并桂林、象郡后自立为南越武王，以番禺为都，将任嚣城周长扩大为十里，总面积约 0.4 平方公里。隋唐时期，"番禺城"在原有基础上略向南发展，城区范围变化不大。其后，广州城有所增修（图二）。清乾嘉年间仇巨川《羊城古钞》"省会城郭图说"一节，点出了几个重要的时间节点：

---

　　① 杨万秀、钟卓安主编：《广州简史》，广州：广东人民出版社，1996 年，第 33—35 页。

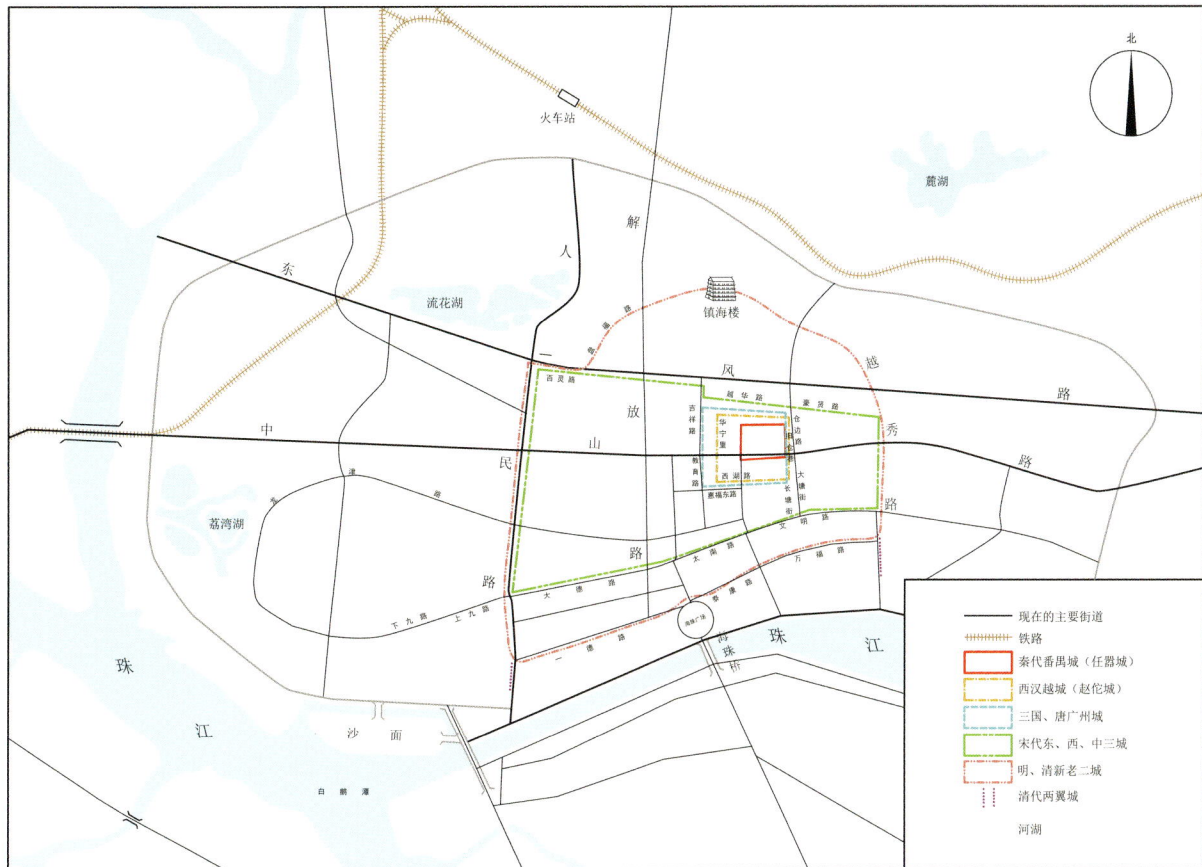

图二　广州古代城址变迁示意图

宋庆历四年，经略使魏瓘加筑子城，兼完雉堞。侬智高寇大通港，遥望城坚，不得逞而去。

绍兴二十二年，修缮三城，经略使方滋增加井干，楼橹坚固。章贡盗起，将寇广州，亦望而宵遁。千里提封，万民生聚所赖，不綦重乎！

嘉定三年，增筑雁翅城，东西俱袤数十丈，上建高楼，东曰番禺都会，西曰南海胜观。

端平二年，又筑外城，三面环抱，列门一十有四。

明永嘉侯朱亮祖，以旧城低隘，请连三城为一，辟东北山麓以扩之。于是后倚越秀，前俯珠江；群舸西来，罗浮东峙。又筑五层镇海楼以壮观瞻。闉、堞、烽敦（墩）规模宏敞，洵足以襟带全粤而压倒诸蛮，为岭南一重镇矣。

夫高城深池，古称天险，兹城向有旧濠绕新城而南入珠江；又古渠有六，贯串内城，可通舟楫。使渠通于濠，濠达于江海，城中可无水患，实会垣之水利。[①]

由此可知广州城发展过程中城墙、城壕等城防的作用和影响。第一次鸦片战争时

---

① （清）仇巨川纂，陈宪猷校注：《羊城古钞》，广州：广东人民出版社，1993年，第65页。

期，"省城外层虽形单薄，经有官兵分布，并于城外堆积贮沙布袋以御炮弹，尚可捍卫。城厢内外各巷，添置水缸水桶，以防火箭射入。至内城则城垣高厚，地势居高临下（图三），足资固守"①。

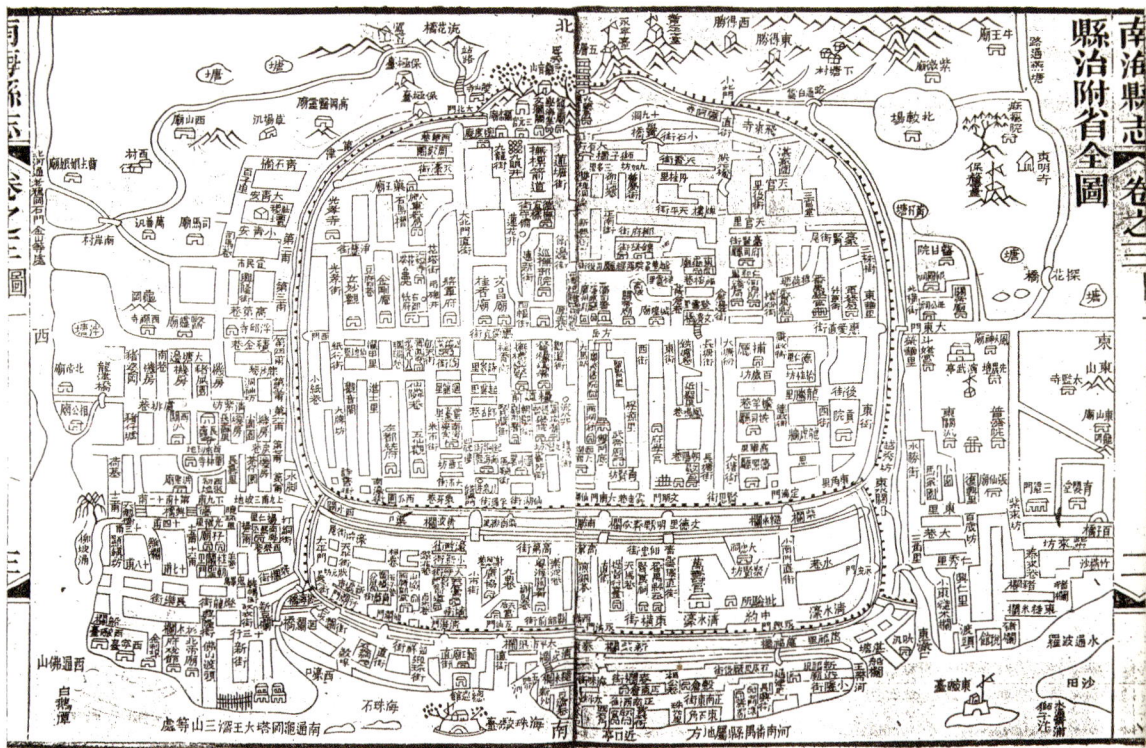

图三　广州城郭图（道光十五年）②

步入近现代，城墙大都被视为阻碍贸易流通和人们出行的历史遗迹。宣统元年（1909），"咨议局绅呈请拆卸各城以便交通，会镇粤将军增祺兼署两广总督，以城垣不宜拆毁罢其议"③。到了民国时期，"城市改造的一个重要特征就是拆除城墙"，"它体现了新的社会价值观，商业利益的重要性超越了传统城墙提供的安全感和威严性"，"这也反映了现代的火炮技术使传统城池失去了它固有的保护功能"④。另外，民国政权建立后拆除城墙也具有与清政权划清界限的象征意义。1912 年，为广东独立

①　《兼署两广总督怡良等奏为英兵船游奕二沙尾等处及力筹守城折》，中国第一历史档案馆编：《鸦片战争档案史料》（3），天津：天津古籍出版社，1992 年，第 226 页。

②　图三、图四、图五、图五六、图六三、图二一九、图二三八、图二四七来源：广州市规划局、广州市城市建设档案馆编：《图说城市文脉——广州古今地图集》，广州：广东省地图出版社，2010 年，第 21、98、44、119、10、42、54、94 页。

③　（民国）黄佛颐编纂，仇江、郑力民、池以武点注：《广州城坊志》，广州：广东人民出版社，1994 年，第 9 页。

④　周锡瑞：《导言：重塑中国城市——城市空间和大众文化》，姜进、李德英主编：《近代中国城市与大众文化》，北京：新星出版社，2008 年，第 3 页。

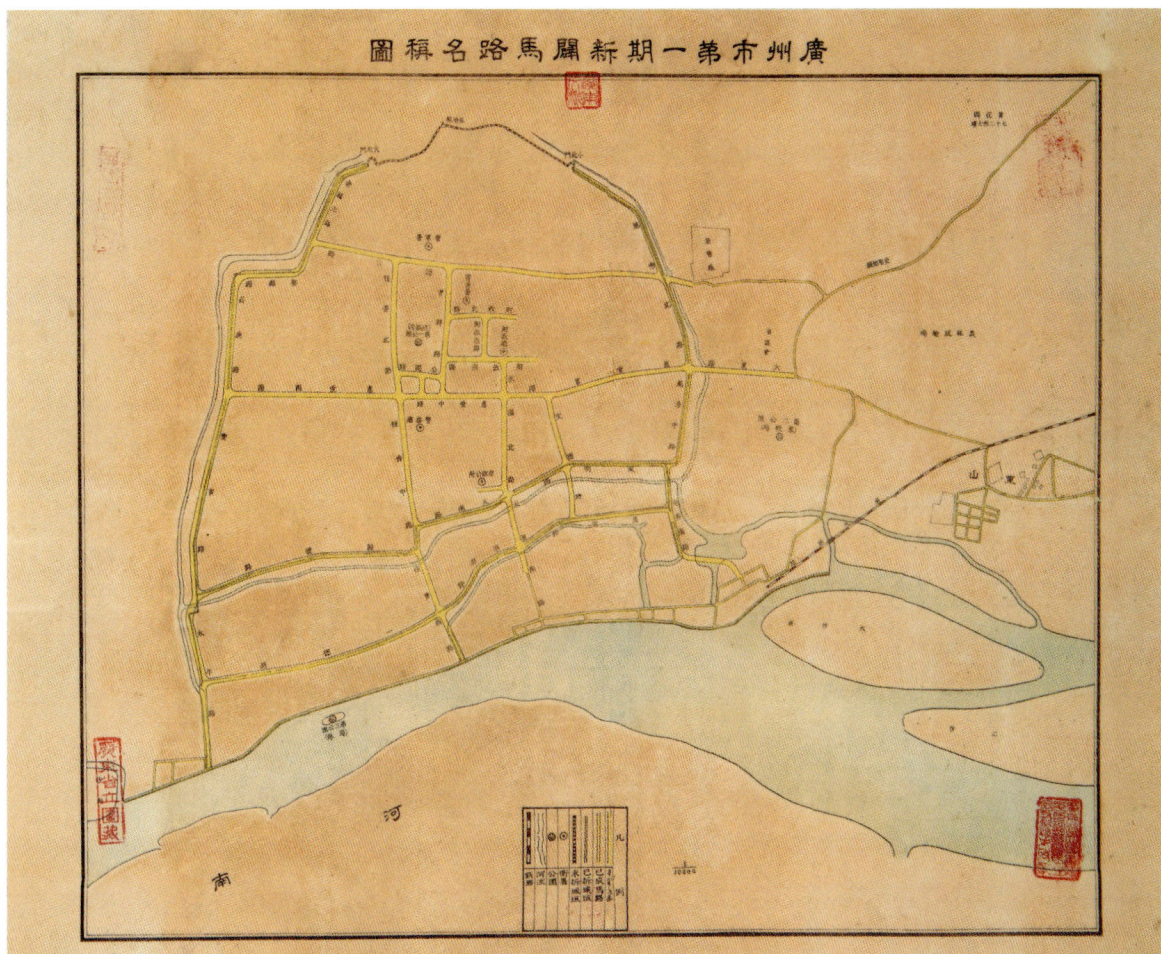

图四 广州市第一期新辟马路名称图（1919—1921）

（1911 年 11 月 9 日）作出贡献的部分民军被改编为工兵，在广东军政府的发动下拆除正东门城墙，是为广州拆城开马路的先声（图四）。

在最初拆除城墙过程中，广州"拥有 15 座城门的城墙被拆除，仅留下带有两道北门、长达 4 000 英尺的城墙，其目的在于保护都督官署不受损害"①。而今，该段只剩下高度不等的残垣部分（后有维修），即镇海楼后面连同东、西两侧城墙，长 1 137 米。

"炮台是清代广州城的一部分，在历史中扮演了重要的角色。"②（图五）根据面临敌对势力的不同，防御区域或重心会相应变化。乾隆以前主力炮台分布在广州城的南、北两面；嘉庆以后，在虎门大量增建炮台，炮台形制也与之前有了较大差别。光绪时期，长洲原有中式炮台改建西式炮台，在后来反帝反封建的斗争中，各炮台发挥了一定震慑或抵御外敌入侵的作用。

① 张富强、乐正等译编：《海关十年报告之四（1912—1922 年）》，《广州现代化历程——〈粤海关十年报告（1882—1941）〉译编》，广州：广州出版社，1993 年，第 144 页。

② 黄利平：《清代民国广州城防、江防与海防炮台研究》，广州：广州出版社，2016 年，第 2 页。

图五 广

（1884）

随着历史发展和面临情势的不同，城防增加了新的内涵——海防、空防（图六）。而这些又关涉整个国防。如 20 世纪 30 年代有人认为"虎门要塞，为我国西南国防上之重要地点，亦为两粤之咽喉"①。又有有识者指出："沿海城市的安全，是与整个国防计划息息相关的。这个国防计划，包括海空军的建设，军用路的建造，富源的开发，和国家繁荣的恢复。这计划的实现，当然须视国内的政治经济情形而定。"②

图六　抗战初期正准备飞往虎门要塞海口轰炸敌舰的广州航空队（《中华》1937 年第 57 期）

由于侵华日军步步紧逼，1938 年，城防失守，广州沦陷。这是广州乃至全中国屈辱历史的见证（图七）。经过中国人民浴血奋战，1945 年 8 月侵华日军投降，中国人民最终取得了抗战胜利。

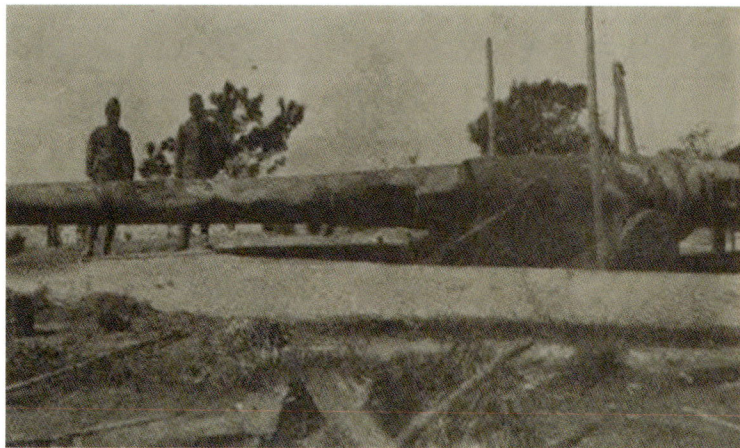

图七　侵华日军占据虎门要塞（曹聚仁、舒宗侨：《中国抗战画史》，上海：上海联合画报社，1947 年，第 199 页）

① 《陈总司令整理虎门要塞》，《广州民国日报》1932 年 8 月 28 日第 2 张第 1 版。
② 朱瑞林：《我国海防建设的研究》，《建国月刊》1935 年第 4 期。

第二节 城防史迹的发现

自 20 世纪 50 年代至今，全国共进行了三次文物普查，分别在 1956—1958 年、1982—1984 年、2007—2009 年。除此之外，广州市还分别于 1999 年、2003—2006 年、2015—2016 年进行了三次文物普查（补查）。同时，广州历年大量考古发现，大大充实了广州的文化遗产宝库。这些丰硕成果[①]，其中就包括许多城防史迹。

1956 年 11 月 6 日，广州市人民委员会根据中央有关保护文物的通知，发出对广州市内古文物建筑进行保护维修的通知，要求开展文物普查。广州市文物行政管理部门随即制定了文物建筑普查方案。普查对象包括革命遗址及古城郭、宫阙、关寨、堡垒、陵墓、楼台、书院、庙宇、雕塑、石刻等。[②]当时虽然没有城防的类别概念，但显然已经注意到古城郭、宫阙、关寨、堡垒这些名城要素。

1957 年春，广州市文物管理委员会经调查后初步提出广州市区内应予保护的文物单位 160 余处，并编成《革命遗迹及古迹名胜概况表》，供有关部门参考。[③]1961 年 3 月 4 日，国务院公布第一批全国重点文物保护单位 180 处。其中广州有 5 处，除光孝寺外，其余皆为"革命文物"，即三元里平英团遗址、黄花岗七十二烈士墓、广州农民运动讲习所旧址、广州公社旧址。三元里平英团遗址属最早公布的与城防有关的全国重点文物保护单位。次年 7 月 7 日，广东省人民委员会重新核定公布广东省第一批文物保护单位，其中广州有 14 处，绝大部分为"革命文物"，与城防相关的有升平社学（包括义勇祠）。1963 年 3 月 1 日，广州市人民委员会核定公布第一批广州市文物保护单位 10 处。有关城防及其相关史迹的，有镇海楼、广东人民抗英斗争烈士纪念碑等。对这些城防史迹的公布与保护，均带有深深的历史烙印。

1982 年，广州开展第二次全国文物普查，涉及对象仍有城防史迹及其相关文物史迹，如古城址、古寨址、古城墙（统归古遗址类别）。普查初期，普查人员即在广州象岗山发现三门古炮，还有用条石砌筑的炮台基座。

1982 年 2 月，位于广东省东莞县的"林则徐销烟池与虎门炮台旧址"被列为第二批全国重点文物保护单位，归类"革命遗址及革命纪念建筑物"（今归类"近现代重要史迹及代表性建筑"）。而虎门炮台位于广州番禺的部分（今属南沙）最初尚未纳入

① 截至 2021 年 4 月，广州市有全国重点文物保护单位 33 处、广东省文物保护单位 49 处、广州市文物保护单位 373 处、区级文物保护单位 312 处，尚未核定公布为文物保护单位的不可移动文物 2 613 处，历史建筑 815 处、历史风貌区 19 片、历史文化街区 26 片、广州市第一批地下文物埋藏区 16 片。

② 广州市文化局、广州市地方志办公室、广州市文物考古研究所编：《广州文物志》，广州：广州出版社，2000 年，第 358 页。

③ 广州市文化局、广州市地方志办公室、广州市文物考古研究所编：《广州文物志》，广州：广州出版社，2000 年，第 422 页。

其中。时隔三年，即 1985 年，文化部文物事业管理局发文，提出："虎门要塞中的'虎门炮台旧址'是鸦片战争时期重要的革命历史遗迹，是全国重点文物保护单位，其范围除分布在东莞县境内的四个炮台外，分布于番禺县境内的大角山、蒲洲山、上横档岛、下横档岛等地的其余六个炮台亦应包含在内。鸦片战争时期所有的这十个炮台（虽然以后曾陆续加以修缮过）都应着重加以妥善保护，毋使遭受破坏。"① 从而广州增加了虎门炮台旧址番禺部分为全国重点文物保护单位。

清康熙《广东通志》中广州府会城图显示，清代以前，广州城防系统以城郭、营卫为主。② 清初，广州成为南明政权与清王朝争夺的主要战场之一，清王朝在广州城四周修筑护城炮台。顺治四年（1647），修筑海珠炮台、东水炮台（东炮台）等三座，顺治十年（1653），修建永宁、拱极炮台两座，顺治十一年（1654），在城西南柳波涌构筑西炮台，直到顺治十二年（1655）大西农民军余部李定国统率的抗清势力战败撤出广东后，炮台修筑工程方告暂息。

清嘉庆以后至光绪年间广东当局陆续加强省河南北两岸的军事防御建设，不断展开大规模的炮台修建工程，特别是在光绪十年（1884）前后建成的长洲、鱼珠、蟹山、牛山、沙路等西式炮台群，成为拱卫广州的江防重点军事设施。现存江防炮台史迹主要分布在黄埔区内，个别在番禺区和荔湾区辖内，共有史迹点 14 个。现留存情况如下：

（1）长洲炮台，位于黄埔区长洲岛，包含 6 个史迹点——白鹤岗炮台、白兔岗炮台、大坡地炮台、新西岗炮台、旧西岗炮台、蝴蝶岗炮台，分别建在长洲岛东南方向的 6 座山岗上，全长近 2 公里，由北向南呈扇面形状依次排列，计有炮池、官厅、暗巷、弹药库③、藏兵洞等类。

（2）鱼珠炮台，位于长洲岛北岸，包含 4 个史迹点——鱼珠炮台、蟹山炮台、狮山炮台、狮腰炮台。

（3）牛山炮台，位于黄埔区红山街牛山公园内。

（4）车歪炮台，位于荔湾区东塱村大黄滘口附近珠江中的龟岗岛上。

（5）沙路炮台，位于番禺区化龙镇沙路村北约坊。包含 2 个史迹点——马腰岗炮台、兵岗炮台。炮台建在珠江南岸，北与黄埔长洲岛相望，东西临江，扼守广州水道。现存史迹有炮池、暗巷、兵房、交通壕等。

广州作为中国"南大门"，清康熙三年（1664）至光绪十一年（1885）二百多年间，军事防御设施修筑工程几乎不断，而且规模宏大，使广州成为当时中国沿海城市

---

① 《虎门炮台旧址范围应包括番禺县境内虎门要塞中的六座炮台》，[（85）文物字第 335 号]，文化部文物事业管理局，复印件。

② 康熙《广东通志》，清康熙三十六年（1697）刻本，《广东历代方志集成》，省部（8），广州：岭南美术出版社，2006 年。

③ 本书中的弹药（火药、子药、药）库（局、房）均指存放火药、枪炮、子弹的场所。

中军事布防最严密的城市，虽历遭损毁，但至今所保存下来的史迹遗存，亦显示出当年的盛况。年代最早的是位于广州番禺区莲花山上的莲花城，始建于康熙三年（1664）。今保存的海防炮台史迹主要分布在广州南沙区内和东莞虎门镇。位于广州南沙区的虎门炮台旧址，主要分布在上横档岛、下横档岛、大虎山、大角山、蒲洲山等。

上横档炮台，有前山（东）台群、后山（西）台群、横档月台、横档台，包括门楼、炮池、坑道、掩体、交通壕、官厅、厢房、阅兵台、火药库、兵房遗址等。下横档炮台，包括炮池、坑道、交通壕、官厅等。大角山炮台包括炮池、门楼、子药库、兵房遗址等。蒲洲山炮台包括炮池、子药库、交通壕、排水沟等。大虎山炮台有一个炮台遗址。蕉门炮台与巩固炮台仅有遗址。

另有两座抗英牺牲的烈士墓葬，一座是位于大角山炮台火药库西北侧约 100 米处的"节兵大冢"，一座是位于上横档岛的"义勇之冢"①。

1997 年 6 月，虎门炮台旧址被中宣部定为全国 100 个爱国主义教育示范基地之一。其保护范围包括：大虎山炮台遗址、大角山炮台、蒲洲山炮台、上横档炮台（含永安炮台遗址）、下横档炮台。其中上横档岛与下横档岛全岛被列入保护范围，小岛岸线为保护范围外边线；其他各炮台从建筑物外沿起向外延伸 150 米。建设控制地带是从保护范围外缘起向外延伸 500 米。

广州今不少城防史迹及其相关史迹相继被列为各级文物保护单位。从文物类别上，主要归入"古、近代建筑"②。1983 年公布的广州市文物保护单位有石井桥③等；1989 年公布的广东省文物保护单位有镇海楼、莲花城、古城墙等；1993 年公布的广州市文物保护单位有车歪炮台、鱼珠炮台、牛山炮台、乌涌清官兵合葬墓等。

镇海楼与明城墙 2013 年升级为全国重点文物保护单位，石井桥 2002 年升级为广东省文物保护单位。西门瓮城遗址、四方炮台遗址、长洲炮台（白兔岗炮台、白鹤岗炮台、大坡地炮台、旧西岗炮台、新西岗炮台、蝴蝶岗炮台）与联升社学旧址、穗石村炮台遗址、沙路炮台旧址先后被列为广州市文物保护单位。2019 年 5 月沙路炮台旧址由广州市文物保护单位升级为第五批广东省文物保护单位。

在广州城市发展史中，积淀了丰富的城防史迹（含部分考古遗迹），范围广、种类多。通过调查或考古发掘，至今保留下来的城墙、濠涌、炮台、烟墩等城防史迹及其他相关史迹 40 处，如表一所示：

---

① "义勇之冢" 1973 年 8 月从荒无人烟的横档岛迁往东莞县虎门人民公社大人山西脉牛背脊山腰，其后在上横档岛原位置重新复制、竖立"义勇之冢"石碑。

② "古、近代建筑"后来析分为"古建筑"和"近现代重要史迹及代表性建筑"，沿用至今。

③ 石井桥位于广州白云区石井村。第二次鸦片战争时期，英国侵略军于 1859 年 1 月 4 日进犯石井村一带，石井人民奋起反击，打击了敌人的嚣张气焰。石井桥南侧石栏上尚存当时被英军炮弹击中的弹痕，此为侵略者留下的罪证。

表一 广州城防史迹一览表

序号	名称	年代	地址	保护级别
1	西汉南越国城墙遗址①	西汉	越秀区中山四路、惠福东路	国级
2	东汉、东晋、南朝城墙遗址	东汉、东晋、南朝、	越秀区中山四路、中山五路、旧仓巷	无
3	唐城墙遗址	唐	越秀区惠福东路、文德北路、仓边路与越华路交汇处	无
4	宋城墙遗址	宋	越秀区盘福路、越华路、长塘街、越秀北路	无
5	明城墙遗址	明	越秀区盘福路、中山四路、越华路、越秀北路	无
6	镇海楼与广州明城墙	明洪武年间	越秀公园内	国级
7	西门瓮城遗址	明	荔湾区中山七路与人民路交汇处	市级
8	东濠涌	明	越秀区越秀路	无
9	小东营清真寺旧址（小东营卫所遗址）	明	越秀区越华路	区级
10	莲花城	清康熙三年（1664）	番禺区莲花山	省级
11	大乌岗烽火台遗址	清	番禺区大夫山森林公园	区级
12	拱极炮台	清顺治十年（1653）	越秀区解放北路象岗山	无
13	四方炮台遗址	清顺治十年（1653）	越秀山蟠龙岗顶	市级
14	三元里平英团遗址	清道光二十一年（1841）	白云区广园中路34号	国级
15	升平社学（包括义勇祠）	清道光二十二年（1842）	白云区石井街石潭路	省级
16	白兔岗炮台	清光绪十年（1884）	黄埔区白兔岗小山上	市级
17	白鹤岗炮台	清	黄埔区长洲下庄白鹤岗上	市级
18	大坡地炮台	清	黄埔区长洲下庄金花古庙附近	市级
19	旧西岗炮台	清	黄埔区某工厂职工宿舍后山	市级
20	新西岗炮台	清	黄埔区某工厂职工宿舍后山	市级
21	蝴蝶岗炮台	清	黄埔造船厂技校后山	市级
22	鱼珠炮台	清光绪十年（1884）	黄埔区鱼珠街蟹山社区港前路(现黄埔港务监督站内)	市级

① 该遗址属于全国重点文物保护单位南越国宫署遗址、南越国木构水闸遗址。

（续上表）

序号	名称	年代	地址	保护级别
23	蟹山炮台	清光绪十一年（1885）	黄埔区鱼珠街港前路蟹山公园内	区登记
24	狮山炮台	清光绪十年（1884）	黄埔区黄埔街下沙社区的中山大道南侧的狮山	区登记
25	狮腰炮台	清光绪十一年（1885）	黄埔区黄埔街下沙社区的中山大道南侧的狮山	区登记
26	牛山炮台	清光绪十一年（1885）	黄埔区牛山公园内	市级
27	乌涌清官兵合葬墓	清	黄埔区红山街文船社区牛山（原名黄羊山）山腰	市级
28	沙路炮台旧址	清光绪十年（1884）	番禺区化龙镇沙亭村	省级
29	车歪炮台	清嘉庆二十二年（1817）	荔湾区东塱村大黄滘口附近珠江中的龟岗岛上	市级
30	穗石村炮台遗址	清	番禺区新造镇小谷围岛(广州大学城广东药科大学内)	市级
31	西固炮台遗址	清	荔湾区沙面	无
32	虎门炮台旧址—上横档炮台[序号33~40皆属虎门炮台旧址(南沙部分)]	清	南沙区南沙街进港路以东的虎门水道中的上横档岛上	国级
33	义勇之冢	清光绪十一年（1885）	南沙区南沙街进港路以东的虎门水道中的上横档岛上	国级
34	下横档炮台	清道光二十三年（1843）	南沙区南沙街进港路以东的虎门水道中的下横档岛上	国级
35	大角山炮台	清道光十二年（1832）	南沙区南沙街鹿颈村大角山上	国级
36	节兵大冢	清	南沙区南沙街鹿颈村大角山炮台火药库西北侧	国级
37	蒲洲炮台	清光绪十一年（1885）	南沙区南沙街鹿颈村蒲洲山上	国级
38	大虎山炮台遗址	清	南沙区黄阁镇大虎山岛东北	国级
39	巩固炮台遗址	清道光十五年（1835）	南沙区南沙街南北台大街	国级
40	蕉门炮台遗址	清嘉庆十七年（1812）	南沙区黄阁镇炮台山脚	国级

2016 年，广州市文物考古研究院编制古代城防总体规划，参考《第三次全国文物普查不可移动文物分类标准》和广东省文物局编的《广东明清海防遗存调查与研究》进行广州城防调查，以文献史料与实物遗存为依据，对广州城防史迹的性质、功能以及年代、历史意义、文物价值进行认定。对于广州民间的自卫设施，如一般的村寨围墙、碉楼等，因其以防盗、村庄自卫为主，故不纳入广州城防史迹之列。本书亦如此。如清末民初到 20 世纪 40 年代，番禺许多乡村聚落为保境安民，建造大量形式各样的碉楼——大龙街沙涌村的防匪楼、化龙镇柏堂村的东溪炮楼等，还有海珠区登瀛古村墙、黄埔区夏园古围墙遗址、花都狮岭镇长岗村炮楼群等，本书暂不收录。

第三节　特点及价值

（一）分布、特点

从时间上考查，广州城防史迹年代最早的遗存，当为我们经过考古调查、发掘所得的古城墙遗址。这些古城墙遗址位于广州老城区即今越秀区、荔湾区辖内，计有西汉时期南越国宫墙遗址，东汉、东晋、南朝城墙遗址，唐代城墙遗址，宋代城墙遗址，明代城墙遗址，镇海楼与广州明城墙，西门瓮城遗址，等等（图八）。此外，老城区还聚集了多条濠涌，如现存的东濠涌。

类别上，广州城防史迹除历代城墙遗址、濠涌外，还有卫所、莲花城、烽火台，以及其他相关史迹。在所有广州城防史迹中，炮台史迹因其数量大、分布范围广而最为引人注目。现存炮台大多数为清代炮台，其中又以晚清为主。越秀区现存城防炮台史迹 2 个，即拱极炮台、四方炮台遗址，相关卫所史迹点 1 个，即小东营清真寺旧址。

白兔岗等炮台及相关史迹主要分布在黄埔区，个别分布在番禺区和荔湾区内，如位于番禺区的穗石村炮台遗址、沙路炮台和位于荔湾区的车歪炮台。虎门炮台主要分布在今广州南沙区内。

从伶仃洋经珠江河道至广州城有两个重要关口，一为狮子洋，一为白鹅潭。关于狮子洋，《虎门览胜》记载："狮子洋，在阖西山西。上通省会，下接香山，由芙蓉、大刀诸沙直达澳门鸡颈外洋，广及万顷，波涛汹涌，番、东之要津也。以中沥为两县之界，凡番舶之赴黄浦（埔）者，必由于此。"[1]《广东全省海图总说》载："海面以虎门内为狮子洋，外为伶仃洋。"[2] 狮子洋被视作由伶仃洋、虎门进入省河的分界线。

---

① （清）仲振履：《虎门览胜》，汉画轩抄本，暨南大学图书馆藏。

② （清）佚名：《广东全省海图总说》，陈建华、曹淳亮主编：《广州大典》，第 238 册，第 34 辑，史部地理类，广州：广州出版社，2015 年，第 131 页。

"广东省河入虎门后至黄埔尾，分为南北两支，南支溯流经沙路至省城西南四里之白鹅潭，北支溯流经鱼珠过城南亦至白鹅潭，北支较浅，南支较深，均为广州口岸中外船只出入必经之路。"①

历史上，从虎门入省河至广州沿岸修筑了许多炮台，它们共同担负保卫广州城的重任。清光绪元年（1875），刘坤一抵粤任两广总督，加紧海防设施重建。次年，广东军需总局改为善后总局。经奏准，在粤海关洋药正税项下，月拨经费银2万两，改充海防经费。至此，广东办理海防始有专款。虎门之威远炮台、下横档炮台等渐次兴修。清光绪六年（1880），张树声继刘坤一督粤。是年改建中流砥柱炮台、猎德口绥远炮台及定功炮台。又在沿海沙民、蛋户中挑募精壮2 000人，编练成军，分扎虎门、省河各炮台，添募壮勇千名，连同陆路提督原部惠清营500名，并力扼守虎门。又令南韶连镇总兵添募壮勇千人，连原部安勇千人，应援省河各路。至清光绪八年（1882），省河至珠江口已筑虎门威远、下横档炮台2座，省河中流砥柱炮台1座，大黄滘（车歪炮台）、镇南炮台2座，又添筑定洋、绥远、定功、永固、保安炮台5座。修筑皆用西法，铁板、水泥等物均购自外洋，各炮台皆配洋炮，各营守台人员均用洋枪。"中法战争开始之际，经第二次鸦片战争破坏的珠江海防设施已经修复，体制方面，亦有所更张，从而为广州城防提供了一定的保障。"②

后来研究者鉴于虎门为进入广州的第一道门户、黄埔为进入广州的第二道门户的特殊地理位置，笼统地将白鹅潭至广州城及省城附近的炮台称为城防炮台，将狮子洋至白鹅潭之省河段的炮台称为江防炮台，将伶仃洋至狮子洋地段的炮台称为海防炮台。

抗日战争时期，虎门炮台仍作为广州前哨，发挥抗敌作用。后因日军集中兵力于广州附近，先是日本海军在大亚湾登陆，日本舰队又攻占虎门要塞，珠江三角洲沦陷。

（二）价值

广州众多留存至今的城防史迹是广州两千多年城市发展演变和防卫设施形制布局的有力证据，具有丰富历史文化价值和社会价值，是我们认识历史上的广州，进行地方史研究、各学科综合研究的重要实物资料。

广州古代城墙遗址以及炮台史迹等展示了中国古代军事防御设施的构筑技术和工艺水平，具有重要的艺术价值和科学价值。炮台史迹在选址布局、炮池形制、巷道拱券砌筑、巷门装饰布置等方面充分体现了设计者的科学理念、审美意识以及建造者娴熟的工艺技术，是广州人民乃至中华民族值得珍惜的军事文化遗产。

---

① （清）张之洞：《沙路设防筹定久计折》，《张文襄公奏议》，卷26，《续修四库全书》，第510册，上海：上海古籍出版社，2002年，第552页。
② 李吉奎：《珠江海防设施重建》，广州市地方志办公室编：《广州近现代大事典》，广州：广州出版社，2003年，第64页。

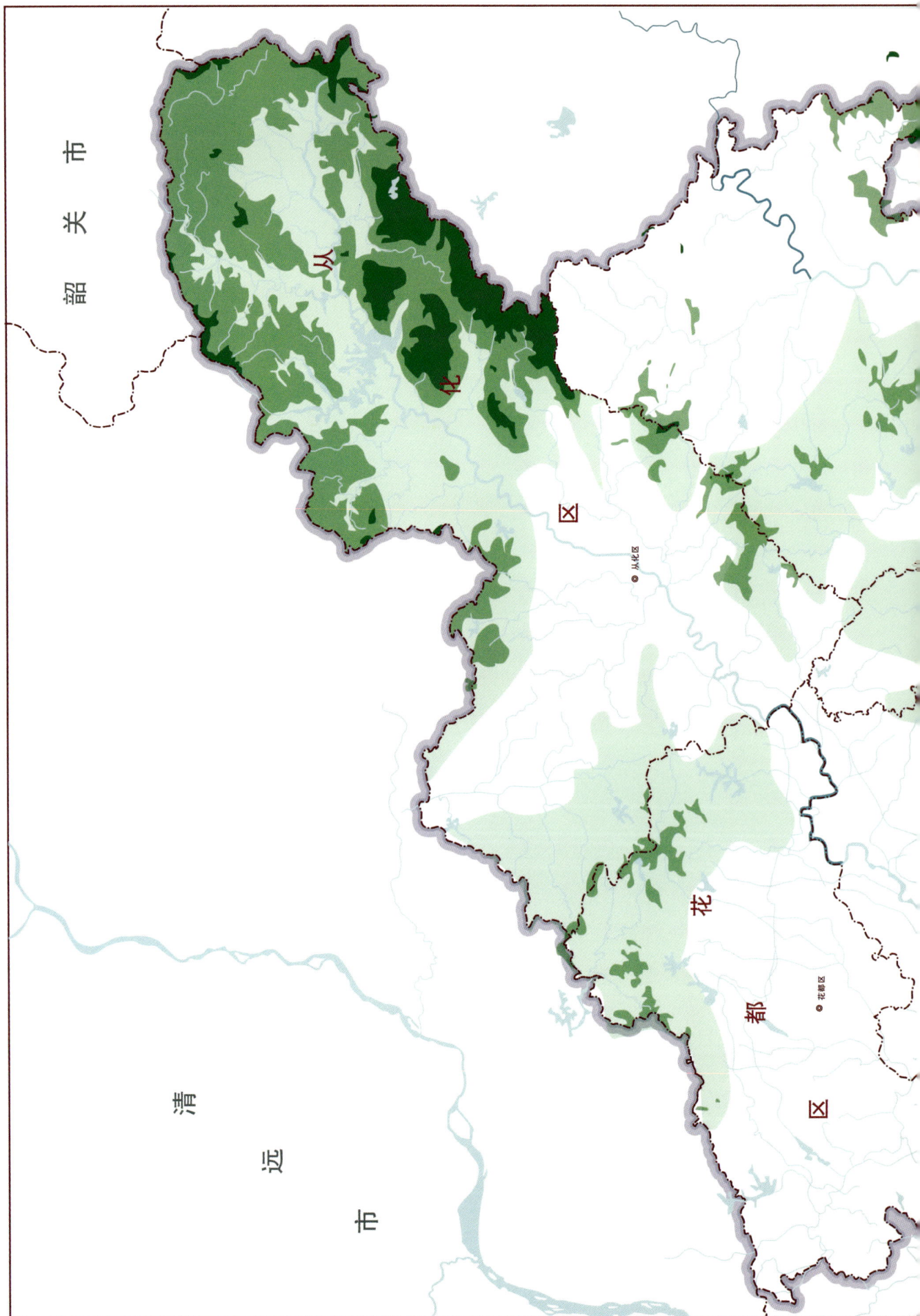

韶 关 市

从

化

区

◎ 从化区

清

远

市

花

都

区

◎ 花都区

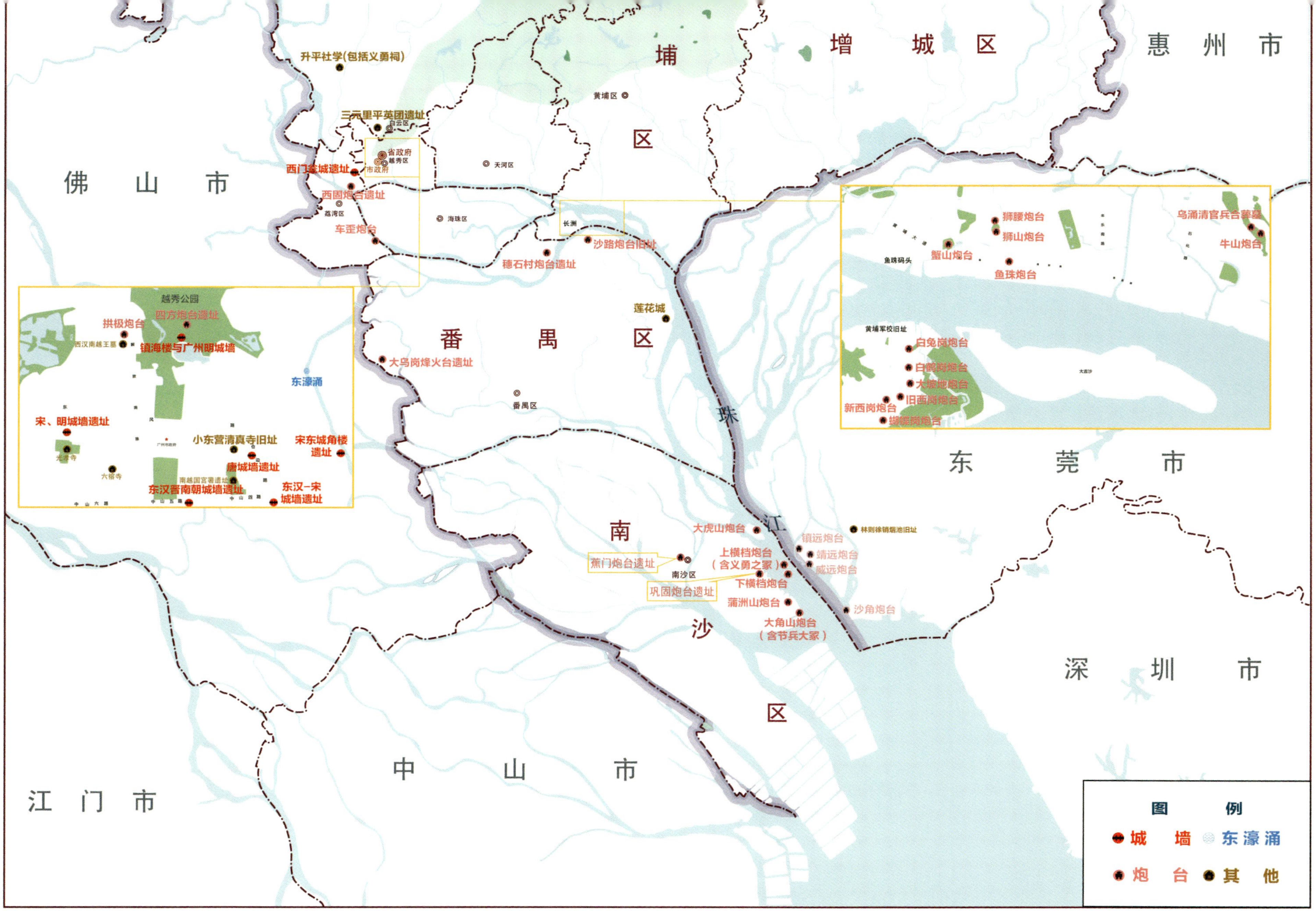
增城区
惠州市
黄埔区
升平社学(包括义勇祠)
三元里平英团遗址
白云区
省政府
越秀区
市政府
天河区
佛山市
西门瓮城遗址
西固炮台遗址
荔湾区
海珠区
车歪炮台
长洲
沙路炮台旧址
穗石村炮台遗址
越秀公园
四方炮台遗址
拱极炮台
西汉南越王墓
镇海楼与广州明城墙
东濠涌
宋、明城墙遗址
光孝寺
六榕寺
小东营清真寺旧址
宋东城角楼遗址
唐城墙遗址
南越国宫署遗址
东汉晋南朝城墙遗址
东汉—宋城墙遗址
番禺区
大乌岗烽火台遗址
莲花城
狮腰炮台
狮山炮台
蟹山炮台
鱼珠码头
鱼珠炮台
乌涌清官兵合葬墓
牛山炮台
黄埔军校旧址
白兔岗炮台
白鹤岗炮台
大坡地炮台
旧西岗炮台
新西岗炮台
蝴蝶岗炮台
大吉沙
东莞市
珠江
南沙区
大虎山炮台
林则徐销烟池旧址
镇远炮台
靖远炮台
威远炮台
上横档炮台
（含义勇之冢）
蕉门炮台遗址
巩固炮台遗址
下横档炮台
蒲洲山炮台
大角山炮台
（含节兵大冢）
沙角炮台
深圳市
中山市
江门市
图例
城墙
东濠涌
炮台
其他

图八　广州城防史迹分布示意图

广州炮台史迹存在时间长、构筑规模大、保存数量多，在我国沿海城市中具有独特地位，其与近代中国历史发展进程密切相关，见证了中国人民抗敌御侮、保家卫国的壮举，它是最直接、最生动的历史教科书，是进行爱国主义教育的最佳场所。

随着社会发展、时代变迁，昔日城防设施原有实用性功能消失，但作为历史见证、建筑技术的载体，广州城防史迹兼具人文景观和自然景观的丰富文化内涵，极具旅游开发价值。

第四节　研究与保护

（一）研究情况

已有广州城市发展史研究、广州历史地理研究以及广州考古发现成果等[①]，其中一些章节为我们提供了不少关于广州城墙、城壕等发展变迁的历史信息。迄今，在越秀公园内、遗留在地面上的广州明城墙，由于其与镇海楼一并被列为全国重点文物保护单位，保护与利用较好，这也带动了相关研究。

最为丰富的研究，莫过于以炮台为中心或主题的研究。[②]这些相关研究成果，无论是学术论文还是研究论著，既有从宏观角度出发，也有从微观角度出发。这与广州现存炮台史迹相对丰富息息相关，也与其功能发挥、使用时间相对较长有关。如虎门炮台，在抗日战争期间，仍发挥了抵抗日本侵略的作用。另外，也缘于中华人民共和国成立后革命史迹调查与研究这一大背景的影响，如 20 世纪 50 年代三元里抗英旧址调查等，使得人们对炮台给予更多关注和保护。

本书关于广州城防史迹综合研究主要是在文物考古调查和文献梳理基础上进行的。通过爬梳广州炮台资料，分别从广州炮台专题研究和相关性研究两方面进行了梳理和总结。以往广州炮台从城防、江防和海防三方面展开，有较为深入的研究，并取得了不少成果。其不足之处，如炮台与自然地理之间的关系研究、炮台景观变迁及保护研究甚少。本书在整体调查基础上，分列数个专题，对之进行深入探讨。其中《珠江潮汐水道与清末广州海防、江防的关系》一文从历史自然地理的角度出发论述了长洲岛

①　如陈代光：《广州城市发展史》，广州：暨南大学出版社，1996 年；杨万秀、钟卓安主编：《广州简史》，广州：广东人民出版社，1996 年；曾新：《明清广州城及方志城图研究》，广州：广东人民出版社，2013 年；广州市文物考古研究所编：《广州考古六十年》，广州：广东人民出版社，2013 年。

②　如萧国健：《关城与炮台：明清两代广东海防》，香港：香港市政局，1997 年；赵文斌：《珠江口沿岸古炮台研究》，张复合主编：《建筑史论文集》，第 11 辑，北京：清华大学出版社，1999 年；黄利平：《清代民国广州城防、江防与海防炮台研究》，广州：广州出版社，2016 年。另详见第四章中《广州炮台研究综述》。

的形成，以及河流地貌对江防炮台、海防炮台的影响，并结合具体历史背景说明长洲岛军事地位的逐步凸显，指出整个广州的江防和海防炮台是因地制宜与地貌和水情变化相关联的军事建筑；《清末广州海防地理思想转变与城防炮台》在梳理清代海防军事著作的基础上，从"固态"的防御工事、"流态"的军事制度和西方传教士的角度全方位叙述整个城市的防御体系，将广州城防与洪兵起义和鸦片战争相勾连，意图说明整个广东海防重点向广州逐步转移，突出广州海防地理位置的重要性；《光绪年间的广州珠江沙路河道》以珠江沙路河道为研究对象，指出作为近代广州"第二重门户"重要组成部分的沙路河道，因鸦片战争战败、中法战争爆发以及西式大炮引进等因素，至光绪年间沙路河道的区位优势和战略价值得到凸显，长期以来成为清政府与西方各国争夺的焦点，从而勾画出中西博弈下沙路河道"塞断防御—既开既塞—撤栅通商"的变化过程，并点出这种变化的背后是清政府与西方各国在政策、力量、制度等层面较量的结果；《光绪年间广州长洲炮台体系的形成及其防御格局》将广州长洲炮台体系置于中法战争这一大背景下进行讨论，论述中法战争的推进与长洲炮台群的修建之间的逻辑关系，并从西式火炮技术、地理形胜等因素考察长洲炮台群的"品"字形布防格局，显示出清代光绪年间整个长洲炮台防御体系设置的合理性和科学性。

长洲要塞作为外洋进入广州的第二道门户，在19世纪末、20世纪上半叶均有相当重要的地位，《长洲要塞在近代广州城防体系中的地位和作用》一文，通过梳理和厘清"长洲要塞"名称由来和区域范围，重构长洲、鱼珠、沙路、牛山等四个炮台群的修建过程，并透过中法战争以及抗日战争，指出"长洲要塞"炮台防御体系虽未与西方列强直接交火，但在抵御法军和抗击日军方面仍起到不可或缺的作用，在近代广州全局防御和布局上亦有极其重要的地位；《从历史记忆到文化景观——以广州蟹山炮台为例》则通过具体个案研究，考察广州炮台历史脉络、景观变迁及其形成的背后因由，对于今后科学保护与利用广州炮台历史文化景观遗产，具有一定现实意义。

广州城防史迹资源丰富，极具特色。深入研究广州城防这一珍贵历史文化遗产，还需要历史、建筑、考古、科技保护、城市规划等多学科、多角度参与，形成社会合力，增加研究的深度与广度。

（二）保护与利用

广州城防史迹的管理与使用，涉及文物部门、园林部门、海事管理机关部门、企业单位和军工单位以及街镇等多个部门。

整体而言，属文物部门和园林部门直接管理使用的广州城防史迹，大都能得到有效保护利用，其保护力度大、利用方面较为充分。但也有相当部分城防史迹管理使用单位缺乏文物保护意识，疏于保护和管理，未能有效开展日常保养维护工作或投入资金不足，导致有的城防史迹受到自然因素侵蚀、处于自生自灭状态；部分文物保护单位的保护范围和建设控制地带在城乡建设中未能得到有效控制，致使文物本体以及内外环境受到人为因素破坏。

在利用、展示方面，有的城防史迹处于涉密单位内部，对外开放不便；有的史迹单位残损严重，或因安全措施无法保障，未能满足开放参观条件而处于关闭状态；有的虽已被列为文物保护单位或爱国主义教育基地，但对外开放利用仍极为有限；有的因宣传、展示不足，加上缺乏统筹规划、有效整合，城防史迹处于分散状态，未能得到合理有效利用。各种消极因素互为因果，使得社会对广州城防史迹关注度低，广大民众对之缺乏一定认知。

有鉴于此，需要文物、城市规划、建设部门以及社会民众合力探索广州城防史迹的保护与利用。

首先，在科学、规范的广州城防史迹调查基础上，建立完整的信息档案数据库。借助数字媒体平台，制作可视化文物史迹影像等手段广泛宣传，使各相关部门及民众明了广州城防史迹"家底"，及时掌握其现状、动态，为保护利用提供坚实基础。

其次，注重广州城防史迹的展示、导览设计。结合城防史迹本身特点，以既真实又生动的展示吸引民众。如古城墙的展示，国内外已有很好的例子可资参考借鉴，让民众观察到不同层位墙体的原始遗迹和复原墙体。在墙体附近适当展示城墙的修复标识，指明修建技术及城墙结构特点，让真实完整的古城墙遗产一目了然。"古城墙遗产的展示问题看起来并不是城墙研究的核心问题，但当把古城墙遗产作为一个整体对其价值和状态进行评估时，展示又扮演着十分重要的角色。展示问题与其他问题还有一个不同点在于，展示问题随着时代的发展，在手段上是需要及时或适时更新的，需要学术研究动态交流、展示技术交流等问题。另外，像古城墙这样的大型遗产的展示工作在实际操作过程中是必须以地方政府的支持为基础的，而后以文物工作者的科研成果为支点，各个相关工作部门的配合为保障，才能将文化遗产的价值有效地进行展示和传承。"[1]

广州炮台是广州城防史迹中进行爱国主义教育的极佳素材，对青少年影响非同一般。根据炮台在不同历史时期的任务、形制，设计或模拟广州炮台战争场景，使参观者无论是亲临历史现场，还是通过数字媒体，都能够与之互动，达到沉浸式体验。

再次，在扎实研究的基础上，加强广州城防史迹日常维护与保养、修缮。对文物史迹要有充分而科学的认识，修缮或模拟复原城防史迹，尽可能逼近历史真实，避免修缮或模拟复原时出现随意增删、张冠李戴等失误。

广州城防史迹的研究、保护与利用，不仅关涉广州城市记忆，更是国家与民族历史记忆的重要组成部分。众多广州城防史迹，特别是在反抗外敌入侵时、历经血与火

---

[1] 郎爱萍：《古城墙遗产的展示问题——以台州府城墙为例》，《中国文物报》2016年1月8日第8版。

洗礼的炮台史迹，最为震撼人心，承载了保家卫国、悲壮英勇的沧桑岁月。

　　总之，广州城防史迹是广州文化遗产的主要组成部分，需要全社会的关注、多部门的支持与合作，共同做好保护与利用工作，开展深入研究。真正发挥广州城防史迹的历史价值和现实价值，真正使陈列在祖国大地的文物活起来，为广州历史文化名城注入活力，通过文化赋能，满足人民群众日益增长的对美好生活的向往。

第二章　城墙、城壕、卫所、烽火台

广州，古称番禺，其地理位置富有特色，"连山北峙，巨海东环，所谓包山带海，险阻之地也。地域绵邈，田壤沃饶，五岭以南，此为都会。其东境之山，自衡阳支分度桂岭，过昭梧而来，曲江、泷、湟诸水，由北而南。郁浔、端溪诸水，由西而东，经于灵州，潴为珠海。其地上束石门，下瞰扶胥，外扼虎门之险，内当三江之汇，故曰石门天开，三江赴之，南汇于海，群山固之，其镇曰白云，其主曰越秀，其胜曰西樵，其秀曰灵州……至沙尾角，当省会上流，其外坦虽沙淤高积，而前清以来，历筑炮台以镇之，由是形势益雄，门户益固"[①]。

而今广州拥有丰富的城防史迹，主要涉及古城墙、城壕、卫所、炮台、烽火台等类别。

第一节　城墙遗址

广州自秦南海郡尉任嚣建番禺城始，历代都有或大或小的建设，尤以宋代为最。自北宋景祐三年（1036）至南宋景定元年（1260），广州城垣较大规模扩建和修葺达十余次之多。这赖于宋代岭南经济的大发展，而人口的增长又需要广州城区相应扩大。"宋代三城"（子城、东城、西城）形成，奠定了此后广州城的格局。

城防建设，尤以城墙为其中要项。而今，广州许多城墙、雉堞、楼橹已不复存在。但广州文物工作者近三四十年的考古发掘，为我们探知广州城防提供了许多历史信息（图九）。

① 广州年鉴编纂委员会编：《广州年鉴》，卷3，"土地"，戊"形势"，广州：广州奇文印务公司，1935年，第18、19页。

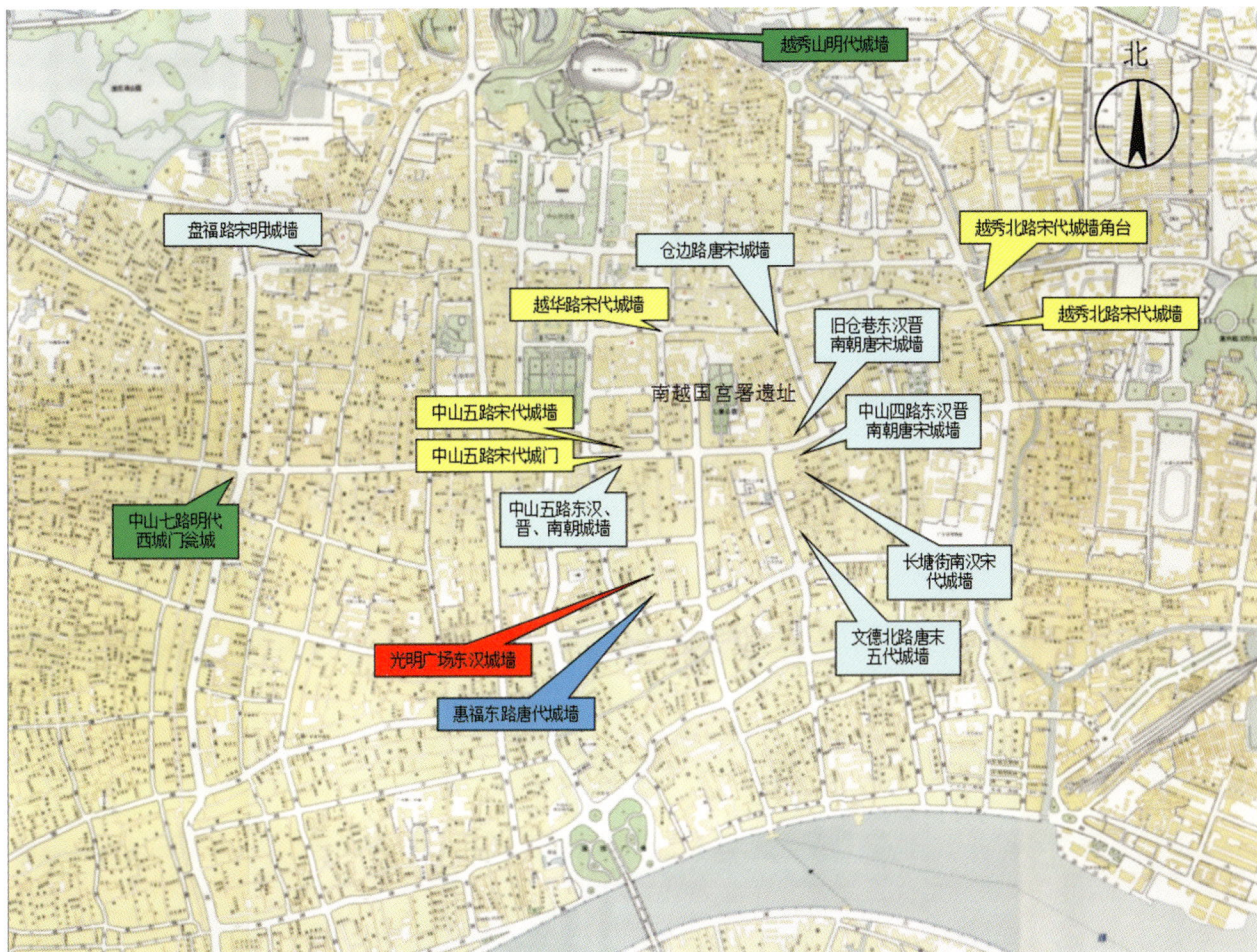

图九　广州考古发现的古城墙遗址点（截至2021年10月）

（一）西汉南越国城墙遗址

公元前203年，继任嚣担任南海郡尉、兼并桂林郡和象郡的赵佗，建立了岭南地区第一个地方政权——南越国，以番禺为都城。1975年，广州文物考古工作者在广州中山四路发现南越国宫署遗址的砖石走道，首次确定了南越国都城的真实坐标①（图一〇）。秦汉时番禺城规模不大，位于今广州市北京路、中山四路一带，北依越秀山，南临珠江。

2000年，广州市文物考古研究所（今广州市文物考古研究院，以下同）在广州惠福东路与西湖路之间的光明广场建设工地发现南越国木构水闸遗址。原水闸自北向南穿越夯土城墙，上有关楼。今只剩一座木构水闸遗迹（图一一）。水闸遗址也是南越国都城"番禺城"一段南城墙遗址，由此明确了南越国都城的南界。②

---

① 中共广州市委宣传部、广州市文化局编：《海上丝绸之路——广州文化遗产》（考古发现卷），北京：文物出版社，2008年，第13页。

② 中共广州市委宣传部、广州市文化局编：《海上丝绸之路——广州文化遗产》（考古发现卷），北京：文物出版社，2008年，第73页。

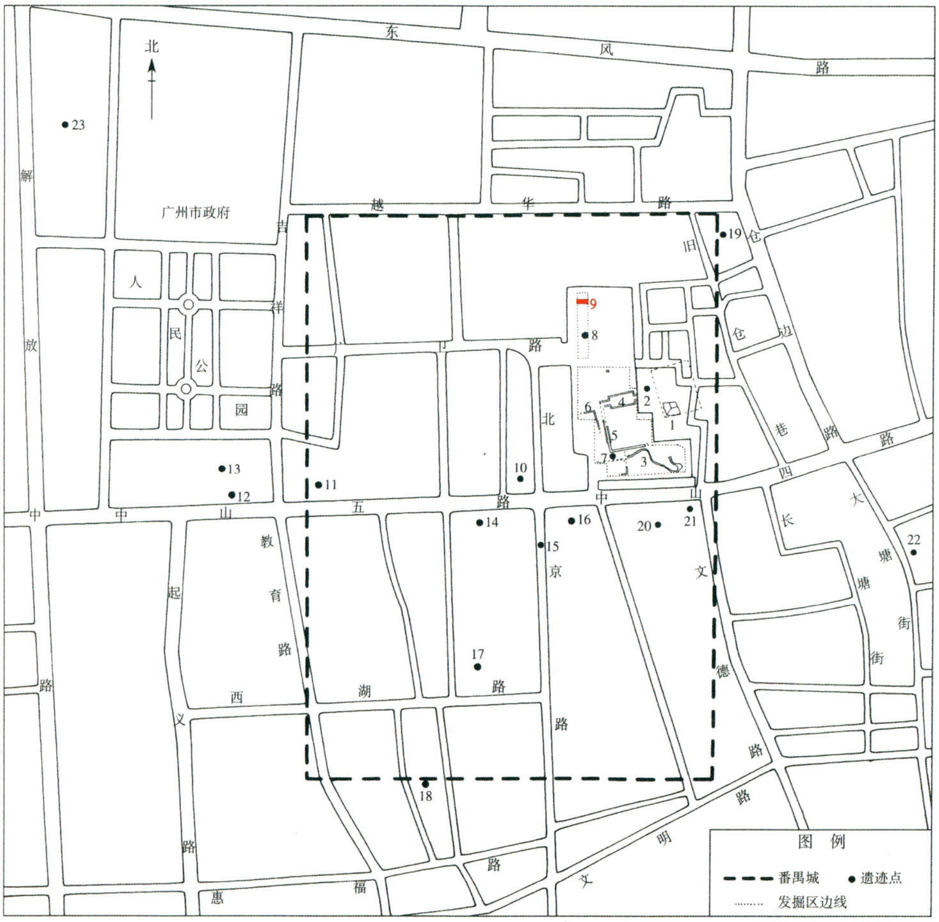

1. 1995年发掘的南越宫苑蓄池 2. 1996年发掘的南越宫署食水砖井 3. 1997年发掘的南越宫苑曲流石渠 4. 2003年发掘的南越国一号宫殿基址 5. 2003年发掘的南越国一号廊道 6. 2003年发掘的南越国二号宫殿基址 7. 2004年发掘的南越国渗水井 8. 2005年发掘的南越国食水砖井 9. 2006年发掘的南越国宫城北墙基 10. 1988年发掘的南越国砖砌水池 11. 1996年发掘的南越国瓦砾堆积 12. 1996年发现的南越国木砖井 13. 1999年发现的西汉陶圈井 14. 南越国木构建筑遗迹 15. 2002年发掘的南越国遗存 16. 2006年发现的南越国食水砖井 17. 2000年发现的南越国木方井 18. 2000年发掘的南越国木构水关遗址 19. 1996年和1998年在银山大厦工地未发现早于唐代的文化层堆积 20. 1999年在府学电站工地未发现早于唐代的文化层 21. 2003年在致美斋工地未发现早于东汉的文化层 22. 2002年在大塘街发掘出宋代河堤遗址 23. 2000年在恒鑫御园工地未发现早于东汉的文化层堆积

图一〇 南越国都城——番禺城位置示意图

图一一 南越国木构水闸遗址

2006年，广州文物考古工作者在广州中山四路、原儿童公园北部考古发掘，发现一段南越国宫城的北墙基（图一二），东西走向，方向东偏南2度，墙体上部破坏严重。西段清理的墙基东西长8.2米，宽4~4.5米，残高0.6~0.94米。城墙是挖槽基后再用黄黏土夯筑而成，夯层和夯窝不明显。在墙基南侧清理出一段用小卵石铺砌的散水遗迹，与夯土墙平行，呈东西走向，南北宽1.2米。散水面北高南低呈斜坡状，南北落差约0.3米，为墙体南面的散水设施，由此可知南越国宫墙顶部覆瓦。南越国宫城北墙基东段清理的墙基东西长约14米，残宽3.6~4.0米，残高1.44~1.78米。由于墙基南侧破坏严重，墙体南面的散水设施已无存。[①]

图一二　南越国宫城北墙遗址

南越国宫城北墙基的发现，为确定南越国宫城的北界找到了一个准确的坐标。[②]

（二）东汉、东晋、南朝城墙遗址

1996年夏至1998年初，为配合广州地铁工程建设，广州市文物考古研究所在广州中山五路原艳芳照相馆位置进行两次发掘（图一三），挖掘面积300平方米。在此揭露出一段长16米，呈南北走向，东汉、东晋、南朝三个历史时期修筑套叠在一起的城墙（图一四、图一五）。这段城墙各代修建的地层关系明确，城墙始建于东汉，属番禺城

①　中共广州市委宣传部、广州市文化局编：《海上丝绸之路——广州文化遗产》（考古发现卷），北京：文物出版社，2008年，第34、35页。
②　中共广州市委宣传部、广州市文化局编：《海上丝绸之路——广州文化遗产》（考古发现卷），北京：文物出版社，2008年，第32页。

西城墙，为夯土墙垣，直接修筑于山岗的红色生土上，基部保存完好，宽 11.2 米，上部曾垮塌，经后世修整，现存城墙面宽 5 米，残高 1.85 米。夯土 19 层，清晰可数，夯层中含较多汉代板瓦、筒瓦和陶罐等残片。[①]

图一三　广州中山五路东汉、东晋、南朝三套叠城墙位置图

图一四　广州中山五路南侧考古发掘全景

---

① 广州市文化局编：《广州文物保护工作五年》，广州：广州出版社，2001 年，第 41 页。

图一五　广州中山五路东汉、东晋、南朝三套叠城墙遗址

东晋时，以东汉墙体为芯扩宽、夯筑加固，以红黄色网格纹砖包边，以向上收分的方式砌筑。残存墙体上宽 7.6 米，底宽 8.8 米，高 1.4 米。在外墙基础处的城砖发现有模印"泰元十一年"字样，东晋泰元（太元）十一年即公元 386 年。

南朝时期，在汉、晋城墙基础上向东西两侧填土扩宽，墙壁包砖砌筑，现存城墙宽 21 米，残高 1.5 米。在墙体两侧还发现一处"马面"①结构，南北长 9.1 米，北边宽 7.3 米，南边宽 8.1 米，砌筑形式与墙体相同。②城墙基构筑在一个小山丘上。南朝城墙到唐代被废弃，在墙体的西、东两侧分别有唐代和宋代的路面、水池等遗迹。考古发现唐宋以前的城墙，此属首次。

2000 年发现的南越国木构水闸遗址上，叠加有东汉、晋南朝和唐、宋晚期的建筑遗迹。在南越国木构水闸遗迹的出水口前，紧贴一段东汉夯土城墙（图一六），构筑奇特，由一层土、一层平卧密排的大木夯实。大木之间还打有 3 列大小不同的木桩，把密排的大木固定，以加强原本松软的城墙基础。③

---

①　"马面"即凸出于墙体外侧的一段军事设施，其平面呈长方形（或半圆形），因外观狭长如马面而得名（或称敌台、墩台、墙台）。"马面"与城墙互为作用，消除城下死角，可自上而下从三面攻击敌人。

②　广州市文化局、广州市地方志办公室、广州市文物考古研究所编：《广州文物志》，广州：广州出版社，2000 年，第 24 页。

③　中共广州市委宣传部、广州市文化局编：《海上丝绸之路——广州文化遗产》（考古发现卷），北京：文物出版社，2008 年，第 72 页。

2010—2011 年，为配合位于广州市越秀区中山四路南侧、长塘街西侧的东山印象台建设工程，广州市文物考古研究所对工程建设范围进行抢救性考古发掘。该工地地处广州历史城区，西北距南越国宫署遗址的曲流石渠遗迹约 150 米。

图一六　南越国木构水闸南面的东汉城墙基址

经过发掘，清理出东汉、东晋、南朝、唐末五代及宋代等城墙遗址（图一七），还有宋、明清时期的排水渠、水井、灰坑等文化遗存，以城墙遗址最为重要。尤其重要的是，清理出一段建于东汉晚期、东晋时加以修补、南朝时又进行过两次扩建的城墙角台基址（图一八），其平面大致呈方形，四周砌砖墙，中间填土夯实。东汉晚期城墙建造在河滩淤泥之上，分为两级。下级城垣呈倒置覆斗状，包边砖墙单隅，由下而上逐级收分，残高 1.2 米，与地面的夹角达 34 度，底边南北宽 18.5 米，东西长 14.9 米；上级城垣为直垣，单隅，南北宽 11.5 米，东西长 10.8 米，残高 1.06 米。这一发现确立了东汉番禺城的东界和南界。[①]

东晋—南朝城墙遗址（图一九）现存城墙底部夯土和部分包边砖墙，夯土以红色土直接堆筑在河相淤积层上，最厚处超过 1.5 米，并经人工处理，较致密。目前发现三组包边砖墙，分别由一条西南—东北向墙和一条西北—东南向墙直角相交构成，西北—东南向墙体为北偏西 23 度。从层位关系可确认，城墙经三期修筑，第一期包边砖墙为单隅，城砖青灰色，扁平一面多拍印有网格纹，部分城砖上有"泰元十一年十月九日立"阳文铭记。后两期墙体在第一期墙体的东面、南面均有所扩宽，包砖墙亦变直壁为向上收分，其中第三期墙体的包砖墙加厚为双隅。

"泰元十一年"即公元 386 年，属东晋晚期，这与 1996 年、1998 年在中山五路南侧，2005 年在旧仓巷西侧（图二〇）发掘的两段城墙出土纪年砖铭文一致，由此可确认该城墙为东晋时期城墙，据此又可推断第二、三期城墙分别扩建于东晋末期和南朝。这段城墙遗址与中山五路南侧和旧仓巷西侧发掘的两段城墙确认了晋、南朝时期广州城的西、东、南界，具有极为重要的坐标意义。

---

① 广州市文物考古研究所编：《广州考古六十年》，广州：广东人民出版社，2013 年，第 34 页。

图一七 广州中山四路南侧东汉至宋代城墙遗址

图一八 广州中山四路南侧东汉、东晋城墙角台基址全景

图一九　广州中山四路南侧东晋、南朝城墙角台基址全景

图二〇　广州中山四路旧仓巷东汉、东晋、宋代城墙遗址

（三）唐城墙遗址

1998 年 2 月至 5 月，在广州仓边路和越华路交汇处、银山大厦附楼所在地，配合建筑工程清理出两段走向和年代均不相同的城墙遗址（图二一）。位于发掘区西侧，呈南北向的是唐代城墙遗址；在探方南部呈东西向的属宋代城墙遗址。

图二一　广州仓边路与越华路交汇处的唐代城墙遗址

唐代城墙遗址，南北向，长 14 米，东西宽 4 米，残高 3 米。两边包砖，中间夯土，夯层厚薄不均，墙体略呈下宽上窄。砖壁下以黄白色砂质块石砌基（图二二）。考古发现"番禺修城大条砖"等砖铭。这是广州首次发现唐代城墙遗址，从其方位看，属唐代广州城（衙城）的东城墙。[①]

2001 年，考古工作者在广州西湖路光明广场考古发掘，清理唐中晚期城墙、壕沟等。城墙基址，南北向。城墙上部宽 6.25 米、底部宽 7.25 米、残高 1.55~2 米，砖包夯土墙结构（图二三）。壕沟位于墙体以西约 3 米处，与墙体平行，有大小不一的石块护坡。[②]

[①]　广州市文化局、广州市地方志办公室、广州市文物考古研究所编：《广州文物志》，广州：广州出版社，2000 年，第 24 页。

[②]　全洪：《广州十年考古发现与发掘》，广州市文物考古研究所编：《铢积寸累——广州考古十年出土文物选萃》，北京：文物出版社，2005 年，第 15 页。

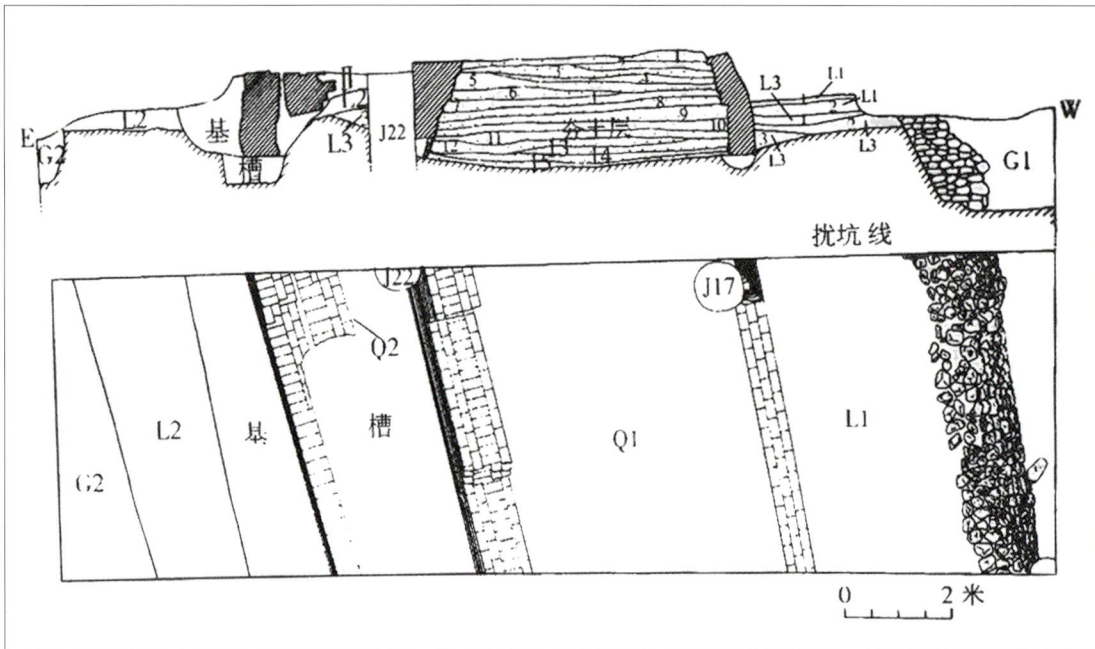

图二二　广州西湖路唐代城墙平面图、剖面图

图二三　广州西湖路唐代城墙遗址

2004 年，在广州市越秀区文德北路东方文德广场建设工地发现一段大致东西走向的城墙，属唐末五代时期，应为当时广州城的南城墙（图二四）。南汉统治者在唐广州城基础上扩建城池，将都城范围南扩至珠江边，形成三面环水的格局。2007 年在广州市越秀区中山四路长塘街西侧德雅轩建筑工地发现唐末五代时期南汉兴王府的一段皇城城墙（东城墙），大致呈南北向，墙体由灰黄黏土夯筑，内外壁包砖。内壁墙脚有卵石铺砌的散水，十分精美（图二五）。

图二四　广州文德北路唐末五代城墙遗址

图二五　广州中山四路长塘街唐末五代城墙遗址包边砖墙及散水

迄今考古发现汉至唐代广州城的北界大致在今越秀区越华路以南，南界大致在今惠福东路以北，东界大致在今旧仓巷、长塘街以西，西界大致在今教育路、吉祥路以东。

(四) 宋城墙遗址

广州濒临海洋，每逢夏秋，飓风大雨时作，经常导致城墙倒塌。北宋仁宗统治时期 (1023—1063)，岭南战事频繁，由于没有强有力的军队和坚固的城池，宋朝对岭南的统治遭到严重威胁，广东地方官员奏报朝廷添修城墙。庆历四年 (1044) 经略使魏瓘加筑广州统治机关所在地 "子城"。宋神宗熙宁三年 (1070) 在子城东面扩筑 "东城"，次年又筑 "西城"，由之形成广州 "三城" 格局，此后相当长时间又多次进行城墙增缮或大修。元军灭南宋，广州城随之遭兵燹。

图二六　水军修城砖拓片

1972 年 7 月，广州市文物管理委员会在广州越华路西段，发现宋城墙遗址。该遗址呈南北走向，东西宽 6.6 米，南北长度仅揭开 2 米。城墙基底距现马路面 3.4 米。上面被近代扰乱物和蚬壳土、红黏土层所覆盖。城基的底部铺一层长方形和梯形的红砂岩石块。在这层基石之上砌起砖墙，两边用砖，中间以残砖与土填塞。东面的砖墙残高约 1 米，西面的砖墙残高 0.6 米。城墙砖多为青灰色，长 0.42 米，宽 0.22 米，厚 0.04 米。少数城墙砖在扁平一面有 "水军修城砖" 或 "水军广州修城砖" 等戳印 (图二六)，为当时广州水军烧造。[1] 有的在砖侧印 "番禺县" 三字。就目前所知，北宋初年，广州的子城还是版筑的土城，熙宁元年 (1068) 始改筑为砖城。

1998 年 2 月至 5 月，在广州仓边路和越华路交汇处、银山大厦附楼所在地考古发现宋代城墙 (图二七)，呈东西走向，长 12 米，宽 8.9 米，残高 1.2 米。墙体两边包石，有红砂岩和黄砂岩两种，中间掺碎砖夯土，墙体下先用木桩打入淤泥土中，其上再铺垫厚 0.2 米的碎砖瓦层作基础。出土有带戳印 "修城砖" "景定元年造御备砖" (图二八) 等城砖。从地理和方位来看，这段城墙为宋代东城的北城墙。[2]

2002 年，在广州越秀北路东濠涌截污工程工地发现宋代城墙遗址，大致呈南北走向，应为宋代东城的东城墙。

2007 年，在广州中山四路长塘街西侧德雅轩建设工地发现宋代城墙遗址 (与唐末五代城墙遗址重叠)，大致呈南北向，清理出的包边砖墙南北长 4.4 米、东西宽 1.1 米[3]，应为宋代子城的东城墙。

---

① 宋代，广州不但屯驻有 "勇敢" "忠勇" 等名号的厢军、水军，还有《宋史·兵制》中没有提到的催锋军和宋代使用官军从事制砖手工业的情况。黄汉纲：《广州美术学院卢振寰教授捐献广州古代城砖》，《文物》1963 年第 2 期。

② 广州市文化局、广州市地方志办公室、广州市文物考古研究所编：《广州文物志》，广州：广州出版社，2000 年，第 24、25 页。

③ 易西兵：《广州市中山四路长塘街南汉宋代城墙遗址》，中国考古学会编：《中国考古学年鉴 2008》，北京：文物出版社，2009 年，第 335 页。

图二七　广州仓边路宋代城墙遗址发掘现场

图二八　广州仓边路宋代城墙遗址出土的"景定元年造御备砖"

2014 年，广州考古工作者在广州市越秀区盘福路，配合广州市第一人民医院磐松楼 2 号楼工程建设，进行考古勘探发掘，总发掘面积 500 平方米。经发掘，清理出宋、明时期城墙遗址。

宋代城墙在明代城墙南侧，位于发掘区中部（图二九）。宋代城墙包边砖墙底部南北宽 12.6 米，内壁包边砖墙残高 2.8 米，宽约 1.2 米，城墙砖规格为（33~34）厘米×（17~18）厘米×（4~6）厘米，许多砖面或侧边有"番"或"番禺"的铭文（图三〇）。城墙内侧有黄砂岩条石砌筑的散水，还有路面及护边墙等遗迹，以此推测至少有 4 期路面。宋代城墙外侧包砖被明城墙内填土叠压，残存 4 层包砖。此次考古清理出的宋代城墙，大致为东西向，是宋代西城的北城墙一段，也是迄今广州考古发现保存最好的宋代城墙。①

---

① 广州市文物考古研究院：《大力开展城市考古 探索传承广州文脉》，《中国文物报》2018 年 6 月 8 日第 10 版。

图二九　广州盘福路宋代城墙遗址

图三〇　广州盘福路宋代城墙墙砖上的"番"字铭文

2015 年，广州考古工作者在广州市越秀区越秀北路进行考古发掘（图三一、图三二），清理出宋代东城的东北角台基址（图三三），确认了宋代东城的东北角，修正了文献中关于宋代广州城东界的记载，为广州城的复原研究提供了重要实物资料。[1] 角台建于城墙转角处，一般常作凸出之方形或圆形，上建角楼，功能与城楼相仿。[2]

图三一　广州越秀北路宋代城墙遗址发掘现场

---

[1]　广州市文物考古研究院：《大力开展城市考古　探索传承广州文脉》，《中国文物报》2018 年 6 月 8 日第 10 版。

[2]　刘叙杰：《中国古代城墙》，国家文物局文物保护司等编：《中国古城墙保护研究》，北京：文物出版社，2001 年，第 37 页。

图三二　广州越秀北路宋代城墙遗址

图三三　广州越秀北路宋代城墙角台基址

北宋中期形成的子城、东城、西城，奠定了此后广州城的基本格局，其总体范围大约北至今百灵路、越华路、豪贤路一线，南至今大德路、大南路、文明路一线，东至今越秀路，西至今人民路。元代广州城池沿袭宋代规制，但城门名称有改易，如西城的和丰门改为中和门、南门改为小市门、朝天门改为顺天门；东城的东门改为正东门；子城的南门改为正南门。后人谓元代"三城低矮"。① 迄今尚未发现明确的元代广州城墙遗址。

① 陈代光：《广州城市发展史》，广州：暨南大学出版社，1996年，第109页。

（五）明城墙遗址

明洪武十三年（1380），镇守广州的永嘉侯朱亮祖及都指挥使许良、吕源认为广州旧城低隘，将宋三城合而为一，并拓北城800余丈，城墙横跨越秀山，又在城墙最高处建一望海楼（镇海楼），为"会城壮观"。明嘉靖四十三年（1564），总督吴桂芳又建外城，即新城，自西南角楼以及五羊驿，环绕至东南角楼，以防御外敌入侵。[①]

2014年，广州考古工作者在盘福路第一人民医院磐松楼工程建设中进行考古发掘，清理出宋城墙遗址的同时，清理出明城墙遗址，确立了宋明时期广州城的西北界。

明代城墙遗址位于该发掘区北部，清理出外侧包边砖墙和城墙内填土（图三四之左）。明代城墙在宋代城墙基础上扩建，城墙大致呈东西向，包边砖墙墙体顶面宽1.5米，自顶至墙基底部4.05米，至活动面约3.6米。其外壁与位于越秀山的全国重点文物保护单位——广州明城墙的结构及砌筑法一致。城墙砖规格一般为（42~43）厘米×（21~22）厘米×9厘米。[②]2019年，在该遗址、今广州市第一人民医院市一大道位置发现明末前膛铁炮一尊（图三四之右），前细后粗，炮身全长1.99米，口径25厘米，内径7厘米，尾径36厘米。[③]炮身中部的炮耳已损，炮身铭文因锈蚀风化而模糊不清，但仍能约略看出"弘光元年五月"等字样，由此可知该铁炮铸造于南明绍武政权（广州）建立的前一年、福王弘光政权（南京）即将被清军灭亡之时，即1645年（清顺治二年）。该铁炮今存于广州市文物考古研究院。

图三四　广州盘福路明代城墙遗址发现的包边砖墙（左）及明末前膛铁炮（右）

---

① 同治《番禺县志》，卷14，"建置略1"，清同治十年（1871）月光霁堂刊本，广东省立中山图书馆藏。

② 易西兵：《广州市第一人民医院建设工地宋明时期城墙遗址》，中国考古学会编：《中国考古学年鉴2015》，北京：中国社会科学出版社，2016年，第270页。

③ 王慧：《广州出土南明弘光元年铁炮》，《大众考古》2020年第12期。

（六）镇海楼与广州明城墙

镇海楼位于今广州解放北路越秀公园越秀山小蟠龙岗上，坐北朝南。珠江水面宽阔，登楼远望，碧波荡漾，颇为壮观，故楼名"望海"，后取雄镇海疆之意，称"镇海楼"，楼高 5 层，俗称五层楼（图三五）。

图三五　民国时期的镇海楼（森清太郎：《岭南纪胜》，东京：秋山印刷所，1928 年，第 22 页）

屈大均在《广东新语》中把镇海楼与禁钟楼（岭南第一楼）、海山楼和拱北楼合称为广州城"四大崇楼"。镇海楼被誉为"岭南第一胜概"。镇海楼高 28 米，歇山顶，复檐五层，似楼似塔，红砂岩墙，绿琉璃瓦，雄伟壮观。首层面阔 31 米、深 15.77 米，山墙厚 3.9 米，后墙厚 3.4 米；逐层向上内收，面阔及墙厚尺寸均有递减（图三六）。

清顺治八年（1651），平南王尚可喜驻军镇海楼。"咸丰四年（1854），土寇（指反清的洪兵——引者注）攻扑省垣，凡数阅月，总督汉阳叶名琛相国[1]与将军穆恩特日于其上视贼形势，调兵攻剿，遂歼众寇。"[2]在镇海楼前，原有火药局，存储八旗操演火药、枪炮、铅弹、铅子等，今早已不存。咸丰六年（1856），英法侵略军兵临广州城下，清廷在镇海楼筹议战事，镇海楼一度有"筹边楼"之称。

---

[1]　相国，中国古代官名。战国时各国先后设相，称为相国或相邦、丞相，为百官之首，秦代以后成为辅佐皇帝的最高官职，清代以任大学士者为相国（孟庆远主编：《新编中国文史词典》，北京：中国青年出版社，1989 年，第 638 页）。叶名琛（1809—1859 年），湖北汉阳人，咸丰二年擢总督，咸丰五年拜相国。

[2]　（民国）黄佛颐编纂，仇江、郑力民、池以武点注：《广州城坊志》，广州：广东人民出版社，1994 年，第 135 页。

图三六 镇海楼（上）及城墙（下）现状

镇海楼为明清时期广州城制高点，多有驻军于此。从众多的清代舆图和西人所绘广州城图中可清晰看见镇海楼（五层楼）或标注，充分说明其在广州城防中的重要地位和象征意义。镇海楼顶层有一副楹联①："万千劫危楼尚存，问谁摘斗摩星，目空今古；五百年故侯安在，使我凭栏看剑，泪洒英雄。"据说作者是光绪十年（1884）中法战争时在广东办理防务的兵部尚书彭玉麟。彭曾在镇海楼驻军。1913—1916年，军阀龙济光盘踞广东，亦屯兵于此。抗战时期，有防空高射炮部队于1936年9月进驻镇海楼。②1938年10月广州沦陷，镇海楼一度被侵华日军占据，其中的设备、文物遭毁劫。

① 原楹联散佚，民国文人叶恭绰、沈演公皆曾"补书"，现楹联为1957年广东著名书法家吴子复所书。
② 广州博物馆编：《镇海楼史文图志》，广州：花城出版社，2004年，第290页。

镇海楼门前右侧竖立着《镇海楼记》《重修镇海楼记》两方碑刻。《镇海楼记》碑高 2.43 米，宽 1.34 米。明嘉靖二十六年（1547）十一月立。由通议大夫兵部右侍郎兼都察院左佥都御史奉敕提督两广军务兼理巡抚泉南张岳撰并书篆额（图三七）。碑文记述了镇海楼于明初由永嘉侯朱亮祖始建后，至成化中重修，不久毁于火；嘉靖二十四年（1545）提督尚书蔡经、巡按御史陈储秀倡议重建；蔡去任后由张岳继任并继续主持重建工作，至嘉靖二十六年工程告竣的经过。这是现存记载镇海楼历史沿革最早的碑记。

《重修镇海楼记》碑高 2.5 米，宽 1.04 米。民国十七年（1928）十二月立。碑文由时任广东省教育厅厅长黄节撰并书，端州梁俊生刻石，碑文行书，记述镇海楼历史沧桑（图三八）。民国十六年（1927），广州市市长林云陔倡议重修（图三九、图四〇），由工务局拨款 4 万多元，次年 5 月动工，12 月竣工。竣工当年辟镇海楼为广州市市立博物院，今为广州博物馆所在地。

图三七　《镇海楼记》拓片

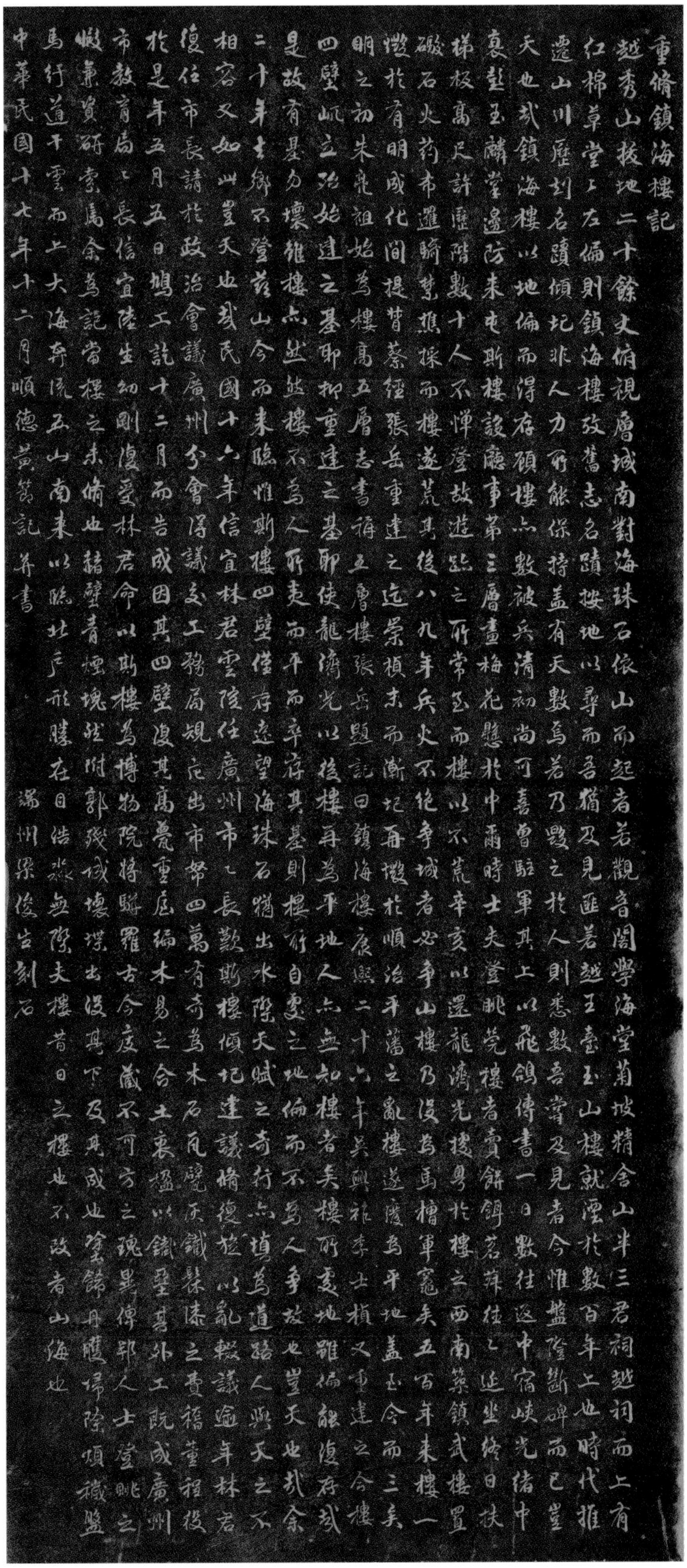
重脩鎮海樓記
越秀山拔地二十餘丈俯視㑹城南對海珠石依山而起者若觀音閣學海堂菊坡精舍山半三君祠越祠而上有
红棉草堂上左偏則鎮海樓攷舊志名蹟據地以尋而吾猶及見匯若越王臺玉山樓就湮於數百年上也時代推
遷山川歷刦名蹟傾圮非人力所能保持蓋有天數焉若乃毁之於人則悉數吾嘗及見者今惟盤隆斷碑而已豈
天也哉鎮海樓以地偏而得存顧樓亦數被兵清初尚可喜曾駐軍其上以飛鴿傳書一日數往返中宿峽光緒中
裒甃玉麟嘗邊防來屯斯樓設廳事第三層畫梅花懸於中爾時士夫登眺是樓者賣餅餌茗荈往往延坐終日扶
梯板高尺許歷階數十人不憚登故遊覽之所常在而樓以不荒辛亥以還龍濟光據粵於樓之西南築鎮武樓置
礮石火藥布邏騎禁樵採而樓遂荒其後八九年兵火不絕爭城者必爭山樓乃沒為馬櫓軍竈矣五百年來樓一
燬於有明成化間提督蔡經張岳重建之迄崇禎末而漸圮再燬於順治平藩之亂樓遂廢為平地蓋至今而三矣
明之初朱亮祖始為樓高五層志書稱五層樓張岳題記曰鎮海樓康熙二十六年吳興祚李士楨又重建之今樓
四壁屹立殆始建之基耶抑重建之基耶使龍濟光以後樓再為平地人亦無知樓者矣樓所處地雖偏能復存哉
是故有是多壞雖樓亦然然樓不為人所夷而平而幸存其基則樓所自處之地偏而不為人爭故也豈天也哉余
二十年去鄉不登茲山今而來臨惟斯樓四壁僅存遙望海珠石猶出水際天賦之奇行亦填為道路人與天之不
相容又如此豈天也哉民國十六年信宜林君雲陔任廣州市長歎斯樓傾圮建議脩復於以亂輟議逾年林君
復任市長請於政治會議廣州分會得議交工務局規定出市帑四萬有奇為木石瓦甓灰鐵髹漆之費稽董程役
於是年五月五日鳩工訖十二月而告成因其四壁復其高甍重屋編木易之合土衷楹以鐵壁其外工既成廣州
市教育局長信宜陸生幼剛復受林君命以斯樓為博物院將聯羅古今度藏不可方之瑰異俾郡人士登眺之
暇兼資研索焉余為記當樓之未脩也赭壁青煙塊然附郭殘城壞堞出沒其下及其成也璧飾丹雘掃除傾穢盤
馬行道千雲而上大海奔流五山南來以臨北户形勝在目浩淼無際夫樓昔日之樓也不改者山海也
中華民國十七年十二月順德黃節記并書　潮州梁俊生刻石

图三八　《重修镇海楼记》拓片

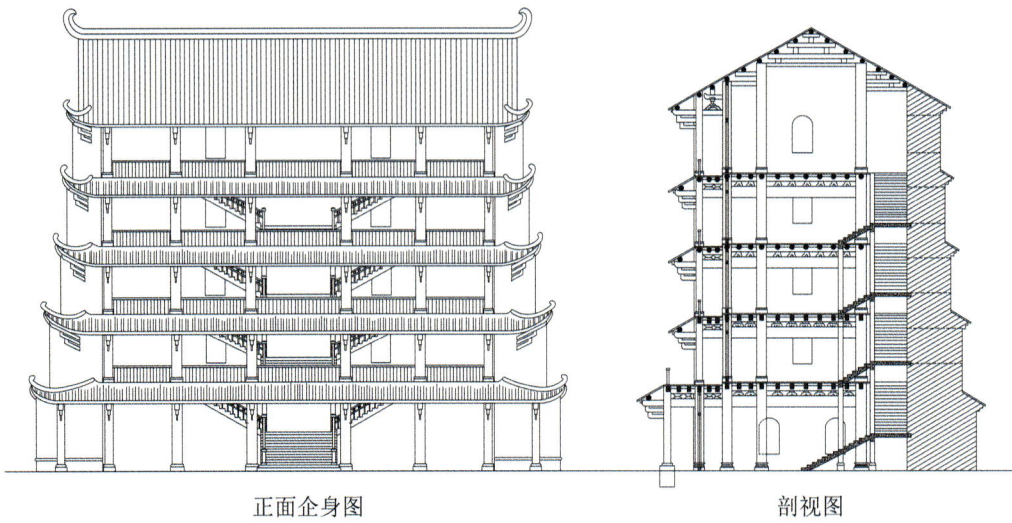

正面企身图   剖视图

图三九　拟改建镇海楼图式（1927 年）

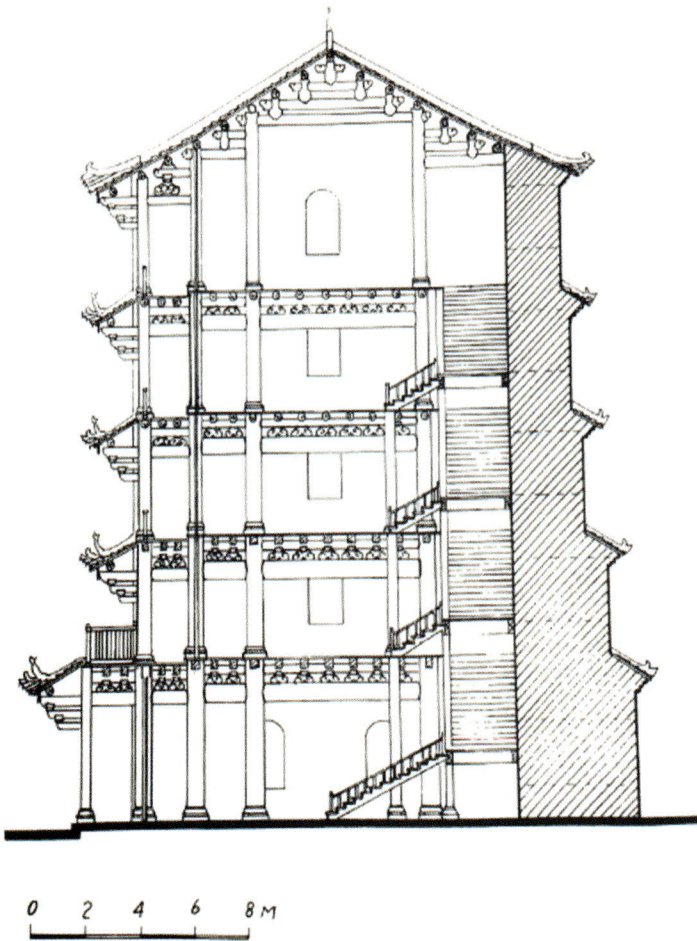

0　2　4　6　8M

图四〇　镇海楼现状侧面图

至明正德年间，广州老城修葺及北城建设才基本完成。明崇祯十三年（1640）增筑北城，将城墙培高七尺，增厚墙基（图四一），内砌女墙，再加垛五尺。并且每隔二十丈置一台阶，以便上下城墙。又增设敌台两座。[1]越秀山明代城墙用青灰色大砖砌筑，红砂岩条石砌基，现存总长度为1 137米。

1987年，镇海楼后面连同东、西两侧的城墙修缮复原，雉堞严整，恢复旧观（图四二）。

1989年6月，镇海楼、广州古城墙分别被列为广东省文物保护单位。2013年，"镇海楼与明城墙"被列为全国重点文物保护单位。

图四一 明代城墙遗存

---

[1] （民国）黄佛颐编纂，仇江、郑力民、池以武点注：《广州城坊志》，广州：广东人民出版社，1994年，第411页。

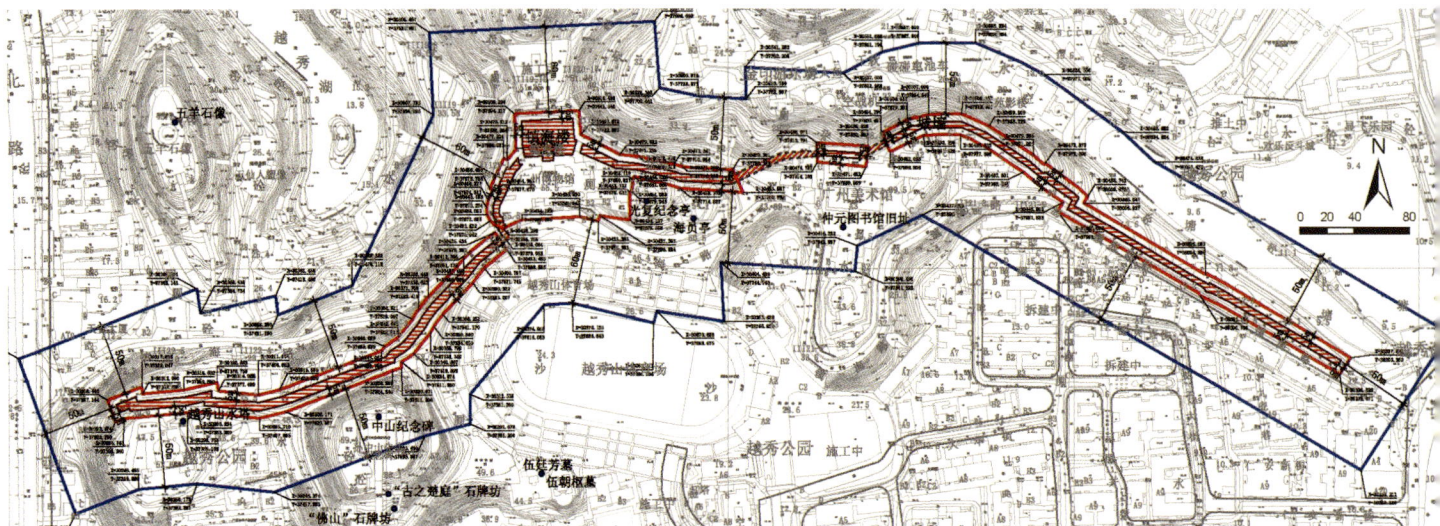

图四二 镇海楼与广州明城墙地形图

(七) 西门瓮城遗址

为避免城门直接暴露于外敌攻击下，常在城门外侧（或内侧）再添筑一道城墙，以形成一区域不大的防御性附郭，这就是瓮城。瓮城者，顾名思义，一旦敌人进入此处，就会遭到四面围攻，犹如瓮中之鳖。[1]明弘治十六年（1503）修广州城西门瓮城。

1996 年及 1998 年为配合建设工程，广州市文物考古研究所先后在中山七路与人民路交界处发掘清理明代西门瓮城遗址（图四三、图四四）。西门瓮城遗址平面呈"⌐"形，南北长 50 余米，东西宽 18 米，清理出的残存基址高 3.7 米。墙垣由红砂岩条石包边，条石长 0.5~1.3 米、宽 0.2~0.5 米，横竖错缝叠砌，以灰浆粘接，残留 23 层，墙芯以黄褐色土夯实，墙体宽 4.7~5.1 米。外壁向上斜收，内壁较直，墙体曾经多次修筑，南墙壁有一处拱形门阙，用白色花岗岩条石砌成（图四五），年代稍晚。遗址中部被埋在中山七路路底，南北两部分露于地面，压在民居下面（图四六）。在西门瓮城遗址出土了明代青花碗、清代铁炮（图四七）等。这是迄今广州发现并保存较好的城门遗址（图四八）。[2]

1999 年 7 月，位于今广州市荔湾区中山七路与人民路交界处的西门瓮城遗址被列为广州市文物保护单位。

---

① 刘叙杰：《中国古代城墙》，国家文物局文物保护司等编：《中国古城墙保护研究》，北京：文物出版社，2001 年，第 39 页。

② 广州市文化局、广州市地方志办公室、广州市文物考古研究所编：《广州文物志》，广州：广州出版社，2000 年，第 26、27 页。

图四三　广州中山七路西门瓮城遗址发掘现场

图四四　广州中山七路西门瓮城遗址

图四五　广州中山七路西门瓮城遗址明城墙石侧门通道

图四六　广州中山七路西门瓮城北段城墙墙基（部分）

图四七　广州中山七路西门瓮城遗址发掘出的铁炮

图四八　广州中山七路西门瓮城遗址现状

　　明清时期的广州城北至越秀山，南至今一德路、泰康路、万福路一线，西至今人民路，东至越秀北、越秀中一线。

　　随着历史发展，城墙的城防功能已大大降低。民国初期，拆城墙筑马路成为广州拓展市区、发展公共交通的要务。广州大德路、一德路、人民南路等，即为拆除城墙后所筑马路，如今成为广州著名历史街区。

　　大德路，其位置原为明清两代广州归德门城墙。明初将"宋三城"合一，又扩增北城，使得广州城"周三千七百九十六丈，计一十五万一百九十二步，高二丈八尺，上广二丈，下广三丈五尺。……为门七：曰正北，稍东约小北，曰正东，曰正西，曰正南，稍东曰定海，西曰归德"[①]。民国九年（1920）广州拆城墙建马路，"归德"改名"大德"，大德路由此而来。大德路东西走向，全长 1 163 米，宽 16 米。东起广州起义路，西至人民中路，其间与解放中路、海珠中路相交，全路段为自西向东单行线。路边骑楼旧建筑一般三四层高，或红砖砌筑，或水泥砂浆批荡粉饰，一些骑楼窗额或廊梁上仍留有"铜片""铜器""勤昌泰制造厂"等印记。20 世纪 60 年代，为纪念向秀丽烈士而改名为"秀丽三路"。1981 年又恢复"大德路"的名称。今尚存归德门石额（图四九），高 0.99 米，宽 1.63 米。这是广州仅存的一件明代城门石额，今置越秀山上镇海楼（五层楼）广场右侧。

一德路，东西走向，位于泰康路以西，和平东路以东，东接海珠广场，西连人民南路，长约 1 150 米，宽约 15~17 米。其间与靖海路、海珠南路相交。一德路原为嘉靖四十三年（1564）所筑新城的南城墙，时有五仙门、靖海门、油栏门、竹栏门等城门。史载："咸丰六年十一月初一日，英夷以炮攻新城，坏靖海城墙，参将凌芳御之于一德社，中火枪死。夷酋从墙缺入，至总督府。"[②]总督府即两广总督府，今广州石室圣心天主教

图四九　明代广州城墙归德门石额拓片

堂所在地。1920 年，广州拆城墙建马路，一德路之名，得自路旁一德学社。清代，该区域所在已经形成果栏、菜栏和鱼栏，是闲杂商品集散地。沿袭至今。

民国广州政府拆广州城西面鸡翼城[③]、填平西濠修筑大马路，因其路段位于广州城太平门以南，故名太平南路。太平南路南北走向，北接丰宁路（今人民中路），南抵沿江西路，全长约 900 米，路宽约 32 米，为当时广州最宽阔的马路之一（图五〇）。20 世纪 60 年代太平南路改名为人民南路。人民南路，中间与西堤二马路、西濠二马路、十三行路、仁济西路、和平东路、一德路、大新路、上九路、大德路、长泰路等多条东西向马路相交。现在的人民南路为荔湾区与越秀区分界路段，路西面为荔湾区所辖，路东面为越秀区所辖。人民南路沿路至今保存有新亚大酒店、新华大酒店等建于 20 世纪二三十年代的骑楼建筑。

① 同治《番禺县志》，卷 14，"建置略 1"，清同治十年（1871）月光霁堂刊本，广东省立中山图书馆藏。

② （民国）黄佛颐编纂，仇江、郑力民、池以武点注：《广州城坊志》，广州：广东人民出版社，1994 年，第 508 页。

③ 清顺治四年（1647），总督佟养甲将明代所建广州新南城的东西两侧向南延伸，直达珠江边，各长二十余丈，形似两鸡翼，故有"鸡翼城"之称。

图五〇　20 世纪 30 年代的太平南路（广东省立中山图书馆编著：《老广州》，广州：岭南美术出版社，2009 年，第 43 页）

第二节　东濠涌

"广州城之有池，自宋大中祥符邵煜（邵晔——引者注）始。其后魏瓘、王靖、陈岘、高绅、方大琮各有疏浚，曰南濠，曰西濠，曰东濠，曰清水濠。"[1]明洪武十三年（1380），朱亮祖"疏浚旧濠，周二千三百五十六丈五尺，环绕内城，通称曰清水濠。东则穴新城而入，西则出新城而南达珠江，即今之濠也。古渠有六，贯通内城。渠通于濠，随潮汐之上下为浅深，舟楫可通，风涛无虑。盖所以卫城，亦以通水利也。"[2]除了广州东濠仍有历史留存外，其他在民国时期及其后均改为暗渠，今只剩下地名而已。

旧时的东濠涌前段并不规则，大部分呈 U 字形，亦有 V 字形，宽 1~6 米，深度 3 米以下。涌边堤岸，小北门双眼桥以上的多属土基，两旁间有树木及水笪。双眼桥一带堤岸多由住户自己用砖石砌成，只有竺横沙涌桥一段堤岸筑有长约 300 米的石磡。今位于广州市越秀区的东濠涌（图五一、图五二），是广州仅存的旧城城壕，从北到南全长约 4 510 米。东濠涌发源于白云山南麓麓湖，向南沿小北路、越秀路东侧，流至大沙头西部的东堤汇入珠江。东濠涌口附近原有建于顺治十一年（1654）的东炮台，有炮位 11 个，今已不存。

---

① （民国）黄佛颐编纂，仇江、郑力民、池以武点注：《广州城坊志》，广州：广东人民出版社，1994 年，第 36 页。

② 广州年鉴编纂委员会编：《广州年鉴》，广州：广州奇文印务公司，1935 年，第 396 页。

图五一　东濠涌位置图（右侧高架桥下为东濠涌）

图五二　东濠涌现状

广州地处东、西、北三江汇流处，珠江穿市而过，北临北江，西北紧靠流溪河，加上雨量充沛，因而备受洪水、暴雨、大潮威胁，水患频繁。民国二十一年（1932）夏，广州暴雨，东濠上游白云山山洪突发，小北首当其冲，酿成特大水灾，房屋倒塌伤人，遭遇百年以来少有之浩劫。民国二十四年（1935）广州市政府治理东濠水患后，在东濠涌、越秀桥立宽 0.6 米、高 1.24 米的"整理东濠下游碑记"一通（石质）特记其事。2002 年，该石碑被列为广州市文物保护单位（图五三）。

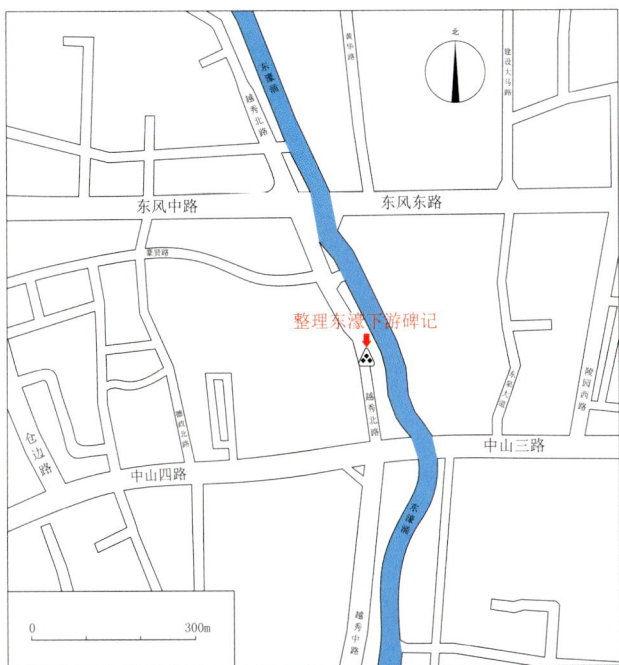

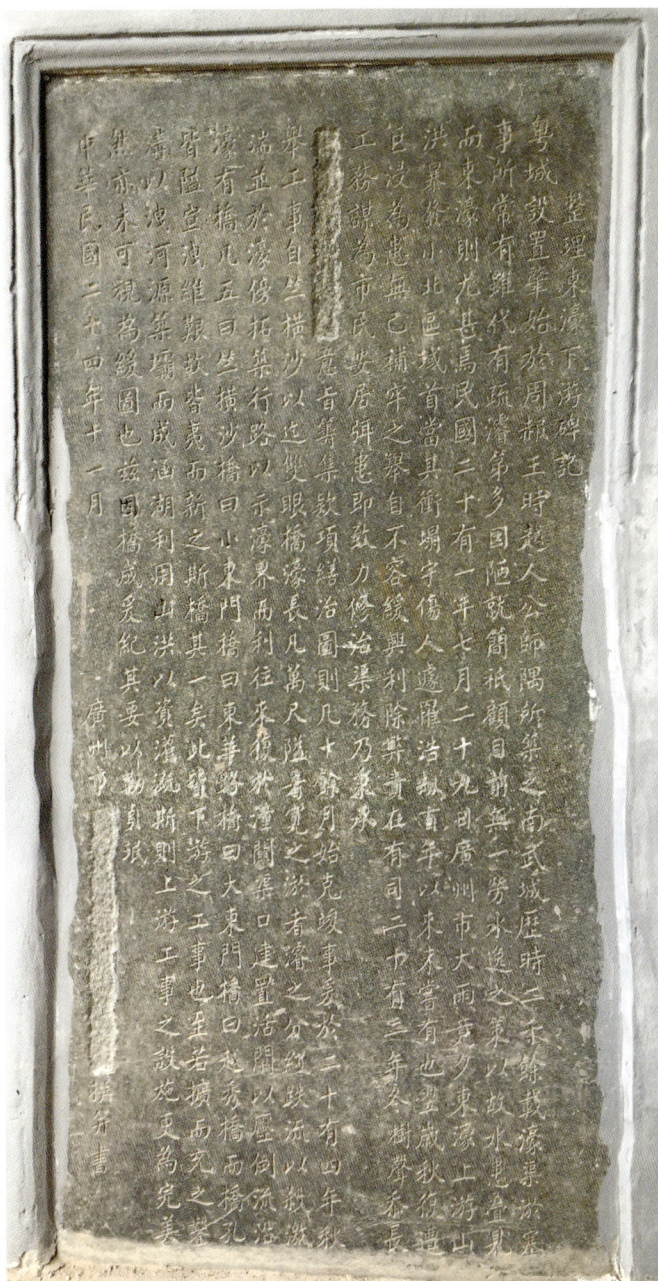

图五三　"整理东濠下游碑记"（右）及其位置示意图（左）

附：整理东濠下游碑记

粤城设置肇始于周赧王时，越人公师隅所筑之南武城，历时二千余载。濠渠淤塞事所常有，虽代有疏濬，第多因陋就简，只顾目前，无一劳永逸之策，以故水患叠见，而东濠则尤甚焉。民国二十有一年七月二十九日，广州市大雨竟夕，东濠上游山洪暴发，小北区域首当其冲，塌宇伤人，遽罹浩劫，百年以来未尝有也。望岁秋，复遭巨浸，为患无已，补牢之举，自不容缓，兴利除弊，责在有司。二十有二年冬，树声忝长工务，谋为市民安居弭患，即致力修治渠务。乃秉承□□□□□①意旨，筹集款项，缮治图则，凡十余月始克竣事。爰于二十有四年秋举工事，自竺横沙以迄双眼桥，濠长凡万尺，隘者宽之，淤者濬之，分级跌流以杀激湍，并于濠傍拓筑行路，以示濠界，而利往来。复于潼关渠口建置活闸以压倒流。沿濠有桥凡五，曰竺横沙桥，曰小东门桥，曰东华路桥，曰大东门桥，曰越秀桥，而桥孔皆隘，宣泄维艰，故皆夷而新之。斯桥其一矣，此皆下游之工事也。至若扩而充之，凿沟以泄河源，筑坝而成涵湖，利用山洪以资灌溉，斯则上游工事之设施更为完美。然亦未可视为缓图也。兹因桥成，爰纪其要，以勒贞珉。

中华民国二十四年十一月
广州市□□□□□□□□撰并书

中华人民共和国成立后，政府对东濠涌展开了一系列的治水工程。②整治后的东濠涌环境大为改善，今为广州市内主要排水渠道之一。另外，政府利用涌边两座民国建筑，辟为东濠涌博物馆（图五四），免费供民众参观，用以展示东濠涌历史及当代治水成果。

图五四　东濠涌边的东濠涌博物馆

---

① "□"为"文革"时碑刻被凿文字。前为"市长刘公纪文"6个字，后面落款为"工务局局长文树声"8个字。

② 详见广州市档案局、广州市国家档案馆编：《水城广州美》，广州：广州出版社，2015年，第19页。

第三节　小东营卫所遗址

　　广州府城内，明洪武八年（1375）设置广州左卫、广州右卫，明洪武二十三年（1390）设置广州前卫、广州后卫。其中左右卫各有官 41 员，旗军分别为 1 324 名、1 693 名；前后卫分别有官 30 员、17 员，旗军分别为 1 504 名、1 265 名。屯驻官兵，"用以宅中而制外"，发挥省城的枢纽作用。[①]现大都难觅踪迹。唯留下少量旧址，可供人们追寻历史的足迹。

　　位于广州越秀区越华路小东营 1 号的小东营清真寺旧址（图五五）原是明代中期小东营卫所遗址（图五六）。史载，小东营为明季四卫回兵行营。明成化四年（1468）朝廷调派 1 000 多名南京回兵到粤协剿作乱的瑶人，平乱后回兵留戍广州，建大东营、小东营、西营、竹筒营共四营以处之。[②]四营回兵在营地附近分别建立清真寺。小东营清真寺旧址坐西朝东，占地面积 536 平方米，由正殿、月房、水房、仪门等建筑组成。1982 年，该寺进行全面大修，作为回民治丧处。2004 年再次加固维修并对外开放。2009 年 9 月，小东营清真寺旧址被列为越秀区文物保护单位。

图五五　小东营清真寺旧址

---

　　① 政协广东省委员会办公厅、广东省政协学习和文史资料委员会编：《广东近代要塞》，北京：中共党史出版社，2007 年，第 7 页。

　　② （民国）黄佛颐编纂，仇江、郑力民、池以武点注：《广州城坊志》，广州：广东人民出版社，1994 年，第 92 页。

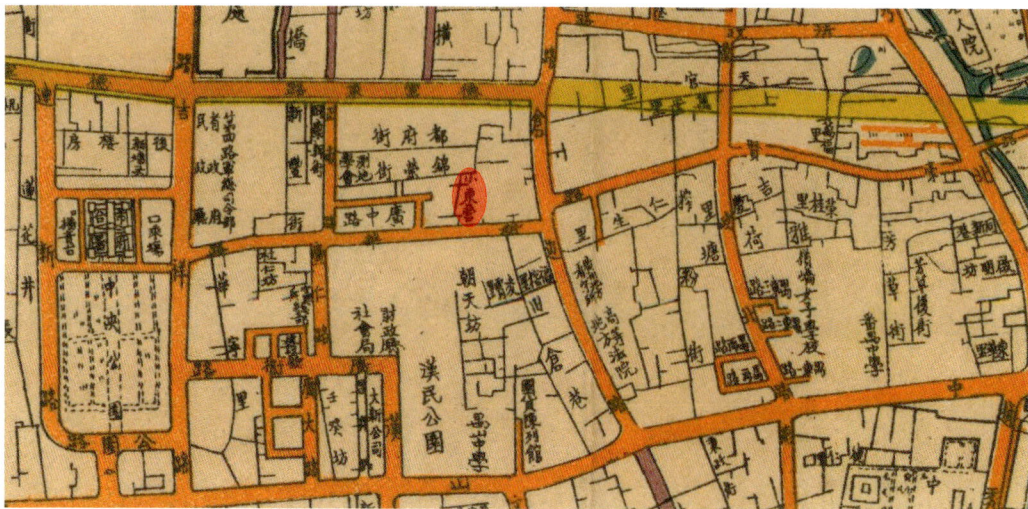

图五六　小东营位置图

第四节　莲花城

莲花山，历史上又称石砺山或狮石山，在广州城东南 80 里，屹峙海旁，高 200 余丈，绵亘 40 余峰，"下捍虎门，上卫羊城"。莲花城位于广州市番禺区石楼镇莲花山第二峰，地处狮子洋水道西岸，此为进出广州的"咽喉"（图五七）。清康熙三年（1664），"徙海民于内地，划山属禁界，外设立砖城，营房、墩台于上"①即为莲花城。为防范明末遗臣郑成功之入侵，清初实施大规模海禁，莲花城作为军事据点，用以消除接济台湾之隐患。莲花城南北各有一红砂岩砌筑的拱门，其中南门为正门，其券顶之上嵌有石匾阴刻"莲花城"，落款"康熙三年"（图五八）。莲花城占地面积约 1 400 平方米，其平面呈不规则的椭圆形（图五九），城墙高 5.66 米，厚 2.34 米，周长 340 米，内外墙身均用青砖砌筑，下垫基石，中填泥土，顶部外侧建垛墙。

---

① 同治《番禺县志》，卷 14，"建置略 1"，清同治十年（1871）月光霁堂刊本，广东省立中山图书馆藏。

图五七 莲花城

图五八 莲花城城门

图五九　莲花城地形图

第一次鸦片战争时期，清两广总督琦善与英国驻华商务监督义律于道光二十一年（1841）在莲花城密议《善后事宜章程》（即《穿鼻草约》）。莲花城外还有烽火台（今已不存），清军曾依此抗击英侵略军。清咸丰四年（1854），民间秘密组织天地会（洪兵）在广州以及全省各地起义反清，在番禺东南郊起义的首领陈显良（番禺石楼人）的队伍占据此城，作为其部队驻地。

1983 年，莲花城按原貌修复（图六〇）。现存有墩台、兵房、马厩等遗迹。1989 年6 月，莲花城被列为广东省文物保护单位。2003 年，修缮加固莲花城后，在其内开辟清史展览馆，对外开放。

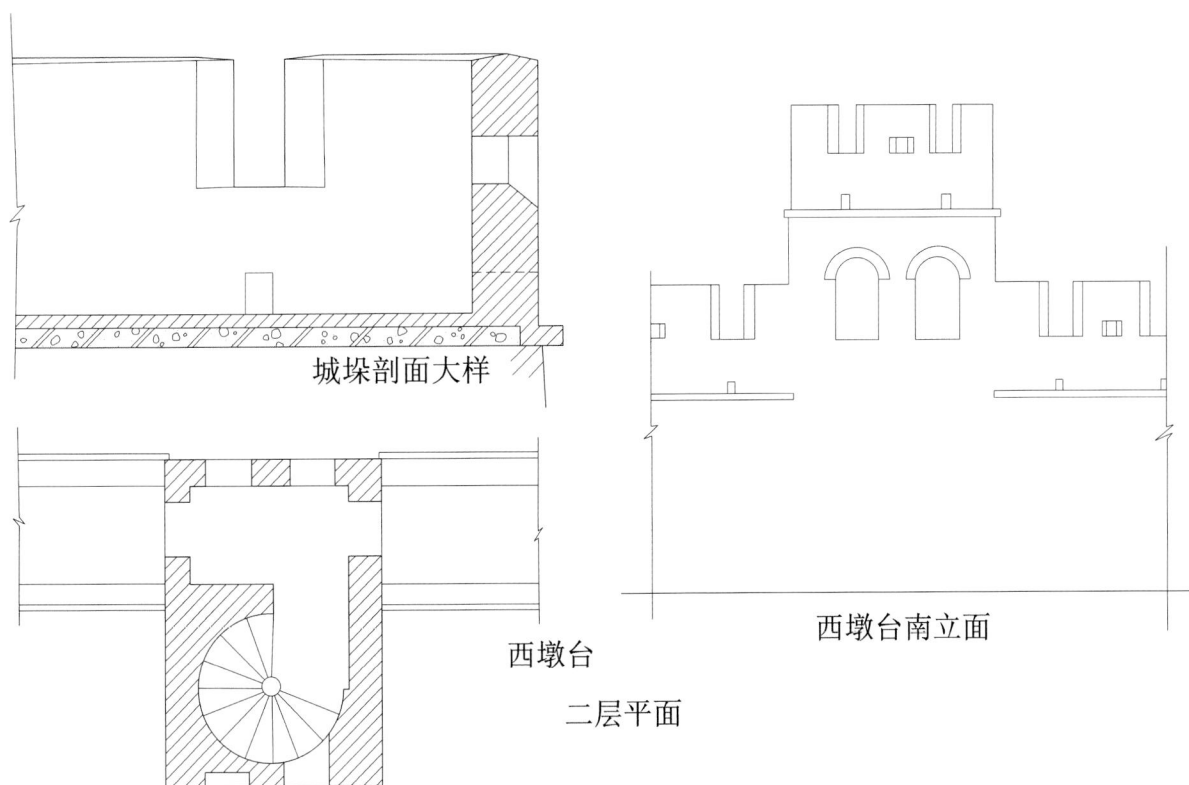

城垛剖面大样

西墩台
二层平面

西墩台南立面

图六〇 莲花城墩台、城垛复原图

第五节 大乌岗烽火台遗址

广州地区修建烽火台始于南宋，主要用于报警。历代随着战事的需要，逐步增建或扩建。[①]大乌岗烽火台遗址（图六一）位于今番禺区沙头街大夫山森林公园内。大乌岗又名大夫岗，原名抱旗山，在广州城南 80 里。因山形南北长、东西狭，中部窄峭，像卷起的旗子之故。大夫山地处番禺区沙头街和钟村交界处。海拔 226 米，是番禺区第二高山。据乾隆《番禺县志》载："为郡前镇山，西北两江锁钥，上有古烽堠。"用于联络报警的烽堠又称烟墩、烽台或烽火台，"于高山四顾险绝处置之……每晨及夜，平安举一火，闻警戒举二火，见烟尘举三火，见贼，烧柴笼。"[②]现在大乌岗山顶有一方圆 30 多平方米的平顶，近处有零散的红色砂石，和本山石质不同，应是古烽火台遗迹（图六二）。

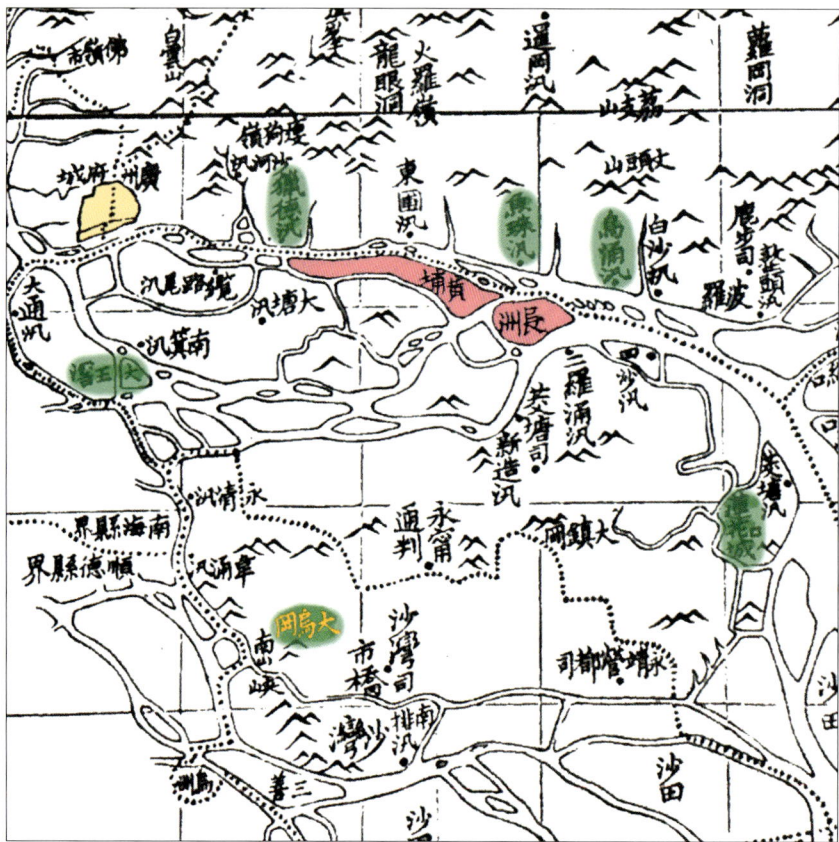

图六一 大乌岗烽火台遗址位置示意图

---

① 广州市地方志编纂委员会编：《广州市志》（卷 13），广州：广州出版社，1995 年，第 28 页。

② （明）郭棐撰，黄国声、邓贵忠点校：《粤大记》，卷 27，"军器"，广州：中山大学出版社，1998 年，第 796 页。

图六二 大乌岗烽火台遗址

关于大乌岗烽火台始建年代，一说是南宋抵御元兵而建，一说是明朝为防倭寇入侵而建，一说是清康熙年间为防止郑成功进攻沿海地区而建。

南沙区黄阁镇蕉门山上 20 世纪 80 年代初尚存蕉门烽火台遗址，据说该烽火台是为防止郑成功反清复明进攻沿海地区而设，用黄泥和碎石堆砌而成。其距离嘉庆年间所建蕉门炮台约 100 米，曾作为蕉门炮台的烽火台。今已无存。[1]

---

① 司徒彤主编：《番禺县文物志》，内部印刷，1988 年，第 65 页。

第三章　炮台

广州境内地势自东北向西南起伏下降，广州城北高南低，北面依山，南临珠江（图六三）。清代广州炮台主要集中在广州城北、省河、虎门海口三个区域。

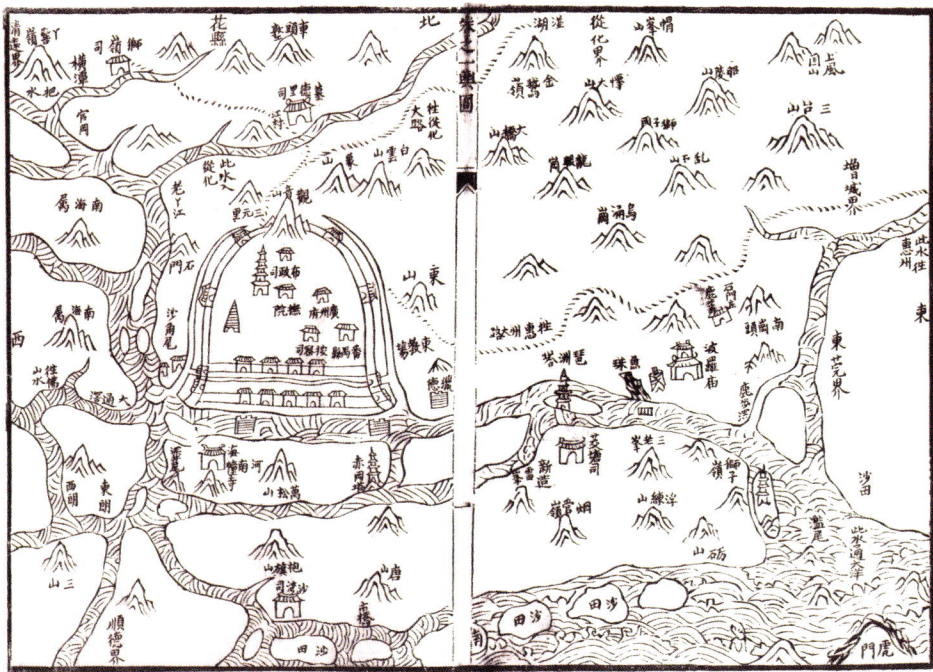

图六三　广州府城郭图（康熙二十四年）

因"城北无外壕，以其地纯石，又粤（越）秀为广州主山，不宜凿断，然此方山峦丛杂，人烟寥落"，因而于"扼要处添建炮台数座，守以兵弁，亦未雨绸缪之计"。①乾隆以前，广州城防格局以就近防御为主，城北为制高点，设置炮台数量最多。其中顺治十年（1653）建拱极炮台、永宁炮台（后改名为永康，俗称四方炮台）、耆定炮台，雍正十年（1732）建神安炮台（亦称观音山炮台），雍正十一年（1733）建保厘炮台，次年建保极炮台。其后陆续修筑炮台，特别是嘉庆时期、两次鸦片战争之间、光绪时期都有大规模修筑。

---

① （清）张渠撰，程明校点：《粤东见闻录》，广州：广东高等教育出版社，1990年，第15页。

嘉庆时期，在城外飞鹅岗增建东得胜、西得胜两个炮台。第一次鸦片战争后，原有城防格局重新调整，为加强防御，在修复所有城北旧炮台的同时，又在北城内越井岗增建粤秀东、粤秀西炮台。加上原东得胜、西得胜炮台，城东北乌龙岗保厘炮台和象岗山保极、拱极两炮台，凤凰山耆定、永康两炮台，北城墙内的神安炮台，城北计有十余座炮台。清代《广州驻防事宜》记载：省城炮台16座，其中"神安炮台，在城内北边，于道光二十五年（1845——引者注）改归水师旗营经营，每班派官一员，领催兵十名防守。粤秀东炮台、粤秀西炮台，俱在城内北边，以上炮台二座于道光二十一年（1841——引者注）添建，系八旗经营，每座派催兵五名防守。拱极台在城北，离城半里。保极台在城北，离城半里。永康台，前经毁坏，尚未修复，在城北，离城一里。耆定台在城北，离城一里。保厘台在城东，离城一里。"①

清初炮台多为城堡式，即炮台由一个封闭式的高墙围合而成，开一门供出入，大炮驾在墙头或与墙头等高的墩台上。这种形制大约在嘉庆时转为炮洞式，即在炮台攻击方向下部开设炮洞，大炮安在与地面齐平的炮洞里。这些炮台在第一次鸦片战争期间被毁，旋即修复，第二次鸦片战争中再遭破坏。之后除北城内的神安炮台被废弃外，其余炮台同治三年（1864）修复。张之洞《广东海图说》记载城北7个炮台的情形："省城东乌龙岗保厘炮台同治三年建，省城北象岗山保极、拱极两炮台皆旧建，凤凰山耆定、永康两旧炮台同治三年复修，飞鹅岗东、西得胜两旧炮台同治三年复修。"②此后由于广州改建西式炮台，城北这些旧的中式炮台逐渐被废弃。

从炮台形制来说，光绪六年（1880）之前修筑的炮台为中式炮台，其后修筑的炮台为西式炮台；从防御重心而言，乾隆以前以城防为主，嘉庆至第一次鸦片战争前逐渐转变为以海防为主（图六四），鸦片战争后海防与江防并举，特别是光绪时期江防"长洲要塞"地位大大提高。

古有边防而无海防，海之有防自明始。③自明朝开始，中国的海防不仅防海盗，而且重点防御外敌入侵。

广东"为保卫广州海路安全所作之种种努力，特别自十六世纪初，欧洲海力东渐之后"④。值得注意的是，近代海防自产生之日起，就相应担负起维护国家主权、领土完整和安全的国防重责。

如今，丰富的广州炮台遗存（表二）成为广州重要的城防史迹，这也是广州城防特色所在。

---

① （清）庆保辑：《广州驻防事宜》，《续修四库全书》，第860册，上海：上海古籍出版社，2002年，第218、219页。

② （清）张之洞：《广州海图说》，清光绪十五年（1889）广雅书局刊本，《广东历代方志集成》，省部（27），广州：岭南美术出版社，2006年，第831页。

③ （清）齐翀纂修：《南澳志》，卷3，"建置"，清乾隆四十年（1775）刊本，广东省立中山图书馆藏。

④ 许舒：《序言》，萧国健：《关城与炮台：明清两代广东海防》，香港：香港市政局，1997年，第8页。

表二 清代广州炮台一览表[①]

时期	城北城防	省河江防	虎门海防
顺治至乾隆	保厘炮台	西炮台(柳波涌炮台)	南山炮台
	永宁炮台	沙角尾高炮台	横档炮台
	耆定炮台	沙角尾土炮台(菜栏土炮台)	三门炮台
	拱极炮台	西宁炮台	
	保极炮台	永靖炮台	
	神安炮台(观音山炮台)	海珠炮台	
		东炮台(东水、东定)	
		鱼珠炮台	
		白蚬壳炮台	
		狮子塔炮台	
嘉庆至第一次鸦片战争	保厘炮台	东定炮台(东水炮台)	沙角炮台
	永康炮台(永宁炮台)	中流沙炮台	威远月台
	耆定炮台	猎德炮台	靖远炮台
	拱极炮台	永靖炮台(永清炮台)	镇远炮台
	保极炮台	西炮台(西关炮台)	新涌炮台
	神安炮台	西宁炮台	大角山炮台
	东得胜炮台	大黄滘龟岗炮台(车歪炮台)	横档月台
	西得胜炮台	海珠炮台	永安炮台
		鸡公石炮台	巩固炮台
		古坝炮台	大虎山炮台
		南排炮台	蕉门炮台
		涌口炮台	南山炮台
		市桥炮台	三门炮台
		庙口炮台	
第一次鸦片战争后至第二次鸦片战争	保厘炮台	保障炮台	沙角炮台
	永康炮台	西炮台	新涌炮台
	耆定炮台	西安炮台	威远炮台
	拱极炮台	西平炮台	靖远炮台
	保极炮台	西固炮台	镇远炮台
	神安炮台	永靖炮台	竹洲炮台
	东得胜炮台	海珠炮台	九宰炮台
	西得胜炮台	东炮台	水军寮炮台

① 参考黄利平：《清代民国广州城防、江防与海防炮台研究》，广州：广州出版社，2016年，第274-276页。

（续上表）

时期	城北城防	省河江防	虎门海防
第一次鸦片战争后至第二次鸦片战争	粤秀东炮台	中流砥柱炮台	蛇头湾炮台
	粤秀西炮台	东固炮台	大角山炮台
		东安炮台	下横档炮台
		东靖炮台	上横档炮台
		凤凰岗炮台	巩固南炮台
		南石头炮台	巩固北炮台
		大黄滘炮台	大虎山炮台
		沙腰炮台	蕉门炮台
		东塱炮台	
		新造炮台	
		仑头（东）炮台	
		仑头南土墩	
		南固炮台	
		南安炮台	
		冲天凤土墩	
		穗石村炮台	
第二次鸦片战争后至光绪初年	保厘炮台	大黄滘炮台	威远炮台
	永康炮台	沙腰炮台	下横档炮台
	耆定炮台	中流砥柱炮台	
	保极炮台		
	东得胜炮台		
	西得胜炮台		
光绪至民国		牛山炮台（含克敌、克胜、克虏、威远、靖远、绥远、定远等炮台）	沙角炮台（含濒海、联珠、镇海、临高、捕鱼山、仑山、归藏山、鼻湾山等炮台）
		鱼珠炮台（含狮山、狮腰、蟹山炮台）	大角山炮台（含大角振威、振定、二角振扬，蒲洲山上的蒲威、蒲山、蒲海等炮台）
		二沙尾炮台（含中流砥柱、定功、绥远等炮台）	威远炮台[含镇远（威胜西台）、靖远（威胜东台）、定洋、蛇头湾等炮台]
		沙路炮台（含沙路马鞍山、马鞍小山、马鞍山腰、石头山上下、石头山等炮台）	下横档炮台（含永固、镇定、广靖、神威、安疆、飞霆等炮台）
		大黄滘炮台（含绥定、南石头、镇南、永固、保安等炮台）	上横档炮台（含镇边、广隽、霹雳、耀武、定远、靖逆、鞠旅等炮台）
		长洲炮台（含白兔岗、白鹤岗、大坡地、蝴蝶岗、西岗等炮台）	

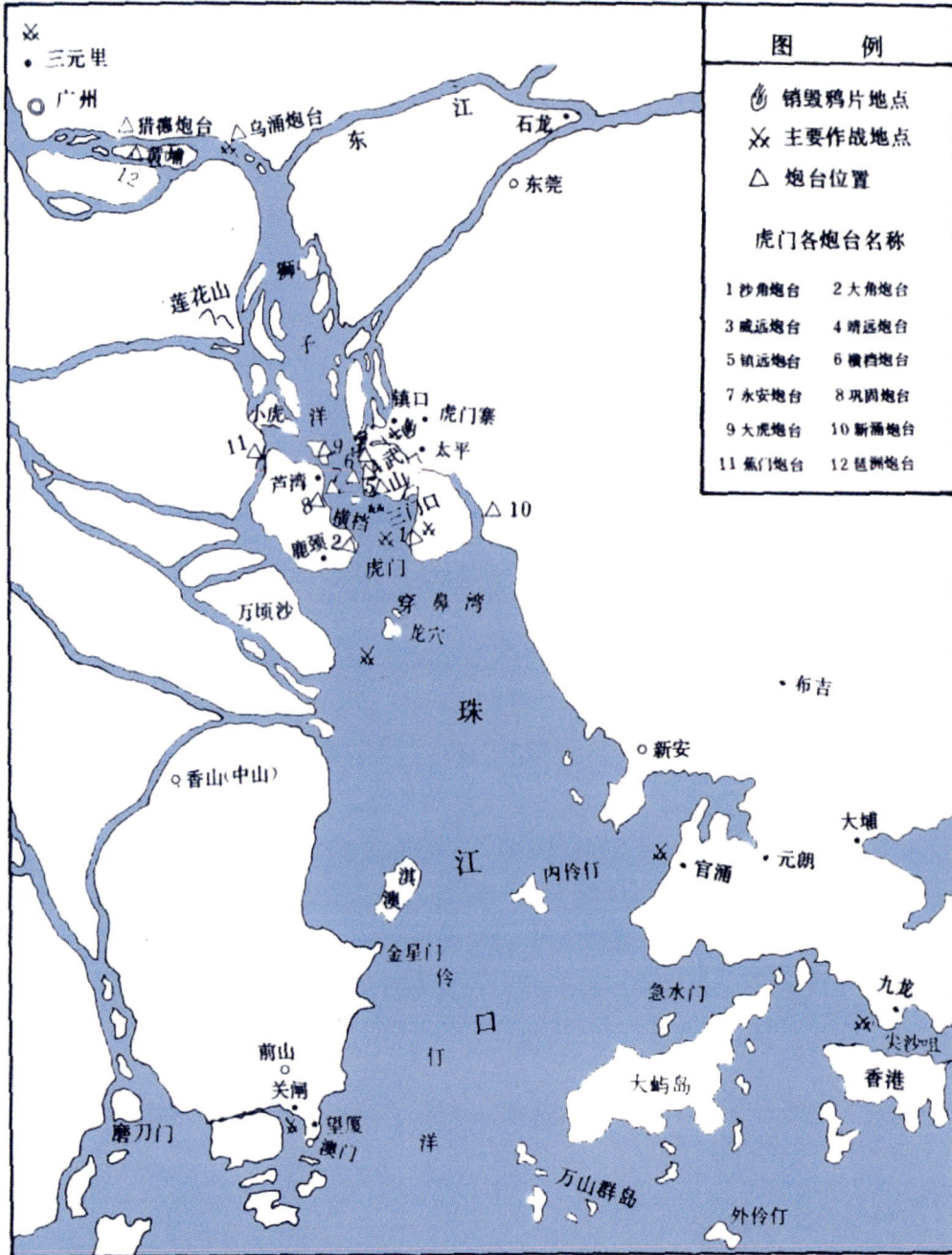

图六四　鸦片战争时期珠江口形势示意图（萧致治：《鸦片战争史：中国历史发展中第三次社会大变革研究》，福州：福建人民出版社，第 410 页）

第一节　城防炮台

广州城防就近防御、以城北为重时，在制高点越秀山、象岗山、乌龙岗等先后建有十余座炮台，今仅剩拱极炮台、四方炮台遗址等，可供后人凭吊。

（一）拱极炮台

拱极炮台位于镇海楼以西的象岗山上，建于清顺治十年（1653）。据清乾隆《南海县志》卷十记载：“拱极炮台，大小炮十二位，在北门外，顺治十年建，有将军标官一员、兵二十名防守。”[1]

同治《南海县志》载拱极炮台等修复情况：“会城北门外，保极、拱极、保厘、耆定四炮台倚据山阜，错若犬牙，排同翅雁，列雉相望，实为东北两路防守要隘之地。咸丰丁巳（1857年第二次鸦片战争时——引者注）毁，以致粤城两路空旷，屡议修筑，历经勘估，谓需经费银五六万，以拨饷京饷等项，以迄本省要需尚行支绌，因循未办。同治乙丑节相瑞澄泉麟[2]时为镇粤将军，以筹划捍御，山岗罗列，道路纷歧，无险可恃，亲诣各炮台故址验看，则旧日层石穹峙，本极坚牢，蛮酋用火轰翻掩覆土中，榛莽丛杂，逐段剔出，尚足敷用。每台添凑砖灰等项，约需工料银一千二三百余两……而保极、拱极、耆定则炮台而外添筑边墙，倚山开濠，俾足自守”[3]。同治《番禺县志》所记“同治二年，将军瑞麟修复城北各台，而拱极一台有议其临城者，亦未复也”[4]。光绪《广州府志》载：“海珠及东水、西宁、永清、拱极等炮台咸丰八年（1858——引者注）为洋人毁拆，至今未修复。”[5]

光绪朝后期大规模引进西式大炮之后，广州城北拱极炮台等渐渐失去军事地位和价值，最终被弃置荒废（图六五、图六六）。

1982年，广州市第二次文物普查初期，普查人员在广州象岗山拱极炮台遗址发现三门铁炮，分别排列在炮台基座上，一大二小，炮身残缺，其他部分完好。其中大的铁炮长2.5米，炮身最大直径58厘米，炮口内径16厘米。炮身刻有“道光二十年　佛山造　重三千斤”字样。[6]

---

[1]　乾隆《南海县志》，卷10，“兵防志”，清乾隆六年（1741）刻本，广东省立中山图书馆藏。

[2]　瑞麟（1809—1874），字澄泉，满洲正蓝旗人，同治二年（1863）任广州将军，同治四年即乙丑年（1865）兼署两广总督。

[3]　同治《南海县志》，卷4，“建置略1”，清同治十一年（1872）刻本，《广东历代方志集成》，广州府部（11），广州：岭南美术出版社，2007年。

[4]　同治《番禺县志》，卷14，“建置略1”，清同治十年（1871）月光霁堂刊本，广东省立中山图书馆藏。

[5]　光绪《广州府志》，卷64，“建置略1”，清光绪五年（1879）广州粤秀书院刻本，广东省立中山图书馆藏。

[6]　黄森章：《广州文物普查工作追忆》，《广州文博》1989年第4期。

图六五　拱极炮台现状

图六六　拱极炮台

（二）四方炮台遗址

四方炮台位于广州越秀山蟠龙岗顶，是鸦片战争的重要遗迹之一。顺治十年（1653）建。原名永宁炮台（图六七），重修时因避道光皇帝（旻宁）名讳，改为永康炮台，因炮台长宽似四方形，故俗称"四方炮台"（图六八）。四方炮台是广州城防的重要据点，据顾炳章《外海内河诸炮台图说》载："外台周围四十九丈九尺，高一丈七尺；台中子台周围十六丈八尺，高二丈一尺。垛墙青砖，敌台石砌，南面各开大门一道。外台配炮十三位，内：五千斤一位、三千斤三位、二千五百斤二位、二千斤三位、一千斤一位、七百斤一位、五百斤二位。子台配炮九位，内二千五百斤一位、一千斤六位、八百斤一位、七百斤一位。以上子台、外台共配炮二十二位。官厅二间，兵房十六间，药局一间。系广州协左营管辖，派记委兵丁李全亮等二十名在台防守。"①

第一次鸦片战争期间，1841年5月，英军占领广州城北各炮台（图六九），并以四方炮台为司令部，四处骚扰滋事，激起中国人民无比愤慨。同年5月31日，三元里一带103个乡及番禺、南海、花县、增城、从化等地群众一万余人联合抗英，包围四方炮台。《太和市联升社学序》记："辛丑年（指1841年——引者注）洋匪入寇，省城

---

① （清）顾炳章：《外海内河诸炮台图说》，王洁玉编：《道光年间广东防务未刊文牍六种》（下），北京：全国图书馆文献缩微复制中心，1994年，第863页。

签传乡勇救护，而联升社义旗先竖于四方炮台，其踊跃勤王，官长咸赞。"[1]次日英军被迫撤出广州。英军撤出时将炮台及各炮破坏。第二次鸦片战争时期，四方炮台又遭破坏，今仅存地基。1959 年在四方炮台遗址发现铁炮一门，为德国克虏伯厂铸造，有"NO.28""38.3.14"铸款文字，现置于广州近代史博物馆门口左侧（图七〇）。

1999 年 7 月，四方炮台遗址（图七一）被列为广州市文物保护单位。

图六七　"永宁台"石匾额

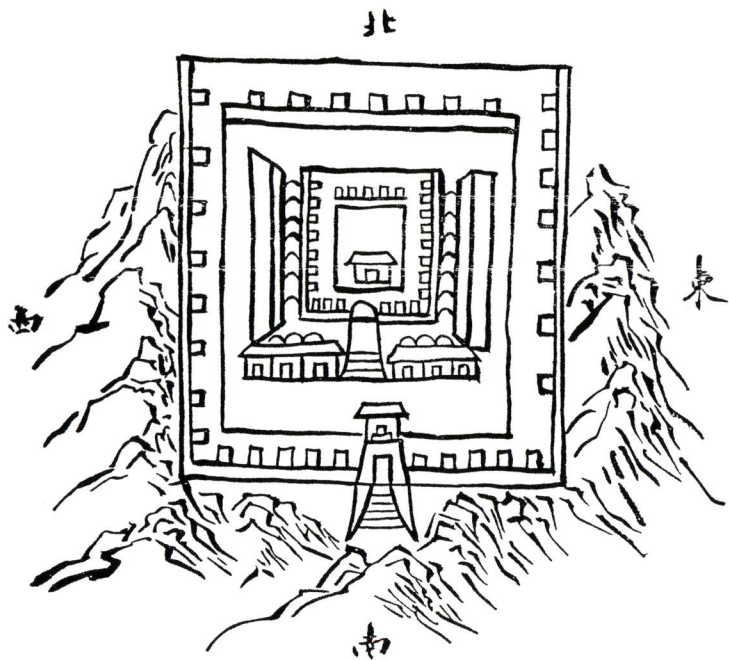

图六八　四方炮台图（顾炳章：《外海内河诸炮台图说》，王洁玉编：《道光年间广东防务未刊文牍六种》，北京：全国图书馆文献缩微复制中心，1994 年，第 862 页）

---

[1]　区家发：《鸦片战争期间广东人民抗英斗争遗迹调查》，庄建平主编：《近代史资料文库》，第 4 卷，上海：上海书店出版社，2009 年，第 151、157 页。

图六九　1840 年 5 月英军侵占四方炮台

图七○　四方炮台遗址出土的铁炮

图七一　四方炮台遗址

附：相关史迹

1. 三元里平英团遗址

三元里平英团遗址位于广州市广园西路南侧、三元里村北约门楼外，此处原是一所供奉北帝的神庙——三元古庙（图七二），坐西朝东，两路两进，门口有500多平方米地坪（图七三）。该庙建于清康熙年间（1662—1722）。

图七二　三元里平英团遗址

道光二十一年（1841）5月29日上午，盘踞在四方炮台的英国侵略军窜到三元里村抢劫，并调戏妇女。村民闻之群起而攻之，毙敌数人，余敌狼狈而逃。当日下午，萧岗士绅何玉成飞柬约请城北103个乡的社学、团练首领会盟于三元古庙，共商成立"平英团"齐心御敌，并约定以庙内的三星旗为令旗，誓言"旗进人进，打死无怨"。5月30日凌晨，近万名义勇预先埋伏于牛栏岗，拂晓时分派出一支人马佯攻四方炮台，诱敌出击。时近中午，英军果然出动，他们分两路追击佯攻炮台的义勇，追至牛栏岗，遭我伏兵袭击，英军乱了阵脚。适逢此时天降暴雨，英军顿失兵器（洋枪）上的优势。英军队伍被义勇分割成若干小块，伤亡惨重。至晚上九时左右，英军派出增援部队，救出被围困的英军。是役，毙英军少校以下官员50人，伤100多人。5月31日，四乡义勇号称十万众包围四方炮台（图七四）。6月1日，英军被迫撤离四方炮台，在泥城上船离开广州。

三元古庙在第二次鸦片战争期间被英法侵略军焚毁，咸丰十年（1860）由三元里村民捐资重建。

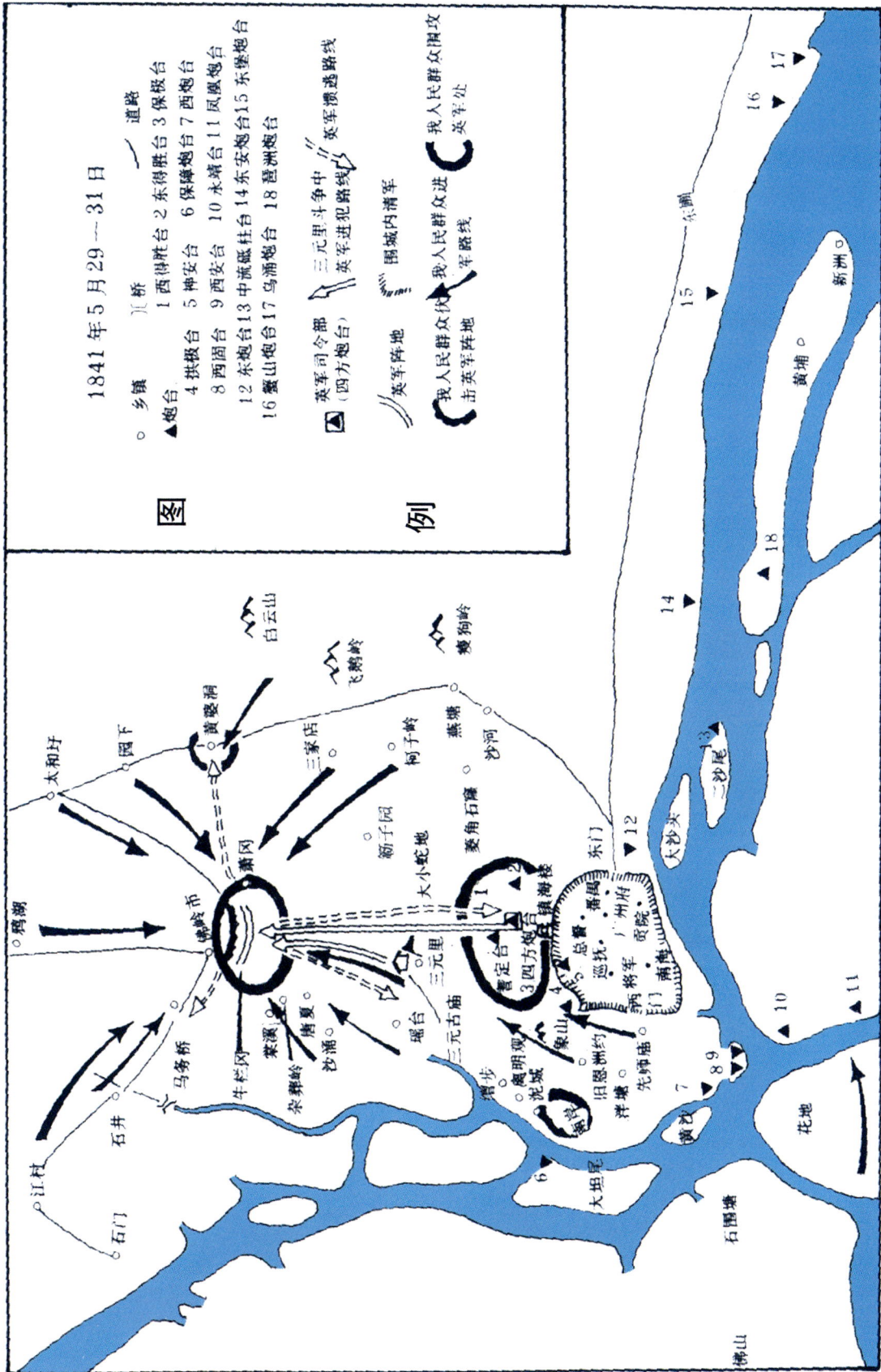

图七四　广州城北三元里人民抗英斗争示意图（萧致治：《鸦片战争史：中国历史发展中第三次社会大变革研究》，福州：福建人民出版社，第 430 页）

三元里人民抗英斗争在中国近代史上写下了光辉的一页。20世纪50年代，文物工作者调查鸦片战争期间广东人民抗英斗争史迹，并记录了当时保存较好的联升社学、和风社学、东平公社、升平社学、西湖社学、同升社学、兴仁社学、义勇祠、王韶光祠、王韶光墓、苏英故居、何玉成故居等相关情况。

1961年3月，三元里平英团遗址被列为首批全国重点文物保护单位，归类为"革命遗址及革命纪念建筑物"，同时辟三元里人民抗英斗争纪念馆。1994年，三元里人民抗英斗争纪念馆入选广州市首批18处爱国主义教育基地之一，1997年入选"全国100家中小学生教育基地"。

2. 升平社学（包括义勇祠）

升平社学（包括义勇祠）位于广州白云区石井街石潭路升平下街11号，始建于清道光二十二年（1842），坐西朝东，系三路三进祠堂式建筑，后曾多次维修（图七五）。

图七五　升平社学历史照片（上）及现状（下）

升平社学正门石额有两广总督祁𡎖手书的"升平社学"，署"道光壬寅八月"。

二进左右山墙各开一门口通衬祠，右边石门额阴刻楷书的"义维桑梓"，年款"道光岁次壬寅冬十月榖旦"，落款"钦命镇守广东南韶连等处总镇都督府马殿甲书"。左边石门额阴刻楷书"气慑鲸鲵"，年款"道光岁次壬寅孟冬榖旦"，落款"协守广州三江口兼辖连阳等处副总兵余万清题"。

社学原为乡间教育之所。1841 年三元里人民抗英斗争的胜利，大大鼓舞了广州城北各乡人民反侵略、保乡土斗争的信心，于是社学被改组为联合附近各乡民众，培训团练义勇，御外侮、保乡土的爱国武装组织。"道光二十一年，夷人扰距（据）城北炮台，四月初十日，乡人奋歼夷人二百余名，省围遂解。督宪祁𡎖、抚宪怡良奏请建立社学，题石坊曰'众志成城'。"[1] 道光二十二年（1842），石井乡举人李芳倡建升平社学，各界踊跃捐资团练自卫，其规模从原来的 13 乡扩大到 90 多乡，后来更扩大到 300 余乡。[2] 其后升平社学逐渐成为联络城北人民群众进行反侵略斗争的核心机构，在 1842 年广州人民火烧洋馆、1844 年反对英国强租广州河南地区、1845 年驱逐广州知府刘浔、1858—1861 年反对英法侵略军盘踞广州城等多次斗争中皆发挥了重要作用。

升平社学旧址左侧建有义勇祠，坐西朝东。为纪念第一次鸦片战争时期在三元里人民抗英斗争中牺牲的何景才等 20 余名英烈，何玉成等呈请两广总督祁𡎖批准建义勇祠。清道光二十二年（1842），在牛栏岗建成。咸丰四年（1854），在广州城北举行反清起义的天地会首领李文茂等起义，围攻广州数月，义勇祠在战火中被毁。同治五年（1866），何玉成等在升平社学左侧重建义勇祠。石门额阴刻楷书"义勇祠"三个大字，上款"同治五年九月迁建　道光辛丑年九月"，下款"督粤使者祁𡎖书　升平社勒石"（图七六）。

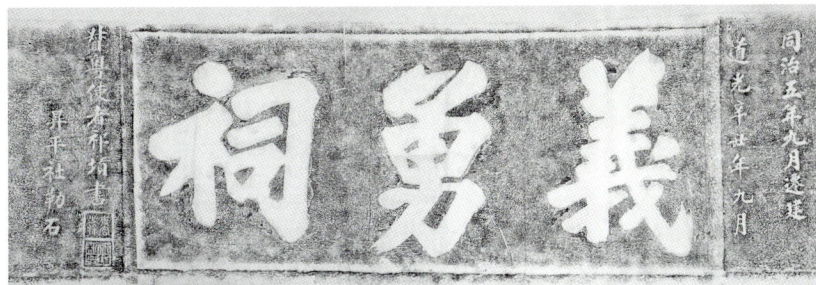

图七六　义勇祠（上）及匾额拓片（下）

---

① 同治《番禺县志》，卷16，"建置略3"，清同治十年（1871）月光霁堂刊本，广东省立中山图书馆藏。

② 蒋祖缘、方志钦主编：《简明广东史》，广州：广东人民出版社，2006年，第451页。

1962年7月7日，升平社学（包括义勇祠）被列为广东省第一批文物保护单位（图七七）。

另外，位于太和镇太和墟联升西路131号的联升社学旧址、位于永平街东平村沙梨园六巷东平小学校园内的东平公社旧址、位于钟落潭长沙埔村迎龙里43号的西湖社学旧址于2002年7月8日被列为广州市第六批文物保护单位。

图七七　升平社学（包括义勇祠）航拍图

　　1950 年，广州市人民政府为纪念三元里人民抗英斗争牺牲的烈士，在广州市白云区三元里大道 35 号建广东人民抗英斗争烈士纪念碑（图七八）。碑坐西南朝东北，方尖型，高约 8.5 米，正面镌刻"一八四一年广东人民在三元里反对英帝国主义侵略斗争中牺牲的烈士们永垂不朽"。该处成为对青少年进行爱国主义教育的重要场所。1963 年 3 月，广东人民抗英斗争烈士纪念碑被列为广州市文物保护单位。2003 年，其被命名为广州市爱国主义教育基地。

图七八　广东人民抗英斗争烈士纪念碑

第二节　江防炮台

　　乾隆以前，广州布防格局以就近防御为主，主要依赖城北多处炮台。其后江防炮台多分布在城郊、广州城省河北路。省河南路仅在白鹅潭南的要道上建白蚬壳炮台；嘉庆至第一次鸦片战争前，珠江北路防御向东推进，在猎德、二沙尾增建新炮台。珠江南路防御向南推进，在大黄滘增建新炮台。第一次鸦片战争后南路防御继续向前推进，在新造、穗石等地新建炮台。嘉庆六年（1801），江防前沿主要处于长洲以内的珠江南北两路。

第一次鸦片战争与第二次鸦片战争之间，于狮子洋以内江面的山上复修旧炮台和增建新炮台，形成了以城南柳波涌、大黄滘，城东南二沙尾，以及珠江新造地区四处炮台群，它们分别是内河东路的东安炮台、东靖炮台、东固炮台和中流砥柱炮台，内河南路新造、仑头段的南安炮台、南固炮台、冲天凤土墩、仑头东炮台、仑头南土墩，内河南路大黄滘段的东塱炮台、南石头炮台、大黄滘炮台、沙腰炮台、凤凰岗炮台和永靖炮台，内河西路的西炮台、西安炮台、西固炮台、西平炮台和海珠炮台，以及内河西北路的保障炮台等。各炮台大体情况如下：

东安炮台：道光二十二年（1842）建，位于珠江内河东路，坐北向南，与东靖炮台隔海对峙。据《外海内河诸炮台图说》载，东安炮台土名猎德，东至狮子洋三十里；西至中流砥柱炮台四里，由中流砥柱炮台至东炮台十二里；台后通猎德村二里，东北至围村八里，为东路夷船进省之要口。炮台开大门一道，台内安炮三十五位，建设官厅两座，兵房三十四间，药局一间。东安炮台属于水师提标后营管辖，由左哨千总梁定海配营兵六十名在此防守。①咸丰八年（1858）第二次鸦片战争时为英军所毁，未修复，废弃。

东靖炮台：道光二十三年（1843）建，位于珠江内河东路，坐南朝北，与东安炮台隔海对峙。依据《外海内河诸炮台图说》记载，东靖炮台土名赤岗，东通狮子洋三十里，西至中流砥柱炮台四里，由中流砥柱炮台至东炮台十二里，台之后面至赤岗村二里，为东路夷船进省之要口。炮台左侧开大门一道，台内安配炮位三十三位，建神庙两座，官厅一座，兵房三十四间，药局三间，望楼二间。东靖炮台由水师提标后营管辖，刘士章率兵六十名在此防守。②咸丰八年（1858）第二次鸦片战争中为洋人所毁，未修复，废弃。

东固炮台：道光二十三年（1843）建，位于珠江内河东路，坐北朝南，清同治《番禺县志》记载：东固炮台"在猎德科甲涌口，安炮三十一位"③。顾炳章《外海内河诸炮台图说》记载较详，东固炮台东至东安炮台四里，直通狮子洋三十里，西靠东炮台八九里，后靠近田坦。炮台设有神庙一座，官厅两座，兵房二十七间，药局三间，由水师提标后营管辖，钟潮信率营兵六十名在此防守。咸丰八年（1858）第二次鸦片战争时为洋人所毁，未修复，废弃。

---

① （清）顾炳章：《外海内河诸炮台图说》，王洁玉编：《道光间广东防务未刊文牍六种》（下），北京：全国图书馆文献缩微复制中心，1994年，第813、814页。

② （清）顾炳章：《外海内河诸炮台图说》，王洁玉编：《道光间广东防务未刊文牍六种》（下），北京：全国图书馆文献缩微复制中心，1994年，第816、817页。

③ 同治《番禺县志》，卷14，"建置略1"，清同治十年（1871）月光霁堂刊本，广东省立中山图书馆藏。

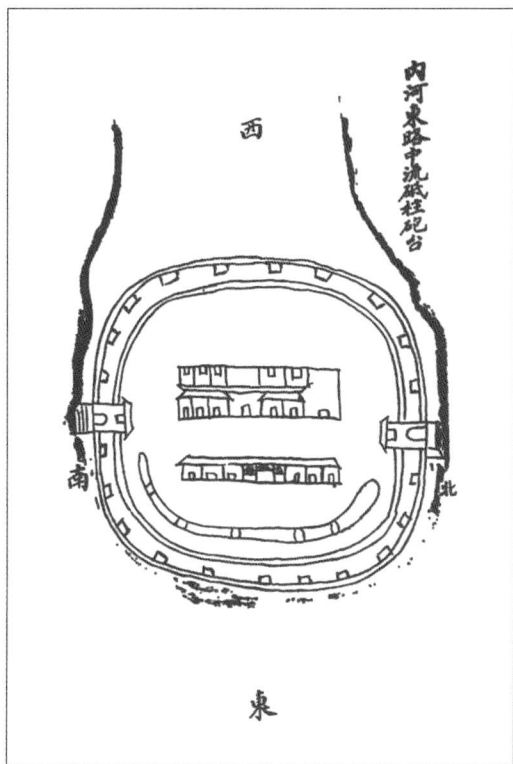

图七九　中流砥柱炮台图①

中流砥柱炮台：清同治《番禺县志》记载中流砥柱炮台："在内河中流沙，即猎德炮台，安炮二十八位，嘉庆二十二年总督蒋攸铦奏准添建。"②后因猎德炮台前河道淤积，致使炮台远离河道，又因之前所建东炮台（即东水炮台，在竹横沙）过于逼近省城，因而道光十六年（1836）两广总督卢坤在二沙尾处建中流沙炮台（图七九）。第一次鸦片战争被毁后复建，坐西向东，东至东靖炮台四里，西至东炮台十二里，北与东固炮台隔海斜峙。夷船进省城多由此处出入，为东路的要口。《外海内河诸炮台图说》记载其有炮位二十七位，官厅一座，兵房十七间，药局一间，军装局一间，由水师提标后营管辖，史光廷率营兵六十名在此防守。③咸丰八年（1858）第二次鸦片战争中为洋人所毁，同治十三年（1874）开始修复，光绪六年（1880）竣工。1931年5月，中流砥柱炮台火药库不慎爆炸，库室被焚毁。

南安炮台：道光二十三年（1843）建，位于珠江内河南路，坐东南向西北，清同治《番禺县志》记载南安炮台："在内河蚺蛇洞，台三座，安炮三十一位。"《外海内河诸炮台图说》亦记载：南安炮台土名称蚺蛇洞炮台，左至大岗边南固炮台一里，水路畅通，右边通丁桥头陆路一里，后靠山通沙园村、新造墟等处，对面为长洲村，西至大黄滘炮台四十里，西北至二沙尾东安炮台二十里，为南路洋人船只进入省城的要冲。此时安炮达至六十三位，炮台左侧开大门一道进入，炮台区域建有神庙一座，官厅一座（后墙外另有一官厅），兵房十间，望楼一间，药局一间，军装局一间，由永靖都司营管辖，邱荣建率兵一百名在此防守。咸丰八年（1858）第二次鸦片战争中为洋人所毁，未修复，废弃。

---

①　图七九至图八三来源：（清）顾炳章：《外海内河诸炮台图说》，王洁玉编：《道光间广东防务未刊文牍六种》（下），北京：全国图书馆文献缩微复制中心，1994年，第822、829、832、834、852页。

②　同治《番禺县志》，卷14，"建置略1"，清同治十年（1871）月光霁堂刊本，广东省立中山图书馆藏。

③　（清）顾炳章：《外海内河诸炮台图说》，王洁玉编：《道光年间广东防务未刊文牍六种》（下），北京：全国图书馆文献缩微复制中心，1994年，第822页。

南固炮台：道光二十一年（1841）筑有土墩，道光二十三年（1843）建南固炮台（图八〇），其坐东南向西北，建在大岗边山麓上，故该炮台土名称大岗边炮台。《外海内河诸炮台图说》载该炮台左靠山，右至南安炮台一里，水路皆通。炮台后至沙园村陆路四里，东至长洲五里，西北至大黄滘炮台四十里，东北通沙尾东安炮台二十里，为内河南路洋人船只进入省城之要口。炮台右侧开便门一道供进出，炮台区域建有神庙一座，兵房三间，望楼一间，由永靖营都司管辖，当时尚未安配炮位，派南安炮台官兵兼守。咸丰八年（1858）第二次鸦片战争中为洋人所毁，后遭废弃。

图八〇　南固炮台图

冲天凤土墩：道光二十三年（1843）建，依据《外海内河诸炮台图说》记载，其坐西南向东北，在两山之山麓各建有土墩七个，互相对峙，中间隔了田坦，后至南安炮台一里，地势非常险要。该处并未设炮台，亦未设兵房、药局，归南安炮台官兵兼管。咸丰八年（1858）第二次鸦片战争时为洋人所毁，后遭废弃。

仑头东炮台：道光二十二年（1842）建，坐西向东，东与深井相隔，西靠山，陆路至仑头村一里，东通黄埔二三里，西通大黄滘三十里。清同治《番禺县志》记载仑头东炮台："土炮台两座，分东西台，在仑头村头，距省四十里，安炮三十八位。"[①]仑头东炮台安炮十八位，建有兵房十五间，药局一间，由水师提标中营管辖，胡祁佑率兵十二名在此防守。咸丰八年（1858）第二次鸦片战争中为洋人所毁，后遭废弃（图八一）。

仑头南土墩：道光二十四年（1844）建，仑头南土墩为仑头西炮台。《外海内河炮台图说》记载，其与仑头东炮台相隔里许，坐西向东，南面对河，名南步乡，西通仑头村，东通长洲。该炮台原筑有土墩六个，无官厅和兵房。道光二十四年（1844）添建土墩九个，官厅一间，兵房六间，并从仑头东炮台移铁炮十四位在此安配，由水师提标中营管辖，欧会洲率兵在此防守。咸丰八年（1858）第二次鸦片战争中为洋人所毁，后遭废弃（图八二）。

---

① 同治《番禺县志》，卷14，"建置略1"，同治十年（1871）月光霁堂刊本，广东省立中山图书馆藏。

图八一 仑头东炮台图

图八二 仑头南土墩图

东望炮台：道光二十一年（1841）建，坐西北朝东南，与南石头炮台隔海对峙，南至大石村水陆十五里，东南通沥滘二十里，北通凤凰岗炮台六里，后面至西望陆路十里。清同治《番禺县志》记载东望炮台"在大黄滘北东望河旁，安炮九位"。道光二十六年（1846），建兵房三间，厨房两间。咸丰八年（1858）第二次鸦片战争中为洋人所毁，后遭废弃。

南石头炮台：道光二十一年（1841）建，坐东北朝西南，与前面的东望炮台隔海对峙，海中建有大黄滘炮台。南至大石村水陆十五里，东南至沥滘水陆二十里，北通凤凰岗炮台，至省城白鹅潭四里，南石头炮台后东边靠山，陆路通仔涌。安炮十五位，台内无官厅、兵房，由大黄滘守台兼管，配兵三十名防守。道光二十六年（1846），建官厅一间，兵房三间，厨房两间。咸丰八年（1858）第二次鸦片战争中为洋人所毁，后遭废弃。

大黄滘炮台：即龟岗炮台，原建于嘉庆二十三年（1818），道光二十一年（1841）重修，建神庙二间、官厅一座、兵房二十五间、望楼一间，还有龟岗塔一座。置六千斤、五百斤大炮各一位。配营兵九十名在台防守。

沙腰炮台：道光二十三年（1843）建，清同治《番禺县志》载，沙腰炮台与龟岗炮台接连，安炮十五位，与南石头、东塱两台皆为大黄滘炮台，作掎角之势。①沙腰炮台亦称大黄沙腰炮台，建有兵房九间，归大黄滘炮台弁兵兼守。咸丰八年（1858）第二次鸦片战争中为洋人所毁，咸丰十一年（1861）修复。

凤凰岗炮台：道光二十二年（1842）建，《外海内河炮台图说》记载，凤凰岗炮台土名水师营，坐东向西，东通孖涌；南至大黄滘炮台，水路六里；北至省城白鹅潭四里；西面临海与西塱村隔岸相对，为东南夷船进省之要口。炮台东边开大门一道，北边开便门一道，台内安炮五十一位。建有神庙一间，官厅一座，兵房十五间，药局一间。道光二十四年（1844）由镇粤将军管辖改为广州协镇管辖，派兵丁二十名驻守。咸丰八年（1858）第二次鸦片战争中为洋人所毁，后未修复，遭废弃。

永靖炮台：亦称永清炮台，于道光二十一年（1841）重修，土名洲头嘴，又名火珠炮台，坐东南向西北，南临海，通大黄滘炮台，水路十里；西通花地，水路十里；东至海珠炮台，水路五里；北与省城太平门外十三行隔海斜对。为南路夷船进省之要口。炮台左开大门一道，安炮十七位，建有官厅一间，兵房五间，药局一间，军装局一间，神庙一间，派营兵二十名驻守。咸丰八年（1858）第二次鸦片战争中为英军所毁，后未修复，遭废弃。

西炮台：第一次鸦片战争后于道光二十一年（1841）重修，土名柳波涌炮台，坐北向南，南至芳村，西北至泥城四里，水陆皆通，东至东炮台十里，西至花地五里，夷船到花地、泥城皆由此涌经过。炮台全用石砌，北开大门一道，台内安炮五位，建有兵房一间，药局一间，望楼一间，由广州协左营管辖，周振光率兵二十名在此把守。咸丰八年（1858）第二次鸦片战争时为英军所毁，后未修复，遭废弃（图八三）。

西安炮台：第一次鸦片战争后，在被毁的西宁炮台附近建西安、西固、西平三个炮台。西安炮台建于道光二十一年（1841），又称新墩炮台，坐北向南，南至白鹅潭，北靠新田地，东

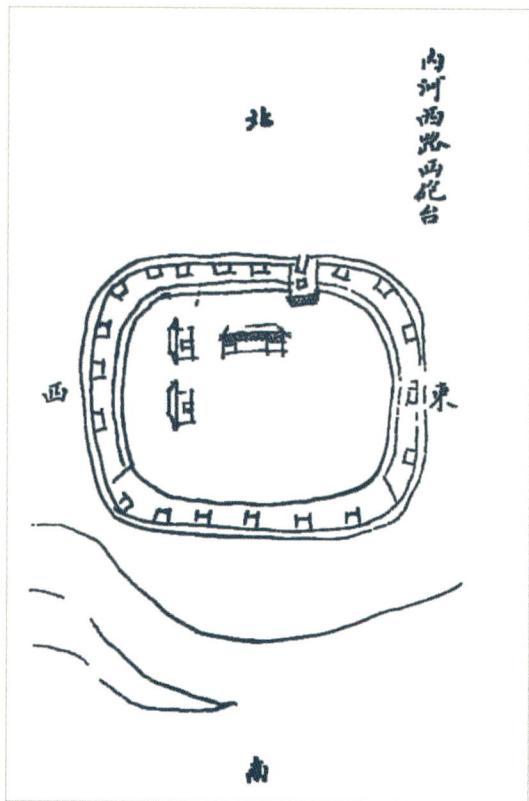

图八三　西炮台图

① 同治《番禺县志》，卷14，"建置略1"，清同治十年（1871）月光霁堂刊本，广东省立中山图书馆藏。

至东炮台九里，西至西炮台一里，洋船到花地、泥城皆由此处经过。炮台北边开大门一道，配炮位三十位，建有官厅一座，兵房二十间，药局一间，由广州协左营管辖，林朝安率兵二十名在此防守。咸丰八年（1858）第二次鸦片战争时为英军所毁，后未修复，遭废弃。

西固炮台：道光二十二年（1842）建，又称竹牌头，坐北向南，南至白鹅潭，北靠沙面新田地，东至东炮台九里，西至西安炮台二十丈，夷船到花地、泥城皆由此经过。炮台西开大门一道，配炮二十位，建官厅一座，兵房十二间，望楼一间，药局一间，派兵二十名把守。咸丰八年（1858）第二次鸦片战争时为英军所毁。

西平炮台：道光二十二年（1842）建，土名老龙庙炮台，坐北向南，南至河南头，北靠岸，东至海珠炮台水路四里，西至西固炮台一里，存有炮位五十六位，建兵房十间，药局二间，军装局二间，由张兆熊率兵把守。咸丰八年（1858）第二次鸦片战争中为英军所毁，后遭废弃。

海珠炮台：顺治四年（1647）由总督佟养甲建于城南门外江水中的海珠寺。第一次鸦片战争后于道光二十一年（1841）重建，建于海中，坐北朝南，南至河南岸，北至靖海门，东至东炮台四里，西至白鹅潭四里。炮台安炮二十位，南北各开大门一道，建有官厅三座，兵房十一间，药局三间，神庙一间，派兵二十名驻守。咸丰八年（1858）第二次鸦片战争中为英军所毁，后未修复，遭废弃。

保障炮台：道光二十二年（1842）建，又称泥城炮台，坐北向南，建在海中，南通白鹅潭五里，北通白泥并西南芦苞等处，东至泥城村等处，西至白沙。台内建有兵房三间，药局二间，东西各开大门一道，原贮炮十六位，后移至虎门内河水师顺德协右营管辖，归西关哨把总管看。咸丰八年（1858）第二次鸦片战争中为英军所毁，后未修复，遭废弃。

经过两次鸦片战争，尤其是第二次鸦片战争时期，英法联军对广州长达三年多的占领（1857.12—1861.10），广州江防、海防设施破坏殆尽。19世纪70年代以后，由于边疆危机的加重和洋务运动的兴起，重建江防、海防设施被提上了议事日程并付诸行动。[①]

光绪六年（1880），广州开始引进西式大炮，大多安装德国的克虏伯后膛炮和英国的阿姆斯特朗前膛炮，以长洲岛及两岸区域为江防核心，形成了长洲、牛山、鱼珠、沙路、二沙尾、大黄滘六大炮台群。牛山炮台下辖七炮台，鱼珠炮台下辖鱼珠山、狮山、蟹山炮台，沙路炮台下辖沙路马鞍山、马鞍小山、马鞍山腰、石头山上下、石头山炮台，二沙尾炮台下辖中流砥柱、定功、绥远炮台，大黄滘炮台下辖绥定、南石头、镇南、永固、保安炮台，长洲炮台下辖白兔岗、白鹤岗、大坡地、蝴蝶岗、西

---

① 杨万秀、钟卓安主编：《广州简史》，广州：广东人民出版社，1996年，第279页。

岗炮台。

长洲炮台：长洲炮台所在的长洲岛位于广州东部珠江主航道南岸，面积约6平方千米，四面环水，山峦起伏，形势险要，是由狮子洋进入广州的门户，历来为兵家必争之地。第一次鸦片战争爆发后，清军将布防重点放在虎门两岸、乌涌一带，长洲岛军事设施所置不多。光绪九年（1883），法国部队进攻安南（越南），中法军队在安南境内爆发战争。为防止法军乘机进攻中国，清政府下令沿海各省海口戒严，并派彭玉麟为钦差大臣，赴广东主持防务。光绪十年（1884），经向朝廷奏准，张树声、彭玉麟在长洲岛的白兔岗、白鹤岗、蝴蝶岗等6个山岗上自北向南修筑炮台6个，呈扇面形排列，全长2 000米，与鱼珠炮台和沙路炮台彼此成犄角之势，为广州珠江水道上的第二道防线（第一道防线为虎门）。

长洲炮台与沙路炮台之间建木桥相通，以便相互支援。加之珠江航道在此筑有两道铁栅水闸，阻敌舰进入。长洲炮台计有15门大炮，大部分为德国克虏伯大炮，炮身颇长，有一米长炮弹，重240斤。炮台常驻兵勇千余人，分为勇营和绿营。各炮台均配备数量不等的兵勇营房、子弹库和暗巷（交通壕）等辅助设施。巷道及房舍通风良好，其建筑形制均为拱顶、厚壁，砖石结构，水泥批荡。清末民初，在此成立长洲要塞司令部，一并管辖鱼珠、沙路等炮台。黄埔军校创办后，炮台曾为军校的盛大庆典和重大活动鸣炮壮威。

1938年秋，日军占领广州后，长洲炮台遭到破坏，各炮位的大炮被日军拆除运走，不知所终，其后历经数十年的风雨侵袭，炮台旧址日渐荒废。1999年，长洲炮台被列为广州市文物保护单位。

经田野调查，猎德、新造、白蚬壳等处炮台已无存，现今保留下来的江防炮台史迹主要有白兔岗、白鹤岗、大坡地、西岗、蝴蝶岗、鱼珠、蟹山、狮山、狮腰、牛山、沙路、穗石村、车歪、西固等炮台。各炮台具体情况如下：

（一）白兔岗炮台

白兔岗炮台位于白兔岗小山上，海拔约40米，由山脚可拾级而上（图八四）。白兔岗有大小炮台两座（图八五），其中1号炮位直径6.5米，设有弹药库、兵勇宿舍、通道等设施（图八六）。弹药库面积约10平方米，兵勇宿舍成平行四边形，与炮位相通，巷道宽1.2~1.8米不等，壁厚1.45米，入口门高2.5米，青砖砌墙拱顶，水泥封顶，顶上有数个通气孔。2号炮位直径8.8米，同样设有弹药库、兵勇宿舍（图八七）。1996年修葺后，炮台保存较为完好。白兔岗原置阿姆斯特朗大炮（图八八）已不存，现大炮为复制品（图八九）。

图八四 白兔岗炮台炮巷及通道

图八五 白兔岗炮台总平面图

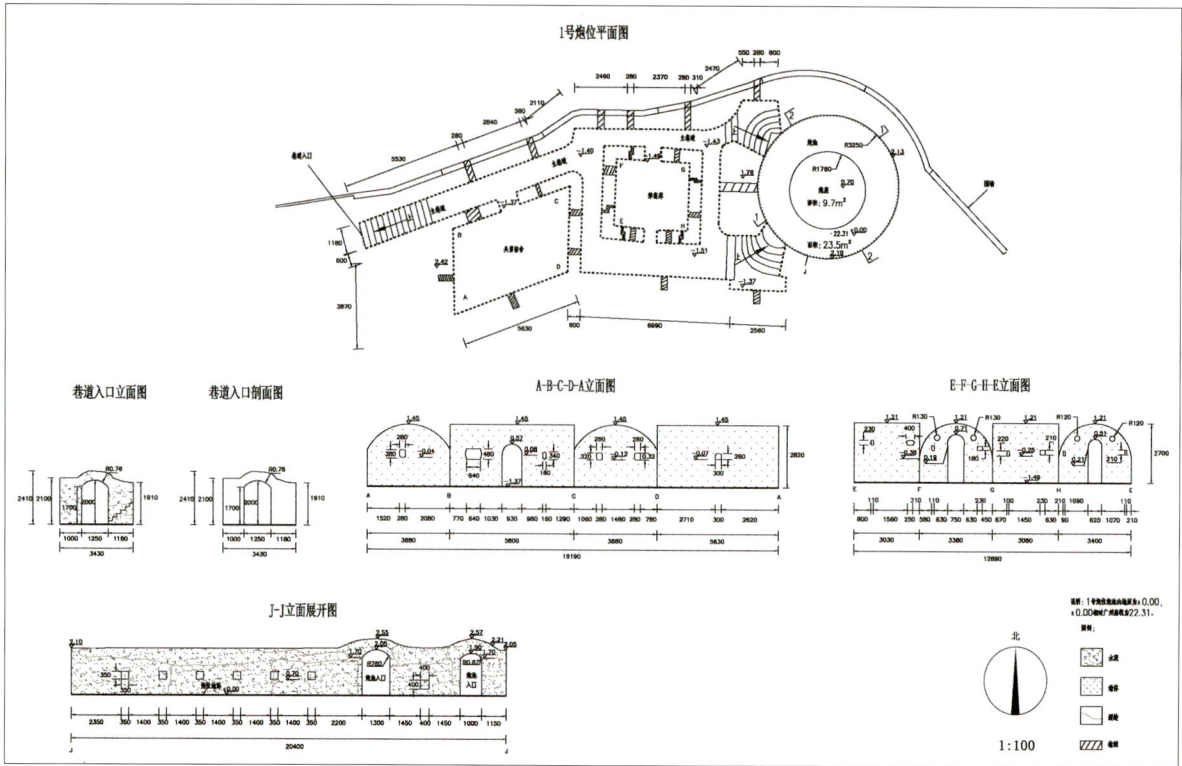

图八六　白兔岗炮台1号炮位平面图、立面图、剖面图

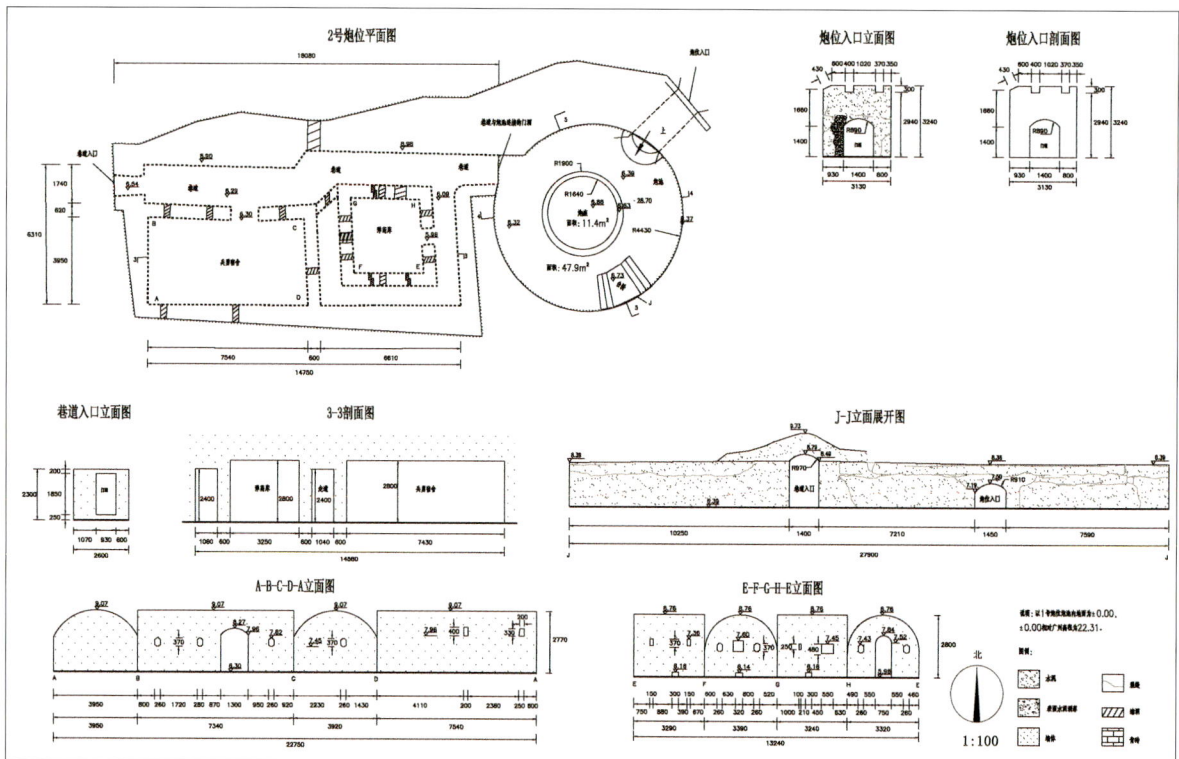

图八七　白兔岗炮台2号炮位平面图、立面图、剖面图

图八八　白兔岗炮台之巨炮（《珠江星期画报》1927年第4期）

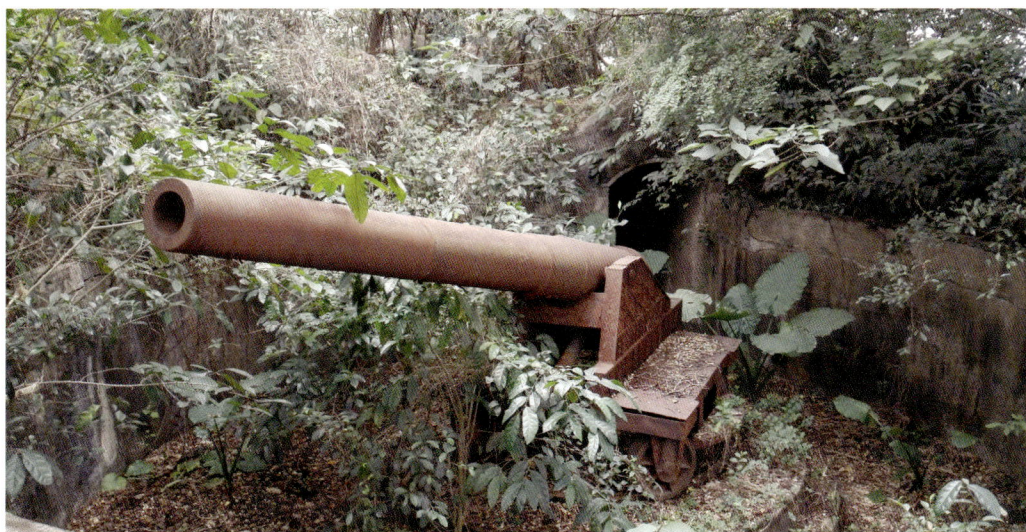

图八九　白兔岗炮台的大炮

萨承钰《南北洋炮台图说》记载：

长洲白兔岗圆炮台二座，第一台炮位，内宽二十四尺六寸，墙高六尺十寸，厚七尺六寸，用红毛泥石子筑成。另墙脚入土深三尺。炮墩一座。宽一十二尺，高三尺三寸，用红毛泥石子造成。右边通风暗路一度（实为"条"，以下同——引者注），长一十七尺，宽三尺六寸，高八尺六寸。护墙厚五尺，青砖砌成二尺，红毛泥造成三尺。顶上厚四尺六寸，周围墙边安配木弹子架。左边通风暗路一度，长二十五尺六寸，宽五尺，高八尺六寸。护墙厚五尺，青砖砌成二尺，红毛泥造成三尺。顶上厚四尺六寸。通气铁盖筒一个。周围墙边另配木弹子架。火药房一所，内宽一十二尺，高八尺六寸，四围墙厚二尺，用青砖砌成。顶上厚四尺六寸。木火药柜一个，木弹子架一个。兵房一所，内宽一十九尺，高九尺，四围墙厚二尺，用青砖砌成。顶上厚四尺六寸，通气铁盖筒二个。

第二台炮位，内宽二十九尺，墙高五尺六寸，墙厚八尺，用红毛泥石子筑成。另墙脚入土深三尺。炮位门口深八尺，宽四尺，高五尺九寸。炮墩一座，宽一十五尺，高二尺六寸。通风暗路一度，长五十二尺六寸，宽五尺，高八尺六寸。护墙厚五尺，青砖砌成二尺，红毛泥造成三尺，顶上厚四尺六寸。通气铁盖筒二个。火药房一所，内宽一十五尺，高八尺六寸，四围墙厚二尺，用青砖砌成。顶上厚四尺六寸。木火药柜一个，木弹子架一个。兵房一所，深二十五尺，宽一十五尺，高九尺，四围墙厚二尺，用青砖砌成。顶上厚四尺六寸。明路一条，长二十七尺八寸，宽六尺，用红毛泥石子造成。外墙一幅，长四十七尺四寸，高一十四尺六寸，厚一尺八寸，用红毛泥石子筑成。厨房一所，深二十五尺，宽一十三尺，檐高一十尺。粮食房一所，深三十尺，宽二十尺，檐高一十尺。望楼一座，下层高一十二尺，外四围栏杆宽二十三尺。楼上檐高一十尺，外四围栏杆宽二十三尺。[①]

（二）白鹤岗炮台

白鹤岗炮台（图九〇、图九一）位于长洲下庄白鹤岗上，海拔约30米，距离白兔岗炮台约300米，原有炮台4座，皆置克虏伯炮。今存炮台3座（图九二），为椭圆形，其面积分别为7.4米×10米、8.7米×10米、9米×9.8米，炮位最深处为1.8米，辅助设施距离炮台3.9米，主巷道长45.5米，高2.7米，宽2.85米。[②]兵勇宿舍为方形，面积约为140平方米，在炮位后方，中间有一个天井，与炮位有通道相连（图九三）。炮台建有一座官厅（图九四），并设有露天花园，两旁有房间，是长官居住、办公之所，即清末民初长洲要塞司令部所在地。在长洲炮台中，白鹤岗炮台是主炮台，规模最大，构成守卫广州的中路防线。

图九〇　白鹤岗炮台入口

---

① （清）萨承钰：《南北洋炮台图说》，一砚斋藏本，2008年影印本，广东省立中山图书馆藏，第253—254页。

② 《广州市文物志》编委会编著：《广州市文物志》，广州：岭南美术出版社，1990年，第59页。

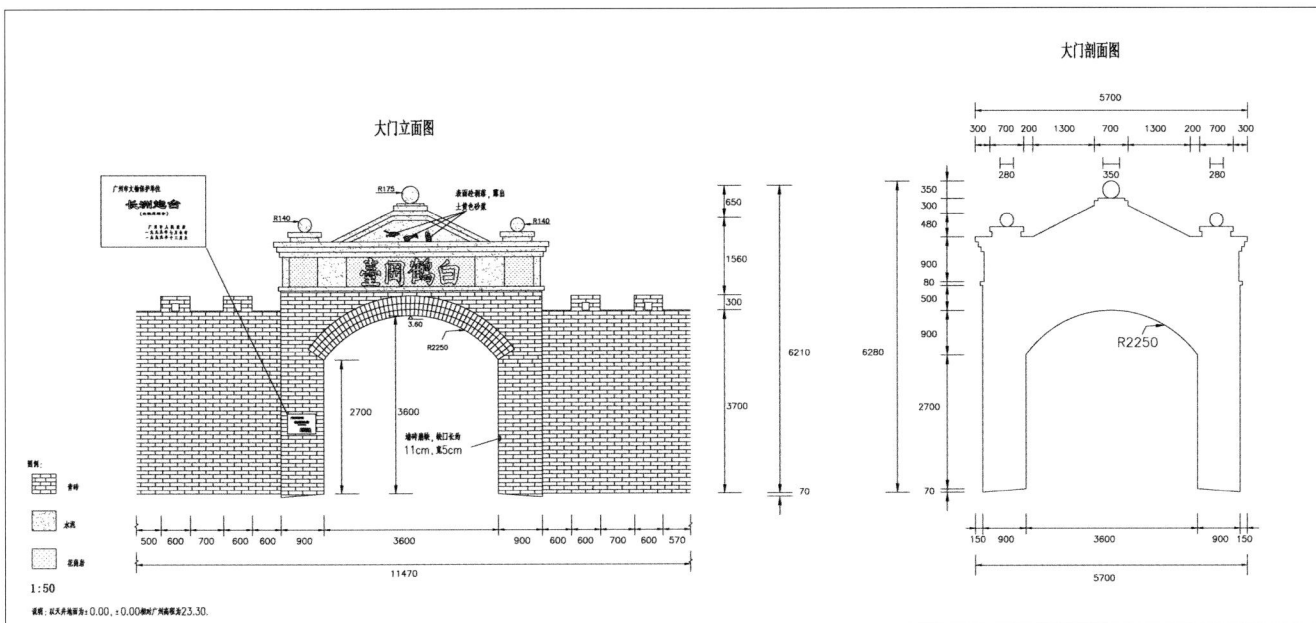

图九一　白鹤岗炮台大门立面图、剖面图

图九二　白鹤岗炮台总平面图

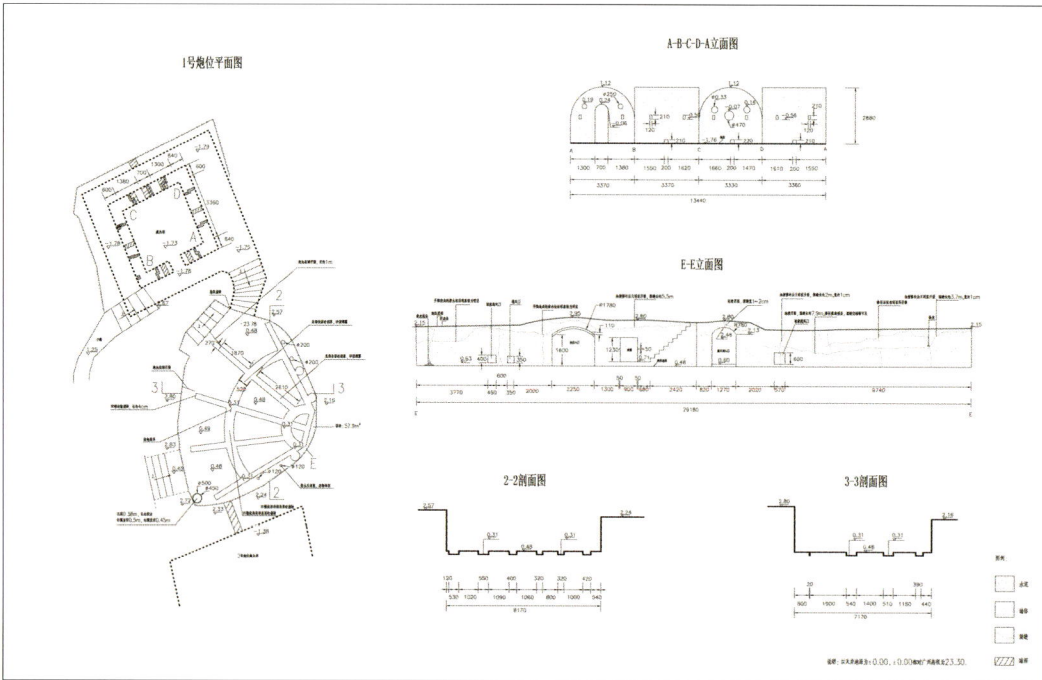

图九三　白鹤岗炮台1号炮位平面图、立面图、剖面图

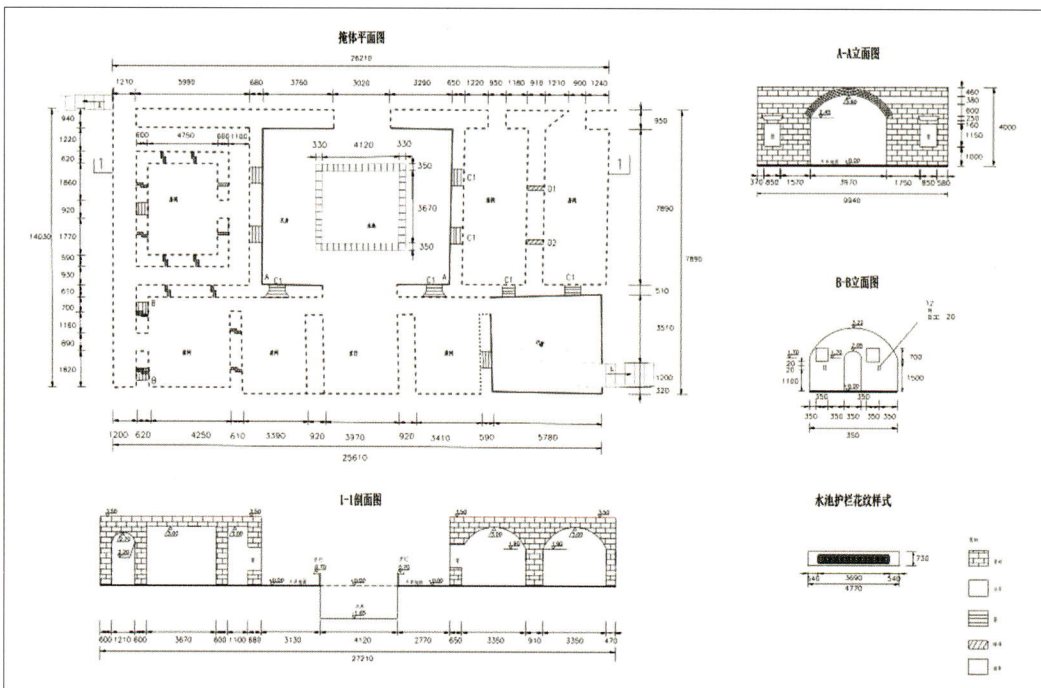

图九四　白鹤岗炮台掩体（官厅）平面图、立面图、剖面图

萨承钰《南北洋炮台图说》记载：

长洲白鹤岗炮台四座，形如扇面式。第一台炮位，内宽三十九尺，深三十二尺，墙高一十一尺，厚九尺，用红毛泥石子筑成。另墙脚入土深三尺。木炮遮一架，宽四十四尺。台后安门一道，宽一十尺，高七尺。火药房一所，内宽一十二尺，高八尺六寸。四围墙厚二尺，用青砖砌成。顶上厚四尺六寸，青砖砌成二尺，红毛泥石子造成二尺六寸。木火药柜一个，木弹子架一个。周围通风暗路一条，宽三尺六寸，高八尺六寸，护墙厚五尺，顶上厚四尺六寸。周围墙边安配木弹子架，通气铁盖筒四个。

第二台炮位（今编为1号——引者注），内宽三十六尺，深二十六尺，墙高八尺六寸，厚九尺，用红毛泥石子筑成。另墙脚入土深三尺。木炮遮一架，宽四十三尺。台后安门一道，宽一十尺，高九尺。火药房一所，尺寸与前台同。周围通风暗路一条，宽四尺，高八尺六寸，护墙厚五尺，顶上厚四尺六寸。周围墙边安配木弹子架，通气铁盖筒五个。

第三台炮位，内宽三十八尺，深三十尺，墙高八尺六寸，厚九尺，用红毛泥石子筑成。另墙角入土深三尺。木炮遮一架，宽四十六尺。台后安门一道，宽一十尺，高七尺。火药房一所，周围通风暗路一条，尺寸与前台同。

第四台炮位，内宽三十七尺，深二十九尺，墙高八尺六寸，厚九尺，用红毛泥石子筑成。另墙角入土深三尺。木炮遮一架，宽四十四尺。台后安门一道，宽一十尺，高七尺。火药房一所，周围通风暗路一条，尺寸与前台同。另通风大暗路一条，长二百九十七尺，宽一十尺，高九尺，护墙厚五尺，顶上厚四尺六寸。通气铁盖筒一十三个，周围墙边安配木弹子架。官厅一座，内宽一十三尺，深一十七尺，墙高一十二尺，顶上厚四尺六寸，护墙厚三尺。左边房一间，内宽一十一尺，深一十七尺，墙高一十二尺，顶上厚四尺六寸，四围墙厚一尺，通气铁盖筒一个。右边房一间，内宽一十一尺，深一十三尺，墙高一十二尺，顶上厚四尺六寸，四围墙厚二尺，通气铁盖筒一个。台内水池一口，横宽一十七尺，直长一十五尺。四围走道宽八尺，用青砖砌成。兵房二所，每所宽二十六尺，深一十一尺，高一十尺，顶上厚四尺六寸，四围墙厚二尺，通气铁盖筒二个。火药库一所，内宽一十二尺，深一十五尺，高一十尺，四围墙厚二尺，用青砖砌成。顶上厚四尺六寸，青砖砌成二尺，红毛泥造成二尺六寸。子药房一所，内宽一十三尺，高一十尺，四围墙厚二尺，顶上厚四尺六寸。周围通风暗路一条，右边宽五尺，左边宽四尺，高一十尺。四围墙厚五尺，顶上厚四尺六寸。通气铁盖筒八个，周围墙边安配木弹子架。厨房二所，外共宽二十七尺，深二十三尺，檐高一十尺。粮食房二所，外共宽二十九尺，深二十三尺，檐高一十尺。[1]

① （清）萨承钰：《南北洋炮台图说》，一砚斋藏本，2008年影印本，广东省立中山图书馆藏，第255—256页。

黄埔军校开办期间,部分学生被安排在白鹤岗炮台、大坡地炮台学习和驻扎,并在此设临时课堂。

1996 年,国家文物局拨专款维修白鹤岗炮台。经修葺,白鹤岗炮台现保存完好(图九五)。

图九五 白鹤岗炮台克虏伯大炮

(三)大坡地炮台

大坡地炮台(图九六)位于长洲下庄金花古庙附近,距离白鹤岗炮台约 200 米,海拔约 20 米,有炮台 3 座(图九七),一字排开,扼守珠江航道,炮台各设弹药室,今由北向南依次编为 1~3 号(图九八、图九九)。其中 1 号炮位直径 9 米,炮台壁高 1.25 米,厚 2.5 米,进入炮台的台阶宽为 0.6 米,炮台距兵勇宿舍和弹药库 2.3 米,宿舍和炮弹库总面积为 160 平方米,其主巷道长 29.5 米,北端可见 4 条纵向巷道(图一〇〇),各长约 10 米,南端可见横向巷道 3 条,各长 5~9 米不等,巷门入口高 2.1 米,宽 1.56 米。[①] 炮台之间有通道相连,兵勇宿舍均为青砖砌墙迫拱,水泥封顶,顶上设有通气孔,通道部分已坍塌。

大坡地山右,原建形如扇面式炮台两座,今已湮没无存。

图九六 大坡地炮台入口

---

① 《广州市文物志》编委会编著:《广州市文物志》,广州:岭南美术出版社,1990 年,第 59 页。

图九七 大坡地炮台总平面图

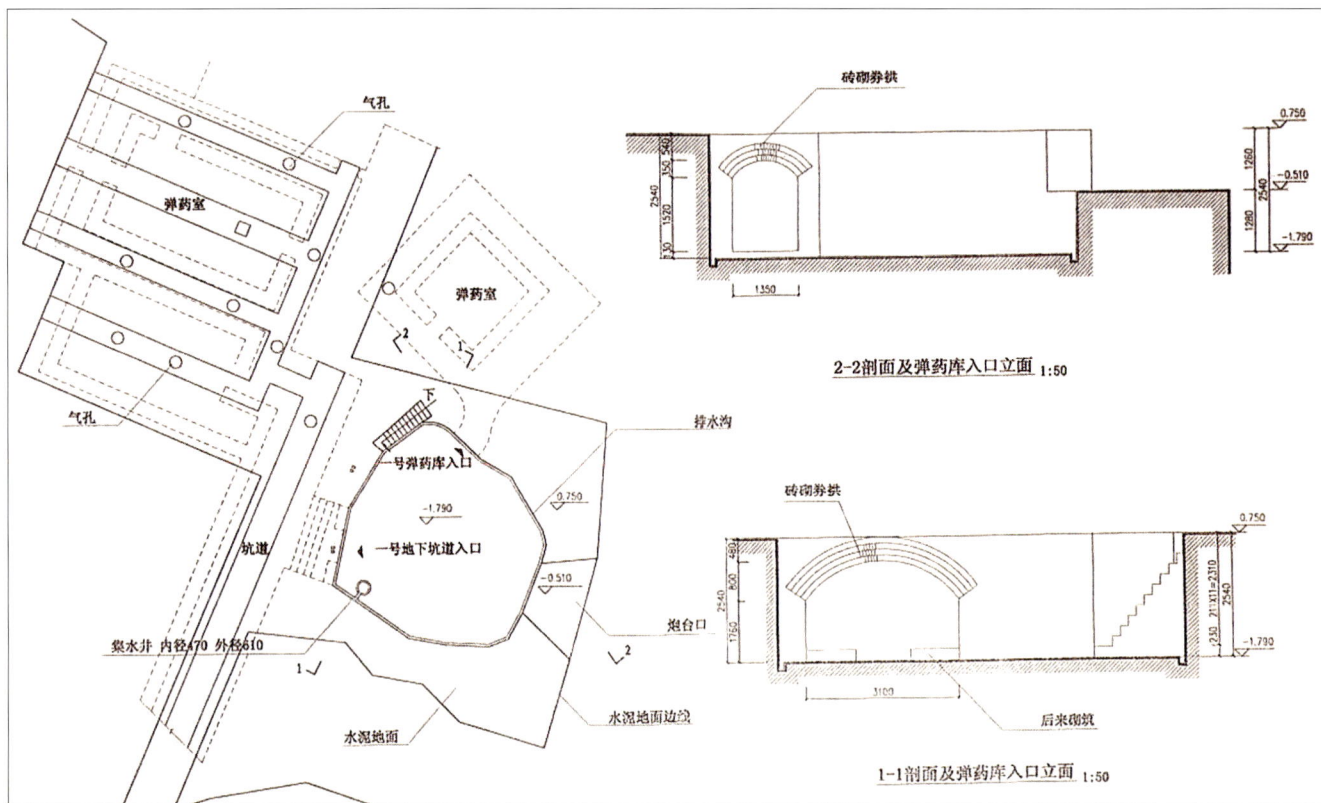

图九八　大坡地 1 号炮台平面图

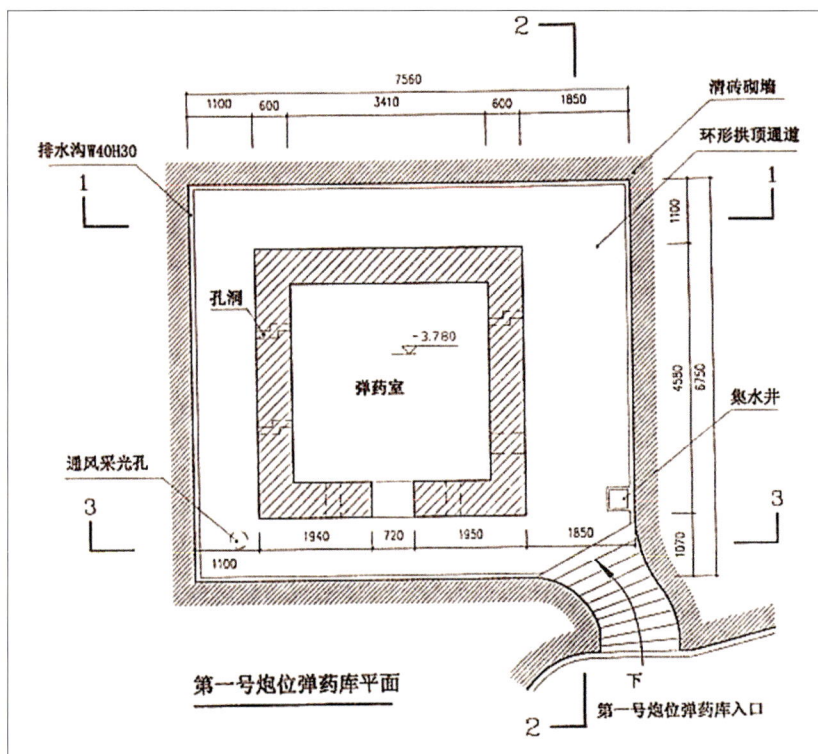

图九九　大坡地弹药库平面图

图一〇〇　大坡地炮台通道设施

　　大坡地炮台曾作为黄埔军校的营房、课室和训练场地。1926年3月以后，军校的学生人数大增，炮台用作临时课堂。原派往第一军服役的部分第三期学生于该年4月回到军校补习，在大坡地炮台完成学业。此外，大坡地炮台还被作为禁闭室，处置私自外出、校内喝酒、紧急集合时迟到的黄埔军校入伍生或学生。

　　萨承钰《南北洋炮台图说》记载：

　　长洲大坡地炮台三座，形如扇面式。第一台炮位，内宽三十三尺，深二十七尺，墙高八尺六寸，墙厚九尺，用红毛泥石子筑成。另墙脚入土深三尺。木炮遮一架，宽三丈二尺，台后安门一道，宽一十尺，高七尺。火药房一所，内宽一十二尺，高八尺六寸，四围墙厚二尺，用青砖砌成，顶上厚四尺六寸，木火药柜一个，木弹子架一个。周围通风暗路一条，宽六尺，高八尺六寸，护墙厚五尺，顶上厚四尺六寸。通气铁盖筒四个，周围墙边安配木弹子架。

　　第二台炮位，内宽三十三尺，深二十六尺，墙高八尺，墙厚九尺，用红毛泥石子筑成。另墙脚入土深三尺。木炮遮一架，宽四十尺。台后安门一道，宽一十尺，高七尺。火药房一所，周围通风暗路一条，尺寸与前台同。台墙上望楼一座，宽一十四尺，深一十九尺，檐高一十尺。左边暗路一条，长一百尺，宽八尺，高九尺。护墙厚五尺，顶上厚四尺六寸。周围墙边安配木弹子架，通气铁盖筒五个。右边暗路一条，长三十六尺，宽八尺，高九尺六寸。护墙厚五尺，顶上厚四尺六寸。通气铁盖筒一个。兵房一所，宽二十二尺，深一十三尺，高九尺，顶上厚四尺六寸，四围墙厚二尺，通气铁盖筒二个。火药库一所，宽一十五尺六寸，深一十三尺，高八尺，墙厚二尺，用青砖砌成，顶上厚四尺六寸。子药房一所，宽一十三尺，高八尺，四围墙厚二尺，用青砖砌成，顶上厚四尺六寸。周围通风暗路一条，宽四尺，高八尺六寸。护墙厚七尺，顶上厚四尺六寸。通气铁盖筒六个，周围墙边安配木弹子架。

第三台炮位，内宽三十三尺，深二十六尺，墙高八尺，厚九尺，用红毛泥石子筑成。另墙脚入土深三尺，木炮遮一架，宽四十尺。后台安门一道，宽一十尺，高八尺。火药房一所，周围通风暗路一条，尺寸与前台同。兵房一所，宽三十一尺，深一十二尺，高一十尺，顶上厚四尺六寸，四围墙厚二尺，通气铁盖筒二个。楼下暗路一条，长四十五尺，宽一十尺，高九尺六寸。官厅一座，计三间，每间宽一十三尺，深一十七尺，高一十一尺六寸，四围墙厚二尺，顶上厚四尺六寸。水井一口，用青砖砌成。厨房二所，外共宽二十五尺，深二十二尺，檐高八尺。粮食房二所，外共宽三十三尺，深一十八尺，檐高八尺。[1]

（四）西岗炮台

西岗炮台分为新西岗炮台与旧西岗炮台（图一〇一），新西岗炮台在黄埔造船厂厂区的山后，海拔约50米，距旧西岗炮台约100米。旧西岗有炮台2座（图一〇二、图一〇三），一座面积约120.3平方米，另一座面积约78平方米。新西岗炮台有炮台1座，建于光绪十五年（1889），两广总督李瀚章任上。所置洋炮俗称"风车炮"，炮身安在道轨上，可旋转发射（图一〇四）。现炮位已毁、填平。

图一〇一　旧西岗炮台2号炮池

---

① （清）萨承钰：《南北洋炮台图说》，一砚斋藏本，2008年影印本，广东省立中山图书馆藏，第291-292页。

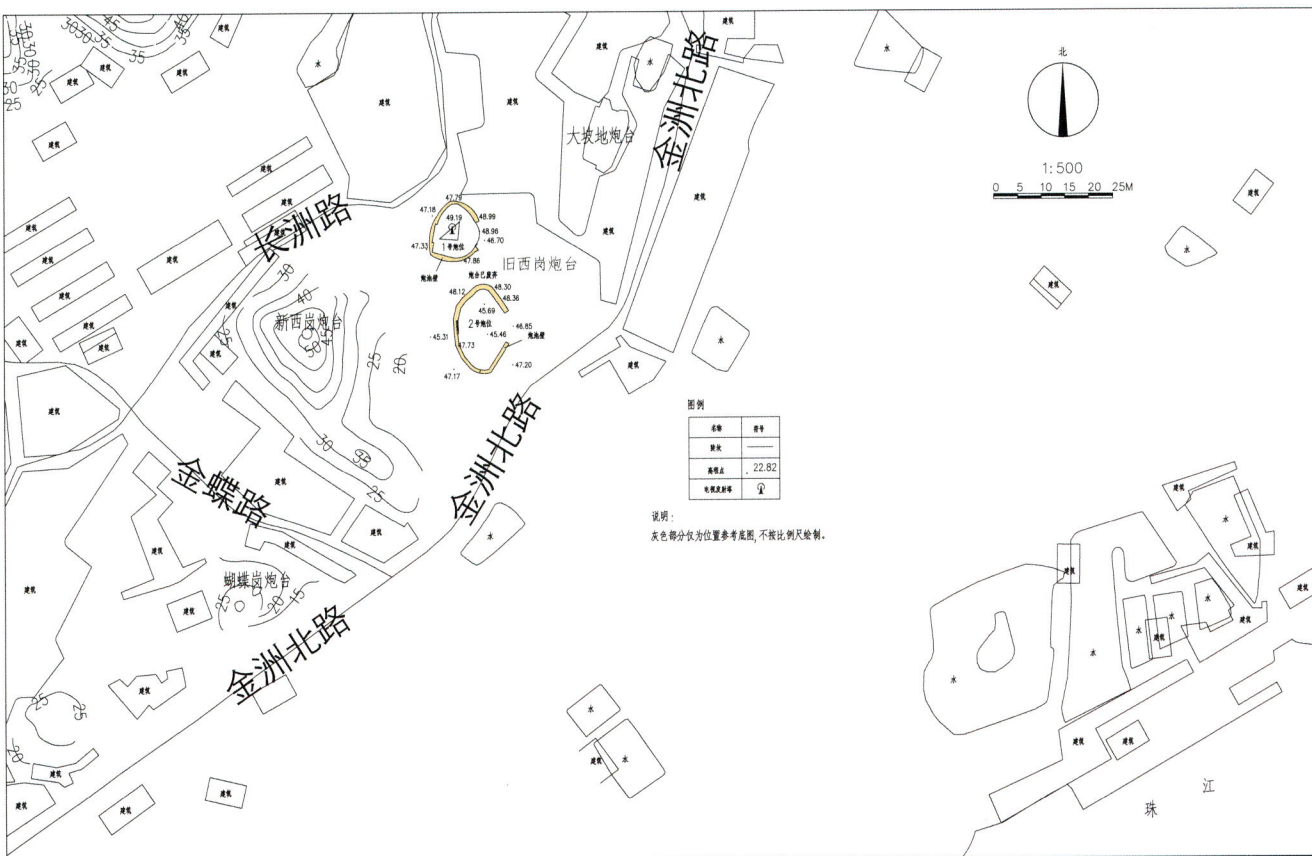

图一〇二　旧西岗炮台总平面图

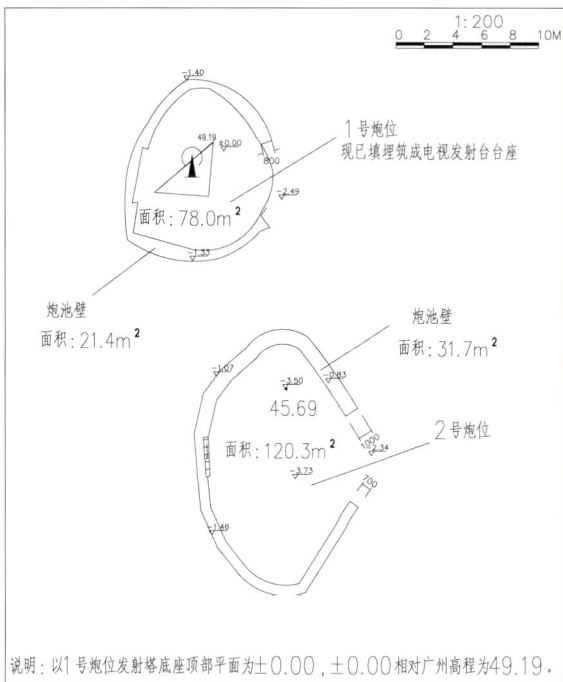

图一〇三　旧西岗炮池平面图

图一〇四　新西岗炮台"风车炮"

萨承钰《南北洋炮台图说》记载：

长洲西岗山炮台二座，形如扇面式。第一台炮位，内宽四十七尺，深三十二尺，墙高一十尺，厚九尺，用红毛泥石子造成。另墙脚入土深三尺。木炮遮一架，宽五十尺。

第二台炮位，内宽三十五尺，深二十八尺，墙高九尺六寸，厚九尺，用红毛泥石子造成。另墙脚入土深三尺。木炮遮一架，宽三十八尺。台后安门一道，宽七尺六寸，高五尺。大暗路一度，长九十四尺，宽八尺，高九尺。护墙厚五尺，顶上厚四尺六寸。周围墙边安配木弹子架。火药房二所，共宽一十三尺，深一十六尺，高九尺。四围墙厚二尺，用青砖砌成。顶上厚四尺六寸，青砖砌成二尺，红毛泥造成二尺六寸。通风暗路一度，宽三尺六寸，高九尺，护墙厚五尺，顶上厚四尺六寸。周围墙边安配木弹子架。兵房三所，均宽一十五尺，深二十四尺，高八尺六寸。护墙厚五尺，顶上厚四尺六寸。厨房二所，共宽二十九尺，深二十四尺，檐高八尺。[①]

今火药房、兵房、厨房早已不存在。

---

①　（清）萨承钰：《南北洋炮台图说》，一砚斋藏本，2008年影印本，广东省立中山图书馆藏，第261页。

(五) 蝴蝶岗炮台

蝴蝶岗炮台在黄埔造船厂技校后山，海拔约 30 米，距新西岗炮台约 250 米。清光绪十年（1884）建炮台 2 座。其中一座直径为 11 米，炮台壁厚 0.6 米，射孔宽为 3.1 米（图一○五）。第一台置名为制胜的阿姆斯特朗炮，第二台置名为伟烈的克虏伯炮。今大炮皆无存。

图一○五　蝴蝶岗炮台 2 号炮池

萨承钰《南北洋炮台图说》记载：

蝴蝶岗炮台二座，形如扇面式。第一台炮位，内宽三十九尺，深二十一尺六寸，墙高八尺，厚九尺，用红毛泥石子筑成。另墙脚入土深三尺。木炮遮一架，宽四十一尺。台后安门一道，宽五尺，高五尺。暗巷一条，长三十五尺，宽五尺六寸，高八尺。护墙厚五尺，顶上厚四尺六寸，通气铁盖筒二个。周围墙边安配木弹子架。

第二台炮位，内宽三十一尺，深二十六尺。墙高八尺六寸，厚九尺，用红毛泥石子筑成。另墙脚入土深三尺。木炮遮一架，宽三十五尺。台后安门一道，宽一十尺，高五尺。通风大暗路一条，长六十七尺，宽一十尺，高八尺六寸。护墙厚五尺，顶上厚四尺六寸，通气铁盖筒三个。周围墙边安配木弹子架。火药房二所，共宽一十五尺，深一十尺，高八尺。四围墙厚二尺。顶上厚四尺六寸，青砖砌成二尺，红毛泥造成二尺六寸。木火药柜二个，木弹子架二个，周围通风暗路一条，宽三尺，高八尺。护墙厚五尺，顶上厚四尺六寸，通气铁盖筒二个。周围墙边安配木弹子架。兵房三所，每所宽二十二尺，深一十五尺，高七尺，护墙厚五尺。顶上厚四尺六寸，通气铁盖筒二个。官厅一座，宽一十七尺，深一十三尺，高一十一尺，四围墙厚二尺。右边房二所，共宽三十一尺，深一十七尺，高一十一尺，四围墙厚二尺，通气铁盖筒二个。厨房二所，共宽二十八尺，深二十三尺，檐高九尺六寸。[①]

1925年底，黄埔军校在蝴蝶岗炮台（图一〇六）附近的原清朝练兵场的遗址上，即现在的黄埔造船厂技校至84中学一带设立分教处，建筑简易瓦房，分住学生。1926年1月，林彪等黄埔军校第四期政治大队（队长胡公冕）的学生，从广州沙河营房迁驻蝴蝶岗校舍。[②]1930年，黄埔军校北迁南京后，曾把这里作为黄埔中正学校的校舍，现校舍已不存。

图一〇六　蝴蝶岗炮台总平面图

---

① （清）萨承钰：《南北洋炮台图说》，一砚斋藏本，2008年影印本，广东省立中山图书馆藏，第263-264页。

② 文强口述、刘延民采写：《和毛泽东、周恩来、朱德、林彪的早年交往》，王俊义、丁冬主编：《口述历史》，第1辑，北京：中国社会科学出版社，2003年，第79页。

(六) 鱼珠炮台

鱼珠炮台位于鱼珠街蟹山社区港前路 (现黄埔港务监督站内),因炮台上的山岗昔时形似一条鱼,在鱼口前有一块岩石,圆如珠,故称鱼珠,炮台亦称鱼珠炮台。鱼珠炮台由两广总督张之洞、广东巡抚倪文蔚督建。山岗上原有 3 座炮台,皆置克虏伯炮。其中 1 座炮台被填平,现存一大一小两座炮台 (图一○七)。鱼珠炮台巷道大门面向西北方向,水泥盖顶,在红砖砌筑的拱门上镶嵌着一块长约 2 米、宽约 0.6 米的花岗岩石门额。石门额正中间镌刻 "鱼珠台" 3 个楷书大字,右边楷书镌刻 "光绪十年 (1884——引者注) 仲夏吉旦",左边用小楷镌刻 "两广总督张　广东巡抚倪　记名总兵锐勇巴图鲁邓安邦督造　绘图监造同知衔陈棪熙" 等字样 (图一○八)。大门两边各有一高达 3.6 米、下宽上窄、有竖条装饰线的水泥圆柱。门高约 4 米,宽 5.6 米,里面巷道洞口宽约 3.29 米,高约 2.25 米 (图一○九)。大门现已被砖块封堵。现存较大的 2 号炮池形状呈扇形,周长约 28.6 米。整个炮台向东南方向倾斜,东南方向高约 2.22 米,西南方向高约 2.65 米,炮台凹口高 0.5 米、长 3.8 米的地方为炮口,炮口向东南方向。炮口内外都是钢筋水泥结构,炮台内周围墙上分别有11 个高 0.95 米、宽 0.36 米的炮子孔 (藏弹洞),有 11 个固定炮身的固定环 (图一一○)。

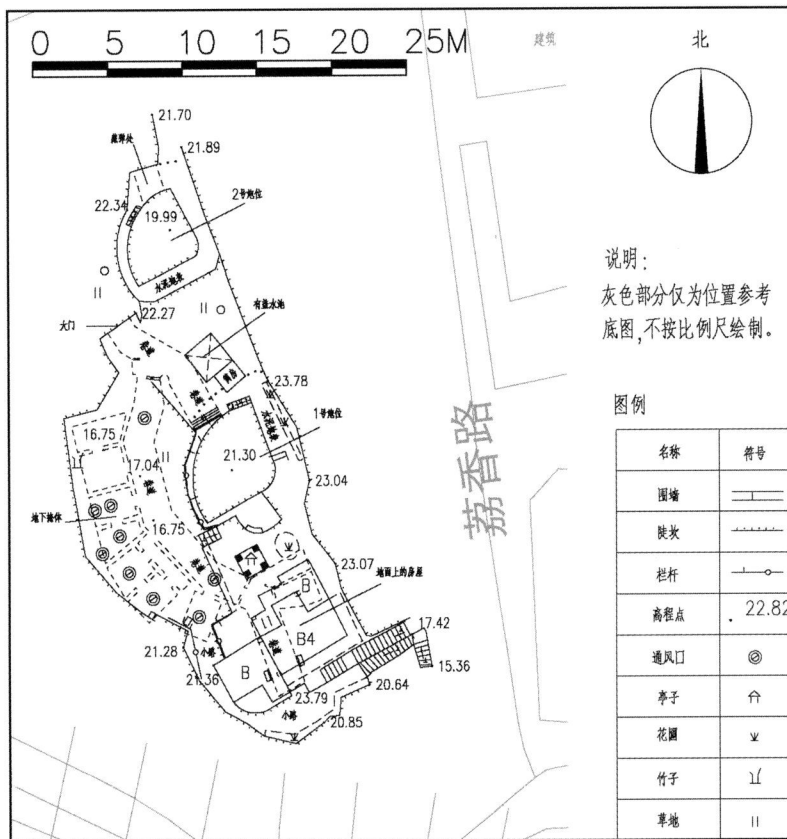

图一○七　鱼珠炮台总平面图

图一〇八　"鱼珠台"门额

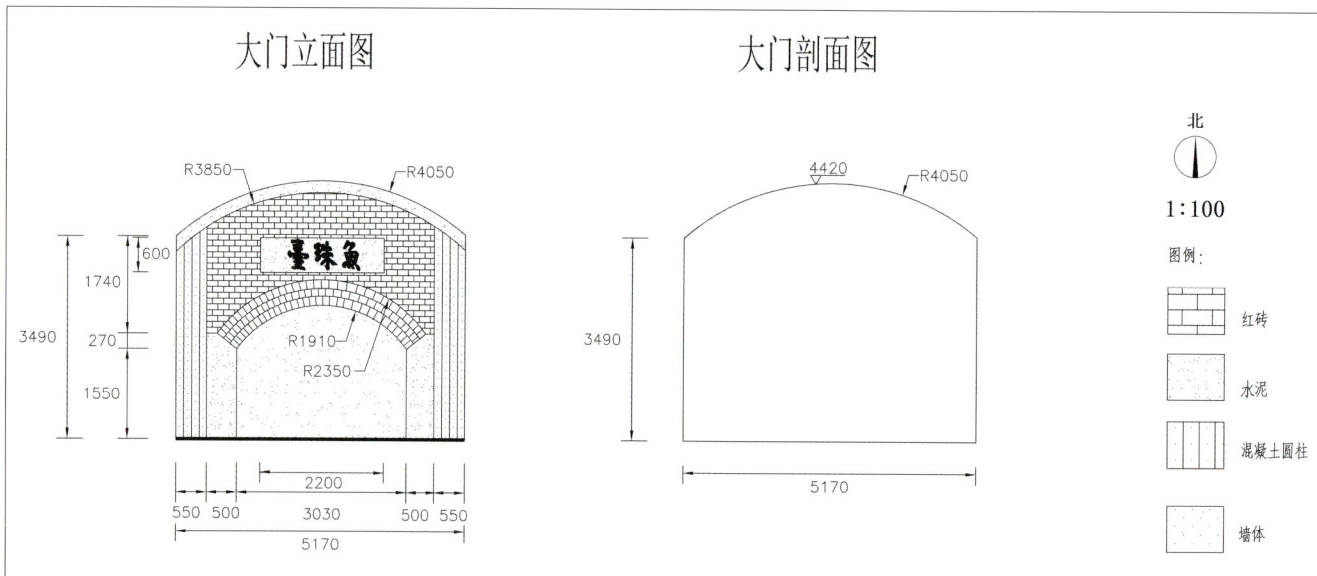

图一〇九　鱼珠炮台入口立面图、剖面图

图一一〇　鱼珠炮台炮池

　　鱼珠炮台的东北方向紧贴墙内有 1 个上宽 0.75 米、下宽 0.58 米的 10 级台阶。西南方向有个藏兵洞，洞口宽 3.29 米，高 2.25 米。洞内拱壁红砖砌筑，走道两壁是水泥批荡，地面是水泥地，两边有流水沟并向下倾斜。走道呈三叉形，一条是南北走向，另一条是从东西转为南北走向。南北走向一直通向巷道口，全长约 13.4 米，走道上有 1 个通气孔。从东西转为南北走向的一段，全长 24.6 米，走道右边有 7 个藏兵室（按顺序 1~7 室排列），其中 1 室和 2 室之间有门相通，出入口在 2 室，1 室靠走道方向有 1 个扇形窗，1 室和 2 室之间有 1 个三角形气窗；3 室和 4 室之间也有门相通，但又各自有门通走道；5 室和 6 室之间共用 1 个与走道平行的通道，进入通道后再分两室，两室之间又有门相通；7 室是单独一个室。各室顶上都有通气孔。自 7 室之后走道就转南北走向，全长约 12 米，在走道的左边有两个相通的藏兵室（现门已封堵），两室又各有门通走道，走道的尽头通向另一个炮台（现已填平）。由东西转南北走向的走道顶上共有 8 个通气孔。

　　整个藏兵洞随着山势的起伏而建造，环绕炮台大半圈，现状保存完好。距大炮台约 13.3 米的小炮台，方位和形状与大炮台基本相同，只是没有藏兵洞，也不与大炮台相通，单独有两个一大一小的出口，现已封闭。

　　萨承钰《南北洋炮台图说》记载：

　　鱼珠山炮台三座，台基自山上至山脚止，长四百余尺，横二百余尺。第一台炮位，围长四十八尺六寸，横宽三十一尺。台墙前高六尺，侧高八尺四寸，后高九尺三寸，墙厚六尺，安炮子孔一十六个，炮铁环一十一个。台内水井三口，木炮遮一架。

第二台炮位，围长四十四尺，横宽二十七尺。台墙前高五尺二寸，侧高七尺六寸，后高八尺六寸。墙厚六尺，安炮子孔一十一个，炮铁环一十一个。台内水井三口，木炮遮一架。

第三台炮位，围长三十七尺，横宽二十三尺六寸。台墙前高六尺二寸，侧高七尺五寸，后高八尺。墙厚六尺，安炮子孔八个，炮铁环八个。台内水井二口，木炮遮一架。

又护身小炮台，在鱼珠山脚，安炮墩一十四个。台墙高二十二尺。暗路墙二道，均长一百七十四尺，高五尺六寸，中间高七尺六寸，厚一尺六寸，墙拱用红毛泥细石子筑成，厚二尺，开通光孔一十个。小子药房共六所，高四尺，宽四尺，深一尺六寸，墙厚一尺六寸。子药房、躲身房、军器房共九所。地脚下石砧一条，长一百三十余尺，高三十尺，厚六尺，墙厚二尺，高六尺，中间高八尺，开通光孔七个，通气孔九个。明路二条，长二百尺，宽一十尺。青砖围墙长一百二十七尺，高七尺，厚一尺二寸，开炮枪眼三十二个。闸门一道，高九尺六寸，宽六尺。外明路一条，由闸门起至山脚止，共长一百三十尺。[①]

在鱼珠炮台东北方向是狮山炮台和狮腰炮台，西北方向是蟹山炮台。蟹山、鱼珠、狮山等炮台分建于 3 座山岗上，形成了三足鼎立的阵势。它们与长洲、沙路等炮台构成长洲要塞，是珠江河道进入广州的第二道门户。

1925 年 8 月后，黄埔军校第四期入伍生第三团各营驻扎鱼珠炮台。[②] 1926 年 3 月 3 日入黄埔军校的陈毅安，仅在黄埔本校住了 3 天，就到学校对河的鱼珠炮台住。住在此地的学生，都是特科大队，约 300 人。特科大队为暂时编制，后分炮、工兵、经理 3 科。陈毅安所见："鱼珠炮台的大炮是德国在克虏伯厂造的，口径 21 生[③]的，欧战以前的炮，最大的 24 生的！这种可能是第二种，可以打二三十里路远，炮子四五个人只能抬一粒，其大可以想见了。革命军有这样大的炮，（对于）反革命者（我们）是不怕他的了。"[④]

1993 年 8 月，鱼珠炮台被列为广州市文物保护单位。

---

① （清）萨承钰：《南北洋炮台图说》，一砚斋藏本，2008 年影印本，广东省立中山图书馆藏，第 235—236 页。

② 文强口述、刘延民采写：《和毛泽东、周恩来、朱德、林彪的早年交往》，王俊义、丁冬主编：《口述历史》，第 1 辑，北京：中国社会科学出版社，2003 年，第 72 页。

③ "生"指克虏伯大炮口径的单位，即 cm（厘米）的音译。

④ 《陈毅安同志书信选载》，湖南省中共党史人物研究会编：《湖南党史人物研究》（学术卷），第 3 辑，长沙：湖南人民出版社，2008 年，第 477、478 页。

（七）蟹山炮台

蟹山炮台位于鱼珠街港前路蟹山公园内，建于清光绪十一年（1885）夏。中法战争结束之际，两广总督张之洞等奉旨为加强长洲要塞的防御力量而督造完成的。炮台尚存巷门、巷道、藏兵洞、炮池等。现巷门顶部已毁，仅存石门额以下部分，石门额阴刻"蟹山台"三字（图一一一），上款阴刻"光绪十一年孟夏吉旦"，下款阴刻"钦命两广总督部堂张　钦命广东巡抚部院倪　记名总兵署广州协锐勇巴图鲁邓安邦督造　绘图监造同知衔陈荣熙"。巷道长15米，高2.32米，巷道上端留有3个通气孔（图一一二）。两个藏兵洞形制略同，长约6.1米，宽约3.1米。炮池呈椭圆形，较宽的东西向有16.3米（图一一三）。炮池深度自炮口位置处向底座增加，为0.8～1.28米，重心设置合理，转动自如。

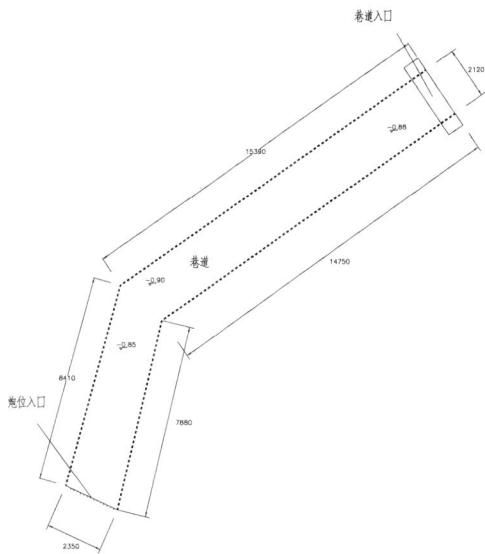

图一一一　蟹山炮台石门额

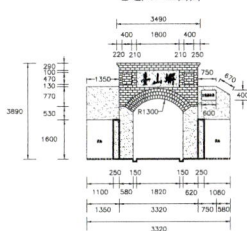
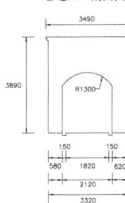

图一一二　蟹山炮台巷道平面图、立面图、剖面图

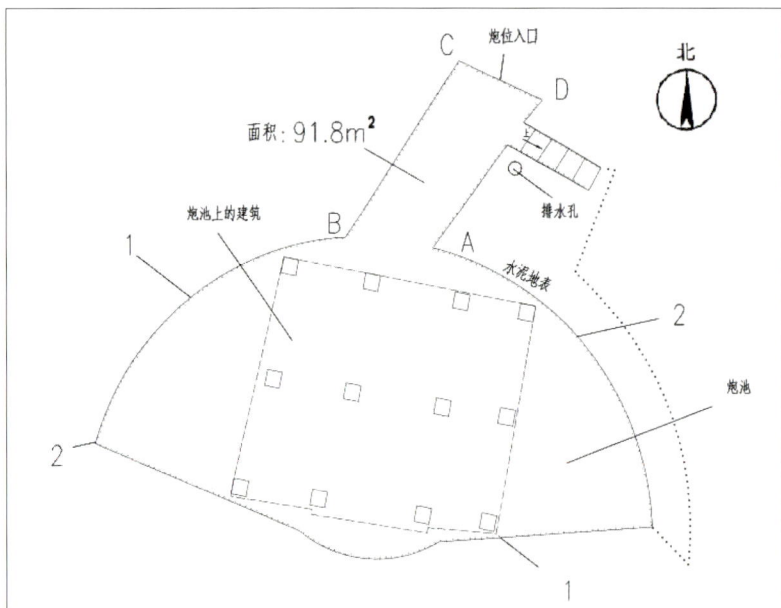

图一一三　蟹山炮台平面图

　　1922 年夏，与孙中山政见不合的、原粤军总司令陈炯明据蟹山炮台炮轰停泊于珠江水域的孙中山座舰"永丰号"，又从蟹山、鱼珠一带渡江进攻长洲，迫使孙中山率领的舰队撤离长洲驶向广州白鹅潭。1931 年，为纪念孙中山蒙难之事，陈庆云等人将蟹山建为中山公园。蟹山炮台（图一一四、图一一五）配置德国生产的克虏伯后膛远程炮，炮身长 3.9 米，口外径 34.8 厘米，口内径 22 厘米，重 7 938 公斤。20 世纪 50 年代初原炮运往越秀山广州博物馆（镇海楼）展出（图一一六），今炮池底部还存有旋转的轨迹及铁环。中山公园曾改名黄埔公园，现名蟹山公园。该公园面积 2.18 万平方米，绿化面积 1.8 万平方米，公园内有花廊、小桥等，供市民登临参观、健身休闲。

图一一四　蟹山炮台（《广州月刊》1931 年第 3 期）

图一一五 蟹山炮台炮池现状

图一一六 蟹山炮台克虏伯大炮

据许衍董纂《广东文征续编》记载，参以当时报刊所载，建设中山公园时，在蟹山炮台旁所竖立的"先大总统孙公蒙难碑"碑文如下：

民国十一年六月十六日，陈炯明叛，嗾使其徒众攻总统府，我总理亲冒危难，登永丰舰，率海军忠实同志讨之，陈逆蹈鱼珠炮台炮击总理坐舰，幸而逆谋卒沮。是役也，陈逆犯上作乱之罪，暴露于世，为人群所不齿，而总理大无畏之精神，愈为世界所钦崇，本党主义亦日益光大。兹以海内统一告成，虎门要塞司令，陈君庆云，念总理蒙难艰贞，不可不昭示来祀，拟勒石鱼珠炮台，以留纪念，余善其用意之诚，为书梗概于右，且以警世之甘冒天下之大不韪者。

书鱼珠蟹山先大总统孙公蒙难碑阴。

民国十一年六月十六日，陈炯明称兵叛变，图弑先大总统孙公于粤秀山，不得逞，以既据长洲要塞珠江左岸各炮台，可封锁我舰队，使不克顺流下驶，且以近官山、北亭等处及员岗、南亭一带支河，水道图所注深度为低水度以下三英尺至八英尺，舰队又不克退避，故于越月九日，复倾兵自新洲一带来犯，发鱼珠要塞炮击公座舰。

而海军部部长兼第一舰队司令温树德重受敌赂，劫持海圻、肇和等巨舰，附逆潜遁，逆以为必陷公于绝境。事先有具以告公者，公乃鼓励永丰、楚豫、豫章及广东海防司令陈君策所部将士，并命今国民政府主席□□[1]筹策应战，部署不少紊。

大本营行营设于长洲鱼雷局，首被炮毁，秘书李君禄超，暨长洲要塞司令马君伯麟[2]几中弹死，同时别动队司令徐君树荣、海防陆战队队长陈涤，率所部与逆鏖战，均以众寡不敌，仅以身免。

是日午后，楚豫舰长招君桂章，驾舰率豫章舰反攻逆垒，悉向牛山炮台射击，声震遐迩，势颇壮烈。然犹莫能稍戢逆焰于万一也。

旋以长洲各炮炮闩，既为温逆骗去，而温部海军陆战队，又不为我助，反以资敌，故变计转驶新造。此孙公之应变，赫赫犹在心目间也。

迨去年，虎门要塞司令陈君庆云偕直勉纵览，随指巨炮曰，陈逆嗾使轰击座舰者，实为鱼珠蟹山炮台之逆军。当时我舰队颇不弱，只以急不遑择，致误目标，故卒不克耳。顾吾同志仗义讨贼，成败利钝，夫何足计。是役足使天下知仗义讨贼者尚有人在，则诚不虚此一战与。

---

① 原文如此。后补"蒋公"二字，不知始于何时。在林直勉纂文或胡汉民手书时故意略而不提，背后原因是当时宁粤对立的紧张局势。1931 年 6 月 16 日，广州即宣传"打倒继承陈逆的蒋中正新军阀！"

② 马伯麟（1883—?），曾任大元帅府参军、广东水鱼雷局长、长洲要塞司令，孙中山蒙难时，随侍永丰舰。1930 年任中华海员工会特派员办公处设计委员。《国选协进会宣布竞选人履历》（续），《申报》1936 年 9 月 17 日第 12 版。

今者陈君庆云追惟孙公蒙难之艰贞，及其大无畏之精神，足以永存不朽，因辟斯台为公园，请胡公展堂为文，立碑于其上，复以直勉曾与斯役，并嘱记当日概况，以资后人观感云。

中华民国二十年三月廿日林直勉撰文，梁俊生刻石。①

"文革"初期，"因该碑鼓吹蒋介石、招桂章、陈庆云、陈策等保护孙中山的经过"，被捣烂。炮台上的亭子的石额"触目惊心"等，因有国民党陈策、陈世一的题名而被毁无余。

（八）狮山炮台

狮山炮台位于黄埔街下沙社区的中山大道南侧的狮山，于清光绪十年（1884）仲夏建造。坐北朝南。巷门（图一一七、图一一八）顶部呈"山"字形，高5米，宽3.5米，门洞高2.2米，宽1.88米。门顶嵌一块石额，长2.13米，宽0.58米，中间阴刻"狮山台"3个大字，右上行刻"光绪十年仲夏吉旦"小字，左下行刻"两广总督张　广东巡抚倪　记名总兵锐勇巴图鲁邓安邦督造　绘图监造同知衔陈棻熙"4行小字。巷道（图一一九）长41米，净空高2.4米，红砖砌筑。炮池呈不规则半月形，用灰砂石三合土建筑，南北窄，东西宽，东西宽约13米，深2.2米。炮池（图一二〇）射击口处略低，宽1.27米。炮池壁上现存16个炮子孔和10个拴炮铁环。

图一一七　狮山炮台入口

---

① 《广州月刊》1931年第3期。

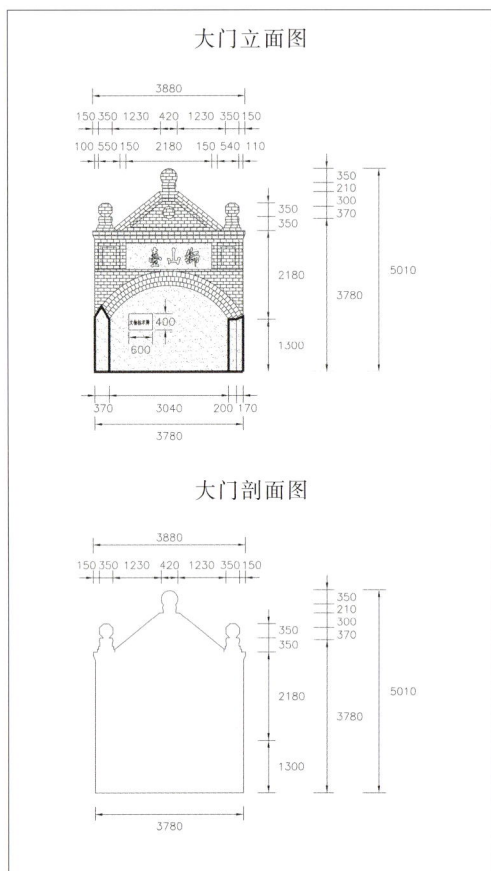

图一一八　狮山炮台入口立面图、剖面图

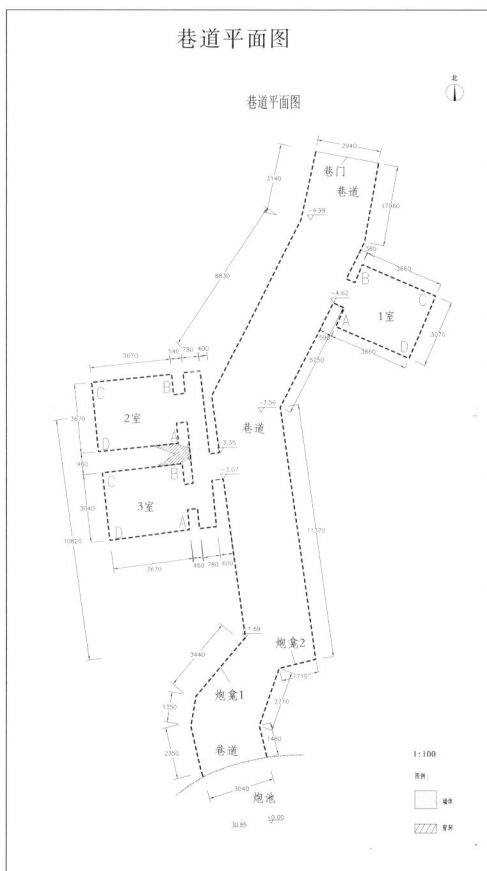

图一一九　狮山炮台巷道平面图

图一二〇　狮山炮台炮池

萨承钰《南北洋炮台图说》记载：

　　狮山炮台一座，台基自山顶至山脚止，长三百余尺，宽一百尺。台身长四十八尺，宽三十五尺。台墙前高六尺三寸，左右高七尺六寸，后高九尺。墙厚六尺，墙脚安炮子孔一十六个，铁环一十四个。台中开水井三口。又于台后建一护炮台，设炮墩四个。台墙高一十五尺。暗路一条，长一百尺，高五尺六寸，中间高七尺六寸，墙厚一尺六寸，用红毛泥石子造成，开通光孔五个。柚木闸门一道，顶上填土一十余尺。小子药房二间，高四尺，宽四尺，深一尺六寸，墙厚一尺六寸，安门二道。子药房、躲身房、军器房共三所，围墙用红毛泥石子筑成，厚三尺，高五尺六寸，中间高七尺六寸，拱面厚二尺。官厅一座，计三间，横宽共四丈三尺，深四丈三尺，正脊高二丈一尺七寸，檐高一丈一尺七寸。厨房一间，宽一丈五尺，深一丈六尺，高一丈三尺。[①]

　　狮山炮台与鱼珠炮台、蟹山炮台，形成"品"字形态势，成为长洲要塞的重要组成部分。

图一二一　狮腰炮台入口

（九）狮腰炮台

　　狮腰炮台位于黄埔街下沙社区的中山大道南侧的狮山，清光绪十一年（1885）孟夏建造。炮台在狮山的北面，距狮山炮台约50米，地势高于狮山炮台。其形制、用料、尺寸与狮山炮台基本相同，建造时间先后相差一年，皆置克虏伯炮，今已不存。巷门花岗岩石额刻"狮腰台"（图一二一、图一二二），石额右下行文字为"钦命两广总督部堂张　钦命广东巡抚部院倪　记名总兵署广州协锐勇巴图鲁邓安邦督造　绘图监造同知衔陈棨熙"，石额文字与狮山炮台的文字略有不同。该炮台巷门保存尚好，炮池已毁一半（图一二三）。

①　（清）萨承钰：《南北洋炮台图说》，一砚斋藏本，2008年影印本，广东省立中山图书馆藏，第237页。

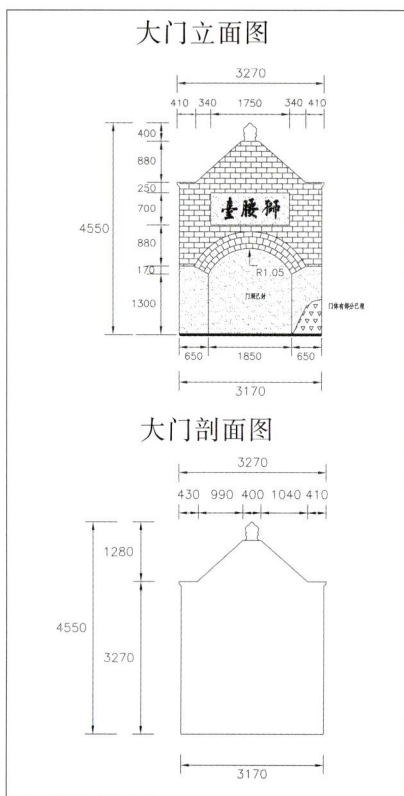

图一二二　狮腰炮台入口平面图、剖面图

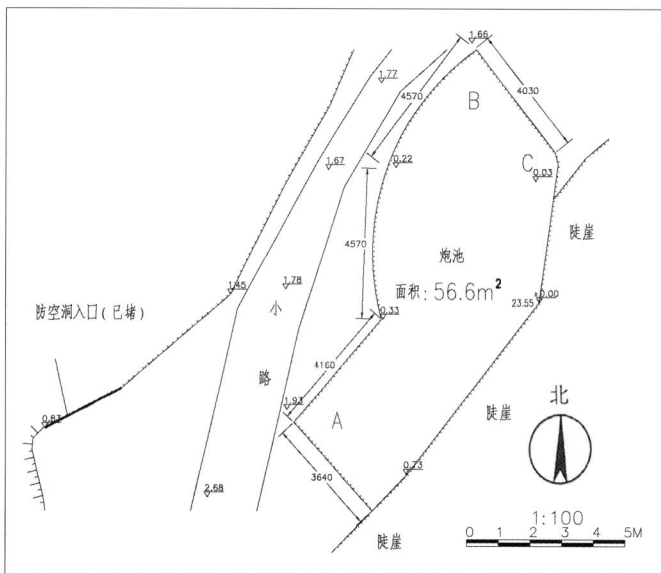

图一二三　狮腰炮台炮位现状平面图

萨承钰《南北洋炮台图说》记载：

狮山腰右炮台一座，形如扇面式，台基系开山挖深七尺，横宽四十五尺，直长二十六尺，周围一百一十五尺。中开八字炮门，宽四尺八寸，前垛墙厚一十四尺，墙脚土深三尺，后墙厚四尺。墙内开炮子孔，台内水井三口，木炮遮一架。暗路一度，长二百零九尺，宽六尺，高八尺，与左炮台相通。机器房一间，宽、深均四尺。子药房一间，深一十九尺，宽一十尺。兵房一间，宽一十尺，深一十九尺。台前开大门，高八尺。另开便门二处，一通小炮台，一通山后。

又狮山腰左炮台一座，形如扇面，台基系开山挖深七尺，横宽四十五尺，直长二十六尺，周围一百一十五尺。中开八字炮门，宽四尺八寸，前垛墙厚一十四尺，墙脚土深三尺，后墙厚四尺，墙内开炮子孔，台内水井三口，木炮遮一架。暗路一度，长二百零九尺，宽六尺，高八尺，与右炮台相通。机器房一间，宽、深均四尺。子药房一间，深一十九尺，宽一十尺。兵房一间，宽一十尺，深一十九尺。台前开大门，高八尺。另开便门二处，一通小炮台，一通山后。[1]

----

①　萨承钰：《南北洋炮台图说》，一砚斋藏本，2008年影印本，广东省立中山图书馆藏，第239页。

（十）牛山炮台

牛山炮台位于黄埔区乌涌之北的牛山公园。其与长洲炮台、鱼珠炮台等构成珠江河道进入广州的第二重门户，形势险要。张之洞《广东海图说》载："牛山在珠江下流北岸，正接四沙尾，当狮子洋内驶之路，为长洲、鱼珠前面屏蔽，形势扼要。山下乌涌，道路四达，可以屯军，兼顾水陆。"[①]牛山原有土炮台，光绪十一年（1885）筑新式炮台，炮台依山势高低建造了7座（图一二四），其中山麓3座（今编号1~3号），曾各置21厘米口径的德国克虏伯炮1门（今已不存）。山脊4座（今编号4~7号），各置英国阿姆斯特朗炮4尊（今已不存）。牛山炮台由总兵李光义率广胜军1个营驻扎。

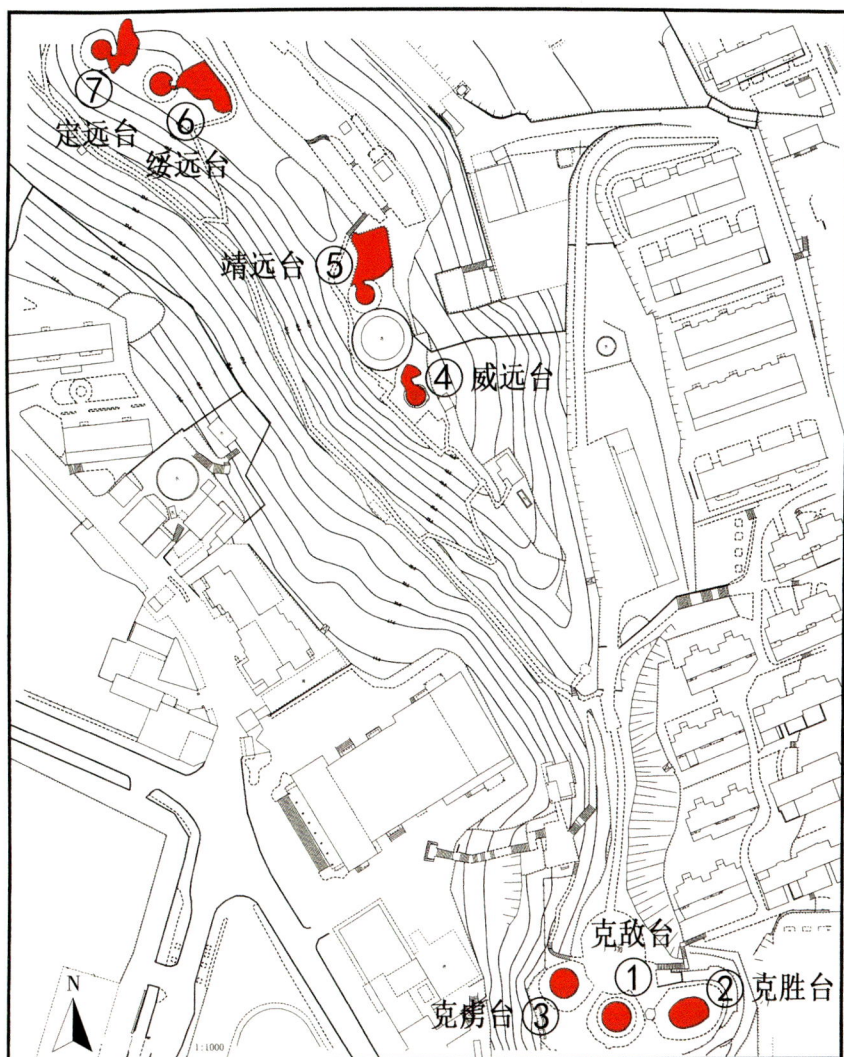

图一二四　牛山炮台分布图

---

① （清）张之洞：《广东海图说》，清光绪十五年（1889）广雅书局刊本，《广东历代方志集成》，省部（27），广州：岭南美术出版社，2006年，第827页。

《南北洋炮台图说》载牛山军事地理形势及各炮台详情：

北岸牛山形势，头高七十八尺，腰高一百六十八尺，尾高一百九十二尺，上连黄浦（埔），下控波罗，旁及鱼珠，对面即沙路，诚为水路之要冲也。

现建筑炮台七座。中台名克敌，台身高九尺五寸，宽三丈三尺，筑用红毛泥，厚一丈一尺五寸。台内地盘砖灰为脚，复用红毛泥垫深七尺，炮堂周围九丈九尺。暗道一条，高六尺，宽八尺，长八丈五尺。哨弁暗厅一所，高七尺，宽一丈，深一丈三尺。暗道内兵房八所，子药库一所，周围八丈五尺。木炮遮一架，高三丈，围圆一十五丈五尺。台内水池一口，深八尺，周围四丈五尺。

南台名克胜，台身高九尺五寸，宽三丈五尺，筑用红毛泥，厚一丈一尺五寸。台内地盘砖灰为脚，复用红毛泥垫深七尺，炮堂周围一十二丈五尺。暗道一条，高六尺，宽八尺，长八丈三尺。暗道内兵房八所，子药库一所，周围五丈六尺。木炮遮一架，高三丈，周围一十五丈五尺。

北台名克虏，台身高九尺五寸，宽三丈三尺五寸，筑用红毛泥，厚一丈一尺五寸，台内地盘砖灰为脚，复用红毛泥垫深七尺。炮堂周围九丈九尺。暗道一条，高六尺，宽八尺，长六丈七尺。暗道内兵房十所，子药库一所，周围五丈六尺。木炮遮一架，高三丈，围圆一十五丈五尺。台外水池一口，深八尺，周围四丈五尺。

第一台名威远，台身高五尺二寸，宽二丈八尺，筑用红毛泥，厚一丈。台内地盘砖灰为脚，复用红毛泥垫深九尺五寸。炮堂周围七丈八尺。暗道一条，高八尺，宽一丈二尺，长八丈七尺。暗道内兵房一十二所，子药库一所，周围五丈六尺。木炮遮一架，高二丈二尺，围圆一十丈零四尺。

第二台名靖远，台身高五尺二寸，宽二丈八尺，筑用红毛泥，厚一丈。台内地盘砖灰为脚，复用红毛泥垫深九尺五寸。炮堂周围七丈八尺。暗道一条，高八尺，宽一丈二尺，长九丈。暗道内兵房一十二所，子药房一所，周围六丈。木炮遮一架，高二丈二尺，围圆一十丈零四尺。

第三台名绥远，台身高五尺二寸，宽二丈八尺，筑用红毛泥，厚一丈。台内地盘砖灰为脚，复用红毛泥垫深九尺五寸。炮堂周围七丈八尺。暗道一条，高八尺，宽一丈二尺，长七丈。暗道内兵房一十六所，子药库一所，周围五丈六尺。木炮遮一架，高二丈二尺，围圆一十丈零四尺。

第四台名定远，台身高五尺二寸，宽二丈八尺，筑用红毛泥厚一丈。台内地盘砖灰为脚，复用红毛泥垫深九尺五寸。炮堂周围七丈八尺。暗道一条，高八尺，宽一丈二尺，长一十五丈五尺。暗道内兵房一十六所，子药库一所，周围五丈。机器房一所，周围九丈四尺。木炮遮一架，高二丈二尺，围圆一十丈零四尺。[①]

上述名为克敌的中台等 7 座炮台历经风云沧桑，不复从前，但至今仍有史迹留存。

山麓 1 号（克敌）、2 号（克胜）、3 号（克虏）3 座炮台（图一二五），作扇面形构筑，灰砂钢筋混凝土结构，分别面向南、东南和西南。1 号炮台（图一二六、图一二七）为圆形，直径 10 米，深 2.6 米。壁上排列着藏弹洞 21 个，根据炮弹形状设计，上窄下宽，形似半截榄核，最宽处 0.32 米，高为 0.66 米。壁上还有用于固定炮座的铁扣 8 个。炮位东北面约 3 米，有 2.2×0.78 米的阶梯口，从阶梯下去进入各个炮位和暗巷道。巷道用青砖砌墙，拱券结构，宽 1.96 米，高 2 米。[②] 现藏兵洞被砖块堵塞，大炮和转轨已不存。

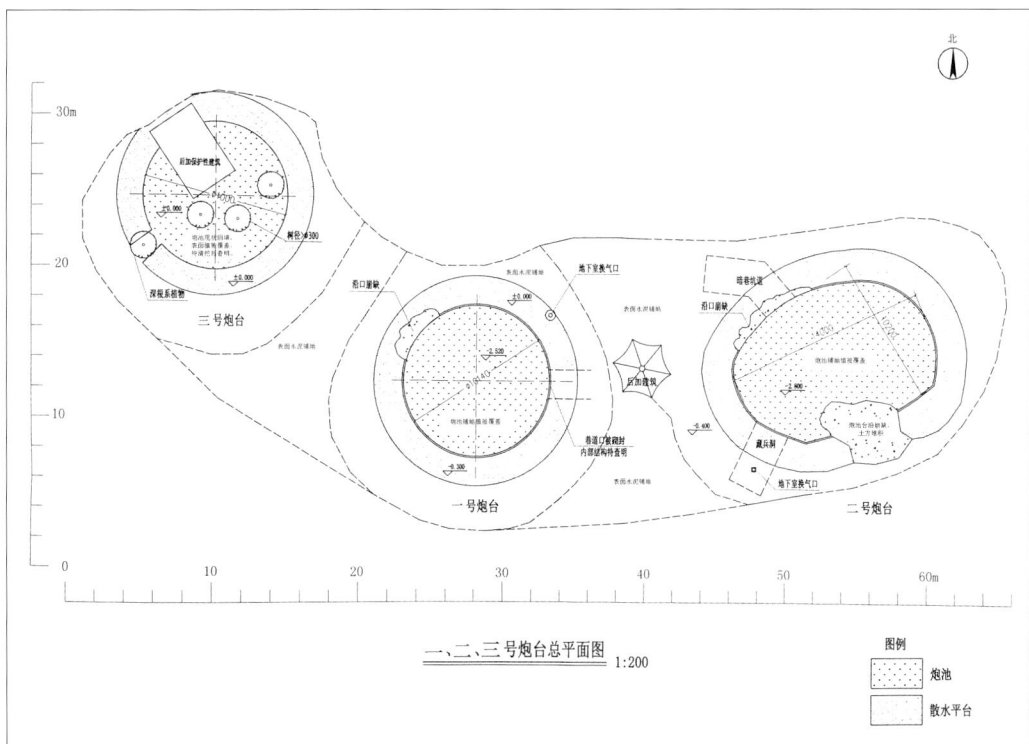

图一二五　牛山炮台 1 号、2 号、3 号炮台总平面图[③]

①　（清）萨承钰：《南北洋炮台图说》，一砚斋藏本，2008 年影印本，广东省立中山图书馆藏，第 231-233 页。

②　广州市文化局、广州市地方志办公室、广州市文物考古研究所编：《广州文物志》，广州：广州出版社，2000 年，第 33 页。

③　图一二五、图一二六、图一二七、图一二九、图一三〇的底图来源：广州市黄埔区文化广电新闻出版局、广州市翰瑞文物保护设计研究中心：《广州市文物保护单位——乌涌清宫兵合葬墓之牛山炮台修缮保护设计方案》，2014 年。

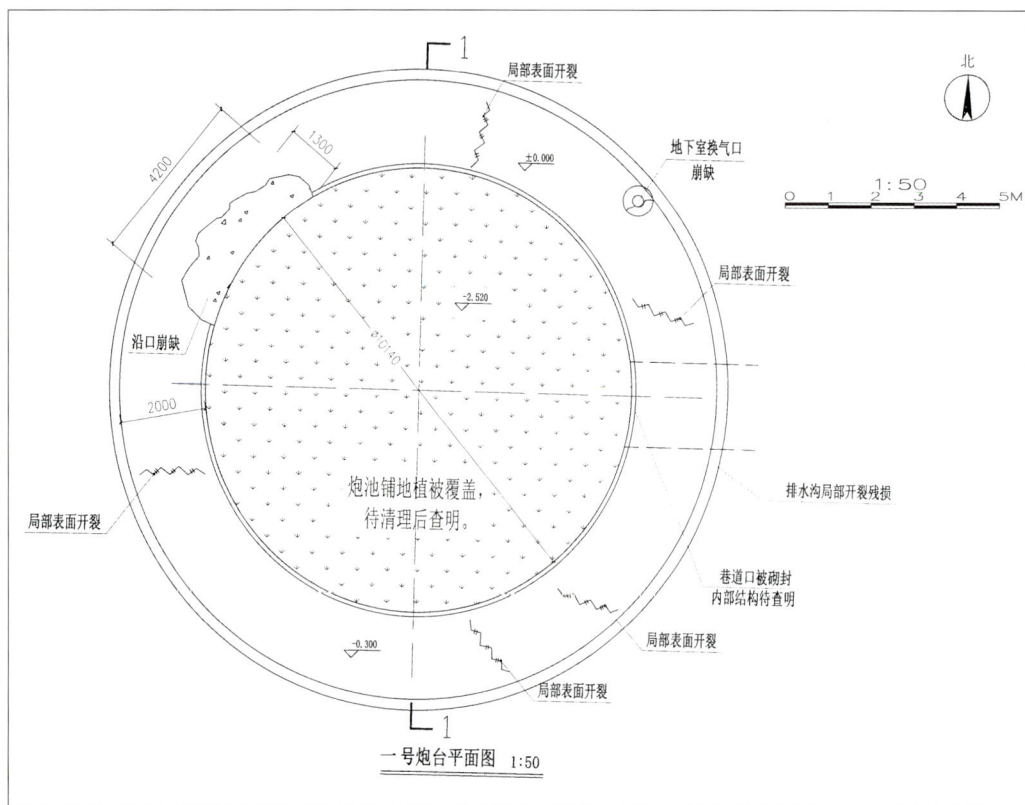

图一二六　牛山炮台 1 号炮台平面图

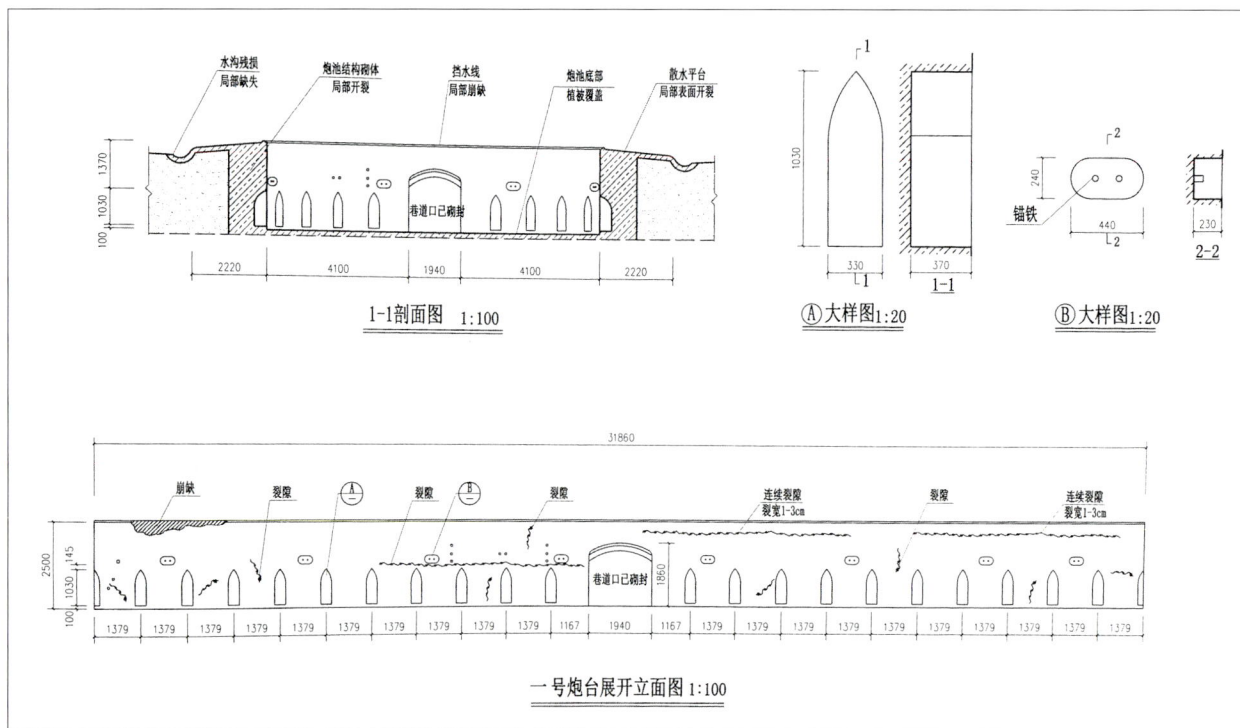

图一二七　牛山炮台 1 号炮台展开立面图

2号炮台（图一二八）距离1号炮台13.2米，椭圆形，周长30.06米，深2.3米，炮台周围地面有2.7米宽排水斜坡，炮台前沿部分已崩塌，暴露出钢筋、砂、石。炮台后壁有暗巷道，巷道口高2.16米，宽2.4米。[1]巷道口的两侧排列着13个藏弹洞，形状、大小均与1号炮台相同。炮台壁上还有用于固定炮位的铁扣4个，南壁有高1.78米、宽1.45米的洞门，内为藏兵洞。现巷道被堵塞，炮和轨道已拆走。

图一二八　牛山炮台2号炮台

3号炮台和2号炮台形制相同，皆与1号炮台相通。今3号炮台被土填埋，但轮廓大体可见。

山脊4号（威远）、5号（靖远）、6号（绥远）、7号（定远，图一二九、图一三○）4座炮台位于山麓3座炮台的西南方，距离约400米。

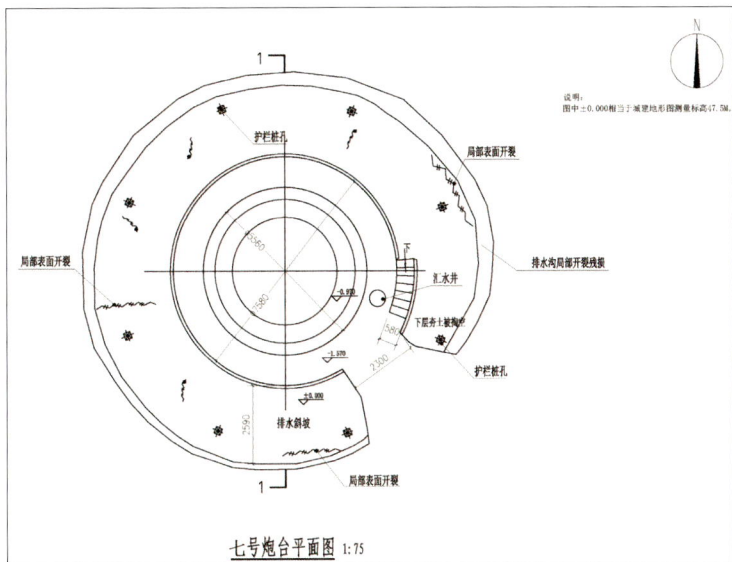

图一二九　牛山炮台7号炮台平面图

---

① 广州市文化局、广州市地方志办公室、广州市文物考古研究所编：《广州文物志》，广州：广州出版社，2000年，第33页。

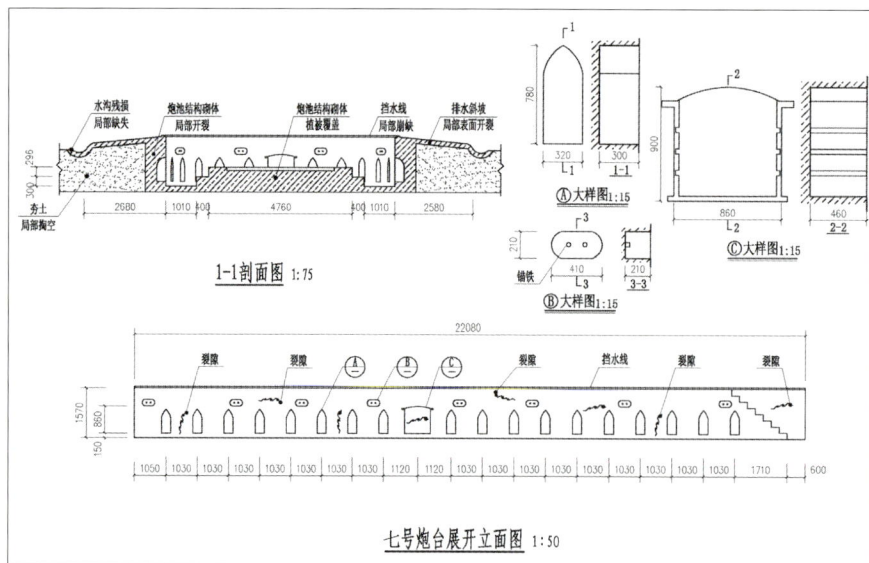

图一三〇　牛山炮台 7 号炮台展开立面图

　　山脊 4 座炮台一字排开，依次面向南和西南，各炮台之间距离最远 150 多米，最近 15 米。山脊 4 座炮台构筑形制与山麓 3 座炮台形制有不同之处：山脊 4 座炮台内壁皆有阶梯可直接到炮池（图一三一），而山麓 3 座炮台到炮池，须通过暗巷道。另外，山脊 4 座炮台炮池中央即安装炮位处皆高出两级，第一级直径为 5.53 米，高 0.28 米，第二级直径为 4.5 米，高 0.35 米。①今山脊 4 座炮台大炮和轨道已不存，暗巷、藏兵洞、藏弹洞等久经风雨侵蚀而倒塌。

图一三一　牛山炮台 6 号炮台内的阶梯

----

　　①　广州市文化局、广州市地方志办公室、广州市文物考古研究所编：《广州文物志》，广州：广州出版社，2000 年，第 33 页。

附：乌涌清官兵合葬墓

乌涌（今名文冲）是狮子洋水道进入广州的重要关隘。鸦片战争前，林则徐在这里修筑乌涌炮台等防御工事（位置在今广州黄埔区文冲街文园村的鱼尾围，即牛山向南珠江边上的乌涌口，今已不存），以"备虎门有失，为第二重守御计"。道光二十一年（1841）1月，道光皇帝下诏向英国宣战，抽调各省兵力1.7万人来广州布防。1841年2月27日，英军攻陷上、下横档炮台后，继续向乌涌炮台进攻。"内河由狮子洋而入，其近狮子洋者以乌涌为扼要，近省城者以猎德及二沙尾、大黄滘等处为扼要。乌涌一带已经臣琦善奏明，将湖南先到兵一千名，咨明署该提督祥福带往驻防。"①湖南镇筸镇总兵祥福率领湖南兵900人抵乌涌，即与广东、广西兵700多人驻扎防堵，一起抵御英军。战后，清政府在乌涌修建祥镇军祠，奉祀祥福和英勇牺牲的400余名官兵。在牛山建合葬墓，以资表彰牺牲的官兵。乌涌清官兵合葬墓（图一三二）位于今广州黄埔区红山街文船社区牛山（原名黄羊山）山腰。花岗石构筑。墓碑刻"湖南广东广西各标兵忠勇官兵之墓"（图一三三），没有上下款。墓前约20米处有一座花岗石牌坊（图一三四、图一三五），高3.8米，宽2.82米，正方形石柱（边长0.25米）顶上刻蹲狮，坊顶的石横额（宽0.3米，厚0.2米）正面中间刻"圣旨"二字，楷书，背面中间刻"福寿"二字。光绪十二年（1886）重建祥镇军祠（今已不存）时立《增建祥镇军祠添置祀田碑记》石刻一方（图一三六）。该碑于1963年移于广州博物馆碑廊。2005年，黄埔区文物普查办在文冲社区塘边发现"祥镇军祠"门额石刻，将其移至南海神庙保存。乌涌清官兵合葬墓于2001年维修。

图一三二　乌涌清官兵合葬墓

---

① 《钦差大臣琦善等奏报横档等炮台失守后加紧防守省垣折》，中国第一历史档案馆编：《鸦片战争档案史料》（3），天津：天津古籍出版社，1992年，第167页。

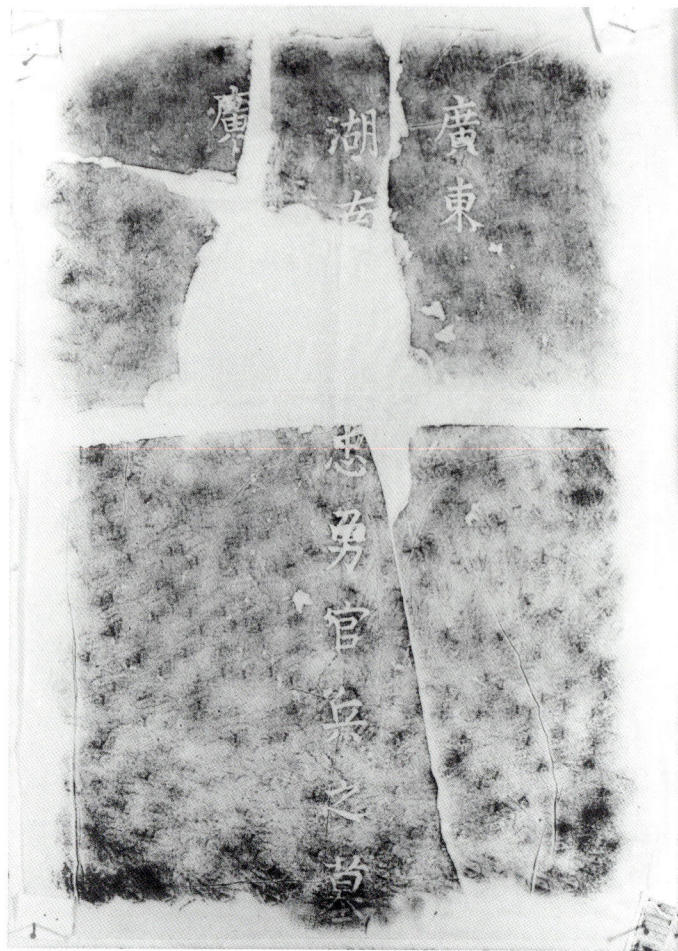

图一三三　乌涌清官兵合葬墓残碑拓片

图一三四　乌涌清官兵合葬墓前牌坊正面

图一三五　乌涌清官兵合葬墓前牌坊背面

图一三六 《增建祥镇军祠添置祀田碑记》拓片

（十一）沙路炮台

沙路炮台位于广州番禺区化龙镇沙亭村北约坊，分布于马腰岗（即马鞍山）和兵岗（即石头岗，图一三七），两广总督张之洞建于光绪十年（1884）。沙路炮台北与黄埔长洲隔江相望，扼守进入广州的珠江水道。为便于相互支援，两者之间曾建有木桥相通（今已不存）。

图一三七　沙路炮台全景

经调查和考古发掘，广州市文物考古工作者发现马腰岗 6 座炮台，兵岗 3 座炮台（图一三八）。根据马腰岗炮台所在位置，由北向南、再由西向东对其进行编号，其中位于北坡地势稍低的位置有两座炮台紧挨，西侧 1 座炮台炮池和一半炮池壁被损毁，悬于山边，为马腰岗 1 号炮台，其东侧炮台为马腰岗 2 号炮台。马腰岗 3 号、4 号、5 号炮台位于北坡东侧，这三座炮台由北自南一字排开，且相距较近。马腰岗 6 号炮台位于南坡，炮池和炮池壁结构较完整，与北坡炮台相距较远。炮台炮池使用混凝土或三合土材料建成。地面与地下通道连接各个炮台。①

---

① 以下各炮台数据主要来自广州市文物考古研究院：《广州沙路炮台考古发掘报告》，待刊。

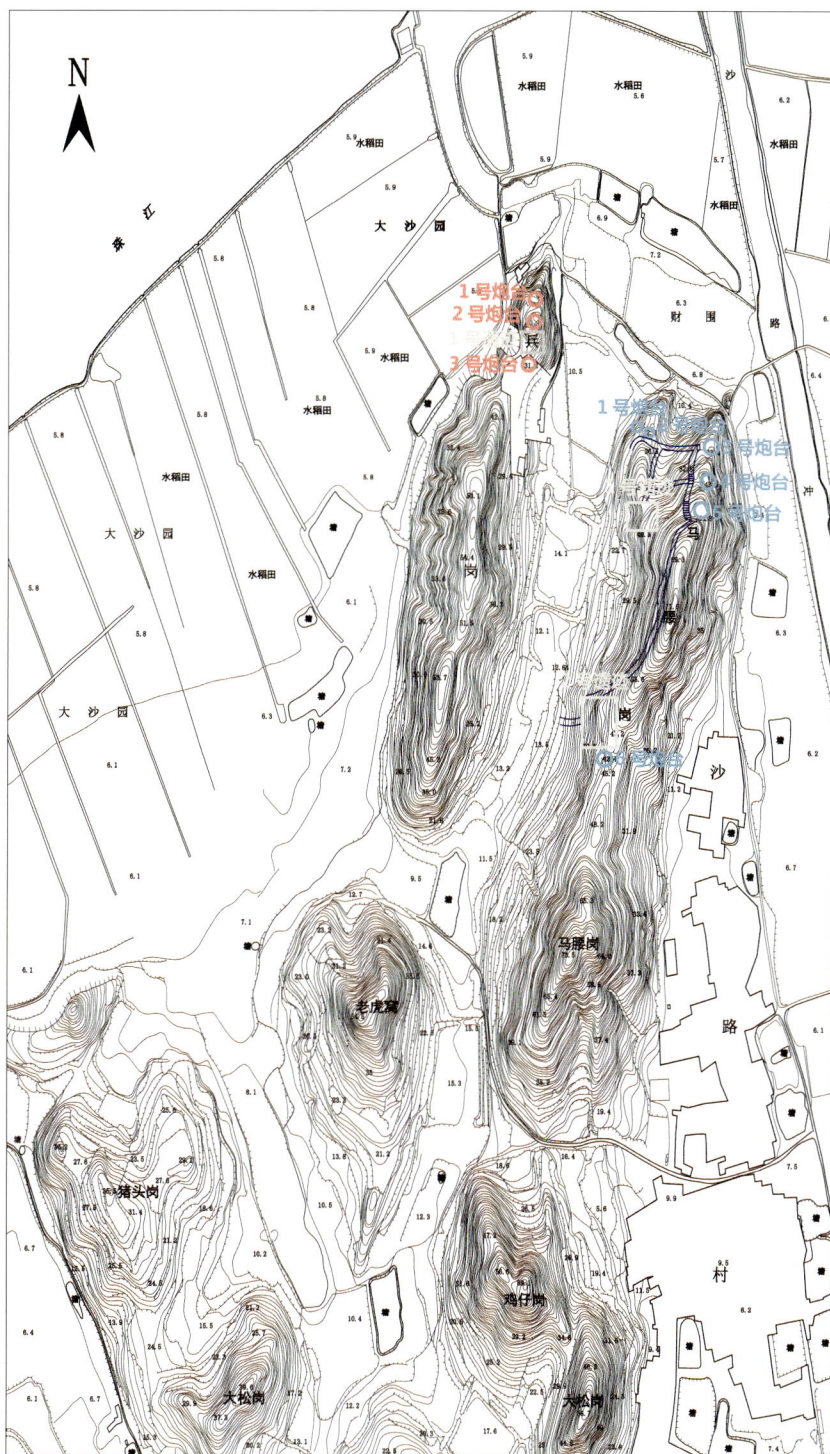

图一三八　沙路炮台遗址分布图

　　马腰岗 1 号炮台：位于马腰岗北坡西侧，临靠山崖，直望兵岗，所在位置高程19.85 米。马腰岗 1 号炮台由炮池、通道和掩体建筑构成（图一三九）。曾置名为巩固的阿姆斯特朗炮，今已不存。

图一三九　马腰岗 1 号炮台现状

　　1 号炮台炮池形状近圆形，地势呈北低南高，北侧因修路被损。炮池用水泥修筑，水泥部分已剥落。炮池底部低于地表，最深处约 2 米，内径 6.22 米，由于水泥脱落严重，可辨认中间有一圆形炮座坑，半径 1.7 米。其西侧分布两个方形蓄水池，其中北边水池保存较好，边长 0.65 米，南边水池已毁。炮池底部沿炮池壁一圈有浅沟槽，应为排水设施。炮池壁破坏严重，水泥面大多已剥落，高 1.26~2 米，厚 1~1.3 米，炮池南边有一通往南侧掩体的通道口。炮池壁上有两个六边形柱洞，1 个方形洞。炮池壁底部排列的炮子孔，现存 28 个。通道外铺设水泥，呈南北向连通炮池和南侧掩体等建筑。通道口宽约 1 米，通道内宽近 2 米。通道东壁长 6.3 米，西壁残长 7.3 米，厚近 1 米。通道长近 7 米，在 6 米处出现折拐，分为两条不同方向的支路，一条向东与 2 号炮台掩体相通，另一条向西北侧延伸，推测与 1 号炮台掩体相通。西壁向西折拐后残长 3.8 米，紧邻山体断崖，宽 2.5 米，内有一倒塌的拱顶，由青砖砌筑，推测为 1 号炮台掩体。通道最高处残长约 2 米。

　　因修路，1 号炮台西面山崖被炸毁，造成该炮台缺失，现仅剩原来的 2/3。通道、掩体建筑被积土及杂草覆盖。

　　马腰岗 2 号炮台 （图一四〇）：位于马腰岗北坡西侧，沿西侧山坡而建，临靠山崖。坐南向北，北偏东 45 度。紧邻于 1 号炮台东侧，两座炮台形制相似，两炮池近平行分布（图一四一）。2 号炮台也由炮池、通道和掩体建筑构成。曾置名为冠军的阿姆斯特朗炮，今已不存。炮池内径约 6.5 米，池底近圆形，炮座坑位于池中央，炮轨及炮座已损毁。北侧有 3 个方形蓄水池。炮池底低于地表，最深处近 2 米，略高于 1 号炮台。炮池壁上段损毁，绕炮池壁底部排列着 43 个炮子孔。炮池壁北侧有缺口，宽 1 米，外接连接掩体的通道。2 号炮台掩体位于炮池南侧，倒塌严重，但顶部结构较完整。掩体平面呈矩形(图一四二)。掩体外有约 1 米宽的回廊。在马腰岗 2 号炮台南侧约 2 米处有一条通向各炮台的连接道路。道路两侧有浅沟槽,用以排水。道路呈东西向,宽 2 米,向东一直可延伸至马腰岗 3 号炮台,向西部分因山体被炸毁而不存,推测可通山下、至兵岗或向南通马腰岗 6 号炮台。根据村民口述,该路有可能是骡马拉运物资上山的道路。

图一四〇　马腰岗 2 号炮台现状

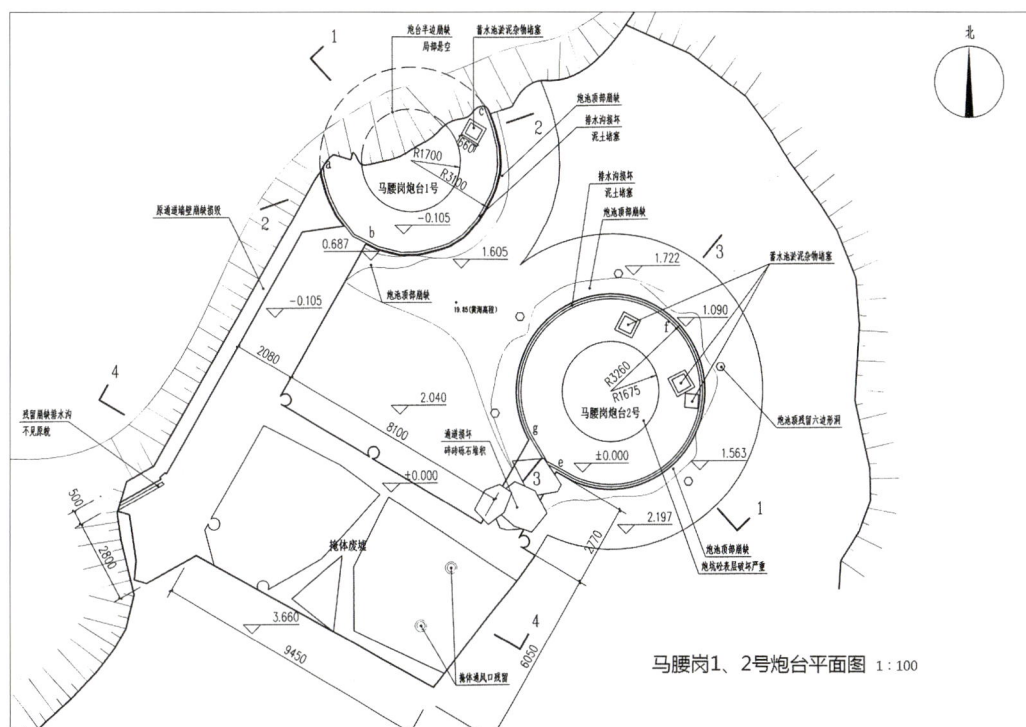

图一四一　马腰岗 1 号、2 号炮台平面图

图一四二　马腰岗 1 号、2 号炮台掩体

　　马腰岗 3 号炮台：位于马腰岗北坡东侧、2 号炮台的东南侧，高程约 30.46 米。3 号炮台主要由炮池、掩体和道路组成（图一四三），总占地面积约 450 平方米。炮池形制保存较好，近圆形，内径 12.93 米。曾置名为离昭的克虏伯炮，今已不存。炮池壁北低南高，最低点 2.05 米，最高点 3.93 米，炮池壁北侧损毁，炮池壁厚 1.27~2.51 米，炮池壁顶东侧有缺口，疑似为膛口。炮池壁开口位于西侧，有阶梯连接掩体，掩体位于炮台西侧。

图一四三　马腰岗 3 号炮台

　　马腰岗4号炮台：位于马腰岗北坡东侧，高程约38.8米，地处3号炮台南侧，两炮台相距约17米。4号炮台主要由炮池、掩体和道路组成（图一四四）。炮池结构与3号炮台相似，近圆形，炮池内径最大处为13.39米。曾置名为巽守的克虏伯炮，今已不存。但炮池轨道呈放射形，清晰可见。炮池壁部分区域被毁，北低南高，最低点1.26米，最高点4.44米，厚度在1.65~3.25米。炮池西侧有阶梯，向西连通掩体。掩体位于炮池西侧，倒塌严重，地表可见大量散落的青砖和塌毁的建筑构件。经清理发掘后，发现掩体分为南北两侧，中间有通道。

图一四四　马腰岗4号炮台

　　马腰岗5号炮台：位于4号炮台南侧，高程约50.28米，两炮台相距约17米，与3号、4号炮台呈一线分布于马腰岗北坡东侧。5号炮台作为马腰岗上地理位置最高的炮台向东遥望对岸的黄埔新港。5号炮台形制与3号炮台、4号炮台略有差异，但结构基本相同，也是由炮池、掩体和道路等组成（图一四五）。5号炮台炮池范围较4号炮台小，呈半月形。曾置名为伏西的克虏伯炮，今已不存。炮池壁北低南高。掩体位于炮台西侧，呈矩形分布，地表可见大量散落的青砖和大块塌毁的建筑构件。炮池与掩体之间有阶梯相连。掩体西侧有通往4号炮台和6号炮台的道路。

图一四五　马腰岗 5 号炮台

马腰岗 6 号炮台：位于马腰岗南坡，与 1 号、2 号、3 号、4 号、5 号炮台相距较远，与最近的 5 号炮台直线距离约 270 米，高程约 40.9 米，总占地面积约 300 平方米。炮池呈不规则椭圆形。曾置名为广锐的克虏伯炮，今已不存。该炮台有两个炮膛口，膛口均朝东（图一四六）。炮池壁呈基本全封闭状态，北侧留一小通道口连接掩体。掩体位于炮台北侧，地表可见大量散落的青砖和大块塌毁的建筑构件。炮池由青砖、混凝土修筑而成，水泥砂浆抹面。炮池壁由混凝土浇筑而成，炮池地面原面层已残缺不全。炮池近圆形，内径约 8 米；炮池壁最厚处约 3.6 米，最窄处约 1.1 米；最深处约 3.2 米，最浅处高约 2.45 米。炮池东分布着两个炮膛，炮膛口朝东，炮池壁底部有 25 个炮子孔，另有 6 个方形洞，炮池西北侧有 1 个方形蓄水池，炮池西侧墙壁上有“〒”字形门道。炮池墙体两个炮膛口将炮台墙体分为北、东、南三部分，炮池壁自炮池口向炮膛处逐渐变厚，最薄处约 1.1 米，最厚处约 3.6 米。北侧墙壁自炮池口向炮膛处逐渐变宽，最窄处约 1.1 米，最宽处约 3.6 米，北侧墙壁长约 9 米，最高约 3.3 米，最低处距地表约 2.95 米。东侧墙壁长约 4.05 米，宽约 3.05 米，高 0.2 米。南侧墙壁也是自炮池口向炮膛处逐渐变宽，长约 13 米，最窄处约 1.5 米，最宽处约 2 米，最高处距地面约 3.15 米，最低处距地面约 2.95 米。自炮池口西侧逆时针环绕一周，炮池墙平顶上共有 5 个小洞。南侧墙上有 1 个圆形洞，直径约 0.25 米；1 个呈长方形的洞，长约 0.3 米，宽约 0.02 米。东侧墙壁平顶上有 1 个圆形洞，直径约 0.2 米。北侧墙壁上有 2 个呈六边形的洞，边长约 0.1 米。

图一四六　马腰岗6号炮台

兵岗三座炮台自北向南一字排开，且相距较近。由北向南对其按1~3编号。

兵岗1号炮台：位于兵岗北侧坡顶处。炮台由炮池和掩体建筑构成，炮池壁最高处约2米，东侧有缺口，应为膛口，炮池壁顶有圆形孔，为炮遮的插孔。炮池壁内侧底部环绕镶嵌25个炮子孔。炮池底部有放射形轨道，曾置名为奋勇的猛的力后膛炮，今已不存。轨道西侧南北各有一个方形蓄水池。掩体位于炮池南侧，与马腰岗炮台不同的是掩体紧连炮池壁，呈矩形，由三间房屋构成。掩体北侧墙外底部内嵌与炮池壁一样的9个炮子孔。每间房屋开北门，门上有扇形灰塑，其上原有文字，今模糊难辨。室内地面低于地表约0.3米，铺设地砖，与在马腰岗3号炮台发现的地砖一致。房屋顶上有排气设施，屋内有排水沟槽。

兵岗2号炮台：位于兵岗1号炮台南侧（图一四七）。其地理位置较1号炮台高，占地面积也较大。2号炮台由炮池、掩体和道路构成。炮池位于北部，炮池壁最高处约2米，东侧有缺口，应为膛口。炮池壁顶有圆孔，为炮遮的插孔。炮池壁内侧底部有22个炮子孔环绕分布。炮池底部对应膛口的位置有炮座坑，7条轨道以炮弹坑为顶点向西侧放射，中有1半圆形轨道。曾置名为先声的猛的力后膛炮，今已不存。炮池西侧有一方形蓄水池。掩体位于炮台北侧，与炮池壁南北相接。掩体由三间房屋构成，格局与兵岗1号炮台不同。掩体北侧墙壁底部有9个炮子孔。掩体内西侧房屋门向西，房屋呈方形，与东侧房屋在隔墙底部有梯形洞相通。东侧两间房屋相连，地面低于地表约0.3米，铺设有地砖。掩体东墙内有砖结构排气设施。炮池与掩体之间有东西向阶梯连接。

图一四七　兵岗1号（左）、2号炮台（右）

兵岗3号炮台：曾置名为广锋的克虏伯后膛炮，今已不存。炮台今被临时所砌的一砖墙围住，距兵岗2号炮台以南约700米。

萨承钰《南北洋炮台图说》记载：

沙路马鞍山炮台三座，形如扇面式。第一台炮位（即图一三八所示5号炮台，蓝色标识，下同——引者注），内宽三十五尺六寸，深二十五尺。墙高一十二尺，墙厚九尺，用红毛泥石子筑成。另墙脚入土深一尺。明路一条，长二十六尺，宽一十尺零六寸。木闸门一道，闸外明路一条，长一百三十四尺，宽一十尺。火药房一间，内宽九尺，深一十二尺，高七尺，四围墙厚二尺，用青砖砌成。另墙脚入土深一尺，顶上厚四尺六寸。木火药柜一个。左右暗路各一条，均长一十三尺，宽三尺六寸，通气铁盖筒二个。兵房一所，内宽二十尺，深一十四尺六寸，高一十尺，四围墙厚二尺六寸，用青砖砌成，顶上厚四尺六寸，通气铁盖筒二个。第二台炮位（即图一三八所示4号炮台——引者注），内宽四十一尺，深三十七尺。墙高一十二尺，墙厚九尺，用红毛泥石子筑成。另墙脚入土深一尺。木闸门一道，宽九尺，高一十尺，闸外明路一条，长一百五十四尺，宽一十四尺。火药房一间，内宽一十五尺六寸，深一十四尺，高七尺。四围墙厚二尺，用青砖砌成。另墙脚入土深一尺，顶上厚四尺六寸。木火药柜一个。前暗路一条，宽三尺六寸，长一十四尺，通气铁盖筒三个。兵房一所，内宽一十三尺，深一十四尺，高一十尺。四围墙厚二尺九寸，用青砖砌成，顶上厚四尺六寸，通气铁盖筒二个。第三台炮位（即图一三八所示3号炮台——引者注），内宽四十二尺六寸，深四十一尺，墙高一十三尺，墙厚九尺，用红毛泥石子筑成。另墙脚入土深一尺。木闸门一道，宽八尺，高一尺二寸。闸外明路一条，长二百零五尺六寸，宽一十三尺。火药房一间，内宽一十七尺，深一十二尺，高六尺六寸。四围墙厚二尺，用青砖砌成。另墙脚入土深一尺。顶上厚四尺六寸。木火药柜一个。周围暗路一条，宽三尺六寸，通气铁盖筒五个。兵房一所，内宽一十二尺六寸，深二十尺，高一十一尺。四围墙厚二尺，用青砖砌成，顶上厚四尺六寸，通气铁盖筒三个。厨房三间，共宽四十五尺，深二十九尺，檐高八尺。

马鞍小山炮台二座，形如圆月式。第一台炮位（即图一三八所示1号炮台——引者注），内宽二十一尺，墙高五尺六寸，厚九尺，用红毛泥石子筑成。另墙脚入土深一尺。木炮遮一架，宽二十六尺。炮墩一座，宽一十尺六寸，高二尺六寸，用红毛泥石子造成。明路一条，长二十一尺，宽六尺六寸。火药房一间，内宽一十二尺六寸，深一十一尺六寸，高八尺。另墙脚入土深一尺。四围墙厚三尺，用青砖砌成。顶上厚四尺六寸，青砖砌成二尺，红毛泥造成二尺六寸。木火药柜一个，通气铁盖筒二个。第二台炮位（即图一三八所示2号炮台——引者注）尺寸与第一台同。明路一条，长八尺六寸，宽三尺。火药房一间，尺寸与第一台同。明巷一条，长四十尺，宽四尺六寸，用灰沙造成。兵房一所，外宽四十一尺，深二十尺，檐高八尺六寸。

沙路马鞍山炮台建在山腰（指马腰岗6号炮台——引者注），坐西北向东南，该台北炮口前对四沙入省水道，南炮口前对莲花山后陆路。台身周围九十尺零九寸，直长二十五尺六寸，横长二十六尺五寸。台内铁路两条。左台墙高一十尺十寸，厚九尺。右台墙高一十尺六寸，厚七尺二寸。后墙高八尺五寸，厚五尺。墙内安子药洞二十五个。左内垛口高六尺，宽七尺三寸，外垛口宽一十二尺九寸。右内垛口高五尺十一寸，宽六尺七寸，外垛口宽一十三尺五寸。水井一口，深三尺三寸五分，宽六尺十一寸，井上围高四尺七寸。台后门高八尺三寸，宽六尺二寸，围墙一道，长二十五尺，高二尺五寸，厚四尺五寸。外垛墙厚九尺九寸，高一十尺零九寸，宽一十三尺九寸。台门高八尺十寸，宽七尺。门外阶级马路，直达山脚。门右迤东围墙，长二十二尺五寸，高一尺八寸，厚四尺。墙内建子药房一间，高八尺十寸，宽八尺，深一十六尺二寸。又兵房二间，左间高九尺三寸，右间高九尺，均宽一十二尺三寸，深一十六尺二寸。房后筑墙一道，东隅接药房一座，高八尺七寸，宽九尺六寸，深一十尺九寸，旁开一门，火药便于取用，六角炮遮一架，每角宽一十七尺五寸。顶柱一条，长八尺，围宽二十一寸。竖柱六条，均长七尺，围宽二十一寸。拱柱六条，均长二十尺二寸，宽四寸八分，厚四寸。

石头山上、下炮台二座，形如扇面式。上台炮位（即兵岗2号炮台，红色标识，下同——引者注），内宽三十五尺六寸，深四十四尺，墙高一十二尺，墙厚九尺，用红毛泥石子筑成。另墙脚入土深一尺。木炮遮一架，宽四十四尺。明路一条，长一十二尺，宽一十四尺。火药房一间，宽、深均一十四尺，墙高七尺，厚二尺，用青砖砌成。另墙脚入土深一尺。顶上厚四尺六寸，青砖砌成二尺，红毛泥造成二尺六寸。木火药柜一个。暗路一条，宽三尺六寸。通气铁盖筒三个。兵房一所，内宽一十六尺，深一十尺，墙高七尺六寸，厚二尺，用青砖砌成。另墙脚入土深一尺。顶上厚四尺六寸，青砖砌成二尺，红毛泥造成二尺六寸。通气铁盖筒二个。下台炮位（即兵岗1号炮台——引者注）内宽三十四尺，深四十二尺六寸，高一十二尺，厚九尺，用红毛泥石子筑成。另墙脚入土深一尺。木炮遮一架，宽四十二尺。明路一条，长一百一十尺六寸，宽十七尺。火药房一间，尺寸与上台同。暗路一条，宽四尺，通气铁盖筒一个。兵房一所，内宽一十七尺，深九尺，墙高七尺六寸，厚二尺，用青砖砌成。另墙脚入土深一尺。顶上厚四尺六寸，青砖砌成二尺，红毛泥造成二尺六寸，通气铁盖筒一个。官厅一座，宽、深均一十三尺，高九尺。四围墙厚二尺，用青砖砌成，顶上厚四尺六寸。厨房三间，共宽三十二尺，深二十尺，檐高八尺。木闸口一个，高一十三尺，宽八尺九寸。灰沙造路一条，长二百九十六尺，宽一十尺。

沙路石头山炮台一座（即兵岗3号炮台——引者注），建在山上，前向东南，后坐西北，炮口对四沙入省水道。台身周围八十三尺八寸，横宽二十六尺，直长二十四尺八寸。周围墙高一十尺零三寸，厚五尺四寸。内安炮子孔二十五个，墙左厚一十二尺七寸，右厚一十一尺。炮位内垛口宽七尺二寸，高六尺，深一十三尺八寸，厚一十三尺二寸。外垛口宽一十三尺。台内铁路二条，水井一口。台墙西建子药房一间，高六尺八寸，深九尺十寸，宽六尺一寸。兵房一间，高四尺十寸，深八尺六寸，宽四尺六寸。台墙后开八字台门，高八尺十寸，宽七尺六寸。门外东向建兵房二间，均高九尺五寸，深二十一尺三寸，宽一十二尺二寸，墙厚三尺五寸。子药房一间，高九尺三寸，深一十二尺七寸，宽一十一尺八寸，四围墙厚三尺五寸。前门高七尺，宽三尺二寸。后门高六尺十寸，宽二尺七寸。台后围墙一道，马路一条，由子药房外起至大栅门止，长一百零八尺。由大栅门起至山脚止，长四百三十一尺六寸。六角炮遮一架，每角宽一十七尺五寸。顶柱长八尺，围宽二十一寸。拱柱六条，长二十尺零二寸，围宽四寸八分，厚四寸。竖柱六条，长七尺，围宽二十一寸。[①]

通过对沙路炮台考古调查与发掘，恰好印证了文献所记载的9座炮台。

沙路炮台与长洲、鱼珠等炮台构成长洲要塞，是从珠江河道进入广州的第二道门户。抗日战争前，沙路炮台还有驻兵，约50人。抗日战争爆发后，沙路炮台遭日军摧毁，现兵岗1号炮池内仍有当时留下的弹坑，此为侵华日军的罪证。沙路炮台原有兵房、火药库、坑道等大都已毁，但连接炮台的通道、阶梯大多清晰可见。

2015年，番禺区文物部门对兵岗1号、2号炮台进行了修缮。2019年5月，沙路炮台旧址被列为广东省文物保护单位。

---

① （清）萨承钰：《南北洋炮台图说》，一砚斋藏本，2008年影印本，广东省立中山图书馆藏，第247—251页。

(十二) 穗石村炮台遗址

穗石村炮台遗址又名小谷围炮台遗址（图一四八），位于广州市番禺区新造镇穗石（又名大石头）村北约东北面的马头岗（又称炮台山），今广州大学城广东药科大学内。

图一四八　穗石村炮台遗址航拍图

2003 年，广州文物考古工作者在穗石村炮台遗址发掘、清理出 15 个残存的炮垛基座，残存高度最高距现地面 3.52 米，最矮的一座只有 0.58 米，15 个基座中有 3 个因地陷滑塌倾斜。穗石村炮台遗址现状呈南北向，占地南北长 80 米，东西宽 50 米。整座炮台基址占地面积约 2 500 平方米。各炮台基座尺寸大小不一，最大的横长 6.4 米、纵宽 2.4 米，最小的横长 2.56 米、纵宽 2.39 米。基座与基座之间基本等距，外沿间距为 1.2~1.3 米，内沿间距为 3.1~3.7 米，呈内 "八" 字形。单体炮垛基座平面为外宽内窄的梯形。炮垛基座内立面有一个大炮子孔，左侧面有一个小炮子孔，用来放置炮弹。内立面大炮子孔分两部分，距地面高 0.32 米处为台阶，因被毁面较宽，尺寸无法确定，台阶宽约 0.24 米、高 0.2 米，台阶上即为面阔 0.6 米、进深 0.7 米、高 0.96 米的孔位。左侧面距地面向上 1.1 米处筑一小孔，面阔 0.66 米，进深 0.52 米，高 0.53 米。基座底部未见坑槽，构筑前铺垫一层 15 厘米左右的横木作基础，其上用灰砂层层夯筑，每层 5~7 厘米不等。炮台遗址平面略呈南北向（图一四九）。地面高 6.4~6.6 米。①

---

① 张强禄、黄利平：《小谷围岛清代炮台遗址发掘报告》，《广州文博（陆）》，北京：文物出版社，2013 年，第 86、87、95 页。

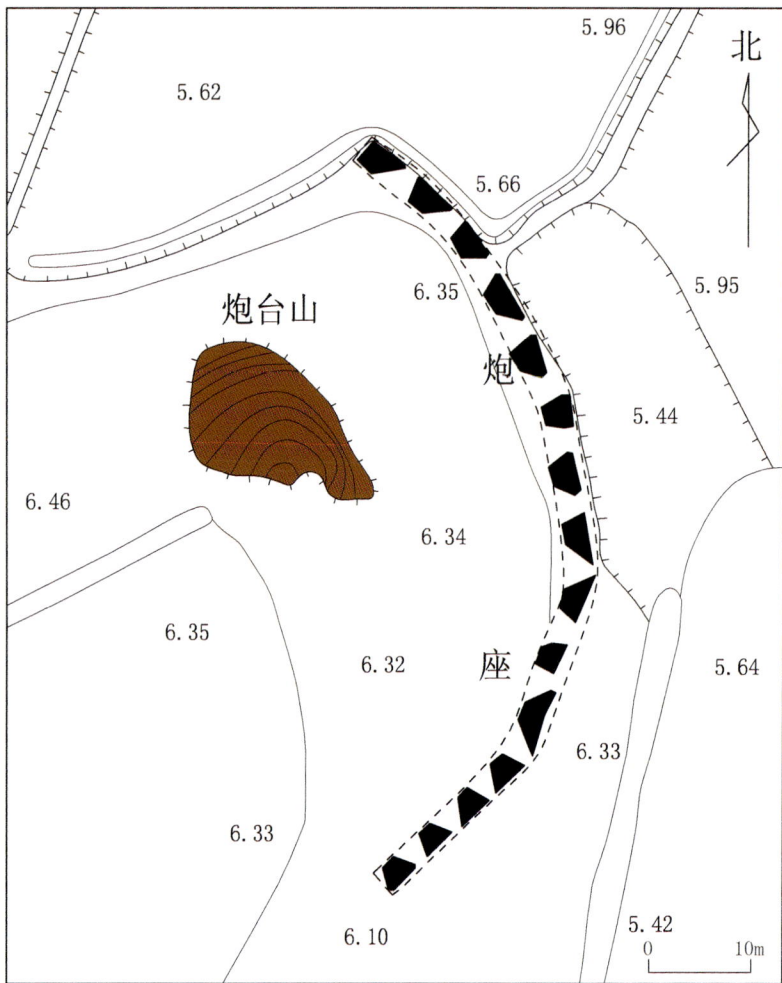

图一四九　穗石村炮台遗址平面图

　　该炮台面向东南面的珠江沥滘水道，呈圆弧形排列，形似拉开的弓箭，易守难攻。弧形炮台基座围绕的内域有 20 米见方、高约 5 米的小山岗，即马头岗。炮池损毁严重。炮台基座用三合土夯筑而成（图一五〇），顶部已坍塌，炮基设施大部分已毁坏，但遗存的墙体坚固，藏火药缸的壁孔清楚可见。

　　结合考古发现的该炮台材质及形制结构等因素，可能是清初的炮台。[①] 从小谷围炮台的特点看，它是以炮城的形式，用三合土建造，并使用国产的前膛铁炮，因此应属于清代早期海禁时的炮台。[②] 最新研究根据遗址形制和历史文献，认为穗石村炮台建于

　　① 全洪：《广州十年考古发现与发掘》，广州市文物考古研究所编：《铢积寸累——广州考古十年出土文物选萃》，北京：文物出版社，2005 年，第 18 页。

　　② 齐晓光：《番禺建筑》，广州：中山大学出版社，2017 年，第 166 页。另外，也有研究者认为今穗石村炮台残存应为道光二十三年（1843）所建、第二次鸦片战争时期被毁的南固炮台，详见黄利平：《广州南沙历史文化笔谈》，广州：广州出版社，2016 年，第 144-146 页。

第一次鸦片战争之后，"但由于遗址所在地的河涌较 170 年前的变化太大，还需要对遗址进一步清理以寻找更多的依据才能确定。"①

2008 年 12 月，穗石村炮台遗址被列为广州市文物保护单位。

图一五〇　穗石村炮台遗址现状

(十三) 车歪炮台

车歪炮台为大黄滘炮台群的组成部分（在一些广州城图中被标注为"Macao Fort"），位于广州荔湾区东塱村大黄滘口附近、珠江中的龟岗岛上（图一五一、图一五二），亦称龟岗炮台。龟岗岛面积约 2 000 平方米，地势险要。珠江水道南通香山（今广东中山市），东南通黄埔、虎门，为商船、军舰从珠江后航道进入广州的必经之地。船只从虎门到龟岗岛前，必须转舵航行，好似"车歪"，因而龟岗炮台俗称车歪炮台。车歪炮台建于嘉庆二十二年（1817）十二月，由两广总督阮元会同巡抚陈若霖奏准修建。炮池面向东南（图一五三），安炮 22 位。炮台为灰砂三合土结构，建筑坚固。《防海纪略》云："广东省河广阔，惟东路二十里之猎德、二沙尾，西南十五里之大黄滘，河面稍狭，可以扼守。"②道光二十三年（1843）在主炮台附近增建 3 座辅助炮台（共有炮位 41 个），组成较为完整的火力系统。

---

① 黄利平：《清代民国广州城防、江防与海防炮台研究》，广州：广州出版社，2016 年，第 243、244 页。

② （清）王之春：《防海纪略》，中国史学会主编：《鸦片战争》（6），上海：神州国光社，1954 年，第 179 页。

图一五一　车歪炮台远景

图一五二　车歪炮台航拍图

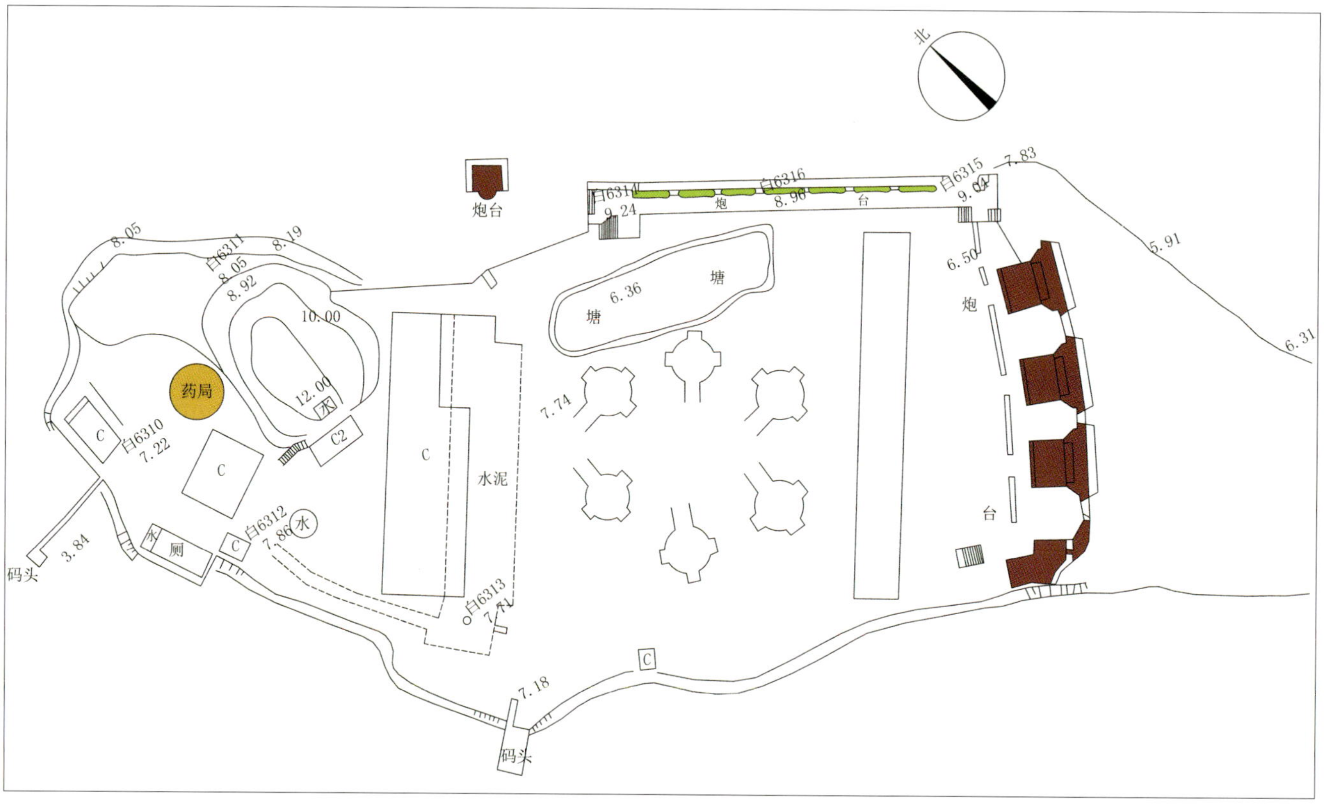

图一五三　车歪炮台总平面图

第一次鸦片战争后不久，林则徐被撤职，琦善到广东后，为讨好英国，尽撤珠江两岸炮台。后调湖南宿将杨芳来粤讨夷，杨芳驻扎的营地在凤凰岗，远离珠江，对猎德及车歪炮台范围"沉船塞石，而无兵炮守御"。英军探得虚实，进攻广州，分路深入，攻破凤凰营，进攻东炮台、西炮台、海珠炮台皆得手，尽扼猎德与大黄滘两咽喉，车歪炮台终因炮火不备而失守。

大黄滘炮台整个火力系统，包括南石头炮台（在大黄滘对面石头村河边的山岗上），安炮 17 位；东塱炮台（在大黄滘西北的东塱山岗上），安炮 9 位，与车歪炮台组成高低交叉火力。道光三十年（1850）又在车歪炮台南约 50 米贴近水面的石台上，增建沙腰炮台，安炮 15 位，水退时与车歪炮台相连，与南石头镇南炮台、东塱炮台形成犄角之势。咸丰六年（1856），英国借口"亚罗号"事件，发动第二次鸦片战争。次年初，英法军舰进犯珠江，遭到广州军民顽强抵抗。车歪炮台后被英军侵占，据此地为贮备物资的基地。光绪六年（1880）车歪炮台加装猛的力后膛炮 2 门，一名策勋、另一名师贞。1922 年 7 月 10 日，孙中山率永丰舰（后改名中山舰）经过车歪炮台时遭盘踞在炮台的陈炯明叛军攻击，经过一番激战，舰队安全进入白鹅潭。民国时期，车歪炮台尚存三级塔（图一五四），今已不存。中华人民共和国成立初期，广州部分麻风病人曾被安置于此，因而龟岗岛后又被称为"麻风岛"。

图一五四 车歪炮台内之三级塔（《珠江星期画报》1927 年第 2 期）

今车歪炮台除东南一角倾裂外，护墙遗址（长约 40 米）、炮垛（图一五五）、炮座及药局保存较完好。现存炮台基础厚约 3 米，炮台上炮位通道墙厚 2.1 米，垛口高 1.1~1.2 米，厚 0.9 米。药局（图一五六、图一五七）是贮存弹药的仓库，高约 5 米，直径约 8 米，墙厚 1.5 米。

1993 年 9 月，车歪炮台被列为广州市文物保护单位。

图一五五　车歪炮台垛口

图一五六　车歪炮台药局

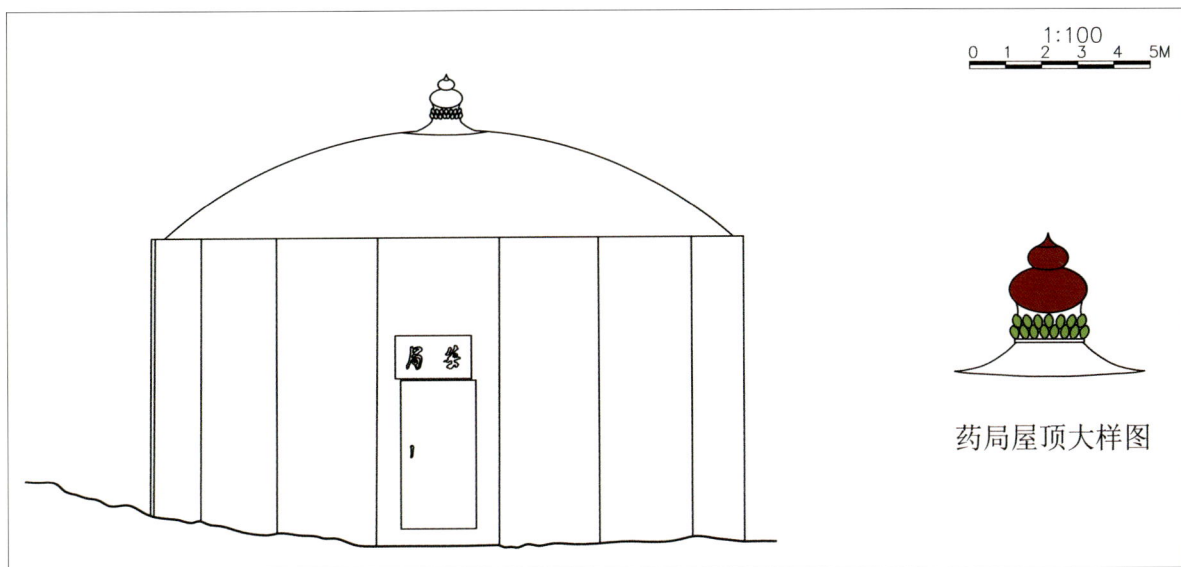

图一五七　车歪炮台药局立面图

（十四）西固炮台

西固炮台位于珠江白鹅潭北岸的柳波涌口，即今六二三路沙面西桥与黄沙码头之间（图一五八、图一五九），是鸦片战争时期广州城防重地。所在地最初有雍正十一年（1733）所建的西炮台。第一次鸦片战争爆发后，道光二十一年（1841）5月21日，四川省提督张必禄指挥川军，和以陈棠为首的西关丝织工人、以颜浩长为首的怀清学社义勇军联合进攻盘踞在白鹅潭上的英军舰队。由于准备欠周，攻击很快失败，只能退守到西炮台、西固炮台坚持战斗。清军以火炮猛烈轰击英军舰队，击伤三艘。经过22日至24日三天的战斗，击毙敌海军少校福克斯波，重创英军舰队。25日清军又分兵迎击自四方炮台来袭的英军陆战队，直至弹药用尽始行撤退，炮台被敌军炮火击毁。[①]西固炮台其后重建（图一六〇）。第二次鸦片战争爆发后，1856年西固炮台再次被侵略者摧毁。

1963年9月7日，在广州沙面复兴路出土大炮两门，同为佛山铸造的前膛炮，一门八千斤，炮身长3.7米，炮口内径24厘米，外径58厘米。另一门六千斤，铸造于道光二十二年（1842），炮身长3.2米，炮口内径20厘米，外径47厘米。

其中八千斤的大炮炮身铭文：

新式炮重八千斤/钦命靖逆将军奕/参赞大臣齐/太子少保两广总督部堂祁/兵部侍郎广东巡抚部院梁/佛山都司韩/佛山同知刘　监造/即补知县□/水师千总黎/道光二十年十二月　日/炮匠李陈霍铸

---

① 广州市荔湾区政协学习文史委员会编：《荔湾风采》，广州：广东人民出版社，1996年，第183、184页。

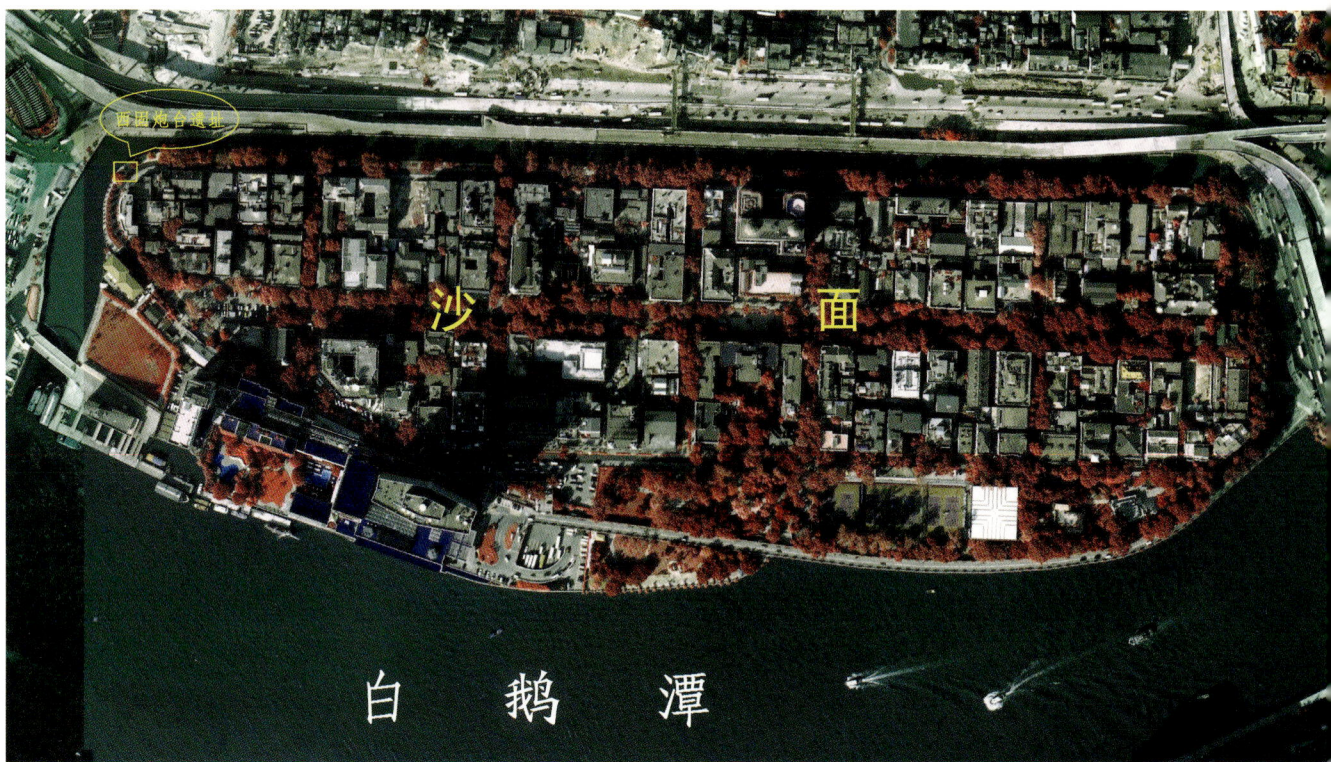

图一五八　西固炮台遗址所在的沙面航拍图

图一五九　西固炮台抗英遗址说明碑

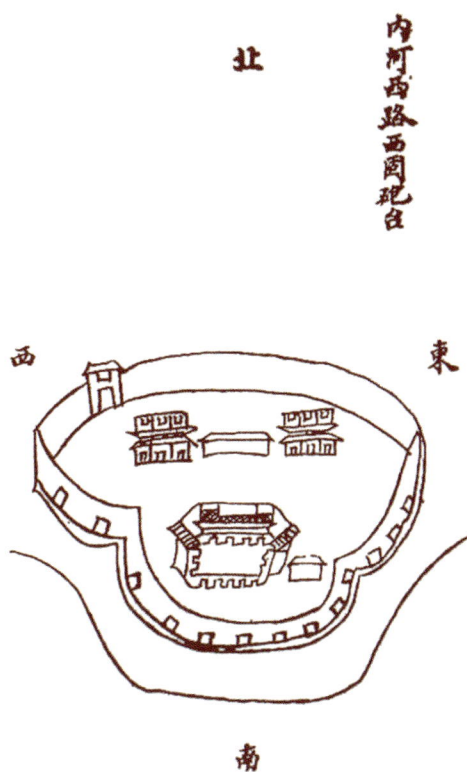

图一六〇　西固炮台图（顾炳章：《外海内河诸炮台图说》，王洁玉编：《道光间广东防务未刊文牍六种》，北京：全国图书馆文献缩微复制中心，1994 年，第 848 页）

今西固大炮在考古发现地点旁、沙面复兴路南予以陈列（图一六一）。炮座上各刻一石碑，记载铸造年代、铸造地点、炮身重量及出土时间和地点等。此处现为爱国主义教育基地。

图一六一　西固炮台大炮

第三节　海防炮台

"有明一代，惩倭之诈，缘海备御，大者为卫，次为所，又次为巡检司。"[1]随着西方殖民侵略活动增多，海防事务再度引起当时有识之士重视并极力呼吁加强海防。广东海岸线蜿蜒曲折，长达3 600多里，[2]防务分成东、中、西三路。其中珠江口位于中路，是出入广州的门户，历来是防务的重点（图一六二）。"省城为全粤根本，自当首为之防，欲求内地之安，必先设藩篱于外，是则虎门一隅，实为粤省门户，尤不可不严为之备。"[3]

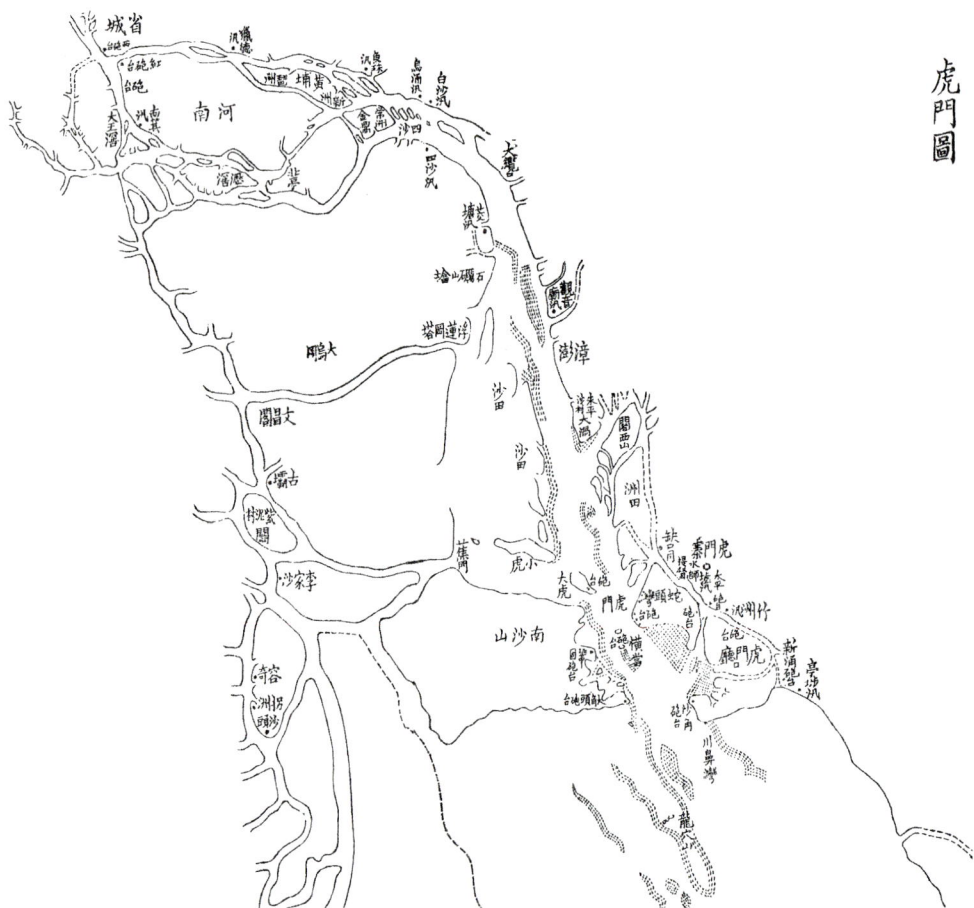

图一六二　光绪《广州府志》中的虎门图（东莞市政协文史资料委员会主编：《东莞历代地图集》，内部资料，2002年，第45页）

---

① （清）梁廷枏撰，袁钟仁点校：《粤海关志》，卷20，"兵卫"，广州：广东人民出版社，2014年，第399页。

② （清）林则徐：《议复团练水勇情形折》（道光二十年八月二十九日），上海师范大学历史系中国近代史组：《林则徐诗文选注》，上海：上海古籍出版社，1978年，第197页。

③ （清）朱寿朋编，张静庐等校点：《光绪朝东华录》（2），北京：中华书局，1958年，总第1558页。

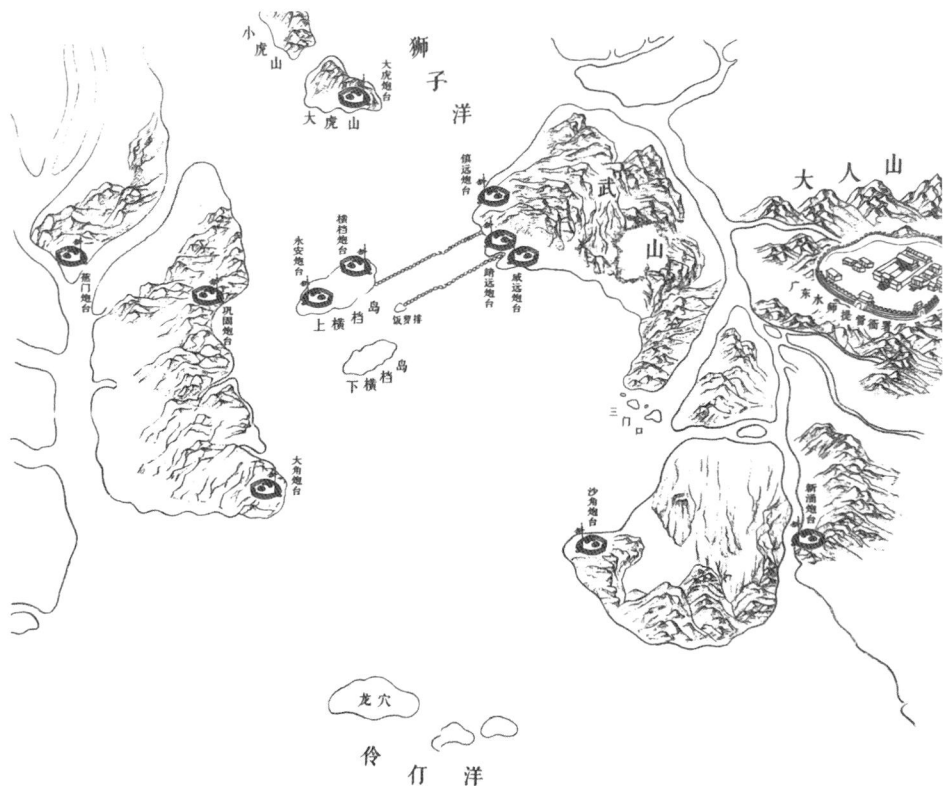

图一六三　虎门炮台形势图（萧致治主编：《鸦片战争史：中国历史发展中第三次社会大变革研究》，福州：福建人民出版社，2017年，第265页）

虎门地势非常利于凭险防守。虎门外有沙角、大角两山耸立两岸，夹江对峙，构成虎门第一道防线。由沙角、大角上行7里，上下横档屹立江心，中间还卧着一块巨石——饭箩牌（排）。上下横档将江水分隔成两路：西路水浅多礁，外洋大船不易通过；东路江狭水深，又有上下横档与武山（又称南山）隔江相对，形势险要，构成虎门第二道防线。再由横档上行5里，大小虎山雄踞江心，构成虎门第三道防线（图一六三）。

康熙五十六年（1717），清政府在上横档建筑横档炮台，在武山建筑南山炮台，各置大小铁炮12门，这是清政府在珠江口最早设立的炮台（图一六四）。《广东海防汇览》载："（康熙）五十六年，杨琳巡抚广东。逾二年，授总督，遂有沿海炮台之设，裁阔狭，酌险易，新者建之，旧者整之，共计炮台、城垣、汛地一百一十六处。"[1]

嘉庆至第一次鸦片战争时期，特别是嘉庆时期广东水师提督移驻虎门，再次推动了虎门海口炮台的建设。嘉庆五年（1800）至嘉庆二十二年（1817），清政府在虎门水道及江中小岛等地理要位陆续新建许多炮台。嘉庆五年（1800）在沙角建沙角炮台，置大小铁炮12门。嘉庆十五年（1810）建新涌炮台，置炮12门。嘉庆十七年（1812）

---

[1]　（清）卢坤、邓廷桢主编，王宏斌等校点：《广东海防汇览》，卷31，方略20，"炮台1"，石家庄：河北人民出版社，2009年，第805页。

建蕉门炮台，置炮 20 门。嘉庆二十年（1815）在南山炮台西北增建镇远炮台，置炮 40 门。在横档炮台前加筑月台，炮位添至 40 门。嘉庆二十二年（1817）建大虎山炮台，置炮 42 门。其后道光十二年（1832）建大角山炮台，置炮 40 门。道光十五年（1835）建威远月台，连同威远炮台旧有的炮位，共 40 门；永安炮台，置炮 40 门；巩固炮台，置炮 20 门。道光十九年（1839）建靖远炮台，置炮 60 门。这些先后构筑的炮台构成了珠江海口三重军事防御体系。第一重防线由沙角炮台（安炮 12 门）、大角山炮台（安炮 16 门）组成。第二重防线由南山威远炮台（安炮 40 门）、靖远炮台（安炮 60 门）、镇远炮台（安炮 40 门）、横档炮台（安炮 40 门）、永安炮台（安炮 40 门）、巩固炮台（安炮 20 门）组成，是虎门海口防御体系的核心。第三重防线由大虎山炮台（安炮 32 门）承担。其他防御支线有东翼的新涌炮台（安炮 12 门），西翼的蕉门炮台（安炮 20 门）。这些炮台的陆续建立，使虎门如虎添翼，曾经对抵御早期殖民者的侵扰起过一定的作用。[1]加上关天培奏建的尖沙嘴炮台（安炮 56 门）和官涌炮台（安炮 56 门），广州中路海口 13 座炮台一共安炮 444 门。[2]

图一六四　虎门图（雍正《东莞县志》）[3]

---

① 杨国桢：《林则徐传》，北京：人民出版社，1981 年，第 174 页；萧致治主编：《鸦片战争史：中国历史发展中第三次社会大变革研究》（上），福州：福建人民出版社，2017 年，第 263 页。

② 刘炳元：《浅论林则徐的广东防务》，福建社会科学院历史研究所编：《林则徐与鸦片战争论文集》，福州：福建人民出版社，1985 年，第 81 页。

③ 图一六四、图一六七、图一八七、图一八八、图二一二、图二一四、图二一六来源：东莞市政协主编：《东莞历代地图选》，广州：广东人民出版社，2012 年，第 25、54、44、46、42、39、40 页。

在虎门炮台，中国人民第一次吹响了反对帝国主义侵略的号角，打响了争取民族独立与解放的第一炮，以血肉之躯同侵略者血战到底，誓死捍卫国家尊严。1839年9月11日，关天培等水师官兵依托虎门炮台，有力回击英国侵略者，使得后者"旗落帆斜，遁回"。1841年1月7日，由6 000多人和40余艘军舰组成的英军攻击大角山炮台和沙角炮台，清军顽强抵抗，大角山、沙角炮台不幸相继陷落。消息传到北京，朝野震惊，中国对英国正式宣战。2月25日，英军突然抢占当时未设防的下横档岛，并于次日进攻上横档岛上的炮台和两岸的各炮台，各台官兵不畏英军坚船利炮，奋勇开炮还击。

第一次鸦片战争期间，除了新涌口与蕉门炮台以外，虎门其余各炮台全部被毁。战后两广总督祁𡎴等人重建虎门海防，共修复或新建16座炮台，分别为巩固南、巩固北、水军寮、威远、靖远、镇远、蛇头湾、竹洲山、九宰、新涌、蕉门、上横档、下横档、大虎山、大角山、沙角等炮台。第二次鸦片战争期间，这些炮台全部被毁。因国力衰落，经济窘迫，至同治十三年（1874）仅修复了虎门口的威远、下横档炮台。

光绪六年（1880），广州开始引进西式大炮替代中式火炮。光绪七年（1881），在威远台外及上层各建1座西式炮台，下横档岛前后山腰新建西式炮台8座，三门水道口处建定洋炮台1座。光绪十年（1884），在虎门沙角、大角山、上横档岛新建西式炮台，形成了虎门海口五大炮台群。光绪十六年（1890），据萨承钰《南北洋炮台图说》记载，虎门海防炮台有沙角炮台群，包括濒海、联珠、镇海、临高4座明炮台，捕鱼山前后左右暗炮台，仑山震雷、霹雳两暗炮台及田鸡明炮台，归藏山、旗山暗炮台，白鹤山暗炮台并右小炮台，鼻湾山暗炮台并右小炮台；大角山炮台群，包括振威、振定、振扬炮台和蒲洲的蒲威、蒲山、蒲海等炮台；威远炮台群，包括定洋炮台，威远东炮台并山腰月台，威胜东广镇、广磐炮台，威远后山上下炮台，威胜西炮台，蛇头湾炮台；上横档岛炮台群，包括镇边、定远、广隽、霹雳、耀武、靖逆、鞠旅7座炮台；下横档岛炮台群，包括永固、镇定、神威、安疆、飞霆、广靖6座炮台。

清代虎门炮台经历了三次大规模建设（第一次鸦片战争前、后和光绪时期）和两次鸦片战争的破坏，各炮台在这三次建设前后都有不同的变化（图一六五）。

从康熙五十六年（1717）到道光十九年（1839）第一次鸦片战争前，该阶段炮台建设的重点是在嘉庆、道光时期，广州珠江出海口主航道以西有大角山炮台、横档炮台、横档月台、永安炮台、巩固炮台、大虎山炮台和蕉门炮台这7个炮台，占虎门炮台群总数的一半以上。乾隆二十四年（1759），清廷取消原有的江、浙、闽、粤四海关外贸进口制度，改四口通商归于广州一口通商，虎门炮台成为中国南大门不可或缺的锁钥。这也是广州区别于其他历史文化名城的特色之一。

第一次鸦片战争结束后，道光二十三年（1843）重建虎门炮台。经过此次修建，虎门主航道西侧各台有了重大的变化，除大角山、大虎山、蕉门炮台按原样重建、加固外，其他主要变化有：

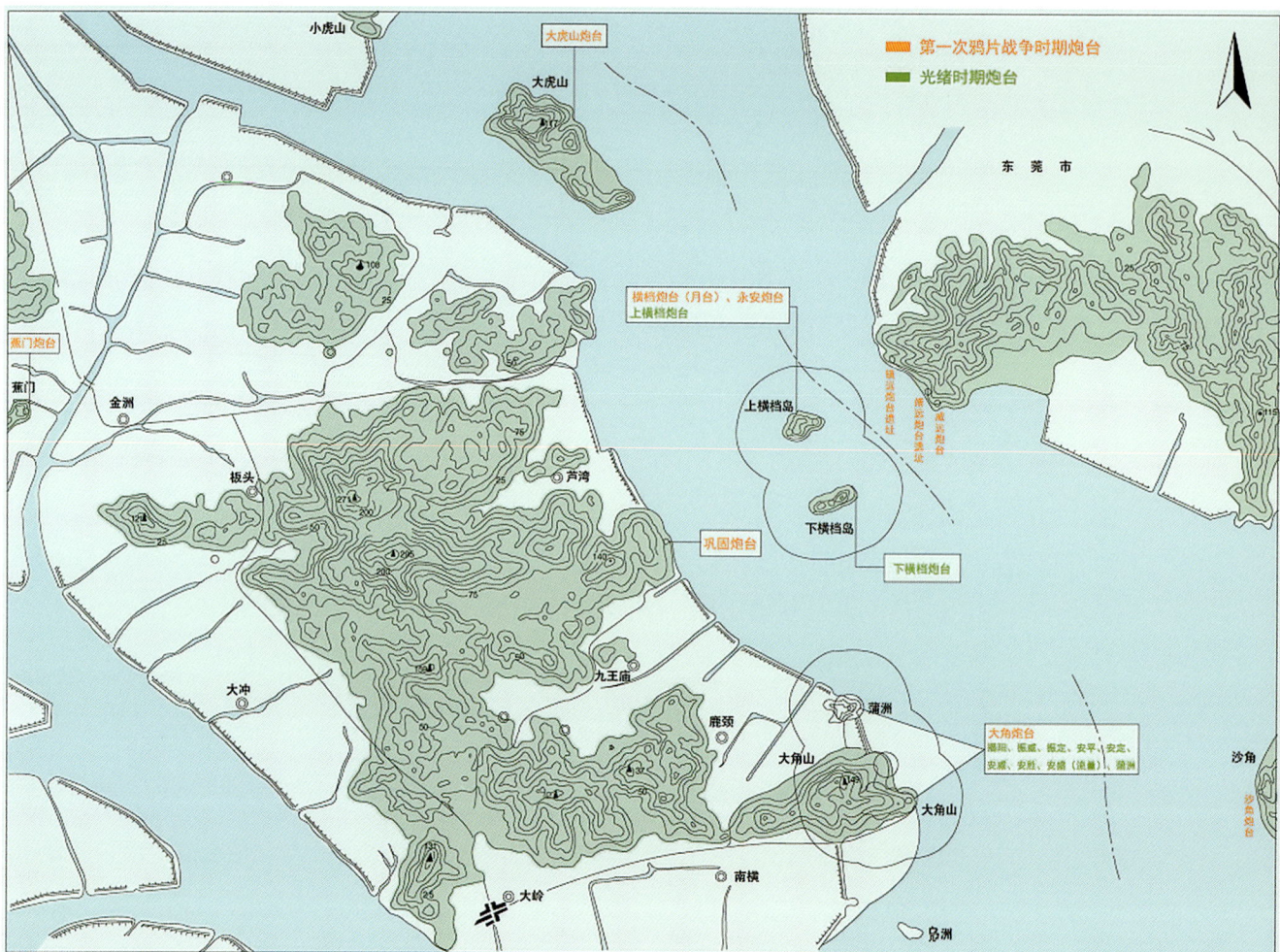

图一六五 虎门炮台平面示意图

① 将上横档岛原有的横档炮台和永安炮台联成一台，称为上横档炮台。

② 将原巩固炮台改建为 2 个炮台，建立巩固南炮台和巩固北炮台，俗称南北台。

③ 在第一次鸦片战争时期不曾设防的下横档岛上建筑下横档炮台。

此时广州所属虎门炮台为大角山炮台、上横档炮台、下横档炮台、巩固南炮台、巩固北炮台、大虎山炮台、蕉门炮台 7 座，直到咸丰六年（1856）第二次鸦片战争中被英军破坏。今除巩固南炮台、巩固北炮台、蕉门炮台等无遗存，其余各炮台建筑遗存都原址保留，年代清楚，位置明确。若按主要火炮种类区分，这两次建设的主要特点是以国产前膛大铁炮为主要火器，以前膛大铁炮射程为规划各炮台的依据，炮台主要建筑材料有条石、三合土。

光绪时期为广州炮台第三次大规模建设时期，以购入西洋后膛炮代替旧式前膛炮，炮台同以前的炮台（实际是炮城）有了很大区别。在虎门主航道西侧上横档岛、下横档岛和大角山三处地方集中修建西洋后膛炮炮台群，而将原有的巩固南炮台、巩固北炮台、大虎山炮台、蕉门炮台全部弃置。

光绪九年（1883）六月，两广总督曾国荃奏称："数十年来，督臣抚臣筹办海防，以省城为外郡之中权，虎门为省城之门户。""今法人构兵，外人藉以生端挑衅于中国……臣等再四熟筹，虎门地方，除威远、下横档两炮台业经修筑工竣，安配炮位，分拨勤勇正副两营驻守操防，其捐修之鹅颈炮台，由水师提督派拨练兵防守。此外尚修竣之沙角炮台及应行补修增筑之上横档、浮（蒲）洲山、饭箩牌等处，均属紧要之地，必须从速修筑，设兵坚守，所有虎门沙角至黄埔常（长）洲百数十里之地宜两岸多筑土台。"[①]

光绪十年（1884），两广总督张之洞奏陈广东海防情形，全省分为五路，前路虎门：威远、沙角、大角山、上横档、下横档5台为第一重门户。上横档炮台有东炮台等，建有炮池8个；下横档炮台建炮池10个；大角山炮台建振威、振定、振阳、安平、安盛、安胜、安定、流星8个炮台及蒲洲炮台，炮池共11个。该阶段的特点是以当时世界上先进的西洋后膛大炮为主要火器（主要是从德国进口的克虏伯大炮），以西洋大炮射程和当时世界上先进的海防观念为规划各炮台的依据，按照西洋炮台规范设计各炮台，以进口"红毛泥"（西洋水泥）、铁板为主要材料。原先因距离航道远而仅作为号令台的大角山安置了射程远的后膛大炮。各守台兵勇均使用新式快枪，代替了以往的弓箭、刀枪、火铳等。此时的虎门炮台与两次鸦片战争时期已不可同日而语。

据粤海关调查报告："这一年（指1884年——引者注）因担心法国的进攻，迫使当局加强江防，使之能进行有效防卫。从那时起，已做了不少工作。由本国人仿照外国模式设计与建造的新炮台与防御工事已取代了旧的，虽然就其结构及位置来看，有一些还不完全符合现代科学的要求，但它们对试图通过的任何单纯的海军武装来说，无疑是严重的，也许是难以克服的障碍。这些新炮台中有12座是防卫珠江口的，它们主要由混凝土建造，有些还装有钢甲护卫。它们现在装备有82门重炮（克虏伯炮和阿姆斯特朗炮），1892年在外国的指导下还将进一步加强。""总的来看，珠江的防御工事可以说状况良好。它们还能从1884年以来添置的战舰与鱼雷艇得到一些支持。这些军舰中有7艘是由官办的黄埔造船厂建造的，包括'广元'、'广亨'、'广贞'（以上各舰为混合式小型炮舰，每舰装备有6门大炮）、'广己'（较大一些，火炮装备相同）和两艘铁甲巡洋舰'广金'与'广玉'号，它们为约700吨船舰，装备有8门大炮。1887年该船厂还组装过从德国进口部件的9只鱼雷艇。所有这些工作全由中国人完成。"[②]

①　（清）朱寿朋编，张静庐等校点：《光绪朝东华录》（2），北京：中华书局，1958年，总第1558—1559页。

②　张富强、乐正等译编：《海关十年报告之一（1882—1891年）》，《广州现代化历程——〈粤海关十年报告（1882—1941）〉译编》，广州：广州出版社，1993年，第37页。

民国初年，对尚存的威远、大角山等 16 个炮台进行修复，并派兵驻守。1938 年抗击侵粤日军时，其发挥了一定作用。①

1986 年 4 月至 1989 年 7 月，国家文物局和番禺县（今番禺区）政府共拨款 59 万元，由福建省惠安县东岭建筑工程公司等修复上、下横档岛上的部分炮台、交通壕，使得修复前残破的炮台初步恢复了清末炮台原貌。1992 年虎门大桥建设工程施工时，虎门炮台遭到一定程度破坏。1996 年广东省、广州市政府拨款 470 万元用于抢救修复上横档炮台，修补炮池、炮巷，恢复部分山体等。1997 年政府出资修复大角山炮台、蒲洲炮台，清理巩固炮台、大虎山炮台、蕉门炮台等，2004 年修复上横档炮台官厅、火药库、兵房等。2010 年，横档月台修复竣工。②今上、下横档炮台和大角山炮台等皆属广州市南沙区所辖范围。

（一）上横档炮台

上横档炮台位于南沙区进港路以东的虎门水道中的上横档岛上（图一六六），面积 0.079 平方千米，四面环水。海拔为 27 米。东距东莞 1 000 余米，西距南沙 2 000 余米，南距下横档岛约 700 米，北距大虎山岛 6 000 余米。岛上东北方向的山被称为前山，西南方向的山被称为后山（图一六七）。

图一六六　上横档岛（左）与下横档岛（右）（任天阳等主编：《城色：航拍广州》，广州：广东人民出版社，2011 年，第 90、91 页）

---

① 广州市地方志编纂委员会：《广州市志》（卷 13），广州：广州出版社，1995 年，第 28 页。
② 黄利平：《改革开放以来对虎门炮台（广州部分）的保护与维修》，《广州南沙历史文化笔谈》，广州：广州出版社，2016 年，第 54 页。

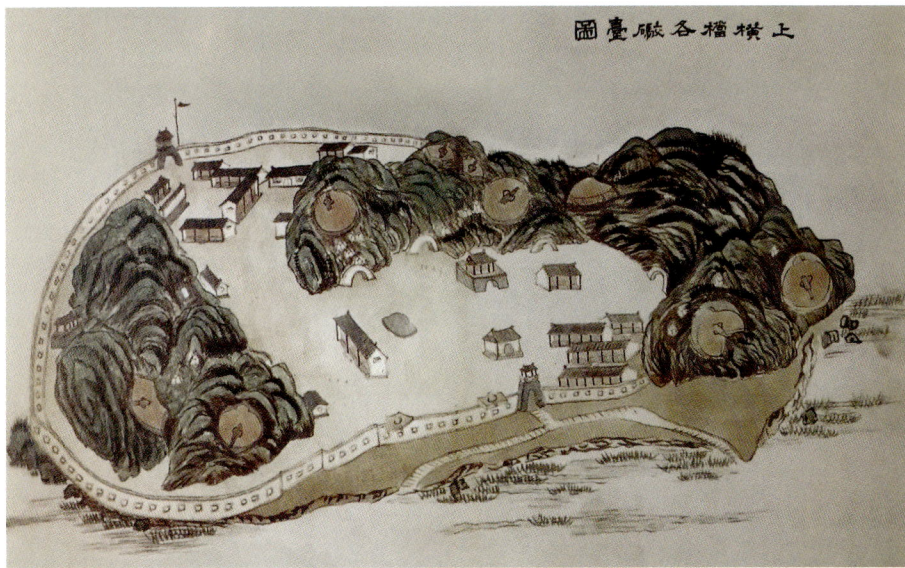

图一六七　上横档岛各炮台图（曾国藩：《虎门威远等处炮台图说》，咸丰八年）

　　在第一次鸦片战争前，上横档岛上建有横档炮台、横档月台、永安台三炮台，它们东与威远、靖远、镇远三炮台对峙，西与巩固炮台对峙，是虎门炮台的第二道防线和防御中枢。在第一次鸦片战争之虎门海战中，英军攻破大角山、沙角炮台后，于1841年2月25日、26日向上横档岛上的3个炮台及两岸其他炮台发动进攻。横档炮台、横档月台及永安炮台在战争中受到英军疯狂的进攻。各炮台清军官兵虽尽力开炮还击，但由于力量悬殊，250余名官兵壮烈牺牲，表现出英勇不屈的精神。英军强行从上横档岛西北面的永安炮台附近登岛。永安炮台失守后，英军将横档炮台、横档月台团团围住，最终炮台被英军攻破。上横档岛上分别指挥横档炮台、横档月台、永安炮台的督标中军副将达邦阿、香山协副将刘大忠、肇庆协副将庆宇受伤后跳海逃生。据参与作战的英军士兵记载，守岛官兵仅阵亡将士就达300多人，被俘1000多人。但英军舰船也受到我方各炮台炮火的沉重打击。

　　上横档炮台在第一次鸦片战争中遭到严重破坏。战后重建上横档炮台："周围二百六十一丈二尺，安炮位一百五十位。南至下横档炮台，相距海面长一百六十余丈；北至大虎山炮台，相距海面长六百余丈；东北斜峙镇远炮台，相距（海）面宽二百七十余丈；西至巩固北台，相距海面宽五百六十余丈。"[1]

　　咸丰六年（1856）第二次鸦片战争，上横档炮台再遭侵略军破坏。此后废弃相当长时间。光绪六年（1880）改建为西式炮台，建露天炮台7座，另有副炮台4座，还有火药库、水雷机器楼、官厅、神庙等数十座建筑。

---

[1] （清）陈坤：《虎门炮台图说》，油印本，暨南大学图书馆藏。

今上横档岛上鸦片战争时期的文物在前山上及山脚处有横档炮台遗址、横档月台遗址，后山上有永安炮台遗址，前后山汇合处有火药库遗址。光绪时期的文物在前山有东台门楼，西洋后膛炮炮池 5 个，后山有西洋后膛炮炮池 3 个，建筑材料为外国进口水泥、钢板。最初所置后膛大炮今已不存。前后山汇合处有官厅、厢房、阅兵台、火药库 1 个、兵房遗址 3 处、水井遗址及贯穿前山的交通壕（图一六八）。

上横档前山炮台：位于上横档岛前山上，面对珠江虎门主航道。原横档炮台位置上有建于光绪十年（1884）的东炮台门楼、炮巷及炮池群，有炮池 5 个及附属设施。今从东南开始编号为 1~5 号炮池（图一六九）。建筑材料使用进口水泥、钢板。现基本保存完好。其"东台"门楼（1 号门楼）为西式设计，装饰精美，是目前所见虎门炮台中规格最高的炮台门楼（图一七〇）。其门楼匾额上阴刻"东台"两字，上款为"光绪十年夏月"，下款为"两广总督张、广东巡抚倪、署广东水师提督方建"（落款三人分别为张之洞、倪文蔚、方耀）。

1997 年 6 月 30 日，番禺市（今番禺区）政府在此举行爱国主义教育基地揭幕仪式。

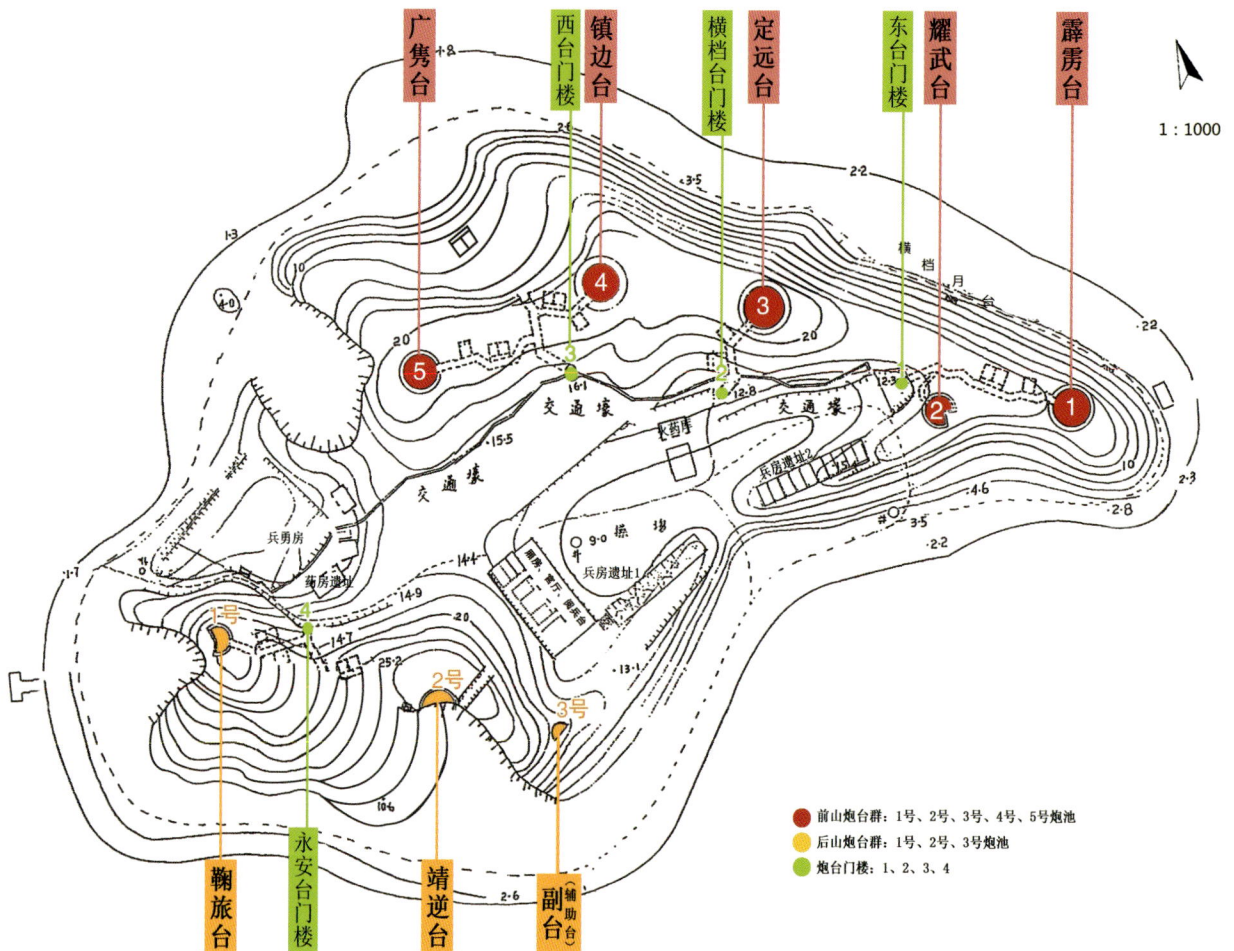

图一六八　光绪时期上横档岛炮台分布图

图一六九　上横档岛前山炮台

图一七〇　上横档岛前山炮台东台门楼及立面图

上横档前山炮台 1 号、2 号炮池是东台门楼内由炮巷直接连接的两个炮池（图一七一）。1 号炮池，属东台主炮位，圆形，内径 16.6 米，原置名为霹雳的克虏伯炮；2 号炮池，属东台副炮位，扇形，内径 10 米，原置名为耀武的克虏伯炮。门楼（即东台门楼）、炮巷、火药库各部分保存完好。1 号炮池为圆形大炮池，2 号炮池为近似扇形的小炮池。

4 号、5 号炮池是 3 号门楼（门额已毁）内由炮巷连接的两个炮池，皆为圆形。4 号炮池内径 12.9 米，5 号炮池内径 12.75 米。[1] 4 号炮池原置名为镇边的克虏伯炮，5 号炮池原置名为广隽的克虏伯炮。今炮巷墙壁仍留有"昭和十四年"等模糊字样，此为 1939 年侵华日军拆运、破坏上横档炮台时留下的罪证。

---

① 全国政协文化文史和学习委员会编：《近代中国要塞》，北京：中国文史出版社，2019 年，第 14 页。

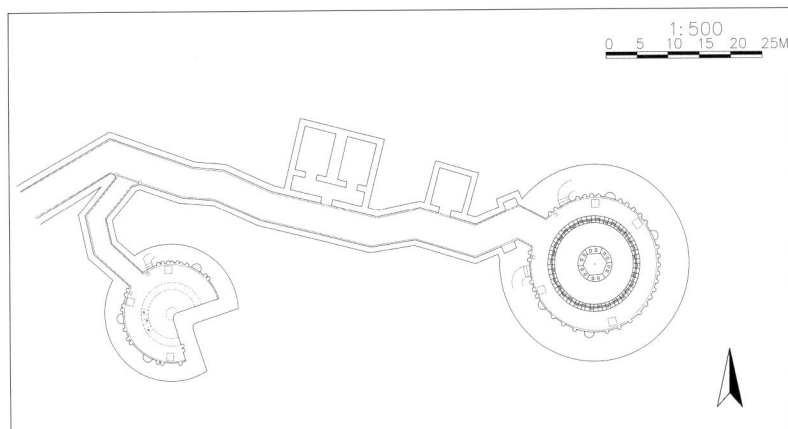

图一七一　上横档岛炮台 1 号、2 号炮池平面图

横档炮台：始建于清康熙五十六年（1717），英人称之为税馆炮台。时人称颂其"横阻千层巨浪，挡回万顷洪涛"。道光十五年（1835）加固，道光二十一年（1841）在第一次鸦片战争中被英侵略军毁。道光二十三年（1843）重建时与同岛的永安炮台合并建成上横档炮台。咸丰六年（1856）在第二次鸦片战争中再次被毁。光绪时在其上建西式炮台，即前山 1~5 号炮台。其中 3 号炮池是横档台门楼（2 号门楼）内由炮巷连接的唯一炮池，其为上横档炮台中最大的炮池，内径 15.75 米，原安置可旋转 360 度、名为广福的乌里治前膛炮。横档台巷道左右有交通壕与东台及 4 号、5 号炮池相连。

横档月台（图一七二）：始建于嘉庆二十年（1815），道光十五年（1835）重新加固，有炮洞 40 个，安设大小生铁炮 40 位，长 91 丈（303.33 米）。台上神堂 1 间，官房 3 间，兵房 10 间，炮洞垛口地面均系粗石砌就，与横档炮台组成双重炮台，是金锁铜关的一部分，也是对岸威远月台的"母台"。道光二十一年（1841）在第一次鸦片战争之虎门海战中被毁后废弃。2009 年重新修复。

图一七二　横档月台（左）及垛口（右）

（第一次鸦片战争前）上横档炮台1号、2号火药库遗址和（光绪时期）火药库遗址（图一七三）：位于上横档岛前后山汇合处。1号火药库为长方形，长8.7米，宽6米，墙厚0.85米。2号火药库为方形，面积略大，房顶已塌毁，四面墙基本完好，长8.9米，宽7.4米，墙厚0.9米，由三合土夯筑而成。两库均无窗，各开一门。1号火药库内已被山泥掩埋，仅存遗址；2号火药库前墙原已倒塌，2002年修复。

（光绪时期）火药库遗址建于1884年，长12.4米，宽6.4米，青砖墙厚0.5米，现残存墙高2.3米。建筑材料为砖石、水泥，建筑结构为青砖券顶，形制和大角山炮台火药局相同。2002年清理后，原状保留。

图一七三　上横档炮台第一次鸦片战争前的2号火药库遗址（上）和光绪时期的火药库遗址（下）

永安炮台：位于上横档岛后山（图一七四），面对珠江虎门辅航道。始建于道光十五年（1835），直长33.33米，自左至右弯长226.67米，敌台长133.33米，青麻石砌就，开炮洞眼40个，拱洞城门一座，炮台内部建有官厅、兵房、军装局、神庙等。当时人称该炮台为"永镇虎山北门锁钥，安排龙穴南国长城"。道光二十一年（1841）在第一次鸦片战争之虎门海战中被毁，道光二十三年（1843）重建时与同岛的横档炮台合并建成上横档炮台，咸丰六年（1856）在第二次鸦片战争中再次被毁。光绪十年（1884）在其上建西式炮台。1997年修复永安台门楼、巷道。巷道长13米，宽3.13米，高3.05米。永安台门楼内的暗巷左右分别连接上横档岛后山1号、2号露天炮池，原皆置克虏伯炮。1号炮池为扇形，内直径10.6米，2009年置仿制的克虏伯大炮一尊。2号泡池为圆形，内直径12米，现残存五分之一，连接巷道已毁。位于后山南边、上横档炮台官厅西侧的3号炮池为扇形，原置克虏伯炮，因炮池损毁严重，现存残迹。

图一七四　上横档岛后山炮台、兵勇房、官厅、厢房、操场

上横档炮台官厅、厢房、操场：位于横档炮台前后两山汇合处，经历次破坏仅存地基。2004 年在原有基础上复建官厅、厢房。西式设计，建筑华丽，一厅两房。左右对称分布，官厅和厢房长约 40 米，宽约 20 米。前有阅兵台及 4 000 平方米的操场。

附：上横档炮台"义勇之冢"

在沙角和大角两地炮台被攻破后的一个多月即道光二十一年（1841）2 月 25 日晚，英军突然抢占虎门海

图一七五　义勇之冢

口无人防守的下横档岛，大举进攻虎门第二道防线上的各炮台，守台将士奋力还击，结果大部分将士以身殉国。广东水师提督关天培及 400 名官兵阵亡。林则徐挽关天培联："六载固金汤，问何人忽坏长城，孤注空教躬尽瘁；双忠同坎壈，闻异类亦钦伟节，归魂相送面如生。"[1] 战后，虎门军民将牺牲将士就地安葬。清光绪十一年（1885），上横档岛改建为西洋炮台时，为纪念鸦片战争时光荣牺牲的清军士兵，这些烈士骸骨被迁移至上横档炮台西南麓集中安葬。1973—1975 年广东省文物考古研究所发现义勇之冢。其墓面形制、所葬 48 个骨坛大小尺寸与 2001 年在大角山发现的节兵大冢基本相同。墓碑高 1.3 米，宽 0.47 米，阴刻楷书："义勇之冢"，边署："光绪十一年乙酉花月迁葬"。现碑为复制品（图一七五）。

（二）下横档炮台

下横档炮台位于南沙街进港路以东的虎门水道中的下横档岛上，四面环水。东距东莞 1 000 余米，西距南沙 2 000 余米，北距上横档岛约 700 米。面积 0.067 平方千米，海拔为 28 米。有东西两个主峰，中部较低，两头地势较高。

第一次鸦片战争前下横档岛无设防。下横档炮台始建于道光二十三年（1843），三合土构筑，咸丰六年（1856）被英法联军毁坏。光绪八年（1882）两广总督张树声奏准重建，设炮位 10 处，置德国克虏伯炮。建筑材料为外国进口水泥、钢板。岛的中心偏北侧有官厅、兵房、库房。抗战时期，下横档炮台被日军占据、破坏。1984 年修复下横档炮台部分炮位。现有炮池 9 处，按从西向东排列的顺序编为 1~9 号炮池（图一七六）。

---

[1]　来新夏编著：《林则徐年谱新编》，天津：南开大学出版社，1997 年，第 466 页。

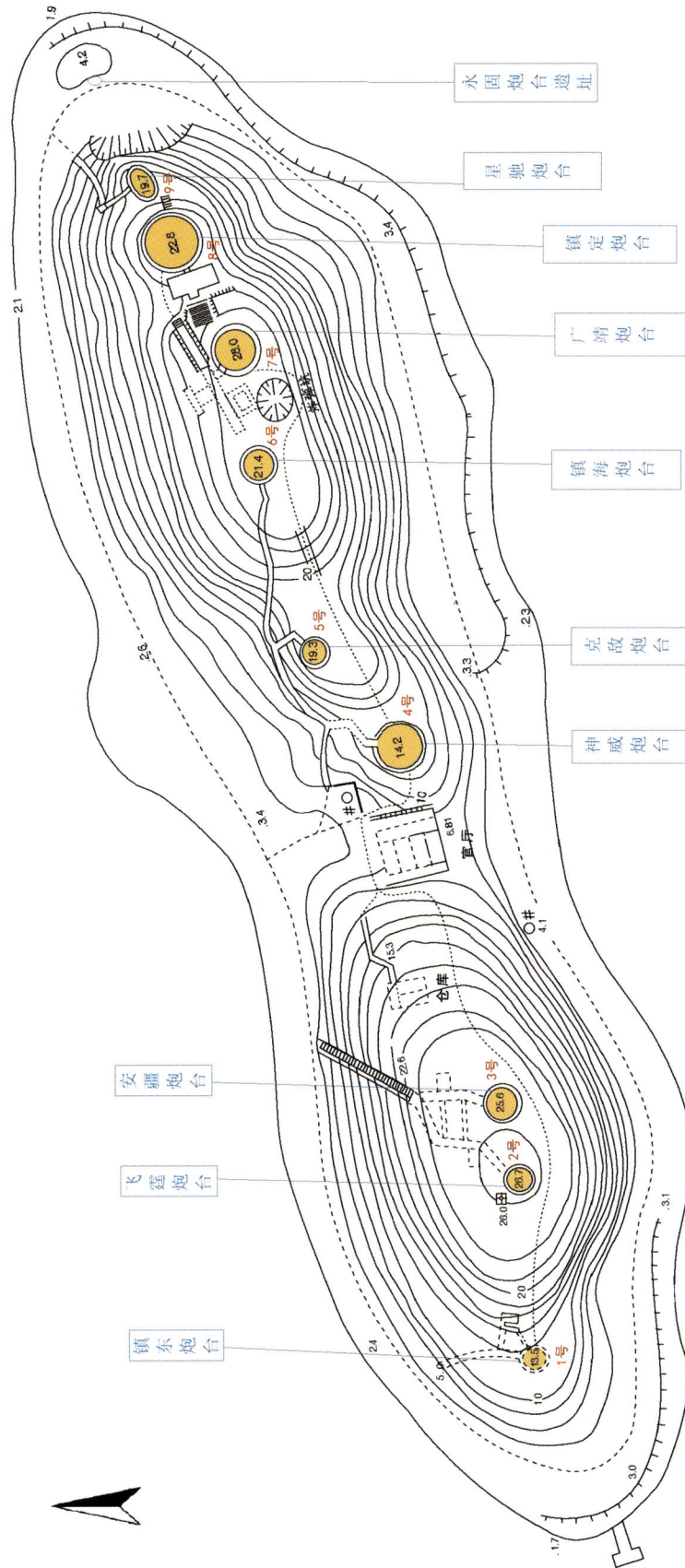

图一七六 光绪时期下横档炮台炮台分布图（原比例 1 : 1 000）

永固炮台遗址

星驰炮台

镇定炮台

广靖炮台

镇海炮台

克敌炮台

神威炮台

安疆炮台

飞霆炮台

镇东炮台

下横档炮台1号炮池：下横档炮台中最靠西的炮池，在下横档岛西边山峰的半山腰，面向珠江虎门辅航道，居高临下，门楼已毁，由门楼连接的坑道入口在北面山脚，坑道中左侧有一支坑道，尽头处是一间单房。支坑道入口左侧有小巷，小巷尽头有一小房间，顶部有天窗，从孔中穿出可登至上一层小巷，可通炮池，这一布局是虎门炮台中仅有的。炮池呈圆形，直径约9米，损毁严重（图一七七），原置名为镇东的克虏伯炮。

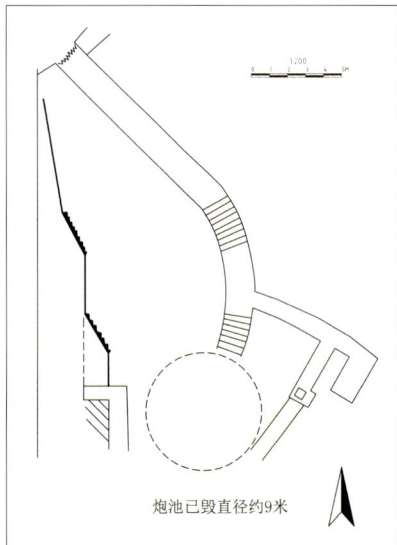

炮池已毁直径约9米

图一七七　下横档炮台1号炮池（左）及平面图（右）

下横档炮台2号、3号炮池（图一七八、图一七九）：在1号炮池的东边、岛的西边山峰的顶峰上，面向珠江虎门辅航道，居高临下，两炮池相距约19米。两个炮台由同一个门楼出入，两侧有防护墙。门楼在半山腰，朝向东北，基本保存完整，但匾额已遭破坏。2号、3号炮池皆置阿姆斯特朗炮。

2号炮池

3号炮池

图一七八　下横档炮台2号、3号炮池

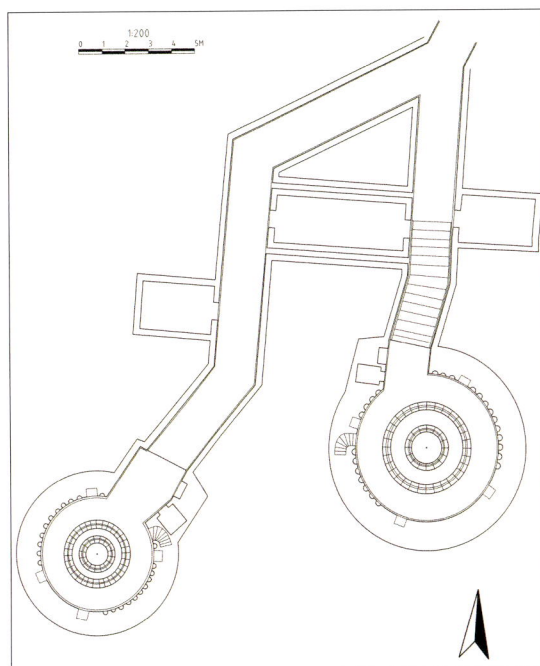

图一七九　下横档炮台 2 号、3 号炮池平面图

下横档炮台 4 号炮池 （图一八〇）：位于下横档岛东边山峰的西麓上，面向岛的南北海面，居高临下，现残存圆形炮池，直径约 15.4 米，是下横档岛直径较大的炮池之一，原置名为神威的乌里治前膛炮。西南侧原有建筑物，已被破坏。炮池东北方有出口接交通壕，壕壁已塌毁。1997 年 6 月 30 日，番禺市（今番禺区）政府在此举行爱国主义教育基地揭幕仪式。

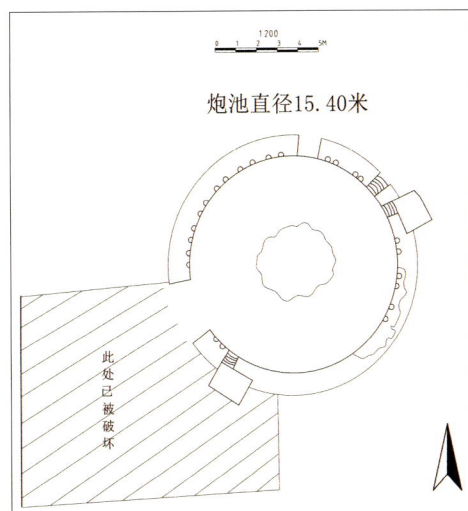

图一八〇　下横档炮台 4 号炮池（左）及平面图（右）

下横档炮台 5 号炮池（图一八一）：位于 4 号炮池的东边、下横档岛东边的山峰上，面向岛的南北海面，炮池呈圆形，直径 7.90 米，原置名为克敌的克虏伯炮。两侧已被破坏，交通壕已塌毁。

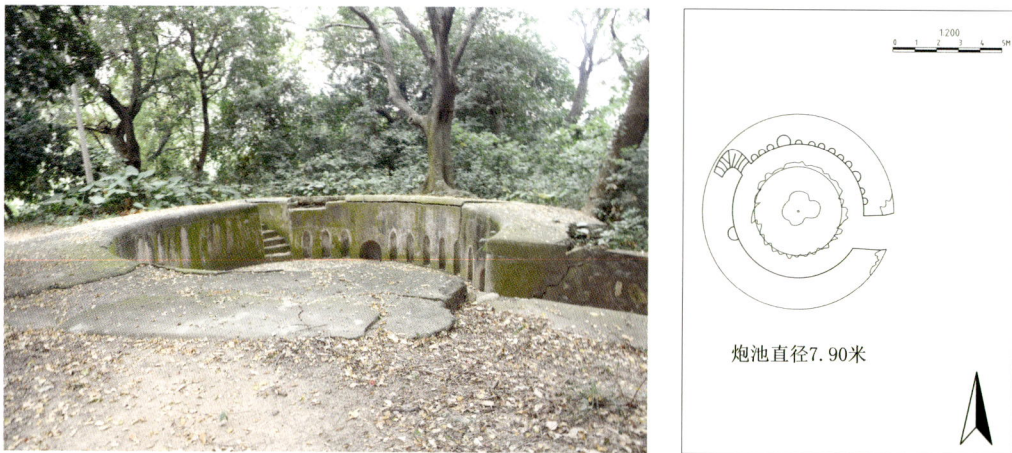

图一八一　下横档炮台 5 号炮池（左）及平面图（右）

下横档炮台 6 号炮池（图一八二）：在 5 号炮池的东边、下横档岛东边山峰的高地上，面向岛的南北海面，炮池呈圆形，直径 10 米，原置名为镇海的克虏伯炮。交通壕已破坏。

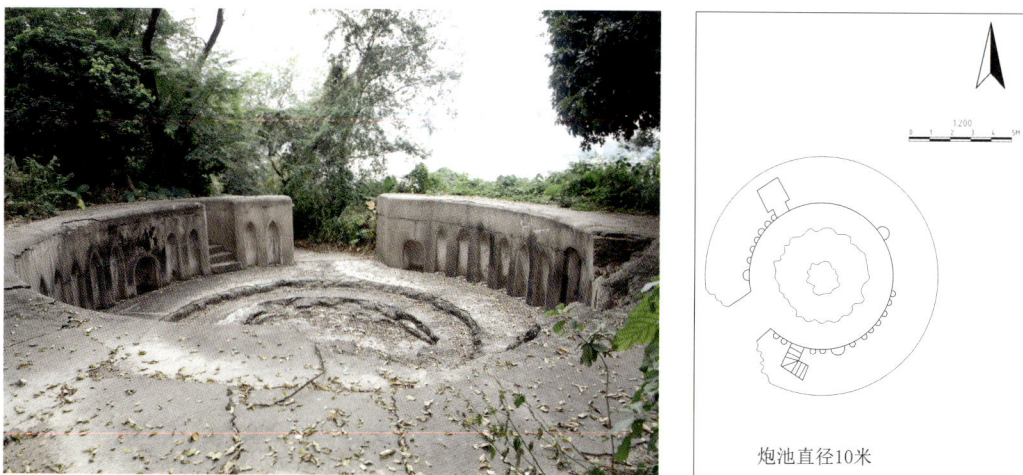

图一八二　下横档炮台 6 号炮池（左）及平面图（右）

下横档炮台 7 号炮池（图一八三）：在 6 号炮池的东边、下横档岛东边山峰的东侧。面向主航道，居高临下，炮池呈圆形，原置名为广靖的克虏伯炮，坑道向南可通炮池，坑道向东已残断，连接交通壕可通 8 号炮池。

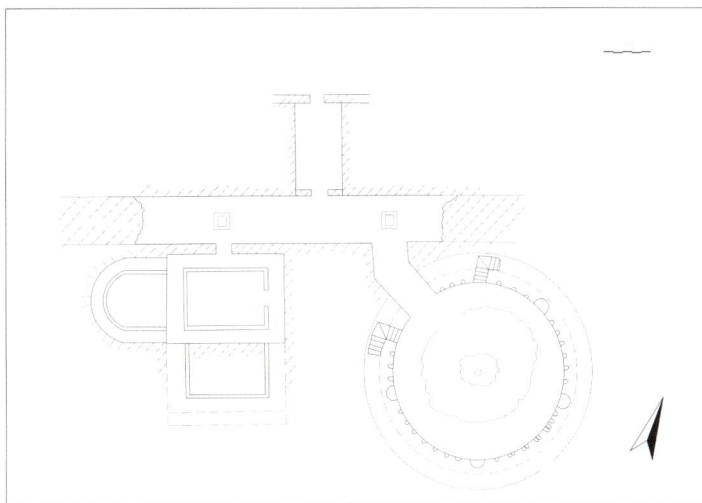

图一八三　下横档炮台 7 号炮池（左）及平面图（右）

下横档炮台 8 号炮池（图一八四）：在 7 号炮池的东边、下横档岛东边山峰的东侧，面向主航道。炮池呈圆形，直径 15.9 米，原置名为镇定的瓦瓦司前膛炮。炮池损毁严重，坑道和地下室等建筑物全被毁。

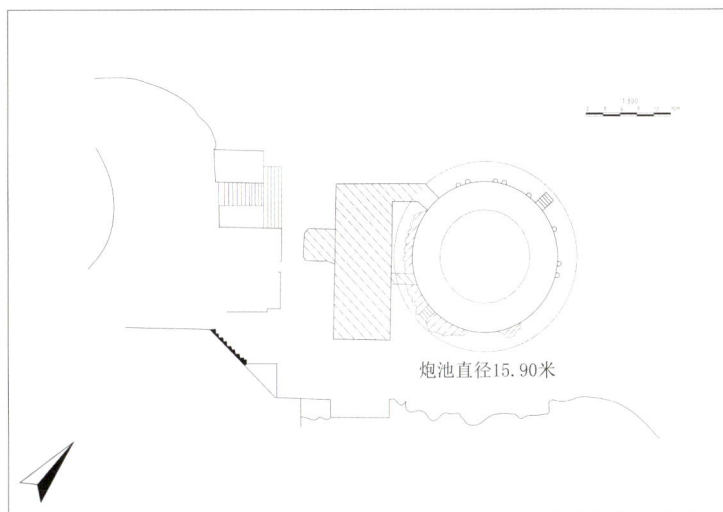

图一八四　下横档炮台 8 号炮池（左）及平面图（右）

下横档炮台 9 号炮池（图一八五）：在下横档岛东边山峰的半山腰，面向主航道。炮池呈椭圆形，直径 12.5 米，原置名为星驰的克虏伯炮，连接炮台的通道已毁。其东面为永固炮台，亦曾置克虏伯炮，现已无存。

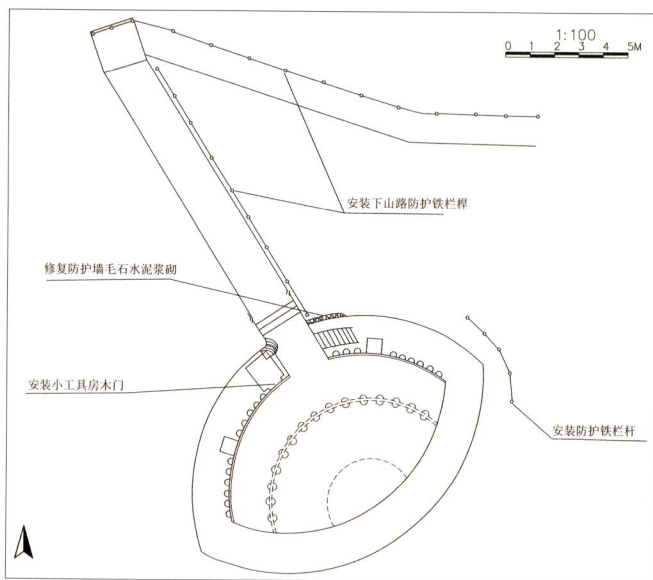

图一八五　下横档炮台9号炮池（左）及平面图（右）

　　下横档炮台官厅、库房、官兵房：官厅（西营盘）即下横档炮台指挥部（图一八六），在岛中较低处，海拔仅5米，东、西、南三面有山坡掩护，东西两边原建有护墙，现只存西边护墙约长12米。官厅是青砖建筑，墙厚0.65米，拱券顶，外有水泥保护层，现只残存南侧一间，长8.5米，宽3.9米，北面左右有两门，门宽1米、高2.1米，东、西两壁有窗，宽1.05米，均被破坏。北侧一间只存顶部的部分券拱与南侧相连，厅房北面尚有较广阔空地，堆有瓦砾，在东北方有夯土墙一处，呈曲尺形，类似营房门建筑，墙外有一口水井，已干枯填平。官厅四周建筑损毁严重。

图一八六　下横档炮台官厅遗迹

库房凿山而建，顶为券拱顶，外室宽 2.8 米、长 6.3 米，中间有一隔墙，墙厚 0.7 米，分为前后两室，各有窗口通入内室。内室呈不规则梯形，内窄约 4.5 米，外宽约 6 米，一边长 8.35 米，一边长 6.4 米，中间又有一隔墙，墙厚 0.7 米，墙中部有一宽 0.82 米、高 1.9 米的门；北端有门，分为前后两室，前后两室各有窗口可通外室，窗口高 0.65 米，宽 0.8 米，深 0.35 米。再向外是内宽 0.5 米、外宽 0.8 米的窗口，呈喇叭口状，现已被破坏，只存残迹。

官兵房位于下横档岛 2 号高地北面的山脚下。沿山脚东西向一列青砖建筑，灰砖夯土地面，房宽 2.4 米、深 4 米，现只存砖基部分，因破坏严重，仅可见约有 20 间房基遗迹。

(三) 大角山炮台

大角山炮台位于广州南沙街鹿颈村的大角山上，与东莞沙角炮台一西一东隔江对峙，前临伶仃洋，扼守虎门水道口，是虎门第一道防线，南面珠江口，北面是虎门第二道防线的下横档炮台等。

大角山炮台建于清道光十二年（1832），周围 93 丈（约 309.69 米），台上炮洞 16 个，配大小生铁炮 16 位，台门配炮 1 位。[①]后因其距主航道过远，与沙角炮台同改为号令台，把守虎门第一道防线（图一八七）。第一次鸦片战争时设守台千总一员，防兵数百人。道光二十年十二月十五日（1841 年 1 月 7 日），英军舰队突然向大角山炮台及对岸的沙角炮台发动进攻，向两炮台发射千余炮，清军奋力回击。在英军炮火攻击下，大角山炮台前面灰沙炮墙及山后围墙数处被毁坏，炮耳六处被打断，火药局被烧。英军趁此机会派数百士兵由大角山山后缘山而上，从墙缺处攻进炮台。因恐大炮被英军缴获，守台千总黎志安在指挥官兵打死英军十数名后，将 14 门大炮推落海中，突围而出。大角山炮台沦陷，炮台遭到严重破坏。道光二十三年（1843）重修大角山炮台（图一八八），咸丰六年（1856）在第二次鸦片战争中，又被英军破坏。光绪十一年（1885）参西法重建炮台 8 处、火药库 1 所，置洋炮。1938 年 9 月，大角山炮台配合海军"海周"舰等击沉侵华日军驱逐舰 1 艘。[②]广州沦陷后，大角山大部分炮台及大炮被侵华日军破坏或抢走。

---

① （清）关天培：《筹海初集》，《近代中国史料丛刊》，第 43 辑，台北：文海出版社，1969 年，第 99-100 页。

② 广州市地方志办公室编：《广州山水》，第 1 辑，广州：广州出版社，2004 年，第 328 页。

图一八七　大角号令炮台图（关天培：《筹海初集》，卷1，道光十六年刻本）

图一八八　大角山炮台（《广东海防形势图》，道光二十二年）

今所见炮台皆为光绪十一年（1885）所建，大多置德国克虏伯后膛炮。当时所建振阳、振威、振定、安平、安定、安威、安盛（流星）、安胜和蒲洲 9 个炮台，遍布大角山南北两个山梁以及蒲洲山山头。"光绪甲申（指 1884 年——引者注）后，诸炮台增筑甚夥，名称亦殊，以近日测量局图核之，除上下横档、威远、沙角仍旧称外，……大角之振威、振定、振阳、安平、安定、安威、安盛、安胜及蒲洲九台，则皆其新建，或以地名，或赐以嘉名者也。"[1]

---

① 宣统《东莞县志》，卷 16，"建置略 1"，清宣统辛亥年（1911）重修，广东省东莞县养和印务局印，广州市文物考古研究院藏。

　　大角山炮台在民国时期有海军驻守，抗战初期曾遭侵华日军飞机轰炸，至今流星台还留有炸弹坑。广州沦陷时期日军曾在炮台驻军，将炮上的仪器、部件以及部分大炮炮身拆下运走，只剩下一门大炮和其他笨重的炮座。抗战胜利后，由国民党海军驻守。中华人民共和国成立后大角山炮台由解放军海军驻守。1958年，炮台坑道建筑曾作中学校舍，后因交通不便，学校迁走，大角山炮台从此无人管理。"文革"期间，最后一门大炮被肢解运走，只剩下炮池、坑道等砖石水泥建筑。加上当地围海造田，在大角山爆山取石，投石围海，使大角山炮台遭到严重损坏。

　　今除振阳台（清光绪时曾置名为定远的阿姆斯特朗炮）已毁外[1]，其余8个炮台和1处火药局保存较完好（图一八九）。各炮台都有完整的炮池、坑道、门楼，部分还有独立的火药局及军事设施。1997年，文物部门对大角山各炮台进行了维修。现重置仿制的火炮数尊。各炮台情况如下[2]：

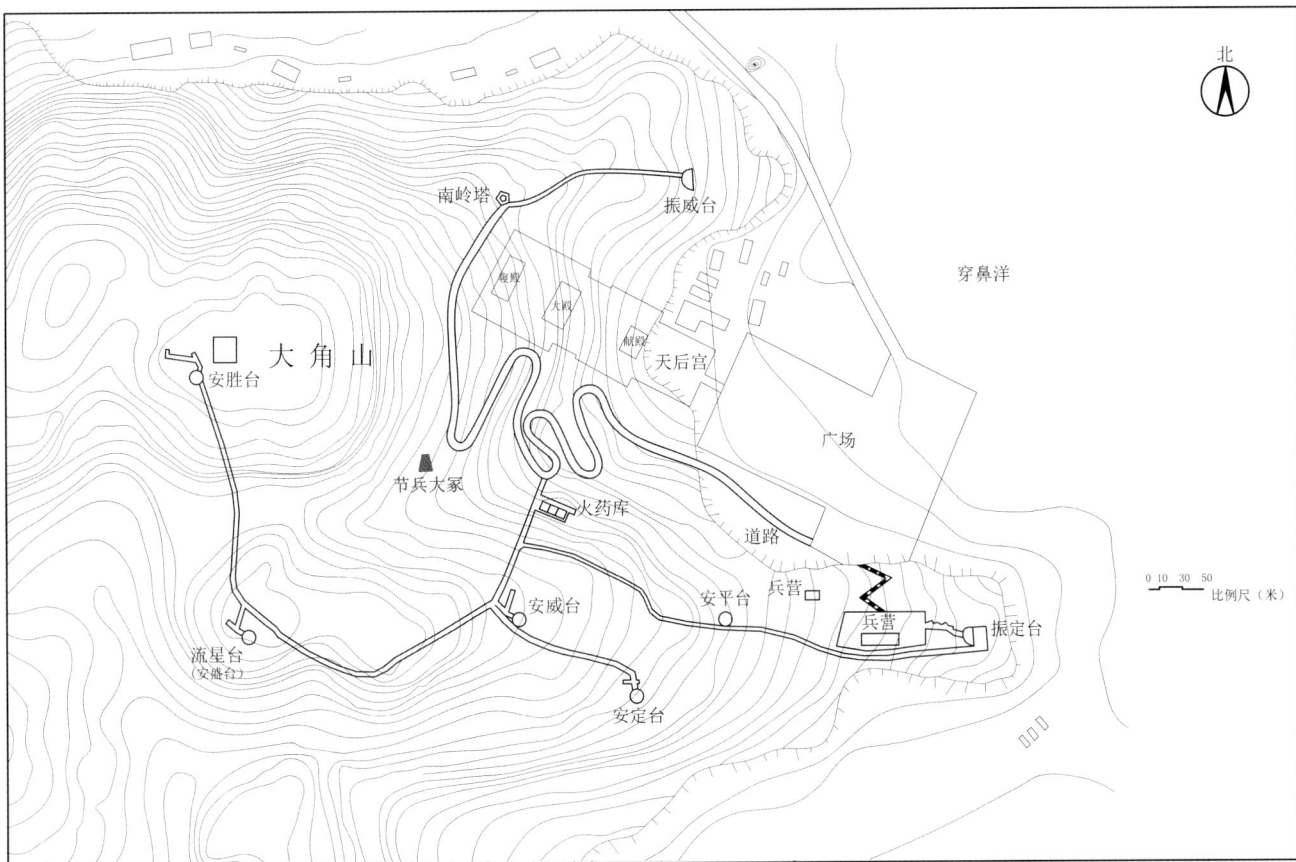

图一八九　大角山各炮台及"节兵大冢"位置示意图

----

　　[1]　2008年3月，广州市文物考古研究所在大角山振定台西边发现两个炮池，有研究者认为这是振阳台或其辅台。黄利平：《南沙大角山新发现炮台是振阳台炮台的新证据》，《广州文博（柒）》，北京：文物出版社，2014年，第53-55页。

　　[2]　陈建华主编：《广州市文物普查汇编·总览卷》，广州：广州出版社，2008年，第81-87页。

振威台：位于大角山北山梁的山嘴部分，地势险要。门楼保存完整（图一九〇），上横镶石额一方，阴刻"振威台"三字，上款刻"钦差太子少保督办广东防务兵部尚书一等轻车都尉彭、兵部尚书两广总督部堂张、兵部侍郎广东巡抚部院倪、统领湘军振字营前署湖南提督王永章建立、管带振字左营记名总兵樊本德监修"（彭即彭玉麟，张即张之洞，倪即倪文蔚），下款刻"光绪十一年乙酉春月"。门楼左右两侧有灰塑对联一副："倒衔山海穷千变，驱策云雷竦百灵。"炮池呈半圆形，曾置命名为广安的克虏伯炮（图一九一）。

图一九〇　振威台门楼（左）及立面图（右）

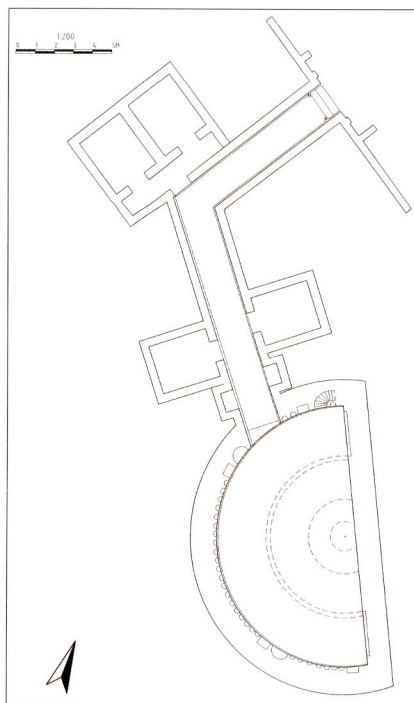

图一九一　振威台炮池（左）及平面图（右）

　　振定台：位于大角山南面山梁的山嘴部分，与振威台构成两个突出触角。原门楼（图一九二）保存完整，上镶有石额一方，横刻"振定台"三字，上款刻"钦差太子少保兵部尚书督广东防务彭、兵部尚书两广总督部堂张、兵部侍郎广东巡抚部院倪、调任湖南布政使广东布政使龚易图、统领湘军振字营前署湖南提督王永章建立"，下款刻"光绪乙酉夏月穀旦"。门楼两侧有灰塑对联一副："八阵雷轰走虎豹，千钧霆击徙蛟龙。"门楼前有一小坪，小坪左右的房屋建筑都已被毁。炮池呈半圆形（图一九三），曾置命名为广固的克虏伯炮，今已无存，现炮池内的大炮为仿制品。

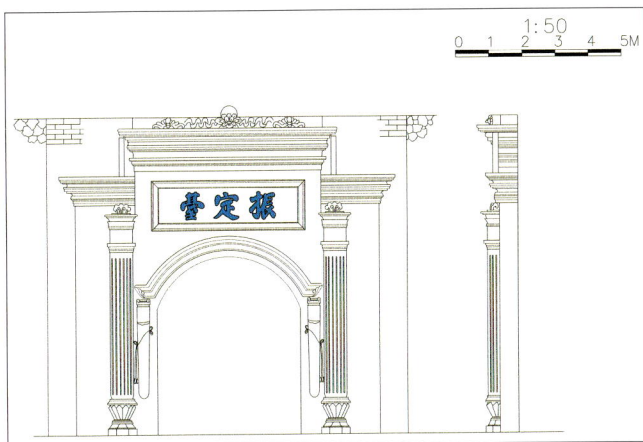

图一九二　振定台门楼（左）及立面图（右）

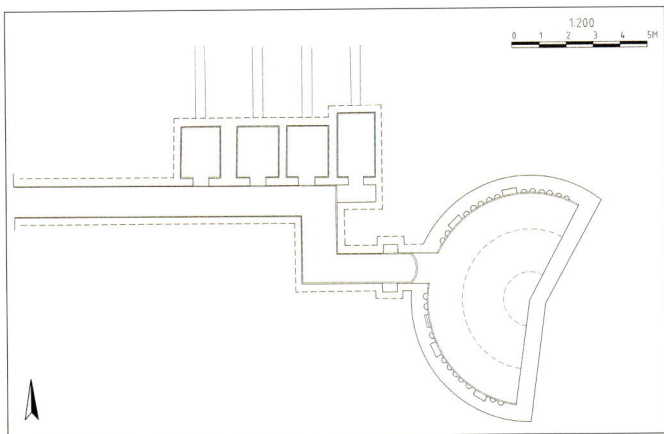

图一九三　振定台炮池（左）及平面图（右）

安平台：炮台在大角山南山梁振定台以北，门楼前有一片较平坦的小广场，原门楼已毁，1997 年重建门楼（图一九四），匾额"安平台"，无上下款。炮池呈圆形（图一九五）。曾置命名为镇镜的克虏伯炮。安平台右侧（东）有建于光绪十一年（1885）的兵房和子药库。兵房现仅存遗址。

图一九四　安平台门楼

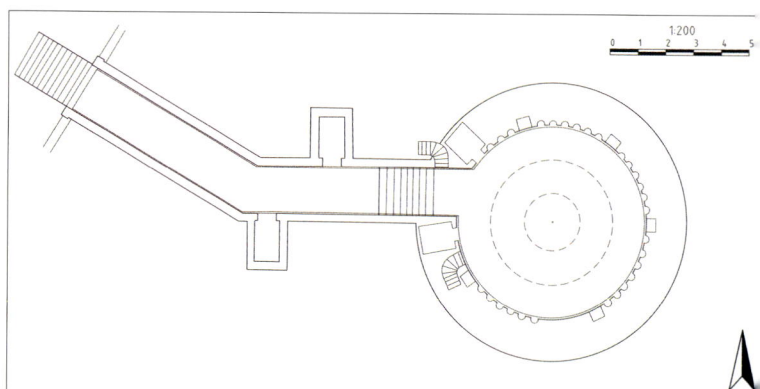

图一九五　安平台炮池（左）及平面图（右）

安定台：炮台在大角山南面安平台西南的山梁上。门楼前有一片较平坦的小广场，原门楼基本保存完整，匾额"安定台"三字，无上下款（图一九六）。主坑道东侧有窗口两处，在大角山炮台中仅此一例。炮池呈圆形（图一九七），原安置可旋转360度、名为致远的克虏伯炮。最初有湘军驻防于此。抗战时期，该炮也曾发挥过一定作用。

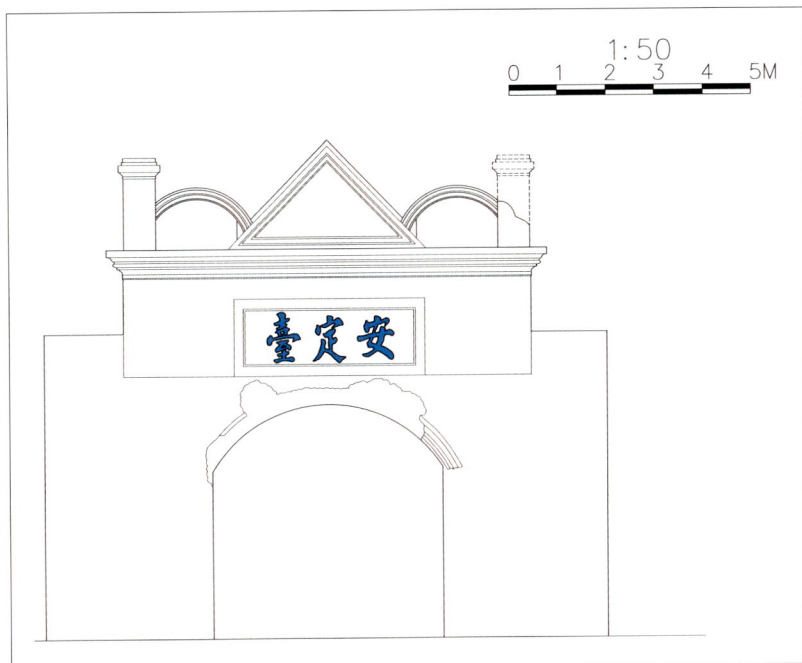

图一九六　安定台门楼（左）及立面图（右）

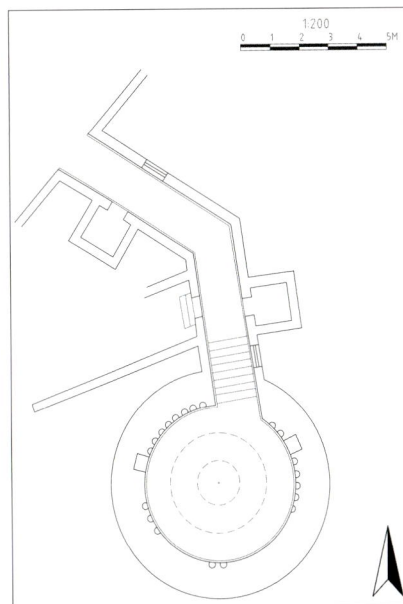

图一九七　安定台炮池（左）及平面图（右）

安威台：炮台在大角山南山梁安定台西北的山梁上。门楼前有一片较平坦的小广场。有一坑道侧门，两坑道构成"匕"字形。原门楼已毁，1997年重建，匾额"安威台"三字，无上下款（图一九八）。炮池呈圆形（图一九九）。清末曾将蒲洲炮台中的蒲山台克虏伯炮（名为流星）移至安威台。

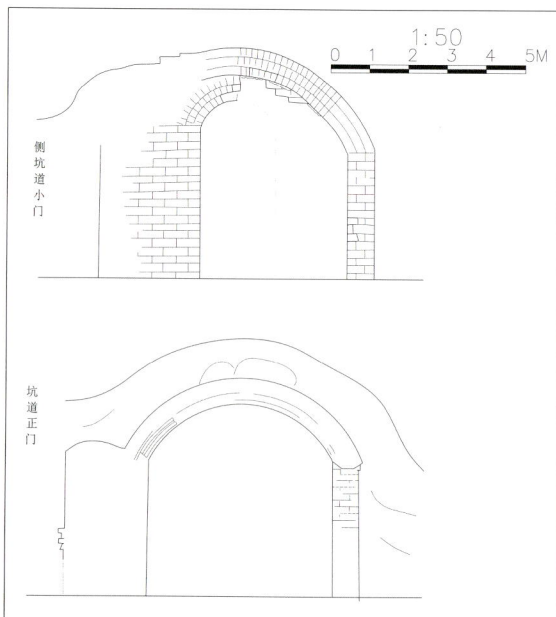

图一九八　安威台门楼（左）及立面图（右）

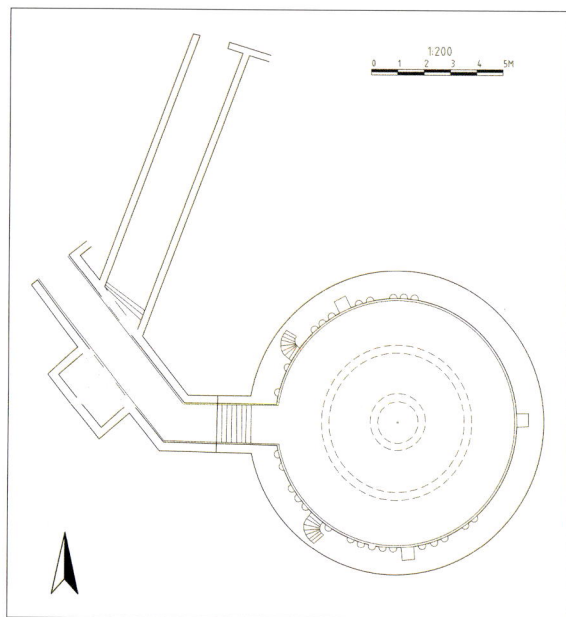

图一九九　安威台炮池（左）及平面图（右）

　　流星台：史料文献中有安盛台或安成台之名，曾置名为定远的阿姆斯特朗炮。炮台在大角山南山梁安威台以西的山梁上。原名安盛台，后因其和安胜音同易混淆而改，是大角山最高的炮台。原门楼已毁，1997年重修（图二〇〇）。门楼前有一片较平坦的小广场。炮池呈圆形（图二〇一）。

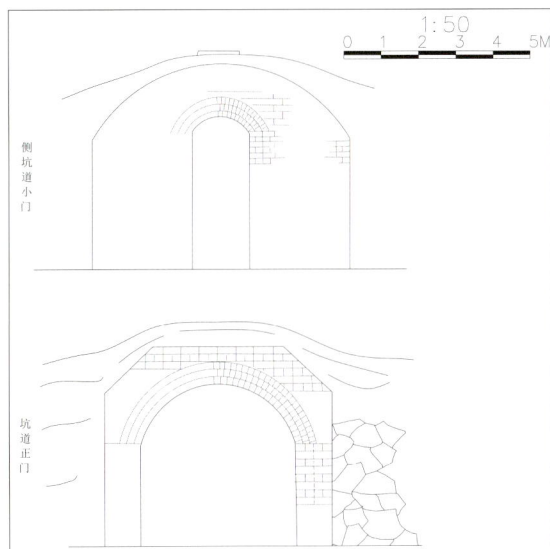

图二〇〇　流星台门楼（左）及立面图（右）

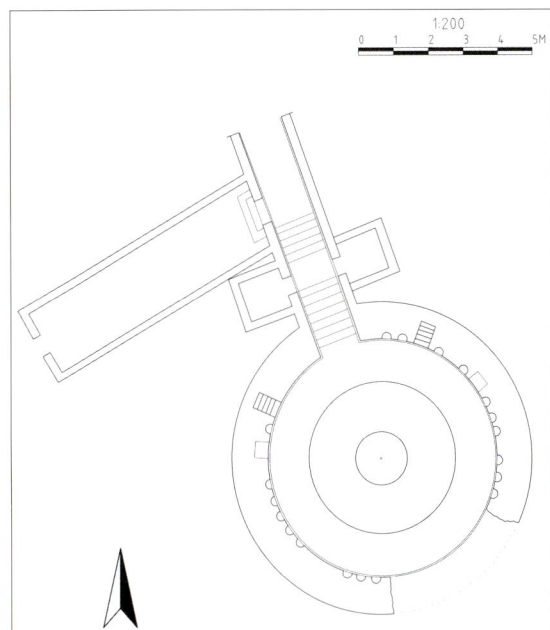

图二〇一　流星台炮池（左）及平面图（右）

安胜台：炮台在大角山北山梁流星台以北的山梁上，居高临下，可以俯视全山炮台阵地。原门楼基本保存完整，灰塑匾额"安胜台"三字（图二〇二）。门楼前有一片较平坦的小广场。炮池呈圆形（图二〇三）。清末曾将蒲洲炮台中的蒲威台的克虏伯炮（名为匡时）移至安胜台。

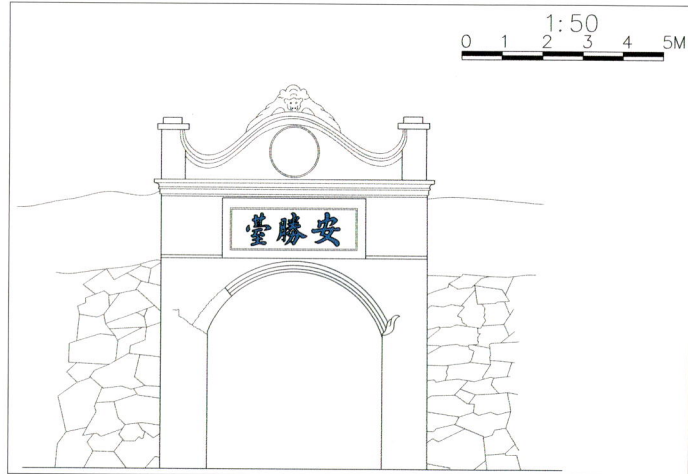

图二〇二　安胜台门楼（左）及立面图（右）

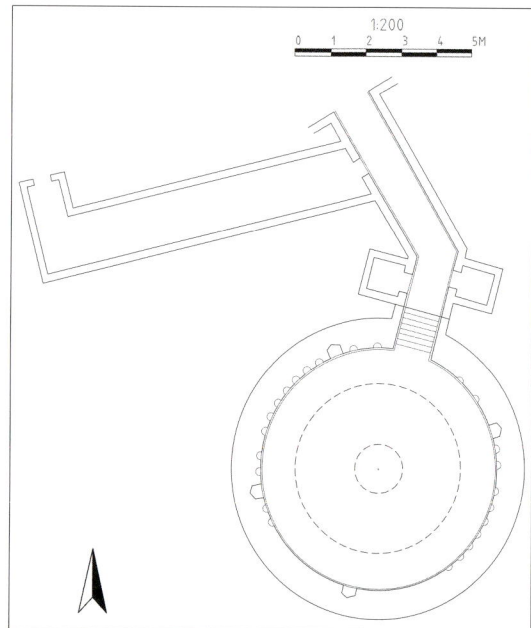

图二〇三　安胜台炮池（左）及平面图（右）

大角山炮台火药局：在大角山两个山梁交接处的山坳，振威台、振定台的中间。残存砖砌库房三间，房顶、门窗已毁。房屋靠山的三面，设有防潮通风的隔墙通道和排水沟，库房前廊已毁。1997年对其进行了复原维修（图二〇四）。

图二〇四　大角山炮台火药局

附：大角山炮台"节兵大冢"

"节兵大冢"位于大角山炮台火药库西北侧约100米的山坳处，丛葬者为当时牺牲的守台官兵。

道光二十年十二月十五日（1841年1月7日），英国侵略军突袭沙角炮台、大角山炮台，兵分三路，两队英舰分别从正面炮击，另以舢板和轮船运载英军陆战队1 400余人，由汉奸引导，从穿鼻湾登陆，抢占沙角炮台后山。[1]进攻沙角炮台的英舰有3艘；进攻大角山炮台的英舰有4艘。沙角炮台、大角山炮台守备军各有600名奋勇还击，与英军舰队展开激战。此役中沙角和大角山两炮台被炸毁，但清军在此次战斗中表现英勇，谱写了可歌可泣的反帝国主义侵略的篇章。大角山、沙角的抗英激战，历经8小时抵抗，清军官兵阵亡至少291人。[2]后人为纪念此役的殉难官兵，在大角山炮台火药库西北侧建"节兵大冢"一座。

[1]　杨国桢：《林则徐传》，北京：人民出版社，1981年，第300页。
[2]　李国荣：《大角炮台抗英清兵阵亡情况原始记录》，《广东文物》2002年第2期。

2001 年 7 月，广州市文物考古研究所在大角山炮台火药库西北侧约 100 米的山坳处发现丛葬墓。11 月，广州市文物考古研究所与番禺博物馆对掩埋的骨骸进行了全面清理和鉴研[1]（图二〇五），根据该丛葬墓出土的釉陶魂坛及其盛放的遗骨，其与上横档炮台、虎门沙角炮台、威远炮台发现和清理的 4 座抗英烈士墓相同。[2]2009 年，南沙区政府在丛葬墓前重建鸦片战争抗英烈士墓。

图二〇五　专家现场论证大角山上的"节兵大冢"（《广东文物》2002 年第 2 期）

（四）蒲洲炮台

蒲洲炮台位于南沙区蒲洲山东南方的山梁上（图二〇六），与南面大角山炮台相望，建于道光二十二年（1842）。咸丰六年（1856）遭英法联军毁坏。光绪十年（1884）重建，设蒲山、蒲威、蒲海 3 台，蒲海台置 1 门英国阿姆斯特朗炮，其余各置 1 门克虏伯炮。

蒲洲炮台占地总面积约 770 平方米，有 3 个炮池，据其位置自西向东编为 1 号（蒲山台）、2 号（蒲威台）、3 号（蒲海台）炮池（图二〇七至图二〇九）。1 号炮池呈扇形，无炮巷。2 号、3 号炮池呈圆形，以炮巷相连，炮巷内有子药库两间（图二一〇）。1939 年侵华日军在此曾建有营房（今已不存）。1985 年，文物部门将从巩固炮台遗址出土的两门八千斤前膛大炮搬移至蒲洲炮台 2 号、3 号炮池。蒲洲炮台原门楼已毁，1997 年重修门楼，并对炮池、炮巷进行了维修保养。2008 年再次修缮，各炮池重置仿制的西洋大炮三尊。

---

① 广州市文物考古研究所、番禺博物馆：《虎门大角山炮台鸦片战争抗英清兵丛葬大冢的发现与论证》，广州市文物考古研究所编：《广州文物考古集：广州考古五十年文选》，广州：广州出版社，2003 年，第 748 页。

② 莫稚：《虎门大角炮台大冢（白骨坟）是抗英烈士墓》，《广东文物》2002 年第 2 期。

图二〇六　蒲洲炮台分布图

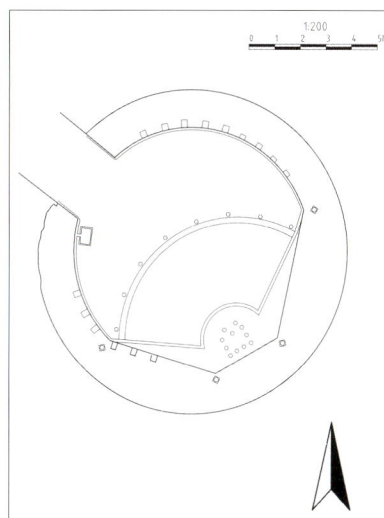

图二〇七　蒲洲炮台 1 号炮池（左）及平面图（右）

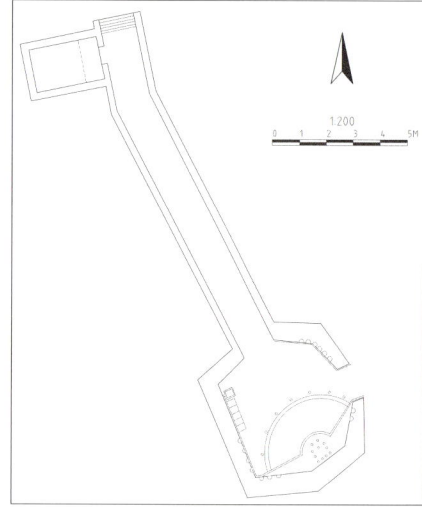

图二〇八　蒲洲炮台2号炮池（左）及平面图（右）

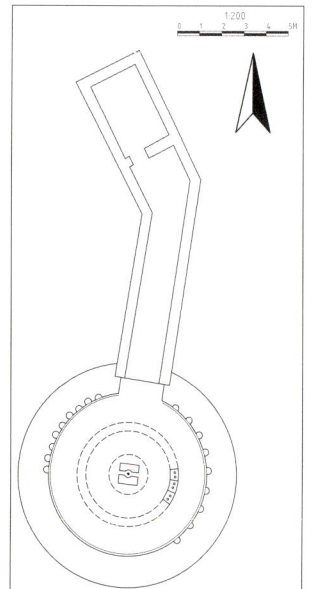

图二〇九　蒲洲炮台3号炮池（左）及平面图（右）

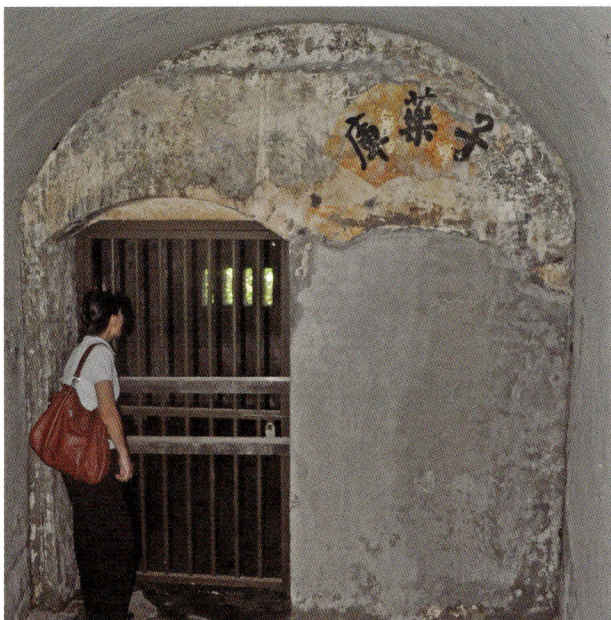

图二一〇　蒲洲炮台子药库

（五）大虎山炮台遗址

大虎山炮台位于南沙区黄阁镇东面的大虎山岛东部，坐西南朝东北（图二一一）。大虎山岛地处珠江中流，四面环水，南距横档岛 6 000 余米。"就广东海洋大势论之，西、北两江之水，经省河，合东江，南流汇为内洋，大虎山扼其冲，实踞全省形胜之地。"①

图二一一　大虎山远眺

---

①　（清）郭嵩焘著，杨坚校补：《郭嵩焘奏稿》，"修筑广东省城炮台片"，长沙：岳麓书社，1983年，第22页。

　　嘉庆二十二年（1817），两广总督阮元建大虎山炮台，配大小生铁炮 32 位，属水师提标右营，防台把总一员，防兵 50 名。台上神堂 5 间，官房 3 间，兵房 29 间，军火房 3 间，台面炮洞垛口均粗石砌就。大虎山炮台是虎门的第三道防线，时人称颂大虎山炮台"大海绵长通绝域，虎门高耸接层霄"。第一次鸦片战争时，大虎山炮台被英军占领、破坏，道光二十三年（1843）重建（图二一二），第二次鸦片战争中再次被毁，其后废弃。现大虎山炮台遗址中仅见炮台基础和三合土块等建筑材料，分别散落在岸边（图二一三）和山沟里约 600 平方米的范围内。

图二一二　大虎山炮台（关天培：《筹海初集》，卷 1，道光十六年刻本）

图二一三　大虎山炮台部分灰砂散落水中

(六) 巩固炮台遗址

巩固炮台遗址位于南沙区南北台前马路 (即今横档码头路段)。道光十五年 (1835) 两广总督卢坤和水师提督关天培奏准建造巩固炮台,和上横档岛上的永安台共同扼守虎门西水道 (图二一四)。"巩我疆国资保障,固兹扼要乐升平。" "巩固旧炮台临海起筑,原建台基弯长五十一丈,敌台长二十一丈,开炮口二十个。惟台后近靠石壁,且横档之西止此一台,势亦较单。"[①]第一次鸦片战争中,巩固炮台遭英国侵略军破坏。道光二十三年 (1843) 重建,分为南北二台,俗称南北台。"新建巩固北台一座,敌台炮墙长二十二丈,后围墙长四十丈,开设炮口二十个。又新建巩固南台一座,敌台炮墙长二十五丈,后围墙长三十七丈,开设炮口二十三个。"[②]第二次鸦片战争中,巩固炮台再次遭到破坏,其后荒废。经历年开山取石,今炮台建筑已全部毁坏。1981年7月,在虎门石场南北台遗址出土两门八千斤大炮,炮身皆铸有阴文,其一 "第五十七号/炮重八千斤/广东巡抚部院程/两广总督部堂祁/广东水师提督军门吴/督铸官调署水师提标右营游击卢大钺/监铸官吴川营守备黎志安/承铸炮位庞应时/陈锡安/林德贤/道光二十三年九月吉日造"。其二为二十二号,铭文与五十七号相同。这两门大炮为目前在虎门炮台发现的最大前膛炮,曾移至蒲洲山2号、3号炮台上,2008年又移至上横档岛的横档月台 (图二一五)。

图二一四　虎门十台全图 (关天培:《筹海初集》,卷1,道光十六年刻本)

①　(清) 关天培:《筹海初集》,卷1,清道光十六年 (1836) 刻本,《近代中国史料丛刊》,第43辑,台北:文海出版社,1969年。

②　《两广总督祁顼等奏报修筑虎门炮台情形折》,"附件:各炮台修筑情形图说",中国第一历史档案馆编:《鸦片战争档案史料》 (7),天津:天津古籍出版社,1992年,第10页。

图二一五　巩固炮台的前膛炮

（七）蕉门炮台遗址

蕉门炮台位于南沙区黄阁镇蕉门村炮台山侧（炮台涌南岸），建于嘉庆十七年（1812），属水师提标右营，扼守蕉门水道（图二一六）。该处是虎门防线后卫要地，又是北通广州水路的要道。蕉门炮台周长40丈5尺，炮洞十四个，配一千五百斤炮二位，一千二百斤炮四位，一千斤炮八位，台上神堂二间，官署三间，兵房十五间，药局一间。防台外委一员，防兵十六名。炮洞、垛口石砌，地面系三合土筑。关天培为蕉门炮台题联："蕉开黄角东西坞，门锁香山早晚潮。"[①]第二次鸦片战争期间，蕉门炮台遭英侵略军毁坏，后废弃。中华人民共和国成立前此处还有炮城存在，今已不存。

图二一六　蕉门炮台（关天培：《筹海初集》，卷1，道光十六年刻本）

1982年，番禺县文物普查办在蕉门进行文物普查时发现花岗岩石碑一方，阴刻楷书"水师提标战马草坦"，此为广东水师提标饲养战马的草坦界碑。该碑原立于蕉门炮台下、蕉门河岸之草坦上。清代广东沿海地区主要为绿营水师驻守，统辖绿营水师最高长官为水师提督，其直属部队称水师提标，并辖本省大部分水师部队，兼部分陆师部队。次于提督者为总兵，其直属部队称水师镇标，除指挥其防区内的水师部队外，兼管少

---

① （清）关天培：《筹海初集》，卷1，清道光十六年（1836）刻本。

图二一七　蕉门炮台遗址保护标志碑

量陆师部队。再下依次有水师副将、参将、游击、都司、守备。上述各级军官皆称营官。营官之下为哨官，分水师千总、把总、外委千总、外委把总、外委、额外外委等，皆于营官之下，带一哨之兵，或领兵驻守一汛地。①

虎门炮台是清王朝最重要的海防要塞，从康熙朝开始，历嘉庆、道光、咸丰、光绪各朝均有建设。经过战火洗礼，今所留下的旧址、遗址成为进行爱国主义教育的重要场所（图二一七）。

附：虎门炮台旧址（东莞部分）

明洪武元年（1368），东莞隶广州府。洪武十四年（1381），于东莞置守御千户所。崇祯八年（1635），副总兵黎延庆奉令添设虎门寨，以加强广州门户的防守。崇祯十年（1637），英殖民者约翰·威德尔（John Weddell）率 4 艘军舰开往珠江口，妄图以武力打开广州的大门。英殖民者在虎门停留期间，占领虎门炮台，并抢走 35 门大炮，同时又暗中贿赂广东总兵陈海，率舰队直驶黄埔，进逼广州城。面对外敌穷凶极恶，两广总督张镜毫不畏惧，调集军队痛击英军，使英殖民者狼狈撤出虎门。清沿明制，东莞仍隶广州府。②东莞虎门作为广东省城的门户，成为海防重地。

而虎门要塞（李洁之指出该名称为 1911 年后所定——引者注）所辖：沿珠江下游两岸山地和江中的军事设备。主要在东莞县西南的虎门（今分属广州南沙和东莞虎门——引者注）和番禺县东南的长洲（今属广州黄埔——引者注）。这两个地带扼珠江咽喉，形势险要，虎门为进入广州第一重门户，黄埔为第二重门户，均属海防要地。③今位于广东东莞、保存较好的虎门炮台，大致情形如下。④

---

① 萧国健：《关城与炮台：明清两代广东海防》，香港：香港市政局，1997 年，第 114 页。

② 东莞市打击走私综合治理办公室编著：《东莞海防史》，广州：广东人民出版社，2014 年，第 5、6 页。

③ 李洁之：《虎门要塞史略》，中国人民政治协商会议广东省委员会文史资料研究委员会编：《广东文史资料》，第 7 辑，内部资料，1962 年，第 49 页。

④ 广东省文物局编：《广东明清海防遗存调查与研究》，上海：上海古籍出版社，2014 年，第 166-184 页。

1. 威远炮台旧址

威远炮台位于东莞市虎门镇威远岛南山左脉的山腰，地处珠江入海口东岸，道光十五年（1835）两广总督卢坤、广东水师提督关天培奏准在南山炮台基础上扩建而成（图二一八），属于虎门炮台第二重火力防御体系。道光二十一年（1841）2月26日，英军侵略虎门时，威远炮台遭到破坏。道光二十三年（1843）修复（图二一九）。

图二一八　威远炮台露天炮位

《虎门内河炮台图说》载威远炮台：

坐东北向西南。前面临海，与下横档炮台隔海对峙，丈得海面宽三百六十余丈，中泓潮长水深十三丈余，系夷船进省必由之路。台后靠山，山之左有水军寮炮台，以防后路；山后至九宰炮台十里；左边依山傍海，右边与靖远炮台相连，间隔横墙间设大门一道。丈得敌台长九十四丈，宽二丈五尺，用石筑砌，其垛墙用三合土，连敌台共高二丈一尺，后面三合土围墙一道，长六十丈，开设便门，可通后路。台内安配炮七十五位，内：一万二千斤铜炮七位、八千斤铁炮二十位、六千斤铁炮九位、五千斤铁炮二十三位、四千斤铁炮十六位。建设神庙三间，官厅两座，兵房二十八间，药局两间，军装局一间，水井两口。系水师提标中营管辖，原派把总黄建勋，添派候补守备许大鹏，配兵丁一百五十名在台防守，另司理军火局兵丁二名。该炮台原建自康熙五十六年（1717——引者注），名曰南山炮台，道光十五年续在原旧炮台前面加筑月台，改名威远台。嗣因坍毁，据绅士杨金城等禀准捐资建筑，并于旧威远台之左加筑敌台四十丈，于道光二十三年七月工竣。监工委员广东候补知府倪澧，验收委员现任肇庆府知府杨霈，复验委员广东试用通判顾。再前项炮台，该绅册报内称原旧威远台曰旧威远台，而以加筑左边敌台曰新威远台，第原奏内并无分别两台名目，是以仍作一台绘图，以符奏案，理合注明。[①]

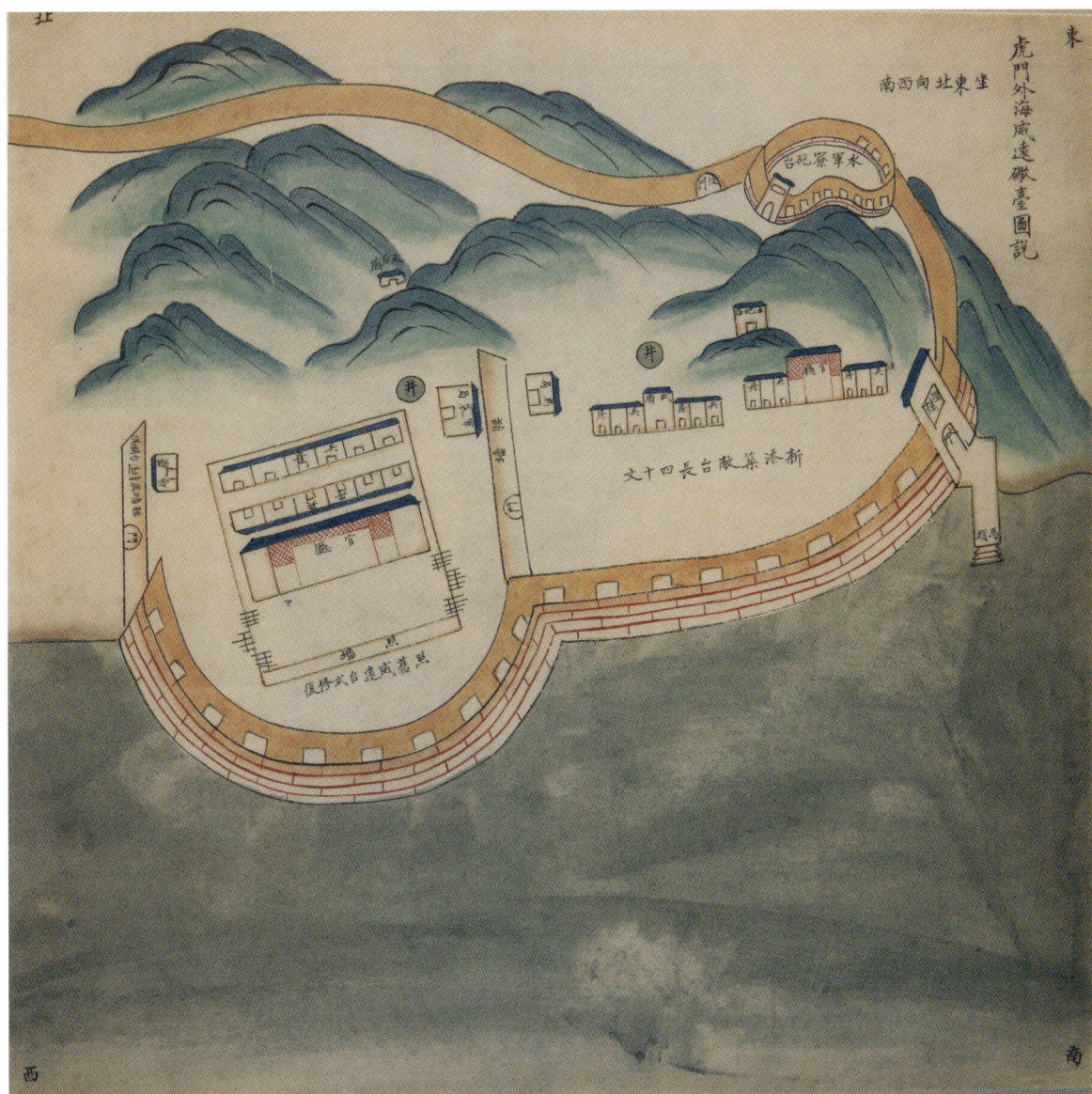

图二一九 威远炮台图（1844 年）

---

① （清）顾炳章：《虎门内河炮台图说》，广东省文史研究馆编：《三元里人民抗英斗争史料》，北京：中华书局，1978 年，第 442—443 页。

威远炮台（图二二〇）于清咸丰六年（1856）再遭英国侵略者破坏。光绪十一年（1885）参用西法重修南山诸炮台，将原炮位改建为露天炮位，命名为威胜东台。其所置陈师炮是英国阿姆斯特朗炮外，其他如广镇炮、广盘炮等皆为德国克虏伯炮。[①]

现存暗炮位 26 个，其中鸦片战争时期的炮位 2 个，光绪时期重修的炮位 24 个。现威远月台巷道长约 241 米，建有清兵营房，分为东、西两排，每排十间，每间兵房进深 6.6 米、宽 3.65 米，建造材料

图二二〇　威远炮台暗炮位及铁炮

为青砖、麻石、水泥。威远炮台 1 号扇形露天炮位，炮池扇面最大半径 5.7 米，弹坑 18 个；威远炮台 2 号扇形露天炮位，炮池扇面最大半径 5.6 米，弹坑 21 个；威远炮台 3 号椭圆形露天炮位，炮池最大直径 10.2 米，弹坑 11 个。威胜东台 1 号扇形露天炮位，炮池扇面最大半径为 8 米，暗道 45.9 米，弹坑 18 个；威胜东台 2 号椭圆形露天炮位，炮池长直径 13.7 米、短直径 10.5 米，暗道 27.6 米，弹坑 12 个，另有弹药室一间，进深 3.8 米；威胜东台 3 号月牙形露天炮位，炮池最大直径 14.1 米，弹坑 20 个；威胜东台门楼，青砖砌筑，高约 5.48 米，宽约 4.45 米，门楼正上方书"威远东台"及题记；威胜东台 4 号月牙形露天炮位，炮池的最大直径 14.3 米、半径 8.2 米，弹坑 21 个。[②]

今位于广州中山三路的广东革命历史博物馆大门右侧置威远炮台铁炮一尊（图二二一），乃 20 世纪 50 年代从威远炮台遗址旁的海滩打捞而来。该铁炮为道光十六年（1836）兵部尚书、两广总督邓廷桢，广东水师提督关天培监制，佛山李、陈、霍等工匠用生铁铸造的前膛炮，重六千斤，炮身长 2.3 米，口径 14.2 厘米。[③]

图二二一　威远炮台铁炮

①　黄利平：《李瀚章对虎门炮台的改造》，《岭南文史》2020 年第 2 期。

②　广东省文物局编：《广东明清海防遗存调查与研究》，上海：上海古籍出版社，2014 年，第 181、182 页。

③　广州市文化局、广州市地方志办公室、广州市文物考古研究所编：《广州文物志》，广州：广州出版社，2000 年，第 214 页。

图二二二　靖远炮台图（顾炳章：《虎门内河炮台图说》）①

2. 靖远炮台旧址

靖远炮台位于东莞市虎门镇威远岛南山山脚，地处珠江入海口东岸，道光十九年（1839）林则徐与关天培、邓廷桢奏准添建，是鸦片战争时期虎门炮台中规模最大的一座炮台，被称为帅台（图二二二）。炮台高深坚固，俯临两道木排铁链，和威远、镇远一气相连，与江中横档炮台两边对峙，加上岛上永安炮台和西岸巩固炮台，共同组成虎门炮台第二重防御体系。

道光二十一年（1841）2月26日，虎门海战打响，广东水师提督关天培坐镇靖远炮台指挥作战、抗击英侵略军，以身殉国。炮台陷落后，遭英军破坏。道光二十三年（1843）修复后，靖远炮台安设炮位由鸦片战争前的60位增至66位，又于瞭望台左右添设大炮2位②，共68位。

关于靖远炮台，据顾炳章《外海内河诸炮台图说》记载：

坐东北向西南，前面临海，与下横档炮台隔海对峙，丈探海面宽三百六十余丈，中泓潮长水深十三丈余，夷船进省必由之路。台后靠山，陆路至九宰炮台十里；左边与威远炮台相连；右边陆路至镇远炮台五十丈。丈得敌台长七十八丈八尺，宽二丈五尺，用石筑砌，其垛墙用三合土，连敌台共高一丈六尺，后面三合土围墙一道，长七十九丈八尺，另包转山脚横腰石墙一道，长六丈六尺，内开便门与威远台相通，台之西北开大门一道。台内安配炮六十八位，内：八千斤铁炮二十五位、六千斤铁炮六位、五千斤铁炮十位、四千斤铁炮二十七位。建设神庙一间，大小官厅两座，药局两间，兵房二十七间，军装局一间，水井三口，系水师提标中营管辖，原派署千总李奕威，添派效力武举陈朝清，配兵丁一百三十六名在台防守，另司理军火局兵丁二名。该炮

---

① 图二二二、图二二四、图二四三来源：广东省文史研究馆编：《三元里人民抗英斗争史料》，北京：中华书局，1978年，第441、444、446页。

② （清）陈坤：《虎门炮台图说》，油印本，暨南大学图书馆藏。

台原建自道光十九年，嗣因塌毁，饬发捐项修复，于道光二十三年七月工竣。承办委员广东候补知府倪澧、验收委员现任肇庆府知府杨霈。[①]

第二次鸦片战争时期，靖远炮台又遭英侵略军破坏。光绪七年（1881）又加以修复。

1994 年 3—5 月，广东省文物考古研究所配合虎门大桥建设工程在此进行考古发掘，发现靖远炮台东、南面夯筑有厚 1~1.1 米、高 2.5~3.1 米的灰沙三合土围墙。南围墙保存较好，残长 144 米，墙上镶嵌有"靖远后墙界址"石碑。围墙内为营房生活区（由兵营房、瞭望台、岗楼、道路、排水沟、蓄水池等组成）和军事设施区（由炮位、暗巷、交通壕等组成）两大部分。[②]

1997 年，文物部门对靖远炮台露天炮位、暗道等进行较大规模维修。现存文物有露天炮位 3 座，分别是 1 号半圆形露天炮位，炮轨呈半圆形，有 10 个炮子孔（图二二三）；2 号圆形露天炮位，炮池直径 8.15 米，暗道长度 9.5 米；3 号月牙形露天炮位，炮池最大直径 10.23 米。后围墙一道，长 350 米，为三合土夯筑而成。此外，还有暗室、暗道及兵房等遗址。[③]

图二二三　靖远炮台露天炮位

① （清）顾炳章：《外海内河诸炮台图说》，王洁玉编：《道光年间广东防务未刊文牍六种》（下），北京：全国图书馆文献缩微复制中心，1994 年，第 775、776 页。

② 杨少祥：《虎门靖远炮台遗址》，中国考古学会编：《中国考古学年鉴 1995》，北京：文物出版社，1997 年，第 205、206 页。

③ 广东省文物局编：《广东明清海防遗存调查与研究》，上海：上海古籍出版社，2014 年，第 180 页。

图二二四　镇远炮台图（顾炳章：《虎门内河炮台图说》）

3. 镇远炮台旧址

镇远炮台位于东莞市虎门镇威远岛南山山腰（图二二四）、威远炮台的西北方，属于虎门炮台第二重防御体系。由两广总督蒋攸铦建于嘉庆二十年（1815），地处珠江入海口东岸，"与横档炮台南北对峙，相距三百六十余丈，重洋至此为一大束，真天险也"。①现存清兵营房两处，一处兵房4间（图二二五），每间进深6.43米，宽3.7米；另一处营房5间，每间进深4.3米，宽3.7米。火药局1间，进深3.9米，面宽3.75米。此外还有1号圆形露天炮位，炮池直径5.6米，暗道长14.6米；2号圆形露天炮位，有暗道与1号炮位相连，炮池直径7.6米，暗道长25米；3号圆形露天炮位，炮池直径6米；4号圆形露天炮位，有暗道与3号炮位相连，炮池直径8.9米，暗道长23.7米，炮轨呈圆形；5号月牙形露天炮位，炮池最大直径12米，暗道长7.1米；6号圆形露天炮位，有暗道与5号炮位相连，炮池直径7.6米，暗道长31.3米；7号露天炮位，炮池直径12.8米，暗道长20米，是目前镇远炮台炮位中直径最大的露天炮位，暗道中有火药局一间。②

关于镇远炮台，据史料记载：

坐东北向西南。前面临海，与上横档炮台隔海斜峙，丈得海面宽二百七十余丈，中泓潮长水深十余丈，系夷船进省必由之路。台后靠山，陆路通根竹园村四里；左边陆路至靖远炮台五十丈；右边陆路至蛇头湾炮台一里。丈得敌台长四十丈六尺八寸，宽二丈四尺，用石筑砌，其垛墙用三合土，连敌台共高一丈四尺二寸，后面三合土石基围墙一道长七十丈，统共周围一百一十丈，台之东南角开大门一道，西北角开便门一道。台内安配炮四十一位，内：八千斤铁炮十二位、六千斤铁炮二十二位、四千斤铁炮三位。建设神庙三间，官厅一座，兵房二十间，药局一间，望楼两间，厨房一间，军装局一间。系水师提标中营管辖，原派外威（委）钟威扬，添派署额外外委郑良等，

① （清）梁廷枏撰，袁钟仁点校：《粤海关志》，卷20，"兵卫"，广州：广东人民出版社，2014年，第417页。

② 广东省文物局编：《广东明清海防遗存调查与研究》，上海：上海古籍出版社，2014年，第183页。

配兵八十二名在台防守，另司理军火局兵丁二名。该炮台原建自嘉庆二十年，嗣因坍毁，系据绅士萧善元等禀准捐资修复，于道光二十三年七月工竣，监工委员广东候补知府倪澧，验收委员现任肇庆府知府杨霈，复验委员广东试用通判顾，理合注明。[①]

第二次鸦片战争时期，镇远炮台与威远炮台、靖远炮台再度被侵略者毁坏。光绪七年（1881）重建此3台。靖远炮台，于沿岸修筑炮洞26座，皆以麻石建成，另建露天新式炮位3座，并入威

图二二五　镇远炮台清兵营房

远炮台后改称威胜西台；靖远炮台建露天新式炮位7座，各以花岗岩石为基，上加厚灰沙土，自山顶顺山势向西南珠江口伸展，并入威远炮台后改称威胜东台；威远炮台亦改建露天新式炮位7座、火药库连指挥所1座。各炮池皆有巷道进出或连接。[②]

4. 蛇头湾炮台旧址

蛇头湾炮台位于威远岛上的蛇头湾山顶，坐东北向西南，绅士杨金城等捐资，建于道光二十三年（1843），与"三远"炮台（威远、镇远、靖远）、横档炮台成"品"字之势。炮台使用三合土，敌台面铺石板。蛇头湾炮台周长65丈，高7尺，宽5尺，安配炮17位，内有四千斤铁炮6位，三千斤铁炮5位，三千斤铜炮5位，二千斤铁炮1位，东南角开大门1道，神庙1间，兵房8间，系水师提标中营管辖。[③]咸丰六年（1856）在第二次鸦片战争中被英军破坏。光绪九年（1883）重建蛇头湾炮台。抗日战争时期，蛇头湾炮台遭日军飞机轰炸、破坏。

现存月牙形露天炮位（图二二六），最大直径12.1米，半径7.2米，有半圆形炮轨，拱形暗道，由红砖砌成；圆形露天炮位，炮池直径8.9米，有圆形炮轨，拱形暗

---

① （清）顾炳章：《外海内河诸炮台图说》，王洁玉编：《道光间广东防务未刊文牍六种》（下），北京：全国图书馆文献缩微复制中心，1994年，第778、779页。

② 萧国健：《关城与炮台：明清两代广东海防》，香港：香港市政局，1997年，第64页。

③ （清）顾炳章：《外海内河诸炮台图说》，王洁玉编：《道光间广东防务未刊文牍六种》（下），北京：全国图书馆文献缩微复制中心，1994年，第781页。

道，由红砖砌成；围墙平面呈长方形，环护着炮台，面积约 1 600 平方米，墙体用三合土夯筑，厚约 1.42 米，高 1.73 米。[①]

图二二六　蛇头湾炮台露天炮位

5. 定洋炮台旧址

图二二七　定洋炮台入口

定洋炮台又称鹅夷炮台，位于威远岛之东南端的鹅夷山上，隔三门口水道与沙角濒海台相望，建于清光绪七年（1881）。现存炮位 3 个，两个主炮位共通一暗道。暗道内有 3 间暗房，为贮弹室。暗道、暗室基础为麻石。定洋炮台门楼（图二二七）左前方有青砖、红砖砌筑的清兵营房 3 间，其拱券和西洋式柱头依然可见。

以上 5 个炮台由东至西依次分布于虎门海口东岸威远岛（原称亚娘鞋岛），形成威远岛炮台群。虽然分布广，但皆有道路相连，或有暗道相通，构成一个规模宏大的防御体系。1996 年 8 月至 1997 年 5 月，文物部门对镇远、靖远等炮台进行了较大规模维修。1999 年 4—8 月，威远炮台古炮洞、铺石炮台通道得以修复。

6. 沙角炮台旧址

沙角炮台位于虎门沙角山，与广州南沙的大角山炮台隔江对峙，扼守珠江出入口

---

① 广东省文物局编：《广东明清海防遗存调查与研究》，上海：上海古籍出版社，2014 年，第 184 页。

水道，兼扼守三门口进入太平墟要冲，与大角山炮台一并构成珠江海口军事防御体系第一重防线。

沙角炮台由两广总督吉庆建于清嘉庆五年（1800），据关天培《筹海初集》载：沙角炮台周长 42 丈，台上炮洞 11 个，配大小生铁炮 11 位，台门配炮 1 位，另贮五百斤生铁炮 1 位。防弁 1 员，防兵 30 名，台上神堂官厅 4 间，官房 3 间，兵房 17 间。台面垛口、炮洞均为粗石砌就。①

第一次鸦片战争期间，英侵略军出动 20 多艘战船、2 000 多人偷袭沙角炮台和大角山炮台，大角山炮台失守后，部分将士突围到沙角炮台誓死抵抗。三江协副将陈连升、陈举鹏父子与大部分将士壮烈牺牲，沙角炮台遭英侵略军破坏。道光二十三年（1843）修复后，咸丰六年（1856）再次遭到英军毁坏。

萨承钰《南北洋炮台图说》载：

虎门大虎山在粤东省城南百八十里，由虎门出口数十里，滨海东有一山，曰沙角，与大角对峙，两岸相距约十里。海中有二岛，曰海心岗，曰龙穴；迤西一岸，近因沙雍成洲，船不能行，不独香港来船，必绕龙穴迤东而走，即澳门来船，向由大角进口者，亦绕西而东，路过此山之前，洵为粤海中路第一门户也。现滨海砌石堤长三十八丈，高一丈五尺，厚三尺，堤内建濒海（广捷炮——引者注）、联珠（广威炮——引者注）、镇海（虎牙炮——引者注）明炮台三座，台基长三丈八尺，宽一十三丈，炮膛均长二丈二尺，宽二丈四尺，高一丈二尺，暗道长四丈，宽八尺，高九尺，墙厚三尺。三台暗道相同，建横暗道，长一十三丈，宽八尺，高九尺，墙厚三尺。濒海台药房深一丈六尺，联珠台药房深一丈四尺，均宽九尺五寸；镇海台药房，未另筑造，仍与两台通用。惟暗道内药房，地近潮湿，子药未便多储，因于山后另筑公库，计三间，宽四丈六尺五寸，深三丈零五寸，四周墙高一丈八尺六寸，厚一尺六寸。②

沙角炮台有 17 座炮台，其中 13 座为暗炮台（安装 6 门德国克虏伯炮、3 门英国阿姆斯特朗炮、3 门法国前膛炮、1 门瓦瓦司炮），4 座为明炮台，即露天炮台。上述引文中有暗道相通的濒海、联珠、镇海 3 座炮台即为明炮台（另一座明炮台为临高炮台），安装德国克虏伯炮。③

光绪年间（1883—1889），清政府对沙角炮台进行了大规模修复、扩建，先后在白

---

① （清）关天培：《筹海初集》，卷 1，道光十六年（1836）刻本，《近代中国史料丛刊》，第 43 辑，台北：文海出版社，1969 年，第 99 页。

② （清）萨承钰：《南北洋炮台图说》，一砚斋藏本，2008 年影印本，广东省立中山图书馆藏，第 177 页。

③ 黄利平：《李瀚章对虎门炮台的改造》，《岭南文史》2020 年第 2 期。

草山、捕鱼山、仑山、蜈蚣山、旗山、龟山、白鹤山、狮子山、象山、凤凰山修建了10处炮台。建于光绪十年（1884）的沙角炮台门楼（图二二八），其石匾额中刻兵部尚书彭玉麟题字"沙角"，左刻题记："沙角旧台久圮　甲申冬　兵部尚书彭　粤督部堂张　筹办海防　以此为粤省第一重门户　饬修复庆　董其事工竣　以志诸石云　统领庆军提督　军门娄云庆跋　末将任英俊监修"，右刻"光绪乙酉秋月立"。门楼背后有一个阅兵点将台。

图二二八　沙角炮台门楼①

1894年，中日甲午战争爆发，广东虽然远离主战场，但两广总督李瀚章奉令加强战备，将沙角旧设暗炮台火炮移至狮子山顶，另外在白草山、龟山、仑山临时建筑明炮台3座。②可惜这些光绪年间修建的西式炮台在清末没有抗击外敌、实战的机会。

沙角炮台现存文物主要有沙角炮台门楼、濒海台（图二二九）、临高台、捕鱼台、仑山台、旗山台等。其中位于旗山东边捕鱼山上的捕鱼台规模最大，保存最为完整，有砖石砌筑门楼一座（图二三〇），并设有兵房，护墙围绕，垛墙高约1.5米，颇为壮观。捕鱼台建于清光绪九年（1883），由前捕鱼台、后捕鱼台、左捕鱼台、右捕鱼台组成（图二三一），均为暗堡式，一字排开，隐藏山中，穿山暗道为砖石砌墙，灰沙粉刷，水泥石沙铺地。暗台方木支撑盖顶，顶部拱圆。③

---

① 图二二八、图二三〇、图二三一来源：广东省文物局编：《广东明清海防遗存调查与研究》，上海：上海古籍出版社，2014年，第166、168页。

② 王宏斌：《晚清海防：思想与制度研究》，北京：商务印书馆，2005年，第448页。

③ 广东省文物局编：《广东明清海防遗存调查与研究》，上海：上海古籍出版社，2014年，第168页。

图二二九　沙角炮台濒海台

图二三〇　沙角炮台捕鱼台门楼

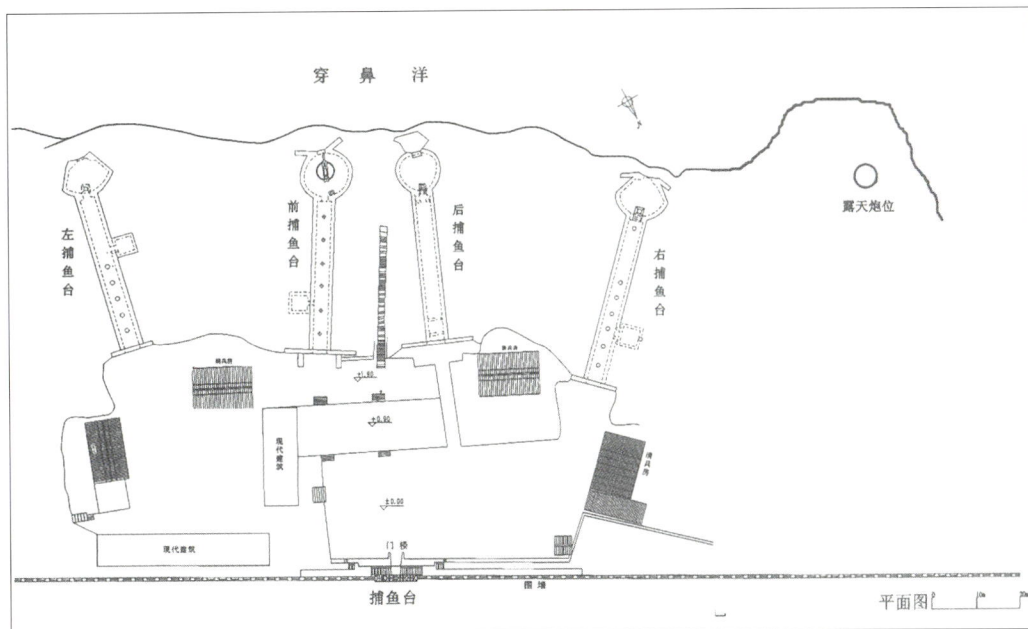

图二三一　沙角炮台捕鱼台平面示意图

濒海台前为沙角码头，1839 年钦差大臣林则徐（图二三二）节制广东水师、厉行禁烟，在此码头收缴过鸦片，因此后人称之为"缴烟码头"。今在此置一口径为 24 厘米的克虏伯后膛大炮（图二三三）。

图二三二　林则徐画像

图二三三　沙角炮台濒海台缴烟码头（张健雄主编：《五秩风华——鸦片战争博物馆五十年》，广州：广东人民出版社，2008 年，第 48 页）

第四章　初步研究

结合历史文献与田野调查，深入研究广州城防，为科学合理地规划与保护利用文物提供坚实参考，"推进文物合理适度利用，使文物保护成果更多惠及人民群众"，真正实现"要让收藏在博物馆里的文物、陈列在广阔大地上的遗产、书写在古籍里的文字都活起来"①的愿景。

第一节　广州炮台研究综述

广州作为中国南方重镇，一直是学术界关注的焦点所在。以往学术界结合历史学、考古学、建筑学、文物保护等多学科，对明清时期广州海防、江防、城防中的炮台关注较多，分别从炮台的建制年代、变迁、战略地位、保护维修等方面进行研究。其中专题类研究包括：

（一）炮台年代考证与形制的研究

黄利平的《清代广东沿海炮台分期研究》②按照朝代，根据不同时期海防任务将炮台建设分为康、雍、乾时期以管理沿海地区为任务的早期，嘉、道、咸、同时期以重要港口的保护与管理为任务的中期，光绪时期以防御从海上而来的破坏力量对重点区域的入侵为任务的晚期，对虎门炮台的整体发展做了完整的叙述。《虎门炮台分期——以广州所属虎门炮台为例》③一文中根据建筑设计上的特征将之划分为鸦片战争前、鸦片战争后以及光绪时期三个时期，分期论述各个时期炮台名称及其沿革变化，清晰地勾画了虎门炮台的形成发展脉络。《浅说晚清广州江防重镇沙路炮台》④一文中

① 张贺：《让广阔大地上的遗产活起来》，《人民日报》2016年12月8日第5版。
② 黄利平：《清代广东沿海炮台分期研究》，《广州文博（陆）》，北京：文物出版社，2013年。
③ 黄利平：《虎门炮台分期——以广州所属虎门炮台为例》，《岭南文史》2006年第3期。
④ 黄利平：《浅说晚清广州江防重镇沙路炮台》，《文物鉴定与鉴赏》2017年第3期。

以作为长洲要塞组成部分并引进德国克虏伯大炮为主要装备的西式江防重镇——沙路炮台为研究对象，简述沙路炮台的选址和兴建、沙路炮台的结构、民国时期的沙路炮台，对照文献将每一炮池的炮制沿革进行了详细的梳理。杜永镇的《对虎门炮台抗英大炮和虎门海口各炮台的初步考查》①以虎门抗英大炮铭文为切入点，考证其全文内容，并根据第一次鸦片战争前夕林则徐、邓廷桢、关天培等抗英派人物对虎门海口各炮台的设置情况，初步梳理了第一次鸦片战争前虎门海口11座炮台设置简况。苏乾的《广州越秀山"永宁台"考》②对越秀公园内的四方炮台进行专门考证，认为其原名永宁台，后改为永康台，俗称四方炮台。沈林的《清代广州旗境粤秀山炮台历史钩沉——永宁与永康炮台辩正》③一文认为四方炮台即永康台，而非永宁台。这是城防炮台中少数的将单个炮台作为研究对象的论著。

（二）炮台变迁的研究

炮台变迁的研究是以炮台发展作为一个长时段研究对象，对其进行的分期研究和不同时期的变化特征研究。刘明鑫的《晚清时期虎门炮台的变迁》④将虎门炮台按照其发展的顺序分为1834—1841年、1842—1856年、1874—1894年三个时期，全面厘清虎门炮台在19世纪的建设、破坏之路和进步之处。首先，总结得出晚清时期的虎门炮台的布置改变了清代前期那种珠江两岸星罗棋布的方法，采用重点防布的原则，主要集中于入海口及其进入广州的内河沿岸。其次，炮台的建筑材料也发生了改变，先是由砖石结构改变为三合土，再从三合土演变为钢筋混凝土结构。这不仅总结了近代中国历次战争的经验教训，而且吸取了国外的炮台建筑技术。第三，炮台由露天式的明炮台逐渐改变为隐蔽式暗炮台，这不仅加强了对炮兵的防护，而且注意到保护大炮不受轰击和损坏。第四，炮台修筑的地点比较符合海防战争的需要。它既充分考虑了保护城镇、军港安全的需要，又考虑了轰击敌舰、控制航道的需要；既避免了后枕高山、孤立无援，又注意到炮兵阵地与步兵相互支援的需要。第五，炮台群的建筑也增强了虎门炮台的战斗力。《清代虎门炮台略——简评苏氏的小册子〈虎门〉》⑤澄清了《虎门》中某些炮台名称变换的说法。《虎门要塞史略》⑥则重点描述了虎门炮台在民国时期如何被割据势力把持，并逐步走向没落的过程，虽然对炮台在19世纪演变的历史做

① 杜永镇：《对虎门炮台抗英大炮和虎门海口各炮台的初步考查》，《文物》1963年第10期。
② 苏乾：《广州越秀山"永宁台"考》，《广东文物》2003年第1期。
③ 沈林：《清代广州旗境粤秀山炮台历史钩沉——永宁与永康炮台辩正》，《满族研究》2013年第2期。
④ 刘明鑫：《晚清时期虎门炮台的变迁》，《中山大学研究生学刊》2010年第2期。
⑤ 李才尧：《清代虎门炮台略——简评苏氏的小册子〈虎门〉》，《岭南文史》1988年第1期。
⑥ 李洁之：《虎门要塞史略》，中国人民政治协商会议广东省委员会文史资料研究委员会编：《广东文史资料》，第7辑，内部资料，1962年。

了追记，但相比之下比较简略。《珠江口沿岸古炮台研究》①也是专题类炮台研究的主要成果之一。

（三）炮台战略地位的研究

虎门炮台作为历史上广州防御的门户，在广州历史的发展中有着不可取代的地位，而对于其战略地位的研究也成了学术界的一个重点关注区域，并且依据江防、海防、城防的划分依据，对广州炮台做了详细的梳理。黄利平将广州炮台按照城防、江防、海防的分类方式分别整理叙述方志中可见的广州清代各时期的炮台名称以及建立时间，总结得出不同时期广州虎门海防拥有的具体炮台的名称。②《清代民国广州城防、江防与海防炮台研究》③一书将历史时期广州城防、江防、海防的炮台按照建设年代分期整理为乾隆之前、嘉庆至第一次鸦片战争时期、两次鸦片战争时期、咸同时期、光绪时期，并且论述民国初期的广州要塞，以及对于炮台现状的保护与开发，是一本具有代表性的炮台分类、分期著作。通过对《东莞历代地图集》中的《上横档各炮台图》与萨承钰的《南北洋炮台图说》进行比对，考证西式虎门要塞图，复原光绪十五年西式虎门要塞中上横档炮台形制原貌。④黄利平在《虎门要塞对清代广州的作用》⑤中认为，虎门炮台作为清廷选择广州作为一口通商的关键地，使得广州成为当时中国唯一具有海防工事保卫的沿海城市，确立了广州口岸在防卫上首屈一指的位置，同时作为进出口货物海关税务所所在地，虎门要塞是广州口岸的一部分。黄利平的研究使得人们对横档炮台遗址有了新的认识，其认为一口通商时期的虎门是负责广州口岸管理职能的重要关卡，不仅仅是海防意义上的炮台；炮台选址和训练模式受到了一口通商的影响，认为鸦片战争中虎门炮台一触即溃的原因是虎门炮台的职能由清初的负责防卫海口转变为保证广州海关履行职能、规范商船合法进出港口；提倡21世纪海上丝绸之路新起点的广州，在文化建设中应充分考虑虎门在一口通商中的历史地位与作用。⑥通过分析抗战时虎门要塞的规模、编制、隶属、火炮配置、管理及保存状况，认为虎门要塞在抗日战争中为中华民族抵御外来侵略、捍卫民族独立做出了应有的贡献。⑦曲庆玲在《试论第一次鸦片战争时期的虎门海防要塞》⑧一文中以第一次鸦片战争时期

---

① 赵文斌：《珠江口沿岸古炮台研究》，张复合主编：《建筑史论文集》，第11辑，北京：清华大学出版社，1999年。

② 黄利平：《方志所见清代广州炮台》，《中国地方志》2015年第1期。

③ 黄利平：《清代民国广州城防、江防与海防炮台研究》，广州：广州出版社，2016年。

④ 黄利平：《解密晚清海防要塞》，《中国社会科学报》2015年10月15日。

⑤ 黄利平：《虎门要塞对清代广州的作用》，《岭南文史》2008年第4期。

⑥ 黄利平：《一口通商时期的虎门炮台》，《岭南文史》2016年第2期。

⑦ 黄利平：《抗战时的虎门要塞》，《岭南文史》2008年第2期。

⑧ 曲庆玲：《试论第一次鸦片战争时期的虎门海防要塞》，《军事历史研究》2012年第1期。

的虎门海防要塞为考察对象，论述了该时期虎门海防要塞的具体建设、防卫情形，并分析其在战争中的攻防实效与缺陷，从不同的角度对虎门炮台的战略地位做了阐释。《清朝虎门炮台的主要职能》①也是此类研究中的代表之一。

（四）炮台遗址保护与规划研究

近年来，随着我国大力提倡创建文化工程，对历史遗迹、文物的保护工作也越来越重视。虎门炮台遗址作为广东省中路海防以及战争文化爱国主义教育基地，得到学术界尤其是考古文物工作者的青睐。李婷婷在《论广东虎门炮台遗址保护性开发中的若干问题》②中从虎门炮台的保护开发的困境出发，指出目前虎门炮台分散管理协调困难、文物保护整体性不足、文物分散；由于对其保护有限，故复原困难；虎门炮台遗址免费开放，导致管理保护难度大。并对此提出相应策略，即坚持"保护为主"的开发理念，提倡在开发中实现可持续发展。《虎门炮台遗址研究》③一文通过田野调查的方法，简述炮台的沿革，并根据其建筑设计特点提供了一些遗址保护和利用的建议。《珠江古炮台遗产廊道旅游景观的系统保护与开发》④一文中主张在坚持忠实文化遗产的理性观念下进行保护开发，结合前瞻性的绿道生态基础设施，营造具有文化特色和美学价值的大型遗址公园；充分利用其独特的地域特色和山水格局，打造一流的爱国主义教育基地。赵咏茹的《保护炮台遗迹构建风景园林——广州名城长洲岛炮台遗址公园规划设想》⑤通过分析论述长洲炮台的现实状况和美学特征，主张建设军校与炮台整合的大型遗址区；以军事特色为主使得服务点景观化；纳入绿道体系，将大学城绿道与炮台绿道结合；根据炮台分布设置景观路线；打造具有世界影响力的风景旅游区。林敏仪的《广州市黄埔区牛山炮台公园二期规划设计浅析》⑥主张在开发古炮台人文资源和历史文化内涵的同时，突出其生态效应，保护其周围原有生态环境，营造人与自然共存的自然生态环境，合理规划地形、建筑、植物各要素从而使之完美结合。

（五）炮台其他方面的研究

学者对炮台的相关研究，多从两次鸦片战争、广东海防思想、相关著名人物的研究着手，分别论述炮台在战争期间的作用以及战略地位、炮台所体现的清人海防防御

---

①　黄利平：《清朝虎门炮台的主要职能》，《广东史志》2012年第3期。
②　李婷婷：《论广东虎门炮台遗址保护性开发中的若干问题》，《工业设计》2012年第3期。
③　杨蕙：《虎门炮台遗址研究》，中山大学硕士学位论文，2008年。
④　杨宏烈、夏建国：《珠江古炮台遗产廊道旅游景观的系统保护与开发》，《中国园林》2012年第7期。
⑤　赵咏茹：《保护炮台遗迹构建风景园林——广州名城长洲岛炮台遗址公园规划设想》，《广州城市职业学院学报》2013年第1期。
⑥　林敏仪：《广州市黄埔区牛山炮台公园二期规划设计浅析》，《广东建材》2007年第6期。

思想、著名人物对于广东海防的建设以及相关事迹。

1. 战争方面的炮台研究

茅海建《天朝的崩溃：鸦片战争再研究》[①]一书详细介绍虎门炮台在鸦片战争前夕的惨淡经营，论述在虎门之战中虎门炮台无法御敌，最终惨遭英夷破坏的凄惨场景。唐上意在《中法战争期间的广东防务》[②]一文中以广东防务建设的发展为主线，对中法战争期间加强虎门内外口防御、发展黄埔防务、扼守鱼珠等做了详细描述，凸显了炮台在国家城市安全中的作用与意义。刘洪亮的《中英火炮与鸦片战争》[③]以鸦片战争时期欧洲普遍采用的前装滑膛炮为研究对象，分析战时中英火炮设计思想、材质、铸造工艺、质量和射程等，凸显中英火炮和炮台设备的差异是战争失利的原因所在。梁尚贤的《孙中山广州蒙难与各方调停活动》[④]对于一系列战争中，炮台对于广州江防、海防、城防的作用也多有提及。《清代前期广东巡洋、会哨制度述论》[⑤]认为清代前期，为加强广东海防，清廷制定了系统的巡洋、会哨制度；对各路水师巡防海域做了细致的划分，又规定了出洋巡防、会哨的严格期限及对徇私舞弊的相应处罚措施，这在一定程度上为维护广东沿海社会的稳定起到了积极作用；但既有制度存在缺陷，导致清代前期海患频繁，同时因为清代海防目标所限，其巡哨制度不能及时做出调整，即便近代海防风云突变，广东沿海沿线仅仅能"备盗"而已。

2. 海防思想、军事技术方面的炮台研究

关于炮台的研究除了从历史角度出发对其建筑年代、形制及其战略地位做梳理考证之外，利用军事知识对其认知研究是又一可取之道。在《鸦片战争时期清朝的海防炮台的技术研究》[⑥]一文中，张建雄按照炮台所处位置和战术任务功能、作用等将炮台分为海口、海岸、海岛炮台；按照使用材料和使用时限将炮台分为永久性砖石炮台、土质炮台、沙包堆成的临时性炮台。通过梳理海防炮台的基本结构和具体防御技术，重点分析包括炮台营造技术、规格大小、火炮数量、质量、驻军人数、建造成本、防御范围等方面，对炮台的军事因素做了详细的梳理与考证论述。在《从城堡到炮台：清初广东海防工程嬗变考略》[⑦]一文中，唐立鹏从军事工程学角度利用炮台与城堡在规模、筑材、选址、布局、附设等方面的差异来分析，认为导致这种差别的原因涉及军事体制变革、驻防格局变化、防御目标转移、火炮技术提升等军事政治技术方面。王

① 茅海建：《天朝的崩溃：鸦片战争再研究》，北京：生活·读书·新知三联书店，2017年。
② 唐上意：《中法战争期间的广东防务》，《学术研究》1984年第6期。
③ 刘洪亮：《中英火炮与鸦片战争》，北京：科学出版社，2011年。
④ 梁尚贤：《孙中山广州蒙难与各方调停活动》，《近代史研究》1997年第1期。
⑤ 陶道强：《清代前期广东巡洋、会哨制度述论》，《枣庄学院学报》2015年第6期。
⑥ 张建雄：《鸦片战争时期清朝的海防炮台的技术研究》，《岭南文史》2010年第4期。
⑦ 唐立鹏：《从城堡到炮台：清初广东海防工程嬗变考略》，《地方文化研究》2016年第2期。

图二三四　彭玉麟画像

图二三五　张树声像

图二三六　张之洞像

宏斌在《晚清海防：思想与制度研究》①一书中以时间地域为轴，对虎门海口的炮台建筑缺陷与改进方面做了鞭辟入里的论证，并且结合军事工程学等相关知识，叙述了从19世纪40年代到80年代炮台的兴衰沉浮。梁敏玲的《明清广州的城防》②从中国"城"的政治、军事作用与性质出发，对广州的城防做了详细的论述和理论性评述，通过对于西方传教士眼中的广州城防的理解，进一步论述城墙炮台的修建及其功能意义。

3. 相关著名人物与炮台研究

学术界对于彭玉麟（图二三四）的研究主要关注其在中法战争中所做的贡献，以及其廉洁从政的作风。③其晚年担当江防、海防的重任，整顿军纪，保荐人才，除去奸佞；任广东防务专使期间，实施了各种防务措施，提出了很多海防方略，既巩固了当时海防，又为海防建设提供了诸多建议。论述其海防方略的意义及启示，体现其对于海防军事人才的培养与海防建设的合理规划。④张树声（图二三五）在任两广总督的三年时间里对于广州海防的发展做出了极大的贡献，其在粤期间"查禁闱姓""建实学馆""整顿吏治""筹备海防"，主张定制外国炮台、鱼雷、鱼艇来装备沿海炮台和广东水师。⑤学者关于张之洞（图二三六）的研究多以张之洞在粤期间在虎门修筑炮台，积极筹划广东海防，⑥修筑珠江口的黄埔、虎门、沙角、大角山炮台以及购置德国克虏伯炮等活动为探讨对象，凸显其洋务举措为粤地发展和国家海防安全做的多方努力；⑦有的以传播的起源为视角，以个人因素、社会因素以及传播契机的出现为出发点，论述张之洞的海防思想与实践。⑧学者对关天培⑨督建虎门三重门户、查禁鸦片、训练水师以及在虎门的作战经历⑩等做了详细的研究，彰显了清廷官员对于广东海防建设与发展的无私奉献事迹。

以上研究与考证对于炮台的建制沿革以及炮台文物保护后续发展做了相当多的工作，基本清晰地梳理了虎门要塞各炮台的大概位置、建设时间及战略地位，对于炮台海防、江防、城防范围也有了较为清晰的划分。但是学界对于广州自然环境与炮台之间的关系，炮台改建的原因与自然环境的变化关注极少。已经复原的炮台在具体形制（例如官厅与兵房、火药库的具体位置）以及配炮种类上多有不足之处，关于火炮的命中率、炮台分布以及掩体具体分布位置缺乏专业军事角度的分析，使得我们对炮台的

① 王宏斌：《晚清海防：思想与制度研究》，北京：商务印书馆，2005年，第445页。
② 梁敏玲：《明清广州的城防》，北京大学硕士学位论文，2009年。
③ 马永山：《彭玉麟与中法战争》，《内蒙古民族大学学报》2006年第1期。
④ 朱迪光：《彭玉麟江防、海防之事功及其方略述论》，《船山学刊》2017年第2期。
⑤ 谢放：《张树声督粤政绩述略》，《湘淮人物与晚清社会》，北京：社会科学文献出版社，2011年。
⑥ 鞠北平：《论张之洞与晚清国防建设》，河南大学硕士学位论文，2003年。
⑦ 唐上意：《张之洞督粤时期的洋务新政》，《广东民族学院学报》1994年第1期。
⑧ 朱文瑜：《张之洞海防思想和实践研究》，中国科学院博士学位论文，2012年。
⑨ 黄利平：《关天培》，广州：广东人民出版社，2008年。
⑩ 黄云鹤：《血洒虎门的抗英将领关天培》，长春：吉林人民出版社，2011年。

认识不够全面、具体。

以往研究对于炮台的关注范围大多以珠江口虎门为主，以虎门诸炮台为线索，对狮子洋以东的炮台做了整体性的规划研究，但是对于城防、江防区域的炮台关注度相对较低。对于长洲岛区域内的炮台，目前也无整体性的规划研究。长洲岛区域内的炮台地理位置、形制发生了哪些变化，战争中各炮台之间怎样相互联合、配合，各大炮台的军事建设理念是怎样的，对此学术界尚少关注。因此，如何利用不同学科，对于炮台的时间、空间加以整体性研究，仍需倾力探索、深究。

第二节　珠江潮汐水道与清末广州海防、江防的关系

在清代，不管是西方的商船或是军舰大都选择从虎门口进入广州，主要是因为西方的船只一般吨位较大，吃水深，只有虎门潮汐水道[①]满足这一条件，所以清末在这条航道两岸设置了密集的炮台。江防炮台大都分布在潮汐汊道[②]上，河涌一方面可以作为炮台天然的屏障，另一方面在汊道口一般形成港口码头，可见其交通位置重要。根据曾昭璇先生的珠江"溺谷湾"理论，长洲岛可能在明清时期才逐渐形成，在鸦片战争前后，其军事地位逐渐突显，而非到了光绪时期突然崛起，才在岛上设立炮台。虎门炮台主要分布在虎门口内地势相对更高的基岩岛上，由于潮汐堆积作用[③]在岛的周围形成浅滩（图二三七）。退潮时，浅滩的出现使炮台离河道变远，威力减小；涨潮时，使原本无法行船的暗沙水道变得畅通无阻。面对潮汐这一不确定因素，虎门形成了炮台—堵塞相结合的多层防御体系。

---

① 虎门口内的河口却不是这样形成的，其上源流溪河源短流小，泥沙少；广州入海水道的向海发展延伸，不是由流溪河本身的径流作用及其携带的泥沙在这里淤积造成，而是域外河流（主要是北江和东江）的泥沙在其两侧淤积使之被"挟持延伸"的结果。这种挟持延伸的水道，虽然其河口位置也向海延伸发展了（今已延伸至虎门），但流溪河本身的径流动力未明显向下游方向推进发展，则新成之水道的槽床容积（随着河口向海延伸，槽床容积不断增加）不可能由径流占据，而只能由外海进入的潮水来充填，故这种河口及其向海延伸发展的水道，始终由潮汐动力控制。这种成因的潮汐河口，我们称之为"淤进型潮汐河口"。其所成之水道属"潮道"——潮成水道之性质，或曰"潮汐水道"。李春初、雷亚平：《认识珠江，保护珠江——试论广州至虎门潮汐水道的特性和保护问题》，《热带地理》1998 年第 1 期。

② 虎门分流河口之内的广州入海水道——珠江干流，为该河口的主干潮汐水道，此水道两旁有无数弯曲或蜿蜒的"滘"和"涌"，珠江三角洲平原上的许多短小而蜿蜒的"滘"和"涌"，都是该潮汐水道的支汊，统称为潮汐汊道。

③ 潮汐水道底床形态的主要特点是，潮道近岸水域有宽阔的潮滩发育，这种潮滩由淤泥物质构成，发育成熟的潮滩低潮时出露、高潮时被淹没，同时在潮道中央有一条冲刷深槽——潮槽存在，潮道中滩、槽并存呈唇齿相依的关系。

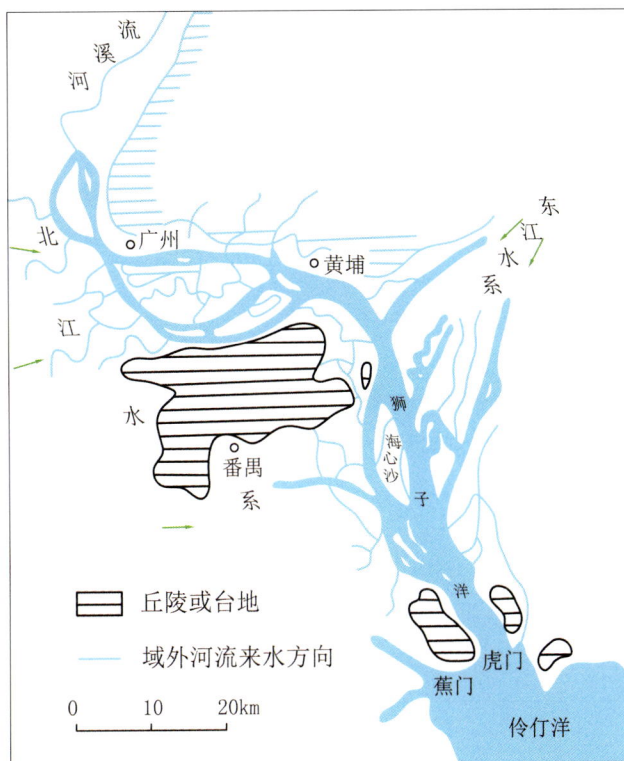

图二三七　珠江潮汐水道图（李春初：《中国南方河口过程与演变规律》，北京：科学出版社，2004年，第64页）

（一）潮成平原地貌对省河炮台分布的影响

珠江三角洲平原是"潮成平原"，其基本特征是，物质主要由黏土构成，平原上湿地、沼泽广布，水网（涌、滘、浦、港）蜿蜒或弯曲。[1]清代，从狮子洋到广州城下的炮台主要就分布在这种河流地貌之上。

珠江古时比现在宽阔，又有海潮涌入，故当地人不称珠江而称珠海或"小海"。朱彧《萍洲可谈》载："广州市舶亭枕水有海山楼，正对五洲，其下谓之小海。"[2]故过江称"过海"，小海是指从广州城下到黄埔之间的珠江河段，和古扶胥镇处的"大海"对称。大海是西、北江三角洲和东江三角洲分界海，故被称为内洋（即今狮子洋）。又与虎门外的外洋对称。宋杨万里诗曰"大海更在小海东，西庙不如东庙雄，南来若不到东庙，西京未睹建章宫"[3]。所以"海"的称呼在清代仍流行。如清代"羊城八景"中，即有"珠海晴澜"一景。称"珠"是因为江中有许多红色大砂岩所成礁岛，像江中的珍珠一般。"浮水之石"圆形如珠，故称为"珠江"，起源至少在宋代，因宋代珠

---

[1]　李春初：《中国南方河口过程与演变规律》，北京：科学出版社，2004年，第61页。

[2]　（宋）朱彧：《萍洲可谈》，卷2，北京：中华书局，2007年，第17页。

[3]　广州百科全书编纂委员会编：《广州百科全书》，"珠海"条，北京：中国大百科全书出版社，1994年，第894页。

江宽达十里，故以"海"称。

在古代，广州城的东濠口有一块海印石，但位置较低，发生特大潮水时可以将其淹没。因白垩纪红色岩层水平排列，易受河水沿层与层之间的层理面而进行的侵蚀，形成平坦的岩面，故在河面附近，河水冲击力特别大，更易形成海面附近的岩面。清末随着河道淤积，海印石被埋入地底。后来由于城市发展，河汊填塞，海印石已连成陆，并被民居埋没，但清代其还在江上，故仇巨川《羊城古钞》载："海印沉石也，在下方之东，半出波际，其上有京观楼。"①同治《南海县志》图中，海印石已连及筑横沙，而东炮台的建立当依靠有坚硬地基的海印石。海印石在明万历中期，因知府郭师古曾在城东南沙洲上建海印阁得名，可知当时海印石已有停积流沙，形成沙洲。海印阁到了清嘉庆年间，改建为京观楼，《羊城古钞》谓此楼"周以雉堞，视海珠，浮丘隐隐若三台象然"，可见嘉庆时其已具炮台形式。其后，外夷侵入，故改为炮台。京观楼位当要冲，又有基础，改为炮台当很方便。今海印石位于广九大马路与广九三马路范围。海印石上的东炮台建于1832年，西人称"法国愚蠢堡"（French folly fort）。同治十年《番禺县志》图中的东炮台仍为东濠口的小岛。但在同治《南海县志》中，已和筑横沙相连，成为三面环水的半岛。到了光绪末年，东濠口西侧筑东鬼基（即新式堤坝的意思），伸入海口，与东炮台合成东濠口。②

海珠炮台在海珠石上（图二三八）。《南海百咏》载："走珠石，在湖（此字疑为河字之误）南，旧传有贾胡自异域，负其国之镇珠逃至五羊，国人重载金宝，坚赎以归。既至半道海上，珠复走还，径入石下，终不可见，至今此石往往有夜光发，疑为此珠之祥。"③海珠石与海印石一样，都是珠江河面上的一块巨大红色砂岩所成的礁石。"明代海珠石还在珠江南岸，嘉靖后并近北岸。"④据《南海县志》记载，海珠石清初曾筑为炮台，并延至清末民初。但当时已因城南淤积而日渐靠近陆地了。1930年后，海珠石连入陆地，海珠岛即今沿江西路和长堤大马路夹着的一小块地方（图二三九）。

从珠江水系结构来看，称珠海也有道理。珠江每年流入海中的水量达3 700亿立方米，分八门入海，但三江仍有部分水量流汇广州。小海和大海因上游来沙较少，淤积不快，按6 000立方米的年淤积量，水面上升停止，淹没的平原为一大海湾，海面大，来沙少，故形成一些广阔的水面，白鹅潭就是一例。凤凰岗炮台距白鹅潭四里，沙面三炮台南至白鹅潭，保障台南通白鹅潭五里，白鹅潭附近有这么多炮台，可见其军事地位之重要（图二四〇）。

---

① （清）仇巨川纂，陈宪猷校注：《羊城古钞》，广州：广东人民出版社，1993年，第118页。
② 曾昭璇：《广州历史地理》，广州：广东人民出版社，1991年，第36-38页。
③ （宋）方信孺：《南海百咏》，清嘉庆宛委别藏本，广东省立中山图书馆藏。
④ 曾昭璇：《广州历史地理》，广州：广东人民出版社，1991年，第40页。

图二三八　羊城山水形胜图（光绪十八年）

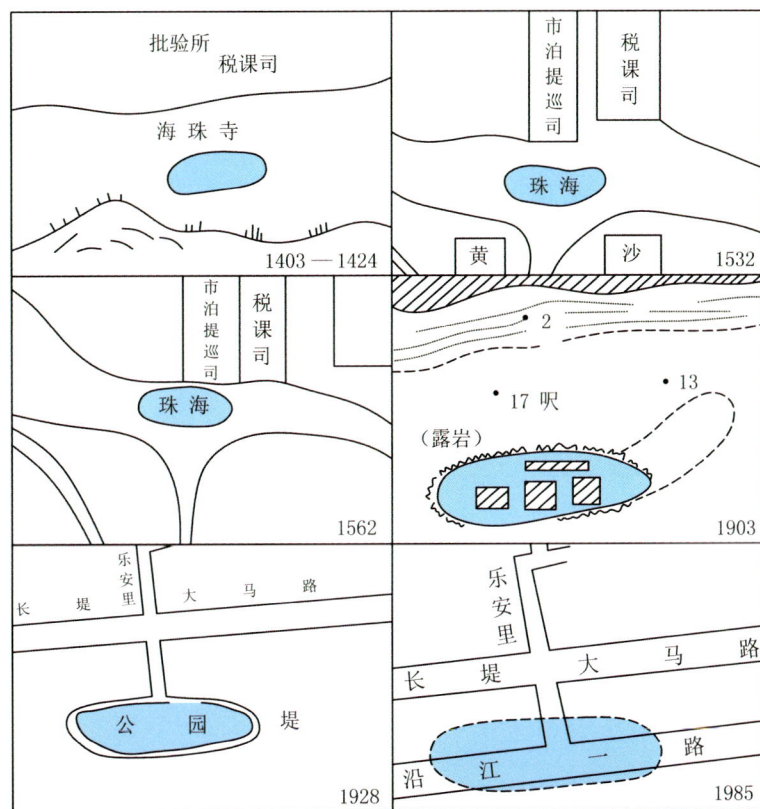

图二三九　海珠石并岸过程图（曾昭璇：《广州历史地理》，广州：广东人民出版社，1991年，第40页）

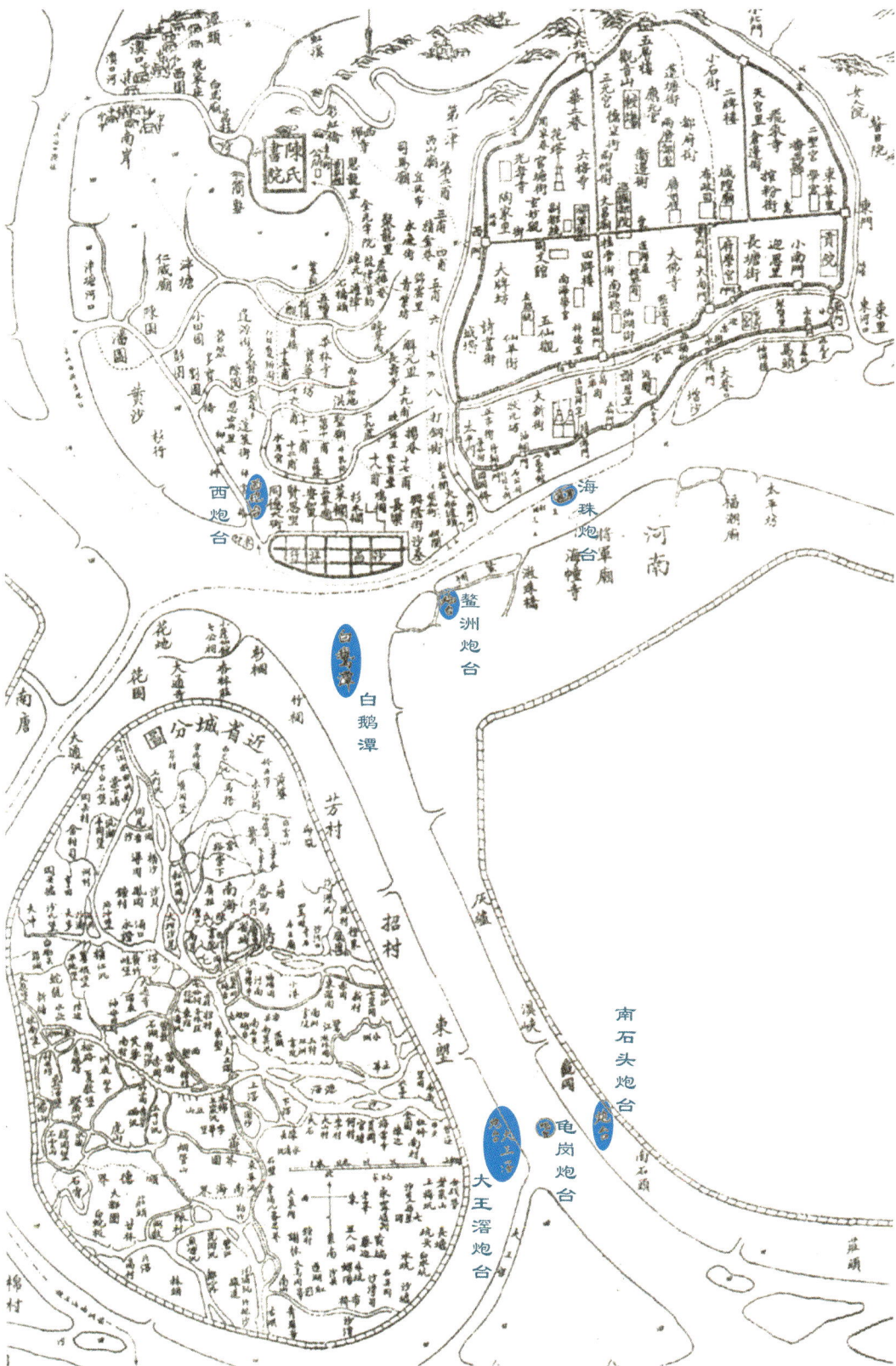

图二四〇　白鹅潭及周边炮台

白鹅潭上风浪大作时，经常危害舟楫，所以古代船只只好绕开白鹅潭驶入东、西澳和玉带濠等地方避风，《广东新语》载："珠江上流二里，有白鹅潭。水大而深。每大风雨，有白鹅浮出，则舟楫坏。……相传黄萧养作乱，船经此潭，白鹅为之先导。"[1]台风期每起风，波浪滔滔，此处成为白雁（即野鹅）栖息地，这也是白鹅潭得名的一个来由。该潭上承西、北江之水，但以潮汐畅通，淤积不烈，故直到清末，测得水深仍达 7 米，最深处达 10 米；江面又阔，常为龙卷风发生地。据《南海县志》记载："九年，龙起城西南柳波涌海上。"[2]即明崇祯九年（1636）柳波涌起龙卷风。三江总汇称为"巨浸"。《水道提纲》载："北江至此分为二派，中有大洲，南流，其东派会从化水于石门，南为巨浸。分支津东南，经广府城东而南会东江于珠江口也。正派南流，至府城西郊为巨浸，曰柳渔浦，于城西南会西江水及东江水，又南入海。"[3]这里的"巨浸"也是指白鹅潭。

西炮台也称西关台，在沙面以西，还有一条西炮台大街，西邻柳波涌（沙角尾）和黄沙码头，故地理位置重要。道光二十二年（1842）时，柳波涌仍在海中，光绪末年已淤为民居区。黄沙码头东端的米埠亦为小岛，在同治末年后亦淤连岸坦。柳波涌在今黄沙大道的东侧，它流贯今蓬莱路和丛桂路。向北，通过荔湾与珠江大桥东桥附近的珠江河段相通；向南，从中流沙（今沙面岛）的西北流入珠江的白鹅潭，联结着荔湾和白鹅潭；它又通过纵横交错的河道进入广州城内，水运通畅。

明正统十四年（1449）广东农民起义领袖黄萧养指挥十万将士围攻广州，义军"造云梯、吕公车、日夜冲城"[4]。明朝广东都指挥使王清急忙率领水师从粤西顺流而下赶来救援。黄萧养闻讯便在柳波涌布置了伏兵，安排了天罗地网。可见柳波涌是军事重地。

沙面是西关南面珠江江岸的河滩地。因沙面本为一沙洲，称"中流沙"，北岸和东岸逐渐与大陆沙基相连，但沙面与岸间水浅，清代由疍民居住区渐发展成妓女区。1859 年英国、法国图谋在广州建立侵略基地，他们看中了沙面面对白鹅潭进可攻、退可逃的有利地形。由英国政府出面交涉，强迫清政府在沙面北面，用人工挖一条宽 40 米、长 1 200 多米的小涌（即今沙基涌），与陆地分开，使沙面成为一个小岛。同时，在沙基涌北面开辟道路，定名沙基，俗称鬼基（今六二三路），并建东、西二桥来往沙面。他们又迫令清政府拆除沙面沿岸的西固炮台等，将防城炮及炮台基石投入江中，

① （清）屈大均：《广东新语》，卷 4，"水语"，《清代史料笔记丛刊》，北京：中华书局，1985 年，第 144 页。

② 康熙《南海县志》，卷 3，"编年"，清康熙三十年（1691）刻本，《广东历代方志集成》，广州府部（11），广州：岭南美术出版社，2007 年，第 78 页。

③ （清）齐召南：《水道提纲》，卷 18，《景印文渊阁四库全书》，第 583 册，史部 341，台北：台湾商务印书馆，2008 年，第 205 页。

④ 咸丰《顺德县志》，卷 31，"前事略"，清咸丰六年（1856）刊本，广东省立中山图书馆藏。

并加填沙砾土石，修筑堤岸，作为他们居住、经商之地。《南海县志》载："沿岸各炮台余址甃石尚多，尽徙而投之江，无过问者。复量沙畚土以实之。"①

琶洲土炮台，《南海百咏》称："琵琶洲俗传洲在水中，与潮升降，盖海舶所集之地也。"②琶洲是指广州东南20 000米的珠江中的一个江心洲。今天琶洲已与南岸相连，即边滩并岸。但在清代以前却是一个海上沙，其洲上有些低丘，是台地的残留所成。当时琶洲四周为珠江环绕，故成为自南海归航广州的路标。其山高20~40米，山势顶部山形似琵琶，故称为琵琶洲。早在宋代，番舶即用此洲为导航，因自远处即可见到。《宋史》载：贡使行"至三佛齐……又行二十昼夜，度羊山，九星山，至广州之琵琶洲。"③宋以后，山冈四周积沙，琵琶洲面积扩大。《广东通志》称：琵琶洲"为广城之叶表，万历戊戌光禄卿郭棐、寺丞王学鲁、主事杨瑞云请千院司于洲上建九级浮屠，屹峙海中，壮广形胜，名曰海鳌。"④明万历二十六年（1598）建海鳌塔（即琶洲塔）在冈上，即利用这座冈顶平缓的红层丘陵上兴建高塔，成为珠江的中流砥柱。海鳌塔比赤岗塔（建于1619年）兴建早，屹立烟波之上，为海船入省三关之首。三关即海鳌、海印、海珠。三关在清代均建炮台，可见是海防要冲。

永清炮台，"永清堡，原名永靖，在河南鳌鱼洲，安炮一十七位"⑤。鳌洲本名游鱼洲，鳌洲是因岛上有石鳌村得名。该洲地位重要，正处白鹅潭入省河之口，明代已为走私地点，"番船一到，则通同濠畔街外省富商搬瓷器、丝、绵、私钱、火药违禁等物，满载而去，满载而还，追星趁月，习以为常，官兵无敢谁何"⑥。该洲因处白鹅潭水分流之处，为水文低压区，即水流较慢，便于泥沙沉积，故日渐增大，入清后即成市廛，并向南并岸，渐成水上交通中心，有香山澳门渡、三水西南渡、香山白石渡、高要禄步渡4条长河渡航线。过河北⑦靖海门渡也设于此。⑧《番禺河南小志》称："其南立永清炮台（后称红炮台），光绪中毁为民居。"⑨永清炮台于"咸丰丙辰天夺其魄，尽毁于火后移市河南鳌洲等处"。⑩1856年第二次鸦片战争中十三行被火烧后，洋

① 同治《南海县志》，卷5，"建置略2"，清同治十一年（1872）刻本，《广东历代方志集成》，广州府部（11），广州：岭南美术出版社，2007年，第490页。

② （宋）方信孺：《南海百咏》，清嘉庆宛委别藏本，广东省立中山图书馆藏。

③ （元）脱脱等撰：《宋史》，卷489，"列传248"，北京：中华书局，1977年，第14098页。

④ 万历《广东通志》，卷14，"郡县志1"，明万历三十年（1602）刻本，《广东历代方志集成》，省部（5），广州：岭南美术出版社，2006年，第357页。

⑤ 同治《番禺县志》，卷14，"建置略1"，清同治十年（1871）月光霁堂刊本，广东省立中山图书馆藏。

⑥ （明）陈子龙等选辑：《明经世文编》，卷368，北京：中华书局，1962年。

⑦ 河南（指珠江南岸）人称广州城为"河北"。

⑧ 曾昭璇：《广州历史地理》，广州：广东人民出版社，1991年，第415页。

⑨ （清）黄任恒：《番禺河南小志》，卷1，"乡村"，广州：广东人民出版社，2012年，第8页。

⑩ 同治《南海县志》，卷5，"建置略2"，清同治十一年（1872）刻本，《广东历代方志集成》，广州府部（11），广州：岭南美术出版社，2007年。

行即被移建鳌洲上，可见鳌洲的地理位置之重要。

猎德炮台邻近猎德涌和码头，地理位置重要。嘉庆二十二年（1817）建，"凡三座，一曰东安，设千总一员，防兵一百零七名，一曰东靖，设外委一员，防兵一百零一名，一曰东固，设外委一员，防兵九十五名，自道光十六年因东安台外河面沙淤，不甚得势，改建明台于中流沙，于是东安台遂废"①。猎德是宋代的名称，是20世纪广州老八区保存最完整的水乡之一。猎德地理位置得天独厚，南临珠江，水网交错，土地肥沃。南岸为磨碟沙，分珠江一支东出黄埔。西入广州又有二沙头水道，亦为浪小风静的航道，也是广州城东猎德涌与珠江的汇合处，历代为江防要地。同治《番禺县志》记载："又东流至二沙尾，合二沙北水。又东至猎德口，旧有猎德炮台。道光二十二年，垒石水中以拒夷船，至今水湍激舟，人呼为水闸。"②道光二十二年（1842）还在此处江面垒石抵拒英船。猎德所以能位列八大镇，主要得益于位于猎德涌与珠江交汇处的猎德码头，因有海心沙发育，猎德为较好的码头，水深风静，可停大船。在此后的数百年间，猎德码头发展成为中西商品、文化的交汇点。由于猎德码头的繁荣，猎德迅速发展为广州城东商业重镇，猎德涌口两岸也逐步发展成广州重要的内港码头，聚集了大量的人流与物流。

穗石村炮台遗址在小谷围岛上。小谷围原来叫小箍围，这一名字较早见于《广东新语》："下番禺诸村，皆在海岛之中。大村曰大箍围，小村曰小箍围，言四环皆江水也。凡地在水中央者曰洲，故诸村多以洲名。洲上有山，烟雨中望之乍断乍连，与潮下上。"③瑞石镇即穗石，位置在今大学城小谷围岛东侧穗石村，面临后航道，对岸即为番禺县旧县城的新造镇。瑞石扼守珠江后航道汇入狮子洋出海口之水口，地当要津，当时就应当是一处繁华的乡镇。瑞石距离扶胥镇较近，处番禺县中心位置，故能成镇。其西即南汉陵区，称为"海曲"，指航道转折之地。其在唐代称荔枝洲，即《太平寰宇记》载"江南洲周回九十里，东有荔枝洲"④的地区，可见这里在唐代已经是后航道到沙湾水道之间广大农业区的农产品集散中心。北距广州约20 000米，东北距扶胥镇10 000米，《元一统志》仍有"瑞石镇"⑤一名，可见该镇入明代才衰落下来。因《南

①　（清）佚名：《广东全省海图总说》，陈建华、曹淳亮主编：《广州大典》，第238册，第34辑，史部地理类，广州：广州出版社，2015年，第140页。

②　同治《番禺县志》，卷5，"舆地略3"，清同治十年（1871）月光霁堂刊本，广东省立中山图书馆藏。

③　（清）屈大均：《广东新语》，卷2，"地语"，北京：中华书局，1985年，第58页。

④　（宋）乐史撰，王文楚等点校：《太平寰宇记》，卷157，"岭南道"，北京：中华书局，2007年，第3015页。

⑤　（元）勃兰肹等撰：《元一统志》，中国国家图书馆编：《国立北平图书馆甲库善本丛书》，第276册，北京：国家图书馆出版社，2013年。

海志》说"水铺"①设于瑞石，可推测明代由于番禺县城迁至新造，新造兴起，瑞石镇衰落，才逐渐沦为村庄。

省河北支许多炮台往往邻近"涌"和"港"，交通位置好，例如，西炮台处有黄沙码头和柳波涌；猎德炮台处有猎德涌和猎德码头；琶洲土炮台也是如此。还有的炮台分布于江心岛上，例如"三关"炮台，因为岛使河流分汊，形成两条水道，所以也是布防的重点。

广州珠江北岸 2 000 多年来不断南移，南移了千余米，海珠桥江面宽不及汉代的 1/10。泥沙堆积还有一些特定的规律：在河口附近，由于河水受潮水所顶托，因此海湾回流处淤积迅速；由于地球自转偏向力的作用，在北半球的河流往往其南岸形成凹岸，其北岸形成凸岸。前者被侵蚀、挖深，导致坍塌；后者泥沙堆积成滩，年长日久露出大片陆地。司徒尚纪表示，广州的"沙"地名包含了多种成"沙"作用，其中一些就是由过去水中的小岛淤积而成连片的陆地，还有一些如二沙岛，则本来与陆地连成一体，后来又被水流冲刷而分离出去，成为江中沙岛。受这种泥沙堆积影响，现在炮台所处的位置多已并岸或是处于很深的陆地，终究逃不过沧海桑田的变化。

（二）狮子洋漏斗湾对黄埔长洲岛防御的影响

珠江口河原本是一个巨大的海湾，海湾中是许多彼此不相连的岛屿，珠江三角洲平原是经历了很长的地质变化才形成的。这就是曾昭璇先生的"溺谷湾"理论。明代以前，珠江三角洲还是"海浩无际，岛屿洲潭，不可胜记"②，从古代历史地图中也可以看出这个特点，"城区以外的冲积平原则以浦、圃、塱、洲命名为多"③。黄埔右水道，因位于河道凸岸，亦出现淤积。黄木湾与黄埔音近，埔即河岸淤涨陆地。长洲地名出现很晚，清之前可能还未形成。

《南海神广利王庙碑》提及"扶胥之口，黄木之湾"，一般认为，这里的"黄木湾"指的是当时南海神庙前的港湾，为珠江的支流东江汇入珠江的河口区。这个地方北面是丘陵山地，北方来的冬季风对这里影响较小，其对面的珠江南岸是一块台地，夏季的台风到这里也得到了缓冲，珠江从上游自西向东流到这里，形成一个较宽的水域，加上东江在这一带与珠江汇合，珠江由此折向南入海，风帆出海，非常便利，为这一带形成进出珠江上游的天然良港提供了很好的自然条件。有人根据汉字谐音的原理推

---

① （元）陈大震、吕桂孙纂修：大德《南海志》，卷 10，元大德八年（1304）刻本，陈建华、曹淳亮主编：《广州大典》，第 263 册，第 35 辑，史部方志类，广州：广州出版社，2015 年。

② （清）许鸿磐：《方舆考证》，卷 82，民国济宁潘氏华鉴阁本，中国国家图书馆藏。

③ 谢澜：《从地名的演变看广州的城市特色——兼论地名学上的意义》，《广东史志》2000 年第 4 期。

断，"黄木"二字就是今天"黄埔"二字的古音，"'黄木湾'一词亦演变为'黄埔'"[①]。

珠江河口虎门潮汐水道体系具有独特的"主干—支汊—潮沟"的树枝状潮道水系结构和藕节状的平面形态。平面特征为串珠状溺谷湾，由三个一级漏斗湾组成，即伶仃洋漏斗湾、狮子洋漏斗湾、广州漏斗湾，虎门、黄埔为漏斗湾分界。

珠江河口虎门潮汐水道体系自口外向内（由海向陆）呈"束窄—放宽—束窄"的规律交替变化[②]。这可能与"珠江"地名的形成也有一定关系。黄埔长洲处于狮子洋漏斗湾处。狮子洋承接虎门之险，曾经设有"狮子洋塔"炮台，嘉庆六年（1801）因海面淤浅，将炮台拆毁，石料被拆卸运至虎门修建大角山炮台。"长洲要塞"北包括鱼珠，南包括沙路，沙路又远接狮子洋莲花山，所以面积为6平方千米的长洲岛居于珠江出海口的主航道上，是由狮子洋进入广州必经之门户，形势险要，历来为兵家必争之地，素有要塞之称。

鸦片战争后，广州在对外贸易中的首要地位迅速被上海取代。黄埔村酱园码头一带亦逐渐淤塞，影响海船停靠。至同治年间（1862—1874），黄埔海关道迁于长洲岛之北岸。在长洲扯旗山麓，有砖木结构的小楼一所（现辟为孙中山先生故居），码头一座，是清末至民国黄埔海关的所在地。从此，长洲岛亦沿用黄埔之名称为"黄埔岛"。[③]数百年来，长洲一带商贾云集，船只穿梭，部分外国人死后便埋葬在该岛上。

长洲一带是进出广州的门户及当时对外贸易的良港，同时也是兵家必争的险要之地。"光绪时期，重点在南北两路的交汇地长洲建炮台，使防线进一步前移。"[④]

长洲处于黄埔之尾，有大小山约十余座，珠江至此中分为二条水道，长洲介南北两道之中，与沙路、鱼珠隔岸相望，由狮子洋入省河的船必取道于此，是为粤省第二重门户。[⑤]

珠江河道在长洲分为南支和北支，早在鸦片战争时期，清政府可能已经在长洲建立了防御。清道光二十一年（1841）年初，英国兵攻陷虎门，可能是因为北支河水较浅，为了绕过长洲的炮台和北支的鱼珠炮台，而选择在乌冲登陆，由陆路攻入广州，舰队由南支入广州。还有一条史料可以佐证长洲可能在鸦片战争之前已经设防，《海

①　广州百科全书编纂委员会编：《广州百科全书》，"黄木湾"条，北京：中国大百科全书出版社，1994年，第381页。

②　唐兆民：《珠江河口虎门"门"的地貌动力学研究》，中山大学博士学位论文，2005年，第18页。

③　赵立人、黄伟：《黄埔港变迁》，《岭南文史》1986年第2期。

④　黄利平：《清代民国广州城防、江防与海防炮台研究》，广州：广州出版社，2016年，第8页。

⑤　（清）李准：《广东水师国防要塞图说》，"广东中路长洲各炮台形势险要详细图说"，陈建华、曹淳亮主编：《广州大典》，第331册，第37辑，史部政书类，广州：广州出版社，2015年，第848页。

国图志》载："应致力于内洋之长洲冈及蚝墩，最后则筹及虎门。"①魏源已经看到了长洲的重要性，广州地方政府没理由忽视这个重要的点。"蚝墩，在狮子洋北二十里。凡夷舶之赴黄浦（埔）者，必停泊于此，头目先至洋行，赴海关投税，查明货物，然后敢入。每夷舶至，近处居民皆搭寮棚摆卖酒食，人烟丛杂，哄然成市。嘉庆二十一年（1816——引者注）八月，英咭唎国有喇时兵船来迎贡使唝当东等，履②尝会右营游击万国治、后营游击唐盛高防御于此，亦扼要之区也。山内为永靖营，游击一员守之，属陆路。"③蚝墩地位如此重要，以至于《虎门览胜》作者——东莞知县仲振履亲自驻扎防御。《海国图志》将两处地名同时提及，亦见长洲地位的重要性。

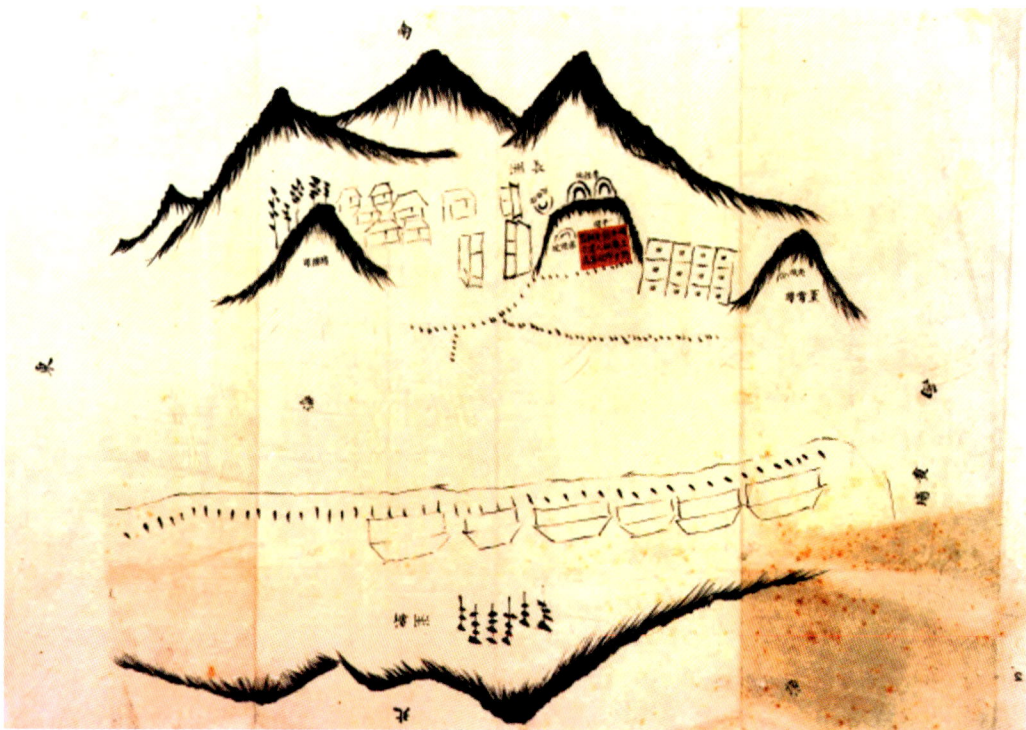

图二四一　长洲附近外国人欲租建署监处图（华林甫：《英国国家档案馆度藏近代中文舆图》，上海：上海社会科学出版社，2009年，第71页）

《长洲附近外国人欲租建署监处图》（图二四一）标注了10个地名，其中海南侧有歪嘴岗、夷坟、平岗、梁家坟、李姓坟、徐姓坟、长洲、猪腰岗，北侧仅黄浦、新洲两地名。图中红色标识："岗上约平广十余亩，即夷人欲租借建署监之处。"有研究者推测此图绘制于19世纪50年代。鸦片战争后，清政府被迫与殖民侵略者签订了一

① （清）魏源：《海国图志》，卷80，"筹海总论4"，"答奕将军防御粤省六条"，清光绪二年（1876）平庆泾固道署重刻本，广州市文物考古研究院藏。
② 指东莞知县仲振履。
③ （清）仲振履：《虎门览胜》，汉画轩抄本，暨南大学图书馆藏。

系列不平等条约。1843 年由钦差大臣耆英与英国公使璞鼎查签订《虎门条约》，共 16
款，附 3 款。同年英国提出在黄埔租地为巴斯人（具有波斯血统、演化为印度人的拜
火教徒）建一坟场，经中英双方共同勘查，选定黄埔长洲猪腰岗，由巴斯提出在坟地
上筑围墙。因此隔断了该地区内的民坟，引起黄埔的民愤，于是番禺长洲上、下庄提
出书面抗议：

> 我长洲居省会之东，山势蟠郁，实为省河要隘。自来各乡村巨族祖坟，鱼鳞叠葬，
> 几无隙地。今夷人思要占我庄内山场四十余丈，筑建围墙，以作夷坟夷馆。于各家祖
> 坟，不无锄挖之虞。在我长洲切身之痛，固誓与拼命，不肯干休。但各乡城巨族祖坟，
> 有葬于此者，皆宜勠力同心，持戈待敌，早为防御之计，免致噬脐莫及也。泣告。番
> 禺长洲上、下庄直白。
>
> 道光二十七年七月十三日付①

鸦片战争后，英国人一直觊觎这块地方，强行在岛上租地修建关署和坟墓，可见
该岛经济上和军事上的重要性。

珠江在大沙头以东，河道扩宽特大，渐成漏斗湾状，即喇叭口状，故此段到黄埔
港附近，在清代已被称为"东海"。东海临鱼珠码头。鱼珠是指江中突起的礁石，这是
一片白垩纪红色砂岩、砾岩层所成的礁石，浮沉波际，俗名鱼珠，它和海印石、海珠
石同一性质，即在珠江被冲蚀残留的江心石块。对面为相对岗。当时鱼珠石是四面被
水围绕，由于石块被波涛冲刷，圆净如珠，故名鱼珠石。其正处中流，曾建炮台于其
中。今则已和北岸联合，成为黄埔港陆地，石亦埋于地中，鱼珠石已成陈迹。沙路炮
台在今天广州番禺区化龙镇，在山冈上，地势较高，北面对着珠江南支。再加上人为
的开垦沙田，现在炮台已经离江岸有一定距离。"沙路"这个地名本身也能说明其形成
原因。

"沙路计拦截两道，外沉船石，内作桥桩。鱼珠内至中流沙亦拦截两道。去年（指
1884 年——引者注）七月，海防戒严，即将沙路一支两层口门塞断，华洋官商轮船专
由鱼珠一路行走，鱼珠暨中流沙留口门十五丈，其商船较大者，即至黄埔起剥换船入
内，至各国护商兵船洋行往来。"②珠江南支溯流经沙路至沙面，北支溯流经鱼珠过省
城南亦至沙面，北支较浅，南支较深。光绪十年（1884），清政府在北支鱼珠设置两道

---

① 陈胜粦、廖伟章、吴宝晓编：《广州河南洲头嘴抗英斗争资料选编》，广州市海珠地区炎黄文化
研究会编：《南溆风华》（纪念广州河南洲头嘴抗英 150 周年研讨会论文集），内部资料，1997 年，第
120 页。

② （清）张之洞：《张文襄公奏议》，卷 12，"缓开塞河片"，《续修四库全书》，第 510 册，上海：
上海古籍出版社，2002 年，第 316 页。

障碍，在中流沙留一口门通船。在南支沙路也设了一道障碍。防一路自然比两路简单，开支负担也减轻了。"沙路一支，但能三年不开，自然沙长滩多，巨舰永难驶入。"[①]虽然这些障碍已经在光绪三十二年（1906）拆除，但这种堵塞河道的军事防御措施无疑造成了河岸泥沙淤积的加快。"北支自猎德汛以下节经填阻，水浅多淤"[②]，本来北支较南支浅，现在和南支一样淤积加速。值得注意的是，2000年中华人民共和国海事局测量时，发现狮子洋内，航道两侧及狮子洋北部浅滩上有一百余艘内装石头的木质沉船。[③]虽然不一定是军事目的而造成的，但这种"沉船下石"使本来就处于萎缩状态的狮子洋雪上加霜。

黄埔长洲岛虽然形成较晚，但至少在鸦片战争前后已经具重要军事地位，而不是到了光绪时期才突然处于无可替代的军事位置。

（三）浅滩的发育对虎门通道防御的影响

清代珠江航道的"虎门，在东莞县南六十里，为粤洋之中大路，上通惠、潮、南澳，下达高、廉、雷、琼。大海外环，崇山中峙，凡番舫之赴黄浦（埔）者，必由是以达狮子洋，盖澳门虽为外洋扼要之所，而香山内河水浅不能通行，且西洋人世守其地，外夷亦不易与争。虎门距省百八十里，洋阔水深，乘潮驶风不过一夜可到。十三行往来贸易，凡四十余国，莫不以虎门为总汇焉"[④]。广州（黄埔）港出海航道是清代海防的重中之重，不管是商船还是外夷兵轮必行此道，而其他内河水道狭窄水浅，通航能力有限。炮台密集分布在这条航道上。

虎门内外"番舶非极大，不能涉重洋，故其底入水必二丈许。海自老万山以内，虽势极汪洋，其下皆暗沙、巨石相间，愈入愈浅，惟中沥或数十丈，或数丈，可以通行。夷人必于澳门雇蜑户之熟于水道者引之，谓之引水，否则非滞于沙，即触于石矣。且舟在虎门外则高，入虎门内则低，淡水力弱，则其舶愈不便转移，此不足患者一"[⑤]。外夷大船吃水深度至少2丈（约6.67米），所以只能选择虎门航道。虽然虎门水道是八门之中最好的航道，但虎门口内外暗沙浅滩遍布，需要在澳门请蜑民"引水"。而且进入虎门后，河流中主要是淡水，淡水密度比海水小，入虎门后水的浮力减弱，大船很

---

① （清）张之洞：《张文襄公奏议》，卷14，"已塞沙路永远不宜复开折"，《续修四库全书》，第510册，上海：上海古籍出版社，2002年，第355页。

② （清）佚名：《广东全省海图总说》，陈建华、曹淳亮主编：《广州大典》，第331册，第37辑，史部地理类，广州：广州出版社，2015年，第139、140页。

③ 唐兆民：《珠江河口虎门"门"的地貌动力学研究》，中山大学博士学位论文，2005年，第99页。

④ （清）仲振履：《虎门览胜》，汉画轩抄本，暨南大学图书馆藏。

⑤ （清）仲振履：《虎门览胜》，汉画轩抄本，暨南大学图书馆藏。

难灵活转动。

虎门炮台是联结珠江内河狮子洋和外海穿鼻洋的最重要枢纽，成为捍卫广东省城的重要门户。据史载："广州海防，自零丁洋过龙穴而北，两山斜峙，东曰沙角，西曰大角，由此入内洋，为第一重隘。进口七里有山曰横当，前有小山曰下横当，左为武山，亦曰南山，为海船所必经，乃第二重隘。再进五里曰大虎山，西曰小虎山，又西曰狮子洋，乃黄埔入省城之路，为第三重隘。"[①]这基于地理层面设置的三重门户，成为清政府修筑炮台、部署虎门海口防御工事的天然依托。虎门峡口区，位于伶仃洋河口湾湾顶，地形险要复杂，虎门上下游有宽阔的狮子洋和伶仃洋。虎门西岸基岩岛屿的大角山和大、小虎岛，是由大、小虎山等低矮的山丘构成；东岸也是由基岩岛屿的穿鼻岛、亚娘鞋岛（威远岛）等岛组成，由旗山、仑山等山构成；峡口内也有上、下横档等基岩岛屿。

虎门炮台主要分布在这些海侵时期浅海中孤立的大大小小的基岩岛屿上。"6 000年以来，由于潮能在此聚集，潮流往返冲刷深槽，所以保持较大的水深（10~20 米，最大水深 34 米），全长 10 000 米左右。"[②]深槽便是优质航道，而这些岛屿和丘陵便成为珠江带入海中泥沙的沉积核心，形成了"滩—槽"二元结构。这种河流地貌《广东全省海图总说》亦有记载：

虎门自大小虎山而下，海中常有山岛屹峰，当流水旋沙涸，壅岛成互，其沙互必近岛渐浅，远岛渐深，淤为陂界，两头狭窄，形类果核。顺水溜自西北向东南，内为横档二山一处，外为舢板洲一处、龙穴一处，又外为伶仃一处，沙势悉相同互界，外得潮溜通槽两道，一向东南，偏南近横档、舢板、龙穴、伶仃，东面而下者为省城至香港之道，一向南，东南迳横档、舢板西，龙穴东，又向南偏东迳伶仃，西面而下者为省城至澳门之道，皆分与大虎山东北，而总于狮子洋。[③]

珠江河口湾（伶仃洋）的潮汐动力主要循大濠岛（香港）与澳门之间的湾口地带，以及伶仃水道进入，形成潮汐航道（图二四二）。虎门峡口有两条深槽，即伶仃水道（西槽）与穿鼻水道（东槽），[④]分别通往澳门和香港，这两条航道上由于潮汐作用，在口门外形成潮成沙体，即"落潮三角洲"。两条水道分别形成潮滩，但沉积物形成方式及组成相同，即所谓的"沙势悉相同互界"。潮水进入虎门峡口内后，河道变得相对宽

---

①　（民国）赵尔巽等撰：《清史稿》，"志 120"，北京：中华书局，1976 年。

②　唐兆民：《珠江河口虎门"门"的地貌动力学研究》，中山大学博士学位论文，2005 年，第 16 页。

③　（清）佚名：《广东全省海图总说》，陈建华、曹淳亮主编：《广州大典》，第 238 册，第 34 辑，史部地理类，广州：广州出版社，2015 年，第 137、138 页。

④　李春初：《中国南方河口过程与演变规律》，北京：科学出版社，2004 年，第 71 页。

大，遇到两岸的基岩岛阻碍后，潮落时在近岸处沉积下来形成浅滩。大角、沙角到大、小虎山之间河岸本就是中间宽、两头窄，所以形成的浅滩也状如果核。

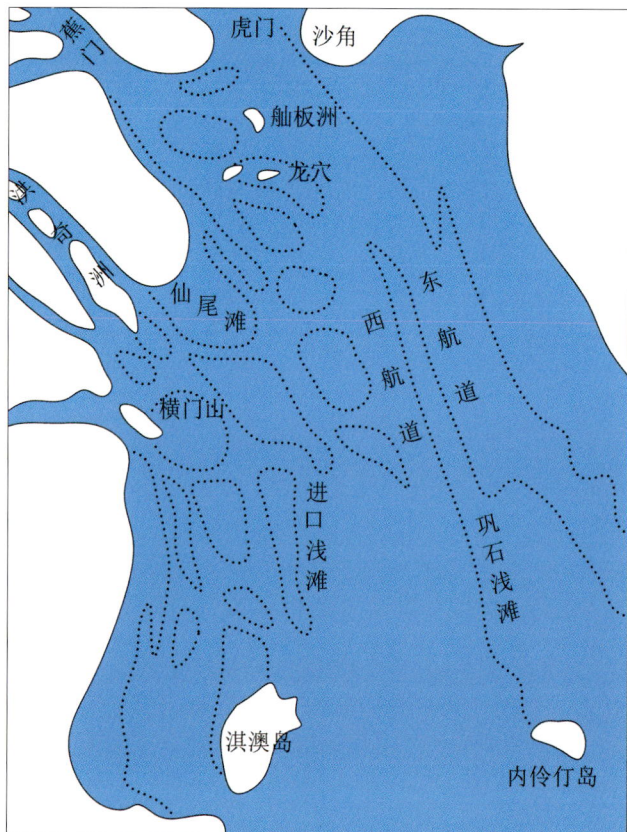

图二四二　东、西航道图（李春初：《中国南方河口过程与演变规律》，北京：科学出版社，2004年，第91页）

嘉庆十九年（1814）两广总督蒋攸铦奏称"虎门之横档小山与南山对峙海中，凡外洋进口之船必由两山中流驶入，从前该处海道水深，两台东西相对，可以轰击防堵，颇为得力。近则南山脚下沙淤约二十里，船由沙外至南山西北角入口，旧炮台势难控制，而南山西北角正与横档紧对，拟于西北角山坡添建炮台一座"[①]。南山炮台因建在南山顶而得名，始建于康熙五十六年（1717），从前该航道水深畅通，但是沧海桑田，南山脚下淤积了近二十里的泥沙，形成浅滩，船不能沿着南山航行了。由于山顶炮台射程有限，不得不选择在其山西北角重修新的炮台——镇远炮台，新、旧炮台可与新修横档月台成"品"字形，互为照应。同样的情况还出现在其他炮台上，例如"蒲洲新建明炮台一所，共三座，蒲洲在大角之北，独耸孤冈，沙淤三面，惟东北斜出水际，

[①]　道光《广东通志》，卷125，清道光二年（1822）刻本，《续修四库全书》，第672册，上海：上海古籍出版社，2002年。

山势陂陀"①。光绪十年（1884）在蒲洲岗上新修三座炮台，不久三面就淤积了泥沙；大角山和沙角炮台也是如此，"现在山脚，又涨有沙涂，船只经由，离台甚远，两边炮火，均不能得力"②，大角山、沙角两炮台，中隔海面一千数百丈，泥沙又堆积于山脚，使得炮台威力大减，最后只能做信号台了。蕉门离虎门较近，可以借此绕过虎门，故蕉门在清代也算在虎门防御体系之中：

> 蕉门炮台，在南山之西，两岸山势如壁，计阔百八十丈，亦潮汐之门也。东金洲山，为东莞属；西黄角山，香山属；中一水道，黝然而深，以划两县之界，亦天险也。初，水势甚深，西北通顺德之陈村等乡，北通闸西，东北通横档。……候补经历李棠献堵蕉门之策，乃饬东莞令王国忠载大木于口门，截流为栅，地皆流沙，兼以潮汐往来，屡截屡决，工费至累巨万，不得已于黄角村之南建设炮台，潮至则水及台基，落则淤沙泥泞，几四十余丈，台又窄小，建于山腰，无所施其力也。（嘉庆）二十二年，总督蒋（指两广总督蒋攸铦——引者注）饬履（指东莞知县仲振履——引者注）及委员冯章添筑台基，临于水面，以安炮位，未及行，是年冬，总督阮（指两广总督阮元——引者注）复饬履会同候补（知）府彭昭麟、中军参军吴绍麟详加查勘，勘得该处洋面，两岸淤积日多，仅存百二十丈，其中沥最深处，仅一丈五六尺不等，夷船入水，必二丈余，势不能入也，惟盗艇窃发，未能免耳。而台位既不得力，其势又难更易，且台下淤沙没篙，不能见底，非挖尽淤沙，不能立桩。潮汐之来，旋挖旋涨，徒费无济，乃定议舍蕉门，而筑大虎炮台，实胜算也。然蕉门之在当日，水深四五丈，番舶入口，瞬息可抵闸西。今则日就淤浅，夷人绝无可虑，亦国忠堵塞之力焉。③

蕉门炮台位于广州南沙，蕉门是落潮量（866.9亿立方米）远大于进潮量（325.4亿立方米）的口门。清代蕉门在南沙北蕉门村处，船只常经蕉门入珠江，可避虎门之险。当时水深四五丈，夷船畅行无阻。现在水道深处也有 5~6 米，可通行 1 000 吨的海船。嘉庆十四年（1809）洋匪张保率百余艘船经由蕉门侵犯东莞滘乡，乡民死伤甚重。为了填补这个防御漏洞，候补经历李棠献防堵蕉门之策，于是"东莞令王国忠载大木于口门，截流为栅，地皆流沙，兼以潮汐往来，屡截屡决，工费至累巨万"。王国忠采用的是打桩法，但是水底泥沙较深，"旋挖旋涨"，立桩不稳，涨潮流速加快，木栅就漂走，花费巨大而此法不得，嘉庆十七年（1812）拟在蕉门山腰建炮台。嘉庆二

---

①　（清）佚名：《广东全省海图总说》，陈建华、曹淳亮主编：《广州大典》，第238册，第34辑，史部地理类，广州：广州出版社，2015年，第137页。

②　（清）葛士濬：《皇明经世文续编》，卷77，"兵政16"，来新夏主编：《清代经世全编》，北京：学苑出版社，2010年。

③　（清）仲振履：《虎门览胜》，汉画轩抄本，暨南大学图书馆藏。

十二年（1817）阮元勘查蕉门洋面，发现泥沙淤积严重，夷船已经无法通行。蕉门上游承接北江支流，汛期为强径流河，从北江带来的大量泥沙受海水顶托在河口沉积，形成广阔潮滩。蕉门泥沙沉积较虎门口内（大角、沙角至大、小虎山水域）严重，河口泥沙的沉积导致河口不断下移，所以炮台难以发挥作用。王国忠的堵塞行动并非完全无效，设木栅截流，降低流速，导致河口泥沙淤积加快，随着泥沙在口岸的不断堆积，这条航道再无法通行大船，主要防御漏洞就转移到了虎头门。仲振履还做了总结，认为"沉船下石"的方法效率更高，还可以将浅滩开发成沙田可持续发展。

嘉庆五年（1800）之前，"南山三门炮台铁炮一百余位"[①]，"三门，在寨城南八里，潮汐所出入也。两岸皆山，形若峡，中沥复平，列二山，划为三门。中门近已淤浅，师舟不能行，左为上门，凡艘船之至，自新安者皆出入于此，右为下门，门外为拈洲山，武山在其西，门内有沙坦一顷许，旧寨村民梁壮兰所私垦也。师舟出入多窒碍。后复搭寮聚匪，滋事不法，总督蒋以坦入官，今为中营牧马之所，有营汛"[②]。三门原本能行船，因为"中门"泥沙淤积，船再也不能通行。村民私自将浅滩开垦为沙田，也加重了泥沙堆积。武山沙处威远岛北部，原为海滩，旧称武山洲，清道光咸丰时期，清政府下令沿海炮台屯田养军，随后士兵屯垦、官府招佃，逐渐形成现今的基围村落。在虎门内，官方或是平民开垦沙田的现象数见不鲜，一定程度上影响了炮台周围的地理环境。

到了嘉庆二十二年（1817），两广总督阮元赴虎门查阅水师时，乘坐小舟亲自测量大虎山附近水道的深度，发现"近山者其深数十丈，若远至百丈以外，渐浅矣。二百丈，大舟不能行矣"，大虎山东侧江面虽然很宽，但"沙厚积于远水之底，外潮内江，急水深泓，所浚涤而行者，皆近此山之根"。大虎山近岸水深，百丈之外即出现暗沙，所以船只近出此山之前也，炮台威力尽显。"又若山之内山之外，或淤高而耕为田，或浚深而改其道，则亦未能预料矣"[③]，"浚深而改其道"即指潮水侵蚀河床形成深水航道，浅滩还可以开发为沙田。可见阮元等认识到人和自然导致河流地貌的改变。

"上横档在威远对海之西北，相距约三里余，山形长圆，高约四十密达，面积约一方里半。下横档在威远对海之正西，相距约三里，北距上横档里余，山形圆耸，高约五十密达，面积约一方里半。两台位置为海中砥柱，甚合要击炮台之用，虽地势较低，对于敌弹不免有掩护不周之处。而东面有威远台临其上，相距不远，足以实行保护，

---

① 宣统《东莞县志》，卷27，"经政略6"，清宣统辛亥（1911）重修，广东省东莞县养和印务局印，广州市文物考古研究院藏。

② （清）仲振履：《虎门览胜》，汉画轩抄本，暨南大学图书馆藏。

③ （清）卢坤、邓廷桢主编，王宏斌等校点：《广东海防汇览》，卷31，方略20，"炮台1"，石家庄：河北人民出版社，2009年，第811、812页。

西面海中沙线浅滩暗礁为之障碍，航路不便。"①上、下横档虽有一定距离，但走向与潮流进退方向几乎垂直，岛的前后分布成为涨落潮背影区，从而成为岛屿沉积的核心，比较容易淤积出带状浅滩，并有连成一片的趋势。横档西侧有浅滩和暗礁，航船不便，这是横档西面隔江而望的南沙山未较早设立炮台的原因。

道光十五年（1835）两广总督卢坤查勘横档、大虎山炮台，发现山后另有海道可以绕到各炮台之后，直达狮子洋而入内河。因为"从前以该处内有浅沙，船只不从此行走，并未设立炮台"。他派人测得横档、大虎山炮台西侧的海道水深四丈有余，尽可行船。假设船只由此绕道行驶，则横档等处炮台均无法拦阻。第一次鸦片战争时英国兵船即走过这条航道。"查该处南系芦湾山，北即横档山背面，应在两山之麓，各建炮台，则前、后、左、右四面周匝。"②因此在南沙基岩岛的芦湾山上修建了巩固炮台，上横档岛西边新建永安炮台，这样就可以全方位防守。另外，"海中潮汐往来，水势涨落不同，炮火高低即异，必须演试确实"，潮涨潮落对火炮施放的高度、角度都有很大的影响，因此士兵平时需按时令操演炮台，这样在实战中才能从容应对。

第二道防线的下横档岛之西南和斜对岸山头的东北面都有暗礁，水深2.9米，船只不便通行。但涨潮时，水位增高，则可能通行。故在这两处浅滩上设置了"品"字形的木桩，桩头稍低于平时水面以便于隐蔽。在水浅地段设置一道，深地段则设两至三道。在上横档岛永安炮台的南面和对岸芦湾山巩固炮台的南面，依据暗沙由浅而深成行排列设置了梅花形石堆和大木桩。在大虎山炮台山脚下的暗沙设置七星状石堆，在石堆中植明桩，桩高出石堆约0.7米以固定石堆。各桩间距按敌舰宽度确定。这样，即使敌舰通过第一列障碍物，也必为后面石堆所阻，或进入炮火射程。

虎门浅滩的发育影响了炮台的效力，解决方法是新建炮台，新炮台往往比旧炮台地势低。新建炮台不成，就采用堵塞拦河的办法，这种方法可能更好。面对潮汐这一不确定性因素，单纯的炮台防御恐有漏洞，于是虎门形成了炮台和堵塞航道相结合的多层防御体系。

（四）总结

"潮汐"这一自然地理现象对广州海防和江防产生了重要影响。清末，军政要员屡次考察广州海防，将潮汐作为重要的考虑因素。除了自然因素外，人为的开垦沙田也增强了河流的堆积作用，使河道不断变窄，可以说整个广州的江防和海防炮台是因地制宜的水上军事建筑。

---

① （清）李准：《广东水师国防要塞图说》，"广东中路威远各炮台形势险要详细图说"，陈建华、曹淳亮主编：《广州大典》，第331册，第37辑，史部政书类，广州：广州出版社，2015年，第848页。

② （清）卢坤、邓廷桢主编，王宏斌等校点：《广东海防汇览》，卷31，方略20，"炮台1"，石家庄：河北人民出版社，2009年，第813页。

第三节　清末广州海防地理思想转变与城防炮台

清末广东的海防地理思想经历了一个缓慢的转变。由于广东在清中期以前防御的对象主要是"寇盗"，所以防御重点在靠近闽台地区的广东东路。清中期以后，随着广州中西贸易的发展以及列强军队试探性的进攻，清朝统治阶级对外夷的野心有了充足的认识，这在晚清的海防著作中是可以看出的。此时，海防地理的重点已由东路转到了中路的广州，而省城又是中路的"堂奥之防"。广州的城市防御体系和其他城市一样，包括固态与流态两个方面。所谓固态，就是最为直观的外在形态，亦即"城郭沟池"的部分，炮台亦属此类。①所谓流态，就是在这一系列防御工事背后的制度，以及活动于其中的各色人等。两者相结合便是一个相对完整的结构。这种防御体系可以安内，但还是挡不住西方列强的坚船利炮的进攻。

（一）晚清广州海防地理思想的转变

海防开始于明代，茅元仪曰："防海岂易言哉？海之有防自本朝始也。"②清代学者蔡方炳在其《海防篇》中说："海之有防，历代不见于典册，有之自明代始，而海之严于防自明之嘉靖始。"③中国海防之兴，乃是起因于明代以来倭寇的侵犯，海防学问的源头即为当年的御倭历史，嘉靖时期倭患尤其严重。

在明代，出于抗倭斗争的需要，研究海防地理的书籍便不断刊刻，诸如胡宗宪与郑若曾的《筹海图编》、王在晋的《海防纂要》、戚继光的《纪效新书》等书中都有相当丰富的资料。改朝换代之后，清代学者和军事家总结继承了明代抗倭斗争和海防斗争的经验教训，对我国沿海的地理军事价值也进行了认真分析。主要著作有：杜臻的《闽粤巡视纪略》和《海防述略》、姜宸英的《海防总论》、薛传源的《防海备览》、蓝鼎元的《论南洋事宜书》、陈伦炯的《海国闻见录》等。当然，这些著作也体现了些许新意，主要是海防知识和经验的增长，但对欧洲东来势力对广东海防造成的潜在的或实际的冲击未予特别关注。

1. 清中期以前广州海防地理思想的发展

康熙皇帝和乾隆皇帝并未认识到广东海防的空虚，在涉及海防的上谕里，大多仍

---

① 章生道：《城治的形态与结构研究》，[美] 施坚雅主编，叶光庭等译：《中华帝国晚期的城市》，北京：中华书局，2000年，第84-109页。

② （明）茅元仪：《武备志》，卷290，"占度载度21"，"海防1"，明天启刻本，广东省立中山图书馆藏。

③ （清）齐翀纂修：《南澳志》，卷3，"建置"，清乾隆四十年（1775）刊本，广东省立中山图书馆藏。

旧是缉拿海盗和整顿水师的一般性命令。至嘉庆时期，来自西方的海上袭扰比前朝有增无减，加之乾隆末年已经渐起严重的"洋盗"问题，使得嘉庆皇帝成为鸦片战争前最为关注海防的统治者，有关海防的上谕也是最多的。如嘉庆四年正月十二日（1799年2月16日）上谕军机大臣"有人条奏，近来洋盗充斥，皆由抢劫商船粮食，暗地沟通行户，重价购米，得以久留，请一律禁止，并于海口陆路添设重兵等事……着传谕凡有海疆将军督抚等，各就地方海口情形，悉心确核，务使洋面日渐肃清，而于商民仍无妨碍"。

从康熙五十六年（1717）至雍正五年（1727）的十年为"禁南洋贸易令"时期。这一时期的海防对象基本是国内的反清势力和海外的反清力量。开海之后，又可以分为两个阶段。从乾隆中期起至乾隆末年，随着西方殖民势力的紧逼，海防由防内为主逐渐转变为抵御侵略为主。嘉庆年间的"洋盗"问题则是鸦片战争爆发前最大的海防危机。从明嘉靖年间郑若曾的《筹海图编》，到鸦片战争前夕严如煜的《洋防辑要》，自明中后期以迄清中期的海防论述大多以'倭/寇'为假想敌，以'备倭/防寇'为基本着眼点。①

"清初广东海防体系薄弱，这也是导致嘉庆时期广东海盗大幅度增长的主要原因。"②也就是说清初广东海防的薄弱不仅是导致鸦片战争失败的原因，也是嘉庆年间海盗和外夷频繁侵扰的原因。虽然嘉庆皇帝和地方大员对防范外夷和广东海防非常重视，设立水师提督驻虎门，但嘉庆年间建设炮台主要还是为了对付日益猖獗的广东海盗，地点大多设在广东沿海海盗经常出没的地带，沙角、镇远、横档、新涌、猎德等炮台都在那时修建完毕。"广东风气浮而不实，加以历任废弛，水师尤甚。"③这也说明了此次炮台修建只停留于表面，并未真正落实。伴随着对外贸易，众多外国人与外国船只来到广东中路，经穿鼻洋、虎门海口、狮子洋抵达黄埔进行贸易，故道光年间兴建的炮台直指外夷。

《筹海初集》，关天培编，辑录道光十四年（1834）末到十六年（1836）中广东海防文件而成。全书共4卷，原书刻印于道光丙申（1836）孟冬。道光十四年八月十三日（1834年9月15日），英人律劳卑指挥两艘兵船就闯入了黄埔内河，如入无人之境。道光皇帝大为震怒，"看来各炮台俱系虚设，可恨可笑，武备废弛一至如是，两只夷

① 李恭忠、李霞：《倭寇记忆与中国海权观念的演进——从〈筹海图编〉到〈洋防辑要〉的考察》，《江海学刊》2007年第3期。

② 曾小全：《清代前期的海防体系与广东海盗》，《社会科学》2006年第8期。

③ （清）丁晏：《颐志斋文钞》，"关忠节公传"，国家清史编纂委员会：《清代诗文集汇编》，第587册，上海：上海古籍出版社，2010年，第2页。

船不能击退，难怪为夷轻视也"①。事情发生后，原水陆提督李增阶被罢免。在这样的背景下，关天培奉特旨补授广东水师提督。关天培的海防地理思想是其在虎门的军事实践中形成的。

关天培一到广东则亲历重洋，遍观厄塞，认为虎门最险要。当时广州是清朝唯一的对外贸易港口，而虎门则扼守珠江口，是广州的出海门户，因而成为当时海防的最为紧要之地。面对此种纵深性的水道形势，关天培提出了分层防御，层层控制的策略和思想，即"三重门户"②的防御体系。以大角山、沙角两座炮台夹岸对峙，构成第一道门户；以南山、镇远、横档炮台为第二道门户；以大虎山炮台为第三道门户。"南海长城"建成后，在当时确实也起到了震慑"外夷"的作用，"闻黄埔及十三行出入夷人行舟过此，皆憬然生严惮心于海防"③。

《广东海防汇览》于道光十八年（1838）成书，是一部大型的广东地方海防资料的汇总。由两任两广总督（卢坤和邓廷桢）、两任广东巡抚（祁坰和怡良）担任总裁，而担负具体纂修工作的是梁廷枏、陈鸿墀等。《广东海防汇览》共42卷，内容涉及广东沿海的地理形势，清前期广东海防的各项基本制度，并收录了对外海防任务等资料。《广东海防汇览》的编辑体例相当严谨，具有较高的价值，是研究清代海防尤其是研究广东海防的必备资料。

在战略上，梁廷枏对西方列强的侵略野心有一定的认识。他指出：

溯稽乾隆五十八年，英吉利使臣请赏给附近珠山海岛一处，及附近广东省城小地方一处居住，窥伺之意于此已露其端。至嘉庆七年，泊兵于鸡头洋，欲在老万山居住。又越数年，彼国为法兰西所败，急思报复，在老万山外劫掠法兰西及吕宋货船，不使至粤，狡焉思逞，桀骜难驯。其意以为西洋夷得居澳门，免纳货税，彼国市场为数较多，亦欲盘踞老万山，以遂其牟利之计，因之拒截他国，俾贸易稀少，则彼可以坚其垄断，用是，诈谋百出，不如所欲，遂有嘉庆十三年，借保护澳夷为名，阴图占据之事。④

梁廷枏对西方诸国清初以来的侵略行径进行了追溯，尤其是对英国侵略中国的野

① 中国第一历史档案馆、鸦片战争博物馆合编：《明清虎门皇宫秘档图录》，"两广总督卢坤奏折硃批"，北京：人民出版社，2011年，第136页。

② （清）关天培：《筹海初集》，卷1，清道光十六年（1836）刻本，《近代中国史料丛刊》，第43辑，台北：文海出版社，1969年，第88-95页。

③ （清）林则徐：《林文忠公政书·使粤奏稿》，卷2，《覆奏查虎门排练炮台折》，清光绪三山林氏刻，林文忠公遗集本，广州市文物考古研究院藏。

④ （清）卢坤、邓廷桢主编，王宏斌等校点：《广东海防汇览》，卷3，"舆地2"，"险要2"，石家庄：河北人民出版社，2009年，第69页。

心已有深刻认识。

在书中，他提出了"他省海防，止防海寇，粤省则防夷人"（卷三按语），因此他在介绍海防情况时，处处有意强调防夷。如卷三云："九洲洋，在龙穴南一百四十里，有巨石九，相聚于中流，夷船入境之孔道也。狮子洋，在阇西山，西上通省会……凡番舶之赴黄埔者必由于此。蠔墩，在狮子洋北二十里，凡夷舶之赴黄埔者，必停泊于此。"[①]刻意指出夷船经过，防夷的意图很明显。另外，其书关于广东的海防地理思想与《筹海初集》类似，均强调在虎门层层设防。林则徐"奉命以海事来，索阅称善"[②]，事实证明了《广东海防汇览》确实是一部绝佳的应时之作。[③]

当然，《广东海防汇览》也存在一些缺点，如对清政府的危机认识还不够全面，对西方列强军事技术等方面的强大优势认识也不充分。凡例云："自昔鲸鳍鼓浪，大率螳臂当辕，我朝风教涵濡，海邦清晏，……今则阳春普照，函夏无尘。"[④]

律劳卑事件是一个重要的转折点。这次入侵使清朝统治者深刻感受到了外夷的威胁，在战略上，已把列强视为重要的海防对象，做出了一些切实的行动。虽然这两部著作体现了作者还有保守自大的缺点，但事实证明他们的努力是有效的。1839年鸦片战争打响后，在战争初期，"南海长城"确实起到了一定作用，"夷人技无所施"[⑤]，于是便转攻定海。

清朝中前期，广东依据明朝的海防思想和海防战略进行军事部署，朝廷对广东的海防地理的基本认识是：广东海疆分为东路（潮州府、惠州府）、西路（肇庆府、高州府、雷州府、琼州府、廉州府）和中路（广州府）三大方向，外加海南岛。其中清政府对东路最为重视，源于历史上倭寇进犯潮州等地的经验，因此认为惠、潮防务颇为要紧。

康熙年间，工部侍郎杜臻曾巡视广东、福建，他对广东海防形势的认识具有一定的代表性。他在《粤海巡视记略》中说："议者谓：广东海防当分三路，三路者，左为惠、潮，右为高、雷、廉，而广州为中。东路与福建连壤，而潮为岭东之巨镇焉，拓林、南澳俱系要区，枕吭抚之防，不可一日缓。"[⑥]在他看来，广东海防东路最为要

---

① （清）卢坤、邓廷桢主编，王宏斌等校点：《广东海防汇览》，卷3，"舆地2"，"险要2"，石家庄：河北人民出版社，2009年，第73-74页。

② （清）梁廷枏撰，杨芷华点校：《艺文汇编》，"《广东海防汇览》后序"，广州：暨南大学出版社，2001年，第353页。

③ 陈恩维：《梁廷枏与地方海防通史〈广东海防汇览〉》，《中国地方志》2010年第10期。

④ （清）卢坤、邓廷桢主编，王宏斌等校点：《广东海防汇览》，"凡例"，石家庄：河北人民出版社，2009年。

⑤ （清）丁晏：《颐志斋文钞》，"关忠节公传"，国家清史编纂委员会：《清代诗文集汇编》，第587册，上海：上海古籍出版社，2010年，第2页。

⑥ （清）蔡廷炳：《海防篇》，（清）王锡祺辑：《小方壶斋舆地丛钞》（9），杭州古籍书店影印，内部发行，1985年，第12页。

紧，东路以防范外寇以及台湾郑氏势力的骚扰为主。①

广东的海防战略正是依据这样的地理特征和指导思想来进行布防的。直至嘉庆十四年（1809），清政府在东莞虎门（属中路）重设水师提督之前，广东只设陆路提督一人统领陆师和水师，而广东陆路提督的驻地设在惠州，可见清政府对于广东东路海防的重视。

到了清代，人们逐渐认识到广东中路海防的重要性。"岭南滨海诸郡，左为惠、潮，右为高、雷、廉，而广州中处，故于此置省，其责亦重矣，环郡大洋，风涛千里，皆盗贼渊薮，帆樯上下，乌合突来，楼船屯哨，可容缓乎！"②中路具体如何防守，陈伦炯曾指出："广省左捍虎门，右扼香山，而香山虽外护顺德、新会，实为省会之要地。不但外海捕盗，内河缉贼，港汊四通，奸匪殊甚，且共域澳门，外防番舶，与虎门为犄角，有心者岂可泛视哉？外出十字门而至鲁万：此洋艘番舶来往经由之标准。"③这些地方都是防御的重点，其中香山县在整个广东中路海防中处于突出的地位。

确实，在平定倭寇之后，接踵而来的是西洋人在澳门的留驻，而广州具有"外防番舶"的重要地位引起许多官员更多的关注，海防不敢松懈，进而建立起一套更细致的防御机制。随着西方列强的不断入侵，中路省防变得越来越重要，成为重中之重。

2. 广州海防地理思想的新起点

1840 年的鸦片战争使中国进入裂变时期。在这个历史节点上，产生了第一批开眼看世界的知识分子，成为思想界的杰出代表，其中以魏源的思想最为典型，而魏源因《海国图志》的广泛传播而闻名于世。

魏源《海国图志》中的海防地理思想是基于第一次鸦片战争失败的反思：

水道要口，宜堵塞严防也。此时夷船既破虎门，深入堂奥。查省河迤东二十余里，有要隘曰猎德，其附近二沙尾，两处皆有炮台，其河面宽约二百丈，水深二丈有零。又省河西南十五里，有要隘曰大黄滘，亦有炮台，其河面宽一百七丈，水深三丈余尺。若前此果于该两处认真堵塞，驻以重兵，则逆夷兵船万难闯进，省垣高枕，何须戒严。乃既延误于前，追悔无及。今夷船正于此两处要隘，横亘堵截，使我转不能自扼其要，几如骨鲠之在咽喉矣。唯有密饬近日往来说事之员，督同洋商，先用好言诱令夷船退离此两处，而在我则密速备运巨石，雇齐人夫，一见其船稍退，即须乘机多集夫兵累千，连夜填塞河道，一面就其两岸厚堆沙袋，每岸各驻精兵千余，先使省河得有外障，

① 鲁延召：《明清时期广东海防"分路"问题探讨》，《中国历史地理论丛》2013年第28卷第2辑。

② （清）卢坤、邓廷桢主编，王宏斌等校点：《广东海防汇览》，卷3，"舆地2"，石家庄：河北人民出版社，2009年，第63页。

③ （清）陈伦炯：《天下沿海形势录》，（清）贺长龄等编：《皇朝经世文编》，卷83，"兵政14"，《近代中国史料丛刊》，第74辑，台北：文海出版社，1972年，第2027-2029页。

然后再图进剿。此事不可缓图，尤不可偏废。若仅驻重兵而不塞水道，则夷船直可闯过，虽有兵如无兵也。仅塞水道而不驻重兵，则逆夷仍可拔开，虽已塞犹不塞也。塞之驻之，而不堆沙袋，则以兵挡炮，立脚不住，相率而逃，仍犹之乎不塞不驻也。此两处办成后，应致力于内洋之长洲冈及蚝墩，最后则筹及虎门。彼处有南沙山巨石可采，如何堵塞，容再酌议。[①]

　　魏源认为虎门及外海防御并不是最重要的，最重要的是"省河要口"的防御。他分析诸如香港之类的沿海岛屿不足以防御，因为它孤悬海外，地距广州四百余里，距虎门二百余里，好比"粤之舟山"；虎门也居于次要地位，首先因为沙角、大角山炮台远隔虎门之外，江面辽阔，大炮仅及中泓，不足以遏夷兵舰；外夷与我国通商，必经虎门到达黄埔方能贸易，不与通商，外夷虽居香港亦无妨害；他认为还应该拆除四方炮台，该炮台处于省城后山，俯视全城，乃国初王师破城所设，是攻城的要害，而非守城之要。该炮台射程也有限，不能攻击夷船，如果被敌军占领，会被利用俯击城中，反受其害也；"其猎德及二沙尾，虽沉船塞石，而无兵炮守御，夷船至可拔而除之。"[②]针对鸦片战争中的这种情况，他认为设置水障应与兵炮配合使用，缺一不可。两岸驻兵千余，这个数量是很大的，相当于清代绿营2~3个营的编制。

　　魏源从鸦片战争中认识到了西方列强的船坚炮利，于是提出了"师夷长技以制夷"的口号，这在当时是比较先进的思想。他对西洋火炮尤为重视，《海国图志》收录了丁拱辰的《西洋低后曲折炮台图说》《西洋圆形炮台图说》《润土炮台图说》《炮台旁设重险说》等，详细介绍西洋炮台的建筑技术。

　　其实，炮台代替城堡成为最重要的防御工事经历了一个量变的过程。清以前大都是以城堡为中心构筑防御工程。自明入清，广东海防工程发生显著变化，主要表现为城堡的非军事化趋向以及炮台取代城堡居于海防一线的地位。康熙五十七年（1718），广东总督杨琳"题请于各属海口要隘堪以泊船登岸，凡有淡水可取之处，均相地堡添设，改筑炮台、城垣，共一百一十六座。安置炮位，派拨官兵防守"[③]。当时清军海防任务主要在于防盗，其时海盗尚不成规模，设置炮台也是因地制宜，重在防守，所以早期炮台是设置在交道要道和淡水汲取处。杨琳认为这些炮台的设置"以高临下，遇有

---

　　① （清）魏源：《海国图志》，卷80，"筹海总论4"，"答奕将军防御粤省六条"，清光绪二年（1876）平庆泾固道署重刻，影印本，广州市文物考古研究院藏。

　　② （清）王之春：《防海纪略》，中国史学会主编：《鸦片战争》（6），上海：神州国光社，1954年，第179页。

　　③ （清）卢坤、邓廷桢主编，王宏斌等校点：《广东海防汇览》卷31，方略20，"炮台1"，石家庄：河北人民出版社，2009年，第807页。

贼船，开炮攻打，立成虀粉。一台之设，胜于兵船数十；一堡之兵，可当劲卒千余"①，从这里可以看出地方大员对炮台的重视。在清代，炮台成为主流有四个方面的原因：首先，军事体制变革是海防工程嬗变的背景因素；其次，驻防格局变化是海防工程嬗变的现实需求；再次，防御目标转移是海防工程嬗变的直接动因；最后，火炮技术提升是海防工程嬗变的物质基础。②《海国图志》对炮台给予了高度的重视，该书的海防地理思想对后世也产生了极大的影响。

（二）清末广州城的防御体系及相关史实

已有研究者将清代整个广州防御分为"城防、江防、海防"三部分，城防主要包括广州城本身的防御以及城北炮台，也包括城下珠江沿岸的"护城"炮台，是一种"固态"和"流态"相结合的防御体系。

1. "固态"的城墙防御

明代黄佐记广州之"城池"："城周三千七百九十六丈，计一十五万一百九十二步，高二丈八尺，上广二丈，下广三丈五尺"，且"为门七，曰正北，稍东曰小北，曰正东，曰正西，曰正南，稍东曰定海，稍西曰归德。城门楼七，敌楼七，警铺九十七，雉堞一万七百，城东南西之外，因旧浚池周二千三百五十六丈五尺"。此外，又在北门外筑瓮城，东门之北城下置小水关，于越秀山左筑五层楼，名曰镇海。城墙外是护城河，"广州城下，汉唐以来濠三面，皆临海"，分别是东濠、西濠、南濠和清水濠。③在此详细引用葡萄牙人克路士的游记《广州城特写》第一部分的描述，作为一个切面，并与方志之记载相比照，借此贴近当时之情形：

它四周有坚固的城墙，构筑良好，也相当高。中国人声称，城墙自建筑以来已有一千八百年，但看上去几乎是新的。城墙很整齐，没有裂口、窟窿或缝隙，也没有丝毫使他毁坏的形迹。其原因在于，城墙是用够一个人高的活动石块构筑，上面砌有泥土制成的、颇像瓷碗质地的砖头，因此墙十分结实……这座城（其他城也一样）一面临江，（和其他城一样）沿江筑城，很像是在濠堑之内，因为城的另几面是被一条灌满水的宽大濠堑围绕。这条濠和城墙之间有足够的地盘，可集合一支大军。挖掘濠的泥土堆在它和墙之间，因此墙的根部比其他地方高出许多。不过在濠以外，此城仍有

① （清）卢坤、邓廷桢主编，王宏斌等校点：《广东海防汇览》，石家庄：河北人民出版社，2009年，第806页。

② 唐立鹏：《从城堡到炮台：清初广东海防工程嬗变考略》，《地方文化研究》2016年第2期。

③ 嘉靖《广东通志》，卷15，"舆地志3"，明嘉靖四十年（1561）刻本，《广东历代方志集成》，省部（2），广州：岭南美术出版社，2006年，第380、381页。

一大缺点，那就是河对岸上，城墙和濠之外有一个可俯视墙内全城的山头。城墙有七道门。城门宏伟高大，坚固而构筑良好，上有雉堞，不是方形，倒像台阶。城墙的其他部分没有雉堞。城门墙厚有十二步，城门从上到下包有铁皮，前有极坚实的吊闸，一直升起，从不放下，但准备在必要时使用。城门在入口处都有胸墙。沿河郊一侧的胸墙，每堵有三座门，一在前，两在侧，供沿城墙的街道使用。胸墙跟内墙差不多一般高，胸墙前的门像内墙的门，也有吊闸。胸墙的旁门不大。非郊区的其他土地一侧，胸墙仅一门，这道门不是正对着城墙，而是开在旁边。①

上述文字，基本将一座背山沿江的城池的外部形态展现出来。另外，克路士与黄佐都提到城墙、雉堞、城门、楼、警铺、瓮墙（即克路士云之"胸墙"）与沟池，其实这些亦是城防在固态方面的基本组成因素。明代末年开始，随着红夷大炮等火器的引入，炮台成为帝国防御体系的重要组成部分，亦因此成为城防的要素。以下尝试对这几个方面分别做一简要介绍。

首先是城墙和雉堞。克路士云"泥土制成的、颇像瓷碗质地的砖头，因此墙十分结实"，指的就是明代以来对夯土城墙进行包砖后的城墙的常态（沿海的海防城多用石块石条，此处主要指行政中心之"城"）。古代的城墙、台基往往是夯筑的。夯土是一层层夯实的，结构紧密，一般比生土还要坚固。汉代以后城池多呈现此种样态，因而又叫"土城"，明代则开始对城墙进行大量的包砖②，因此造成克路士的此种印象。雉堞则是指城墙上修筑的矮而短的墙，守城的人可以借以防止袭击，掩护自己。广州的这堵城墙经过明清之际的战争，以及清代长期的承平，到了19世纪早期，已经颇有破败了。另外一位传教士裨治文敏锐地察觉到城墙军事防御力之不足，两者相隔两百多年的描述，或可相互参考：

城墙部分用石、部分用砖砌成。石头主要是粗糙的砂岩，用来砌筑城墙的墙基，墙体的下部及城门的拱洞；砖是小块的砖，质地松软。在好几处地方，特别是沿东城一代，城墙被风雨侵蚀得很厉害；可以清楚地看出，在勇武善战的现代敌人面前，这城墙的防御作用是不大的。墙体几乎是垂直地笔立，各处高低不一，从25至35或40英尺。厚度为20至25英尺。北边的城墙最高，最坚固；显然因为敌人最可能从这个方向发动攻击。整个城墙的顶部建有雉堞，每隔几英尺的间距开着箭孔。中国人把雉堞叫做"城人"。③

---

① ［葡］克路士：《中国志》，［英］C.R.博客舍编注，何高济译：《十六世纪中国南部行纪》，北京：中华书局，1990年，第65—66页。

② 张驭寰：《中国城池史》，天津：百花文艺出版社，2003年，第323—324页。

③ ［瑞典］龙思泰著，吴义雄等译，章文钦校注：《早期澳门史》，北京：东方出版社，1997年，第58页。

我们接下来看看城墙上下的若干相关的规制，最重要的是城门与城楼，之后是警铺以及汉代以来颇为常见的瓮城。在每个古城中，由于人们出入的需要而建设城门，当然也随之而有门楼。一个城池中在东西南北四个方向都开城门，主要是根据道路交通、军事防御性能以及战略而决定的。而城门之上必然建楼，主要目的是标示城门的位置，便于观察出入该城的人，也可以远窥敌情，准备警戒。门楼大都一至两层，个别三层。一般一个城门做一个门洞，在都城则往往有三个甚至五个门洞的情况。①

除了正式的城门外，为了便于行走，又会开便门。便门之门楼一般较为简单。城楼，是指设在城上用来瞭望的楼台。城楼有时作为主城的一部分，有时则作为城墙的防御要塞，多设置于城墙的四角和城门上方。除了门楼以外，广州城还有黄佐提到的敌楼，清代方志中还提到角楼，广州城"城北镇海楼一，角楼四，窝铺七十七，雉堞二千二百七十九"②。楼是为加强防御而建，有两种情况，一种是将楼设于城墙之上，城台并不突出，另一种是将敌楼单独设立，建在城外的西北角二十至三十米处。角楼者为城墙转角之楼也，可以观察两面方向而至四面的方向，是登高望远的哨所。空心楼之设与敌楼相类，主要为防御之目的。警铺亦与防御相关。在城墙上每隔一定距离会搭建一小型岗亭，供士兵站岗之用，即为警铺。③

瓮城，又称月城、曲池，是古代城池中依附于城门、与城墙连为一体的附属建筑，多呈半圆形，少数呈方形或矩形。当敌人攻入瓮城时，如将主城门和瓮城门关闭，守军即可对敌形成"瓮中捉鳖"之势。而当人们出入城门之时，先从这个小型城区出入。瓮城之建制是中国特有的，无论在军事防御、战略进攻以及平日之防守上，都是必然着重建立的。④今考古发现广州中山七路有明代瓮城遗址。⑤

"池"亦称"濠"，即护城河，引水注入人工开挖的壕沟中，形成人工河作为城墙的屏障，维护城内安全，阻止攻城者的进入。这是在防御手段上对水的妙用。一般护城河内沿筑有"壕墙"一道，外逼壕堑，内为夹道，大大提高了护城河的防御作战能力。另外，在建设城池之时引河入城，必然要经过城墙，因此要设置水门，亦称水关。水门式样与城门基本相同，不同的是水门不做木板门扇，不能用双扇门来开启与关闭。⑥倚江而建的广州城，主要是东、西、北水关。传统的"城"与"池"之外，炮台亦是明

---

① 张驭寰：《中国城池史》，天津：百花文艺出版社，2003年，第334-336页。

② 乾隆《广州府志》，卷4，"城池"，清乾隆二十四年（1759）刻本，《广东历代方志集成》，广州府部（4），广州：岭南美术出版社，2007年。

③ 梁敏玲：《明清广州的城防》，北京大学硕士学位论文，2009年。

④ 张驭寰：《中国城池史》，天津：百花文艺出版社，2003年，第342-343页。

⑤ 详见第二章第一节中的"西门瓮城遗址"。

⑥ 张驭寰：《中国城池史》，天津：百花文艺出版社，2003年，第404页。

末至清代城市防御体系中的重要组成部分。[1]

2. 城北炮台的沿革及其效用

炮台，顾名思义就是架设火炮的台基，是随着火炮的发展而出现的一种战时工事。炮台一般设在进可攻、退可守的战略要塞，上设两门以上的火炮。明朝后期，欧洲各地相继制造出在构造和性能上都比明朝前期火铳更优越的火绳枪炮，而这些枪炮传入中国又对明末清初的军事产生了重大的影响。其中最早传入中国的西方火器是 16 世纪中后期明政府引入的佛郎机炮。除了佛郎机炮，明代引进的著名西方火炮还有铜发贡和红夷大炮。

清初的城防炮台集中在广州城北，从顺治到雍正共建了 6 座，顺治十年（1653）建永宁炮台、耆定炮台（土名中心岗）、拱极炮台；雍正十年（1732）在北门城内观音山（即越秀山）顶上建神安炮台；雍正十一年（1733）在乌龙岗山顶上建保厘炮台；[2]雍正十二年（1734）建保极炮台。这些炮台在第一次鸦片战争中被毁，旋即修复。在修复的同时在城北又增建了两台，即城北飞鹅岗上的东、西得胜炮台[3]，此时城北共有 8 个炮台（图二四三）。第二次鸦片战争中这些炮台再次被破坏。之后除北城内的神安炮台被弃外，其余 7 个炮台在同治三年（1864）被修复保存。[4]此后由于广州改建西式炮台，城北这些旧式中国炮台渐被废弃。

象岗位于广州市越秀山的西侧，是一座高

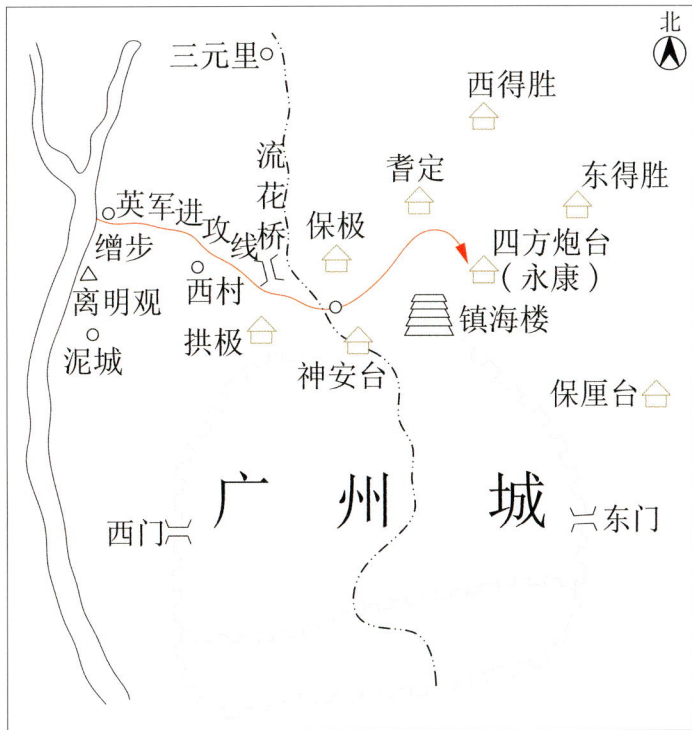

图二四三　第一次鸦片战争时期广州城北八台图

① 梁敏玲：《明清广州的城防》，北京大学硕士学位论文，2009 年。

② （清）顾炳章：《虎门内河炮台图说》，广东省文史研究馆编：《三元里人民抗英斗争史料》，北京：中华书局，1978 年，第 427—431 页。

③ （清）顾炳章：《虎门内河炮台图说》，广东省文史研究馆编：《三元里人民抗英斗争史料》，北京：中华书局，1978 年，第 428 页。

④ 黄利平：《方志所见清代广州炮台》，《中国地方志》2015 年第 1 期。

49.71 米的风化石英岩山冈，东侧与越秀山主峰——越井冈相连。其西面原有芝兰湖，唐朝时芝兰湖仍是一处避风塘，到明代已淤塞，今象岗西面的芝兰里是其遗迹。顺治十年（1653）在岗顶建拱极炮台，与邻近的保极、永康（又称四方炮台）、耆定三炮台连成守卫广州城北的防线。二十世纪五六十年代，象岗划为军事用地，到七十年代楼宇店铺已遍布岗麓，仅存顶部犹如一孤丘。

象岗曾经有固岗、席帽山、象山等称谓。明洪武十三年（1380）扩建广州城，合宋代三城为一，又开辟城北的山麓，拓北城八百丈，凿象岗为北门。从此，象岗于越秀山分开成一孤立的山岗，因凿山而拓宽的大北外直街（今解放北路北段），自明清以来一直是出入广州城北的重要通道。

城北炮台虽居制高点，但作用有限。"盖广东外城卑薄，而城外市廛鳞次，必应扼其要口，以为外障。至四方炮台，踞省城后山，俯视全城，乃国初王师破城所设，是攻城之要，非守城之要也。事平后早宜毁拆，而阻其上山之径，乃不严守省河要口，而反守四方炮台，即使不失守，其炮能遥击夷船乎？抑将俯击城中之人乎？"①魏源认为应该拆除四方炮台，该炮台处于省城后山，俯视全城，乃国初王师破城所设，是攻城的要害，并非守城之要。该炮台射程也有限，不能攻击夷船。城北设炮台适合攻城，不利于守城。第一次鸦片战争期间，英军占领这些炮台后，轰击城内。

清人顾炳章的《广州永康等炮台工程》写于道光二十七年（1847）三月二十一日，"查永康台正对省城北门，该台建在山顶并无围墙，原配铁炮二十二门，炮架并不灵动，居高俯击未能得力，万一被匪占据炮台，对面攻城不可不预为筹划，现拟将台内炮位移运于台下，各处要路相机安放，拨派兵勇扎营防堵，既可拒敌，亦资援应。至台内兵丁二百名亦属过多。拟留台兵丁五十名管带抬枪"。此文字为禀呈"两广总督部堂耆英"，具禀报理由"查勘永康炮台地势过高，拟将炮位运放台下营盘，其台内改用抬枪，以期得力"。②永康炮台就是四方炮台，永康台在临近小北门的越秀山顶上，铁炮实际上用不上，没有围墙保护，容易被土匪抢夺，抢夺后又有可能掉转炮口轰击广州旗城，因此才把铁炮撤换下来，将抬枪放上去。③

"其保厘一台，距城较远，山势亦较低，工程应稍从缓。"④保厘炮台离城远，山势

① （清）魏源：《海国图志》，卷1，"筹海篇"，清光绪二年（1876）平庆泾固道署重刻，影印本，广州市文物考古研究院藏。

② （清）顾炳章等辑：《广州永康等炮台工程》，陈建华、曹淳亮主编：《广州大典》，第332册，第37辑，史部政书类，广州：广州出版社，2015年，第418页。

③ 沈林：《清代广州旗境粤秀山炮台历史钩沉——永宁与永康炮台辩证》，《满族研究》2013年第2期。

④ （清）郭嵩焘：《郭侍郎（嵩焘）奏疏》，卷5，"修复附省陆路各炮台工竣派拨弁兵防守疏"，《近代中国史料丛刊》，第16辑，台北：文海出版社，1968年。

低，作用更小。"岸上向前进的部队猛烈扫击已经相当久了，但是并没有效力，炮弹还没有射到就落地了，而地面的性质又很宜于藏躲。上午九时左右，有一部分炮兵已经赶上来了。炮兵回击敌人。这时敌人的炮弹已经落在兵士们的近旁，但并没有创祸。" ① 鸦片战争中英军登陆泥城后，向城北炮台进发。清军炮台落后，射程有限，加上地势较为崎岖，易于躲藏。

"四月四日，英军占领泥城、四方炮台"，"泥城及四方炮台，一日皆失"。② 城北炮台一天之内就被英军攻破，可见其在第一次鸦片战争中发挥的作用有限。

城防的"固态"方面，炮台的增筑可谓此时另一大变化。明清战争之时，李成栋已经修建了东、西两座炮台，及至顺治十年及十一年，又在城北和城西修筑了拱极、西宁炮台。到了康熙年间，更在广州城周边修筑了不少炮台。这些炮台及在炮台上负责防御的绿营官兵，是清代广州城防的重要组成部分。

3. 八旗与绿营的驻防分工与配合

八旗和绿营两套系统都对广州城的防御负有一定的责任，因而，中间少不了交叉与配合。八旗兵丁除了屯驻在地界内，在各堆卡和栅栏处巡逻外，原本负责广州老城城墙全部的防御。后来乾隆年间裁汰军标，因此和广州城守协有所分工：

广州城周一十二里半，长二千二百八十四丈有奇，高三丈二尺，堞口二千五十有五，炮房二百五十间，安炮二百尊，另八千觔大炮三尊，堆卡四十间。旧制本归军标弁兵防守。乾隆三十三年，奉文裁汰军标后，半归旗兵（自归德楼西边起至西城楼，归满洲；自西城楼北边起至大北楼东边止，归汉军，各分八旗防守），半归广协防守（自归德楼东边马道起，迤东北至大北楼东边马道止）。③

与城守相关的还有各城门的驻防以及钥匙的分配。在汉军"出旗为民"以前，八旗汉军负责各内门的驻防。后因京营满洲旗人的到来而形成满汉合驻的态势。老城外的瓮城则由抚标兵丁负责防御。尽管如此，老城八城门的钥匙还是全部掌握在将军手中，开城门前需到衙门领取。至于新城的城门，正如上文提到的，一直都是城守协负责防御（图二四四）：

① ［英］宾汉著，寿纪瑜、齐思和译：《英军在华作战记》，广东省文史研究馆编：《三元里人民抗英斗争史料》，北京：中华书局，1978年，第360页。

② 宋其蕤、冯粤松：《广州军事史》（下），广州：广东经济出版社，2012年，第28页。

③ （清）长善等修，刘彦明纂：《驻粤八旗志》，卷2，"建置·城防"，《续修四库全书》，第860册，上海：上海古籍出版社，2002年。

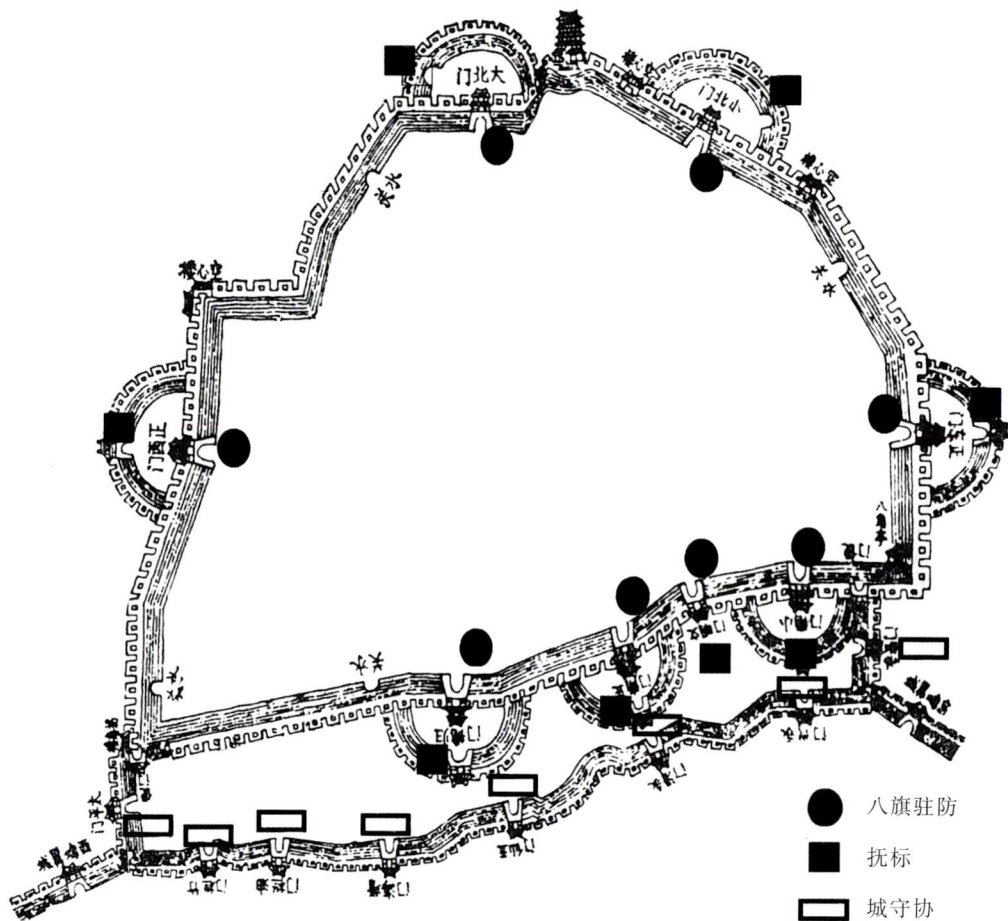

图二四四　各城门驻防示意图①（长善等修，刘彦明纂：《驻粤八旗志》，卷2，"建置·城图"，《续修四库全书》，第860册，上海：上海古籍出版社，2002年）

各城门则以满汉防御骁骑校一员专管之，每门派汉军领催二名，兵八名，轮班严防，以司启闭。其各门外瓮城虽派抚标弁兵驻守，而八门内外钥匙仍归将军衙门收存。各门五鼓赴衙领匙，黎明开城，后即呈缴。每匙咸有阴阳信符牌……外城由西南拐角楼起，环绕至东南贡院前高炮楼止，长一千一百二十四丈，高二丈八尺，为门八。西曰太平，西之南曰竹栏，油栏，南曰靖海，五仙，永清，南之东曰永兴，东曰永安（俗名小东），皆守以广协弁兵。②

城门驻防初制，本汉军兵防守，迨满洲兵兼驻，则改满汉兼派。嗣因满洲兵少，

---

① 乾隆三十三年（1768）起，老城周城半归旗兵、半归广协，道光二十一年始周城全归旗兵分段防守，此处乃后述情况之标示。

② （清）长善等修，刘彦明纂：《驻粤八旗志》，卷2，"建置·城防"，《续修四库全书》，第860册，上海：上海古籍出版社，2002年。

故领催兵专派汉军，官则满汉轮派。从城门钥匙的掌握能够看出八旗对绿营之监视功能，所谓绿营守城，八旗掌匙。①

总体来说，在统治者的制度设计中，"无事则以绿营备巡卫而生民安，有事则以旗兵制其后而国势壮"。所谓"隐而不露"，八旗的监视和威慑作用是潜在的，因此八旗兵丁显示出来的"坐糜岁月不起作用"，反而正是清朝统治者的初衷。②就广州城而言，虽说集中驻扎在八旗地界的八旗兵多少是"画地为牢"，但除了地界周边外，广州八旗兵丁还在老城墙、城门各处防守、放哨、巡逻，处理各项突发事件，是广州城防御体系的重要组成部分（见表三）。

表三 乾隆年间各处炮台官兵设置之情况③

县属	炮台	位置	官	兵	炮位
南海	拱极炮台（顺治十年建）	城北，离城半里	将军标官一员	二十名	十二位
南海	保极炮台（雍正十二年建）	城北，离城半里	将军标官一员	二十名	十一位
南海	西宁炮台（顺治十一年建）	城西南，离城四里，近河	将军标官一员、右翼镇标贴防官一员	二十名、十四名	十一位
南海	西关炮台（雍正十一年建）	城西南，离城五里，近河	将军标官一员	二十名	十位
南海	东炮台	东鸡翼城嘴	千总一员	二十名	不详
番禺	东水炮台	城东南，离城一里，近河	将军标千总一员	三十名	二十位
番禺	永宁炮台	城北，离城一里	将军标千总一员	四十名	十二位
番禺	海珠炮台	城正南，珠江一座礁石之上	抚标千总一员	四十名	二十三位
番禺	保厘炮台	城东，离城一里	军标千总一员	二十名	十一位
番禺	奢定炮台	城北，离城一里	军标千总一员	二十名	十一位
番禺	观音山炮台	近洋	军标千总一员	十名	九位
番禺	狮子塔内洋炮台	近洋	镇标千总一员	二十二名	二十位

---

① 梁敏玲：《明清广州的城防》，北京大学硕士学位论文，2009年。

② 定宜庄：《清代八旗驻防研究》，沈阳：辽宁民族出版社，2003年，第57页。

③ 乾隆《南海县志》，卷10，"戎制"，清乾隆六年（1741）刻本，广东省立中山图书馆藏；乾隆《番禺县志》，卷9，"营汛、民壮、弓兵、屯田"，清乾隆三十九年（1774）刻本，《广东历代方志集成》，广州府部（19），广州：岭南美术出版社，2007年。

（三）西方传教士眼中的广州城防体系

在鸦片战争前的 19 世纪 30 年代，由美国公理会传教士裨治文（1801—1861 年）创办的《中国丛报》是当时广州相当重要的一份外国刊物。1833 年，裨治文写成《广州概述》，刊载在《中国丛报》上。他根据自己在西方城市的经验观察广州的规模以及它的各种机构、资源、行业和居民的性格，为的是"估计城市拥有和发挥着哪种力量"。正是出于这样的目的，裨治文的观察可谓细致。借助一位西方观察者的眼睛，可对当时的广州从整体到细部的防御有大略的认识：

全省的水陆军队估计（名义上）有 100 000 人，都是有固定限额，归总督节制。但总督可以单独直接指挥的军队，只有 5 000 人，而且驻在城外很远的地方。在所有平时的场合，除非总督要到远离广州的地方去，他总是由广州协（广州府的军事长官）的一支分队来护卫。在没有他自己的军队在身边时，这支分队就充当他的卫队，同时又构成这个城市差役的一部分。巡抚只有 2 000 名军队归其指挥；将军则有 5 000 名，这使他在紧急的非常情况下有能力控制全城。……

城内正常驻军的人数估计不超过 7 000 名。紧邻市区有几座小炮台，城池本身也被认为是一个强大的堡垒。但按这两者的状况来看，对于防御的目的都起不到什么有价值的作用，甚至最近一场暴风雨就冲走了一座城门，在城墙上冲开一个宽宽的缺口。大多数炮台的装备都已拆卸，毫无防御；……在城市对面珠江河上的两座炮台，是广州附近的炮台的很好的样板。为了保卫城市，还设有所谓的骑兵和炮兵，但我们很少听说这两个兵种的情况，也从未见过……上谕指责军队懒散成风，"耽于逸乐，一若平民"。

城市的差役，从整体上来说，是警醒而有效的。除了执行巡城、捕盗等功能的差役之外，构成正常警力的还有许多街坊和私人安排的经常性的夜间警戒。在夜间，城市的几乎每条街道两头，都有坚固的大门关闭，每处大门附近通常有一个哨所。夜间的警戒由铃声或守望者不断弄响的某种类似的乐器作为标志。在冬天，火灾或盗窃的危险性大的时候，就在竹桩上搭起瞭望塔，高踞于众屋顶之上，构成双重的警戒。当发现盗贼，或城里任何地方发生火灾时，警报即通过守望者迅速从城市的一头传到另一头。如果有骚乱的人群在街头聚集时，很快便会被一顿猛烈的竹棍或鞭子打散。①

通过以上描述，我们可以获得不少有趣的信息，对那个时候广州的城墙、街道与房屋，人口与生活，多少能感知一二。事实上，在明嘉靖年间游历广州的葡萄牙人克路士笔下，我们也能找到不少类似的情景。在这种喧嚣热闹延续了多个世纪的地方，

---

① [瑞典] 龙思泰著，吴义雄等译，章文钦校注：《早期澳门史》，北京：东方出版社，1997 年，第 277、278 页。

裨治文的描述与文章关系最密切的莫过于其中关于"军队"与"差役"的内容了。裨治文提到了城墙与炮台的破败，这些防御工事的无力在日后的鸦片战争中得到了很好的验证，他也提到城内军队复杂的系统，包括城守协的军队与总督的统属关系以及在"差役"上的意义。回到上文的叙述，"差役"实际上包括了军队与地保的活动，以及"街坊和私人安排的经常性的夜间警戒"。在裨治文看来，这些系统运作良好，"警醒而有效"。不过，裨治文心中自有他比较的标准，我们不能就此认定那时城内的治安良好。但他的描述起码让我们细致地感受到了这些系统运作以及它们在一位西方观察者眼中所呈现出来的样貌。[1]

（四）战争对城防炮台的校验

1. 两次鸦片战争对广州城防的检验

广州城郊有数十座炮台环绕，离广州城最近的便是分别位于城墙东西两边的东、西炮台，城北的拱极、保极炮台，以及内河沿岸的永靖炮台与海珠炮台。此外，离城较近的还有沿江的猎德炮台与大黄滘炮台。平日，在这些炮台上防御的绿营兵丁一般只有 30 多名，甚至更少。炮台的意义与其他分散的汛地并无大异，只是作为政府维持秩序的一个点。1841 年 2 月，英军攻陷虎门要塞，沿江炮台先后被毁，广东水师大部被歼，英舰控制广州城外的河道。于是，清军主力一万余人收缩城内，城外水陆要隘被英军占据。自 3 月 18 日上午起，英舰由大黄滘北上，连克凤凰岗、永靖炮台、西炮台、海珠炮台和河南的一座沙袋炮台，并占领了广州西南角的商馆。到了 4 月底、5 月初，道光帝所调派的各省援军 1.7 万人全部到达，合之广州原驻清军，总兵力在 2.5 万人以上（图二四五）。根据茅海建的研究，奕山部署的广州城防如下：

新城东水关至西水关，城垣上派兵 4 300 名；四方炮台一带，派兵 2 500 名；越秀山派兵 1 000 名；小北门，派兵 500 名；贡院，留兵 1 000 名；不过，这种"严密"的布防不过都是陆军，在英军舰队的进攻之下，根本无法施展其威力。5 月 24 日，英军炮兵 300 余人在城西南商馆区登陆，主力 2 400 余人在城西增埗、泥城一带登陆。25 日清晨，英军主力集城北各炮台，占领进攻阵地，并轰击拱极、保极炮台。炮台守军溃退入城内。英军在越秀山上架炮俯射城墙工事及城内军兵，与城南舰队形成夹攻。城内两大火药局被击毁后，防御体系瓦解。之后，双方进入和谈阶段，直到三元里事件的发生，局面变得更为混乱。[2]

---

[1] 梁敏玲：《明清广州的城防》，北京大学硕士学位论文，2009 年。

[2] 相关史事参考马鼎盛：《论两次鸦片战争时期的广州城防战》，《开放时代》1988 年第 1 期；茅海建：《天朝的崩溃：鸦片战争再研究》，北京：生活·读书·新知三联书店，2017 年。

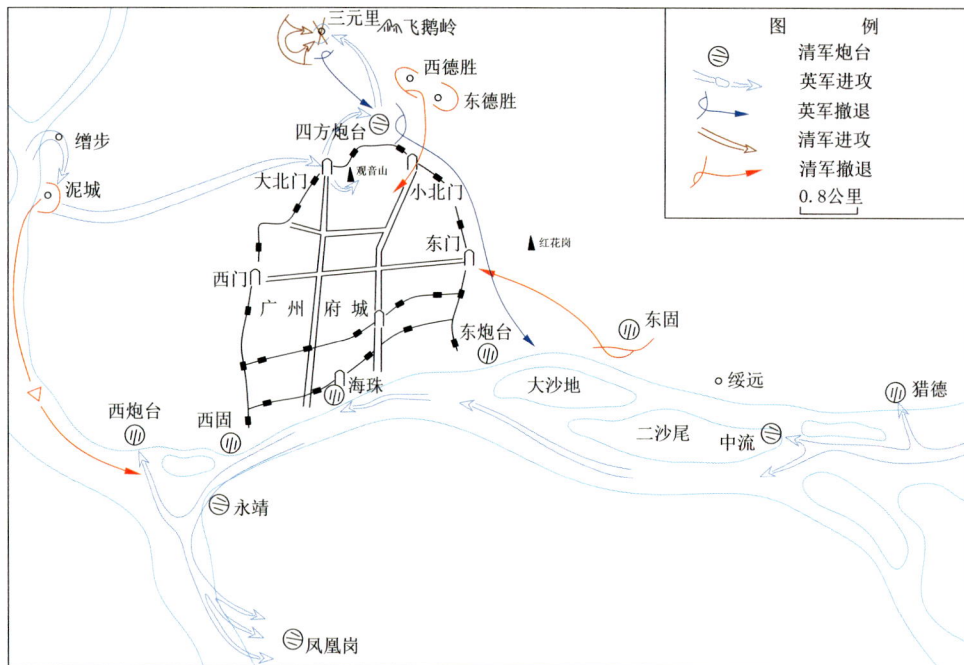

图二四五　第一次鸦片战争时期抗击英军入侵广州之战要图(1841.3—5)　（广州市地方志编纂委员会编：《广州市志》，卷13，广州：广州出版社，1995年，第169页）

第二次鸦片战争中的1856年10月，英舰队直入珠江，连陷猎德、凤凰炮台，占据广州东西水道要隘；又夺城南沿江各炮台，取得数十里江面通航权。之后，英舰炮轰南城外房，并对城内作示威性炮击。叶名琛避入内城。29日，英军从靖海门突入外城，毁平督署和靖海、五仙两城门，之后撤回。1857年12月，英法联军舰队直入省河，逼近广州。15日，后勤部队登陆河南。27日，联军小股部队占领二沙尾。28日，英法联军炮轰广州，城墙上工事被摧毁，城内督衙被焚烧，清兵缩入城内。次日凌晨，联军主力直扑城北各炮台及城墙，敌运榴弹炮上城助攻，守军不支，城墙被突破，敌沿城墙推进，占领观音山制高点。巡抚柏贵等出降。[①]至此，广州被英法联军占领。

2. 洪兵[②]之乱

1851年，太平天国运动爆发。这对于两广的守土之官来说，无疑是雪上加霜的大难题。大量的军费需求，迫使官府一次次向绅士要求捐款。这种做法加大了官绅之间的矛盾。加之19世纪50年代初广东遇到的自然灾害，抗税运动的进行，以及秘密社

---

①　关于两次攻城战的过程及前后一些细节问题，可参考马鼎盛：《论两次鸦片战争时期的广州城防战》，《开放时代》1988年第1期；七弦河上钓叟：《英吉利广东入城始末》，齐思和等编：《第二次鸦片战争》（1），上海：上海人民出版社，1978年。

②　光绪《广州府志》载："从逆者裹红巾，服梨园之冠，造洪顺堂、洪义堂印，设将军、元帅、先锋、军师伪号，名其堂曰：洪兵。"光绪《广州府志》，卷82，"前事略8"，清光绪五年（1879）广州粤秀书院刻本，广东省立中山图书馆藏。

会的再次积极活动（往往在社会不稳定的时候浮出水面），这一切成了洪兵之乱的背景。当 1854 年天地会众在广东各地纷纷起事的时候，这股力量渐渐聚集在了一起。他们的势力在省内大部分地区蔓延开来，先后攻克的州县城数几占全省一半，只剩下广州这个政治中心，还算是相对稳固地掌握在清政府手里。这使得这个城市变得更加恐慌，也进入了一段时间的戒严状态。一位西方观察者记录道：

> 城门紧闭了几个月，只有某几处地方可以放行，但防守很严。群众必须佩戴襟章，上列姓名、年龄和地址，所有从郊区进入城内的都要加以盘问。……慌乱十分严重，店铺关门，商业停顿，与附近地方断绝了交通，街道筑有防御工事。此外，在郊区，街上搭有高台以防火灾，或遇攻打时，人们可以借此逾越屋顶逃避他处。重要地点望楼密布，高踞街上，派人在内守卫、封锁十分严密，以致物价飞涨……①

然而，洪兵还是向省城进发了。不幸的是，在省城告急的时候，省外援兵进入广东时受阻，而从省内各地调来的援兵数量有限。当时，洪兵陈开率 10 万军队以佛山为基地，自西南北上；李文茂率军数万以佛岭市为大本营，直趋青龙桥，进扑西门；陈显良以三宝墟为后应，率众约 3 万从燕塘进攻东门；甘先由江村越萧岗至三元里，攻打城北炮台；林隆隔江陈兵，关巨、何博奋则拥海艘数千，环逼省河。②在这场守城战中，清政府集中在城厢的有限兵力，最终成功保全了城池："贼分三路扑省城，其在北路者，图夺城外炮台，守台兵大炮轰毙之。是时，抚标五百余名，壮勇五百名先由东门出接战，适城内八旗兵及团练余丁续至，枪炮如雨，东路贼败退。其西路贼斜趋西门之青龙桥草场汛，外委黄贤彪率汛兵百名及自募壮勇三百名截击，毙贼百余，余贼四窜。"③

（五）总结

广州清政府在兵临城下之际，依托城墙高厚、炮台环列等条件组织抵抗。这种被动的防御对洪兵这样的"寇匪"还是有效的，面对西方列强先进的军事技术则不堪一击。具体就城防炮台而言，还延续清初的固定思维，将炮台设置于城北制高点上，火炮技术落后，射程有限，城北炮台反被敌军利用而轰击城内。从西方传教士的眼中也可看出广州城防的虚弱无力、徒有其表。

---

① ［英］斯卡斯：《在华二十年》，广东省文史研究馆、中山大学历史系编：《广东洪兵起义史料》，广州：广东人民出版社，1992 年，第 1849 页。

② 林志杰：《1854 年广东洪兵围攻广州之役考辨》，《学术研究》2000 年第 6 期。

③ 光绪《广州府志》，卷 82，"前事略 8"，清光绪五年（1879）广州粤秀书院刻本，广东省立中山图书馆藏。

第四节　光绪年间的广州珠江沙路河道

鸦片战争后签订《南京条约》，广州成为"五口通商"的港口之一，外国商轮由香港、澳门至广州，大多经虎门、狮子洋入省河至黄埔长洲，中分南北两水路，南路经沙路、大黄滘至白鹅潭入省城，北路经鱼珠、猎德、中流沙、白鹅潭亦可入省城。为论述方便，将南路沙路河段称为沙路河道，将北路鱼珠河段称为鱼珠河道。因沙路河道比鱼珠河道更深广，外国商轮多择沙路入广州，沙路河道成为晚清广州中外贸易的交通要道。中法战争爆发后，广东海防形势严峻，两广总督张之洞派人塞断沙路河道，专由鱼珠河道入广州，极大地阻碍了西方各国商轮贸易往来，导致光绪年间清政府与西方各国围绕沙路河道问题展开了激烈的博弈。

目前，学术界多将焦点聚集在广州沙路炮台，如黄利平《浅说晚清广州江防重镇沙路炮台》，而对沙路河道较少关注，尚未见专文研究。因此，本文试图对清光绪年间广州沙路河道的地位进行界定，勾勒出中外博弈下沙路河道由"塞断防御"到"既塞既开"再至"撤栅通商"的变化过程，折射出清政府与西方各国在沙路河道问题上的互动图景，以此揭示近代中西互动和博弈的意图和实质。

（一）极冲之地：光绪年间广州沙路及河道地位的凸显

沙路古称沙亭，明末清初广东沙路人屈大均道："予之乡名曰沙亭"①，后因冲积淤塞形成沙堤又称沙路，位于珠江长洲岛南侧，现今广州市番禺区化龙镇，隔江北望鱼珠、牛山地区，地理位置十分独特。清代依广东全省海防形势划为三路或四路，其中广东中路为广州省防。清末广东水师提督李准又将广东中路分为四段：第一段为省防海路，其东出香港，西连澳门，经九龙寨、汲水门、大屿山至虎门；第二段为省防前路，外起虎门，内达牛山、长洲，分为南北两支，南支经沙路抵南石头、白鹅潭，北支经鱼珠抵中流沙、大沙头，南北两支均会于省河；第三段为省防旁路，一支西自蕉门、横门以达观音沙、潭洲等地区，另一支西自磨刀、虎跳、崖门到达西海、甘竹滩、五斗等处，两支均会于南石头以入省河；第四段为省防后路，此路由鱼珠登岸，向西至省城小北门。②省防前路，分南路沙路与北路鱼珠两支，外连省防海路，内接省城，起着外连内接的作用。与鱼珠南北河道相比，沙路宽至三百九十丈（约1 300米），深至三十六尺（约12米），鱼珠宽三百三十丈（约1 100米），深至二十六尺（约9

---

① （清）屈大均：《广东新语》，卷17，"宫语"，北京：中华书局，1985年，第462页。

② （清）李准：《广东水师国防要塞图说》，"广东沿海总图说"，陈建华、曹淳亮主编：《广州大典》，第331册，第37辑，史部政书类，广州：广州出版社，2015年，第842页。

米），沙路比鱼珠更深更宽，因此沙路较鱼珠行驶便利，向来轮船多择沙路进入省城。[①]特别是沙路地区，为珠江南支之尾，外接莲花山，内通南石头，距离长洲岛三里余，北与鱼珠、牛山地区隔江对望，面积约二方里，山高约五十米，山陡滩平，地理位置十分扼要。[②]

　　沙路、鱼珠、长洲等地区水道深广的地理特点，虽便于商船行驶，但也使得布防困难，这也使得长洲、沙路地区在清代中前期一直被广东官员所忽视，而将广州江防的重心放在省河靠内的中流沙、大黄滘、二沙尾等地区。这些地区河面相较沙路、鱼珠地区更狭窄，便于布防。如中流沙"河面宽二百四十丈（约 800 米——引者注），至深处十九尺（约 6.3 米——引者注），中流沙在省城东，江心有洲，东西横长，当珠江北支之中，天然关锁，亦资屏蔽"[③]。中流沙与沙路河道宽度相比，少了近一百五十丈（约 500 米），故曾任广东布政使的王之春言："广东省河广阔，惟东路二十里之猎德、二沙尾，西南十五里之大黄滘，河面稍狭，可以扼守。"[④]清嘉庆至道光时期，广州省河、虎门一带修建 160 余座炮台进行防御，主要集中于虎门以及省河北路的猎德、二沙尾、南路的大黄滘等地区，而长洲、沙路、鱼珠一带未发现修筑炮台的相关记载，即使该时期设有炮台，恐也是单个或点个炮台，沙路的地理位置并未凸显。

　　1840 年 12 月至 1841 年 2 月，英军攻陷虎门沙角、大角山、横档、靖远、威远等炮台组成的三道防线，"虎门各隘所列大炮三百余门，至是皆为夷有"[⑤]。英夷二月初七日，攻乌涌土炮台；初九日，夷人陷琶洲土炮台；初十日，夷人陷猎德炮台；十四日，夷人陷二沙尾炮台；二十一日，夷人陷大黄滘口炮台，遂扰惊南石头、东塱；二十六日，夷人攻凤凰岗土炮台、西炮台、永靖炮台、海珠炮台[⑥]（图二四六）。

　　鸦片战争后，两广总督张树声、曾国荃、张之洞等人对中路省防防御做了重新规划和调整。光绪六年（1880），张树声筹办广东海防时上奏朝廷："黄埔、常洲（即长洲，以下同——引者注）一带，中权扼要，亦宜有兵驻守，有台御敌，方能首尾相应。"1883 年中法战争爆发，法军分海、陆两路入侵中国的福建、台湾、云南、广西等广东周边地区，这刺激了清政府对广东长洲、沙路等地防务的筹办。张树声云："惟

①　《番禺县续志》，卷 2，"舆地志 2"，民国二十年（1931）刻本，广州市文物考古研究院藏。

②　（清）李准：《广东水师国防要塞图说》，"广东中路长洲各炮台形势险要详细图说"，陈建华、曹淳亮主编：《广州大典》，第 331 册，第 37 辑，史部政书类，广州出版社，2015 年，第 848 页。

③　《番禺县续志》，卷 2，"舆地志 2"，民国二十年（1931）刻本，广州市文物考古研究院藏。

④　（清）王之春：《防海纪略》，中国史学会主编：《鸦片战争》（6），上海：神州国光社，1954 年，第 179 页。

⑤　（清）王之春：《防海纪略》，中国史学会主编：《鸦片战争》（6），上海：神州国光社，1954 年，第 179 页。

⑥　广东省文史研究馆编：《三元里人民抗英斗争史料》，北京：中华书局，1978 年，第 5 页。

鄙人初意，原以虎门口外大角、沙角等山虽系第一重门户，而海面深阔，势较散漫，且迤西蕉门、横门等口，敌船均可绕出虎门之后，以长洲总扼诸路，两岸犄角设守，较有把握，是以拟先全力布置此处，以次再及虎门口外。"①至此，珠江的长洲、沙路、鱼珠等地区地理位置也越来越受到广东官府要员的关注和重视。

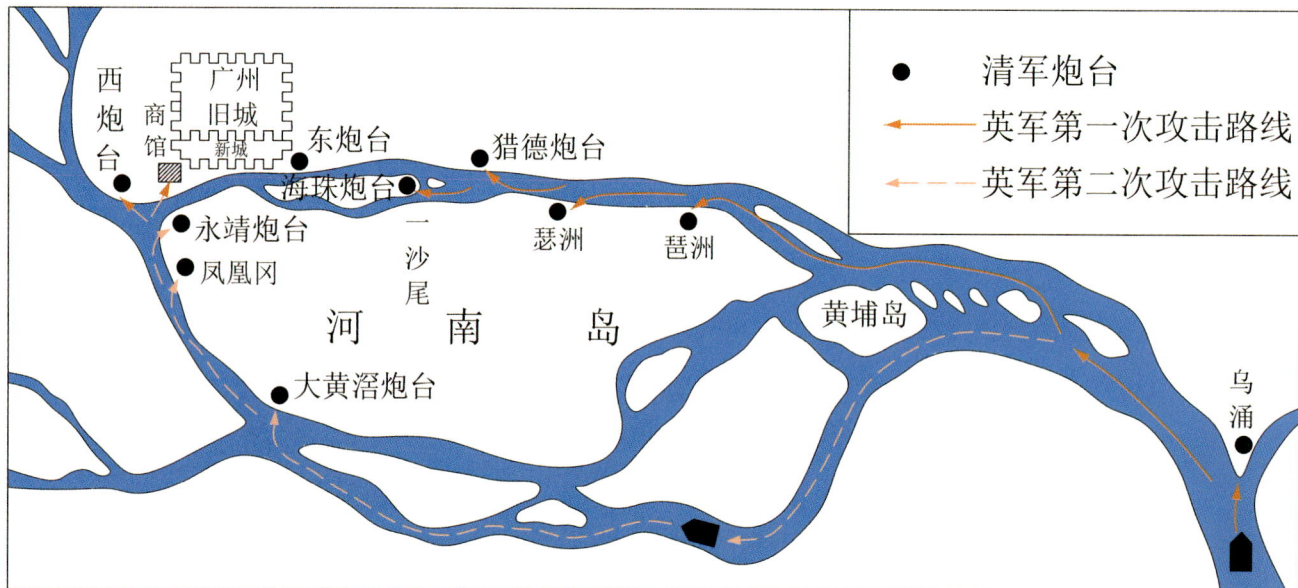

图二四六　广州内河战斗示意图（茅海建：《天朝的崩溃：鸦片战争再研究》，北京：生活·读书·新知三联书店，2017年，第253页）

　　长洲、沙路、鱼珠等地区的地理位置直到光绪时期才得到重视，不仅与时代大背景有关，如鸦片战争的战败和中法战争的爆发，亦与该时期西式大炮的引进密切相关。张树声、张之洞等人为地方洋务派，筹备广东海防，主张引进西式大炮取代中式火炮，以达到"师夷长技以制夷"之目的。据张建雄、刘洪亮的研究，中式火炮大多几百斤至1 000多斤不等，其射程一般只有300~400米，最多不超过1 000米，而早期购买的西式重型大炮最大射程在2 000米，有效射程约为1 500米。②上文提及沙路河宽约1 300米，鱼珠河宽约1 100米，中流沙河宽约800米，中式火炮射程最远不超过1 000米，从火炮技术层面而言，中式火炮射程能覆盖中流沙、大黄滘等地区，而无法覆盖沙路、鱼珠地区，这是嘉庆至道光年间广州江防重心设在中流沙、大黄滘等地区的原因。光绪年间张树声、张之洞等人引进西式大炮，其有效射程达1 500米，足以覆

---

①　邵循正等编：《中国近代史资料丛刊》（4），上海：上海人民出版社，2000年，第339页。

②　刘洪亮：《中英火炮与鸦片战争》，北京：科学出版社，2011年，第126页；张建雄、刘洪亮：《鸦片战争中的中英船炮比较研究》，北京：人民出版社，2011年，第146页。

盖沙路、鱼珠、长洲等宽广的河面，这也是广州江防重心从中流沙、大黄滘等地移至长洲、沙路和鱼珠地区的原因所在。

随着广东时局的演变以及引进西式大炮，沙路、鱼珠、长洲等地区的险要地理位置得以凸显，如宣统《番禺县续志》依据冲要等级将长洲、沙路、鱼珠、牛山等地升为极冲，而中流沙、观音沙等降为次冲①。清光绪时期，广州江防防御的重心也转移到长洲沙路地带，并逐渐加强长洲岛及两岸沙路、鱼珠等地炮台的修建和河道防御。

（二）塞断与开通：广州沙路河道问题上的冲突

光绪九年（1883），随着中法战争爆发，广州海防形势亦愈加严峻，催促了广东防务的筹办。经张树声、张之洞等人对广州沙路地区的筹划，从光绪十年（1884）开始，陆续在沙路马鞍山（今马腰岗）、石头山（又称石嘴山，今兵岗）修建炮台9座。沙路炮台与附近的长洲岛、鱼珠、牛山等地炮台互为联络，形如"品"字，被称为广州第二重门户，其与虎门地区以及省城附近的炮台，形成了近代广州"海防—江防—城防"炮台防御体系。②正是广东的严密布防，成为法国入侵目的较难得逞的重要因素。③当时长洲、沙路等地除了增设炮台之外，亦拟在河道设置拦截。曾国荃云："至于设守之方，与其仅防于水面，犹是孤注之势，不若兼防于两岸，可成犄角之形。"④曾国荃主张江岸炮台和河道拦截两者兼顾。为了方便对珠江河道的管理和防御，最初计划在北支鱼珠至中流沙间设置拦截防线两道，沙路水道亦设置拦截防线两道，外沉船石，内作桥桩。后因各国领事屡次阻挠和破坏，加之经费所限，未能施行。

光绪十年（1884），清政府决定填塞黄埔海口，"拟于白土（兔——引者注）岗之西岗附近河面，安设木桥一道，直达沙路，以便士卒往来。惟该处时有船只往来，而各国轮船驶入省河亦多由此路行走，拟将木桥中间深处仍留六七丈（20~23米——引者注）桥门，以便船只往来……照会各国领事，转行各轮船，如入省河须由沙路一边河面行走，勿得碰损木桥"⑤。张之洞等人在沙路河道只留桥门六七丈通行，还警告勿碰损木桥，颇似对西方各国阻扰河道拦截之事的回应。该年七月，又将"沙路一支两层口门塞断，华洋官商轮船专由鱼珠一路行走，鱼珠暨中流沙留口门十五丈（约50

---

①　《番禺县续志》，卷2，"舆地志2"，民国二十年（1931）刊本，广州市文物考古研究院藏。

②　关于广州城防、江防、海防的划分和论述，参见黄利平：《清代民国广州城防、江防与海防炮台研究》，广州：广州出版社，2016年。

③　唐上意：《中法战争与张之洞》，广州：暨南大学出版社，2004年，第27页。

④　（清）朱寿朋编，张静庐等校点：《光绪朝东华录》（2），北京：中华书局，1958年，总第1559页。

⑤　《两广总督部堂张照会各国领事填塞黄埔海口文移》，《申报》1884年2月2日第3版。

米——引者注），其商船较大者，即至黄埔起驳换船入内"①。沙路河道较鱼珠河道宽深，此前外国自香港、澳门至广州的商船多择沙路河道。虽"各国护商兵船、洋行往来香港之渡轮仍可驶至沙面，行之十阅月，毫无窒碍"②，但清政府塞断沙路河道的决策，使得外国较大商轮进入广州前需在黄埔长洲易货换小船进入，导致通商耽搁时间，同时也使得外国船舰无法自由航行于珠江河道。这引起了英、德等国的极大不满和阻挠。后因海防形势吃紧，清政府与两广总督张之洞等人将沙路河道口门塞断，设拦截器具于水中，中间仅留一二丈（3~7 米）空隙，用于阻船通过。至光绪十一年（1885）六月，经对沙路河道的筹划和设防，"惟拦河工程劳费极多，将及一年始有规模，阻截固难，开通亦不易"③。

中法停战后，"今和局已定，逆揣各国洋人必欲请开各沙路河道"④，张之洞上奏朝廷，沙路河道的塞断实于海防有益，提出缓开已塞沙路河道的建议，此与外国通商以及自由航行珠江的利益相冲突。其后美国、德国、英国等国纷纷陈书总理衙门：

（光绪十一年）七月初四日，据美国领事喜默照会，有水师员希虔慎愿偕中国官勘察河道、搬移阻碍等语；八月初四日，又据德国署领事穆麟德照会，沙路塞断，海船只在黄埔上下货物，小船剥载多延时日，应请撤除，照旧往来，如恐碍难，则开一十五丈之阔口，倘仍未便，则酌派特权委员，将寻常公事在黄埔就近办理等语；又于七月十九，八月二十三，九月初一、十九等日节据英国署领事嘉托玛文函，均请将省河南支开通，复准总理衙门咨；据德国、英国驻京公使各以前情函致总署，咨粤查办；又据英、法、美、德、奥和瑞、丹等国领事照会，请将南支开通二十丈。⑤

各国领事以通商不便为由，要求撤除河道拦截，搬移障碍物，开通沙路河道。后总理衙门询及张之洞，其奏称："上年未塞时一二两结比较，本年一二两结逐船推算耽延不及一日，无至二三日者，货卸毕而单照未到者，十中无一。"⑥暂且不论通商事

---

① （清）张之洞：《张文襄公奏议》，卷 12，"缓开塞河片"，《续修四库全书》，第 510 册，上海：上海古籍出版社，2002 年，第 316 页。

② （清）张之洞：《张文襄公奏议》，卷 12，"缓开塞河片"，《续修四库全书》，第 510 册，上海：上海古籍出版社，2002 年，第 316 页。

③ （清）张之洞：《张文襄公奏议》，卷 12，"缓开塞河片"，《续修四库全书》，第 510 册，上海：上海古籍出版社，2002 年，第 316 页。

④ （清）张之洞：《张文襄公奏议》，卷 12，"缓开塞河片"，《续修四库全书》，第 510 册，上海：上海古籍出版社，2002 年，第 316 页。

⑤ （清）张之洞：《张文襄公奏议》，卷 14，"已塞沙路永远不宜复开折"，《续修四库全书》，第 510 册，上海：上海古籍出版社，2002 年，第 354~355 页。

⑥ （清）张之洞：《张文襄公奏议》，卷 14，"已塞沙路永远不宜复开折"，《续修四库全书》，第 510 册，上海：上海古籍出版社，2002 年，第 355 页。

宜真假，张之洞其后以"与商船无甚阻碍""沙路闸口碍难开通"以及"实于海防有益"等为由，上奏《已塞沙路永远不宜复开折》提出：

盖沙路一支，但能三年不开，自然沙长滩多，巨舰永难驶入。若专由北支一路，不惟鱼珠以内水浅行迟，且自四沙口起须先过牛山、新造炮台，再过长洲、鱼珠各炮台，关键既多，防遏归于一路，全力扼此，简要易施，其为利害出入实相悬绝。况沙路塞口淤沙已渐长现，实亦费巨难开。窃惟通商码头原在黄埔，咸丰季年，各岸商轮擅自深入，径抵沙面，不载条约，断不宜听其妄渎，以致弃已成之巨工，纵入室之隐患。①

至光绪十二年（1886）二月，沙路河道已在四沙尾、长洲后、海心冈三处分设拦截。如在长洲之桥，纯用大洋木筑成一道长二百五十余丈（约830米）的拦截线，"拟择中央水深处，开通口门十五丈，两傍加桩各两排，中纳石块，日久挂淤，当可渐臻巩固，至于有事时，填塞口门应俟临时相机料理"②。四沙尾、海心冈两处地方，亦采取类似方法，构成了沙路河道的三条拦截线。英国、德国等国陈书总理衙门开通沙路河道通商未果，张之洞等人塞断沙路河道，防线则越设越严。自光绪九年（1883）提议拦截沙路河道以来，围绕沙路河道问题，西方各国主张开通河道自由通商，而清政府及张之洞等人则主张塞断设防，二者在对待沙路河道的态度上形成巨大矛盾和冲突。

（三）从既开既塞到撤栅通商：中西博弈下的广州沙路河道

清代广东素来多匪患，张之洞将匪患分为盗劫、拜会和械斗三种，其中盗匪多分布在广州府所属沿海各县，肇庆、韶州两府沿江各县，以及廉州、琼州两府洋面地区。这些地区为广东沿海、沿江地区，经济较为发达，交通较为便利，使得"会、盗各匪皆入其中，习俗相沿，蘖芽日盛，扰害农商，挠乱法纪"③，匪患十分严重：

广东盗匪素多，近海地方为甚，近年情形尤有不同。……大率以香港、澳门为老巢，各有头目，分立堂名，遣人四出打单。凡乡镇富商、僻静砖窑，沙田业户皆为打单之所。及按时收取巨赀，名曰行水。以重赏为贿买洋界巡役，置备炮械，抚恤伙党伤亡等费，余始分赃。其根蒂深稳，伙党众多，与别处盗贼首伙临时凑集，得赃随手

---

① （清）张之洞：《张文襄公奏议》，卷14，"已塞沙路永远不宜复开折"，《续修四库全书》，第510册，上海：上海古籍出版社，2002年，第355—356页。

② （清）张之洞：《张文襄公奏议》，卷22，"量开河道口门与英使妥商交犯办法折"，《续修四库全书》，第510册，上海：上海古籍出版社，2002年，第482页。

③ （清）张之洞：《张文襄公奏议》，卷14，"查办匪乡折"，《续修四库丛书》，第510册，上海：上海古籍出版社，2002年，第345页。

耗散，有窝可缉，有巢可破者，其情事迥不相同，雇船无从禁，军火无从绝，接济无从断，加以海面辽阔，内河纷歧，每一出掠，无不结队连艘。船则置有大炮，身则怀有连响洋枪，兵勇追捕，冒死拒斗，有时盗虽被絷，其在前弁勇亦必身受多伤，甚至立时殒命，或动杀事主，或放火延烧，或掳其子女。海盗则动将全船商民溺毙，良民受害实堪发指，及合力寻踪追捕，则已遁归港澳，审入一步，捕之无从，击之不可，该匪等恃以无恐，不啻形同叛逆。①

依据张之洞的描述，光绪时期广东盗匪以香港、澳门为巢穴，频繁活动于广东沿海沿江地区。盗匪配有大炮、洋枪等装备，常常与官府勇兵相斗，如若不敌，则遁入香港、澳门，使得官府无法击捕。该时期广东盗匪情形的改变，恰恰为沙路河道问题的博弈提供了契机。

自光绪九年（1883）清政府及张之洞等人塞断沙路河道以来，西方各国虽多方陈书与阻挠，但沙路河道仍被塞断，造成各国自由通航不便。迨至清政府剿办广东盗匪一事，盗匪逃至香港、澳门等地，英国等国亦因沙路河道问题干扰清政府剿匪事宜。如光绪十三年（1887）张之洞奏："粤省严缉盗匪，所有著名大憝，皆以香港为逋逃薮，向来到港提犯，诸多为难，须有事主眼证，当堂质讯情节，口供偶有参差，犯之状师，即为开脱，每提一犯，须用状师，各费数千金，犹不能必其交解，实为条约所无。"②其后再奏："今日港澳情形，又非二十年前之比，贿串洋巡，厚募状师，多方抗庇，凶狡愈甚，捕获愈难。叠经臣奏明并函咨总署电致使英大臣，与香港洋官筹商交犯之法，始终偏执庇护，未肯允从。"③广东盗匪逃至香港，贿串洋巡，募请状师，加之英国对这些盗匪多有庇护，清政府派人前往香港缉拿盗匪遇到诸多阻挠和障碍，使得盗匪愈演愈烈，匪势也越来越甚。

清政府与西方各国围绕广东盗匪以及沙路河道等问题，矛盾和冲突逐渐升级，中外关系越发紧张。面对如此情形，清政府及张之洞借此与英国等国再次商讨沙路河道开通事宜。光绪十三年（1887）六月，两广总督张之洞上奏朝廷：

近日匪匪愈多，窒碍尤甚，拟请旨敕下总理衙门，与英使妥商，议立专条，嗣后交犯，务以两广督臣公文为凭，文到即行交解，无须事主质证，不得藉端刁难，彼如

---

① （清）张之洞：《张文襄公奏议》，卷26，"请定获盗奖励章程折"，《续修四库全书》，第510册，上海：上海古籍出版社，2002年，第554页。

② （清）张之洞：《张文襄公奏议》，卷22，"量开河道口门与英使妥商交犯办法折"，《续修四库全书》，第510册，上海：上海古籍出版社，2002年，第482页。

③ （清）张之洞：《张文襄公奏议》，卷26，"请定获盗奖励章程折"，《续修四库全书》，第510册，上海：上海古籍出版社，2002年，第555页。

允从，即许以从权，暂将沙路开通，彼得便利英商之益，而我收澄清盗薮之功，似尚可以相敌，虽于河道一节，勉从其请，略加变通，于目前戡匪安民事宜不无裨益。[①]

张之洞提议总理衙门，希望以开通沙路河道为条件换取缉拿广东盗匪的便利。沙路河道的开通，意味着西方各国兵船可以自由航行于珠江沙路河道，这极大地增加了沙路以及珠江防御的难度。为此，张之洞上奏总理衙门："（各国使臣）百计图维，必求开通此路而后已。臣深惟事势，各国皆以开河为便，将来终必藉端要求，必须筹一开通而仍可防守之方，乃为尽善。"[②]张之洞在提出以开通沙路河道换取剿匪便利之时，已考虑广州沙路河道防守之方，以图解决沙路河道面临的开通和防御问题。

张之洞对沙路河道反复筹思，多方考究，最终决定学习外国河道设险之法，对沙路河道重新规划和调整。"外洋河道设险之法，除炮台水雷以外，惟有排立'品'字铁桩一法，最有实际，而无窒碍。铁桩林立，深插沙底，中留口门，有事赶即堵塞，其要在阻船而不阻水，最为无弊。敌人虽用水雷，不能骤然攻拔，且较之堆石阻拦，不免为水浪冲倒漂散者，尤胜。"[③]张之洞与洋务处及水雷鱼雷局等官员勘察沙路河道，最终筹定：

拟在旧建木桥之外，沉石筑坝处，遍树铁桩，中间留口门十五丈，旁立红绿灯以为标识，以备无事时仍可行船，有事时立即封堵。其法桩长数丈，用螺丝接合，其桩根亦有螺丝纹，旋转入于河底，深可七八尺，用"品"字式三桩组合，上加铁盖，是为一攒，每攒相距约一丈，分列内外两排，以大铁链交加维系，备极稳固，口门两旁密树铁桩，作圆弧式，以利水流，视水之浅深定桩之长短，使高与水面齐平。除数年来，旁岸新长沙淤，水深不过数尺者，毋庸树桩。[④]

张之洞等人对沙路河道如此筹划和布防，"此工若成，则河道可塞可开，操纵在我，于水道战备两无妨碍。现办系下桩两层，已足资遇敌战守之用，所费亦不甚多，以后拟两年加增一次，向外添树铁桩两层，日引月长，愈增愈密，若递加至十数层，

① （清）张之洞：《张文襄公奏议》，卷22，"量开河道口门与英使妥商交犯办法折"，《续修四库全书》，第510册，上海：上海古籍出版社，2002年，第482页。

② （清）张之洞：《张文襄公奏议》，卷26，"沙路设防筹定久计折"，《续修四库全书》，第510册，上海：上海古籍出版社，2002年，第552页。

③ （清）张之洞：《张文襄公奏议》，卷26，"沙路设防筹定久计折"，《续修四库全书》，第510册，上海：上海古籍出版社，2002年，第552—553页。

④ （清）张之洞：《张文襄公奏议》，卷26，"沙路设防筹定久计折"，《续修四库全书》，第510册，上海：上海古籍出版社，2002年，第553页。

则河路永臻巩固……臣其时已经筹有设桩之策，考明价值作法，若照此布置，即开通后，亦尚不至险要全失"[1]。由此可知，张之洞对沙路河道设防之方颇为满意，认为其可解决河道开通和防御双重问题，以达河路永固之目的。

据统计，沙路河道设防共需铁桩 1 003 根，长三丈至七丈（10~23 米）不等，交由德国著名铁厂"哈尔噶尔脱"生产，经使德大臣洪钧议价折扣，所需银为 134 000 余两。这批铁桩于光绪十五年（1889）四月订购，限定 15 个月内分十批运往广东，第一批于该年冬抵广东，余下铁桩按月陆续运至。其后陆续兴工，修筑沙路河道防御工程，预计一年之内可安装和修筑完毕。该年八月，张之洞将沙路河道事宜上奏朝廷："现已一面，次第举办，我之守具既备，则彼族之请开与否，静以听之，将来相机因应，均不为难。"[2]经彭玉麟与张之洞多年以来对沙路和鱼珠南北河道的经营，形成水栅五道，分别是南路的沙路铁栅、长洲木栅、大石栅以及北路的鱼珠栅、猎德栅，这些水栅对阻止西方各国兵轮进入广州起了重要作用。特别是沙路河道采用西方河道铁栅防守之法，使得沙路河道可塞可通，达到了开通与防御的双重效果。随着珠江沙路、鱼珠等地区水路防御的加强，清政府及广东地方政府也逐渐改变坚决塞断沙路河道的态度，继续与西方各国商讨沙路河道开通、行轮通商等相关问题。

英、美、法等八国联军攻入北京后，于光绪二十七年（1901）迫使清政府签订《辛丑条约》，其中第十一款云："大清国国家允定，将通商行船条约内，诸国视为应行商改之处，及有通商其他事宜，均行议商，以期妥善简易。"[3]依据此条款，英国代表马凯与清政府代表盛宣怀等人进行续修商约事宜，调任湖广总督的张之洞亦参与了谈判。马凯与上海英商交换意见，草拟商约条款大纲目录二十四款，其中两款云："长江上游、广东珠江宜整顿""内河行驶小轮章程亦修改"。[4]中英代表围绕此次商约谈判进行了激烈辩论，举行正式与非正式会议六七十次，最终签订了《中英通商行船章程》。[5]此次续约基本达到了英国"洋船任便驶行内港，不得留难阻滞"[6]之目的，嗣后美、日、葡、德等国相继与清政府续修商约，依据商约应拆去广东黄埔南北两路水栅，以便外国船只行驶内港。光绪三十二年（1906），《申报》报道："粤中天堑，恃此五

① （清）张之洞：《张文襄公奏议》，卷 26，"沙路设防筹定久计折"，《续修四库全书》，第 510 册，上海：上海古籍出版社，2002 年，第 553 页。

② （清）张之洞：《张文襄公奏议》，卷 26，"沙路设防筹定久计折"，《续修四库全书》，第 510 册，上海：上海古籍出版社，2002 年，第 553 页。

③ 王铁崖编：《中外旧约章汇编》（1），北京：生活·读书·新知三联书店，1957 年，第 1007 页。

④ 《清季外交史料》（光绪朝），卷 150，台北：文海出版社，1963 年，第 11、12 页。

⑤ 关于此次中英商约的具体谈判过程，详见王尔敏：《晚清商约外交》，北京：中华书局，2009 年，第 180—209 页。

⑥ 戴鞍钢：《盛宣怀与清末中英商约谈判——以内河行轮交涉为中心》，《河北学刊》2016 年第 5 期。

栅以为防守，迨二十年矣。近日《中英商约》告成，照约须拆去此五栅，前外部已咨商粤督拆栅之事。现接粤督覆文，谓已饬粤海关税务司办理……凡河底船石阻塞诸物皆挖淘净尽，水深约二十丈（约 66 米——引者注），宽约四十丈（约 132 米——引者注），准日间拆毁。云云，从此外国大轮船可以直抵广州矣。"[①]至此，西方各国及清政府围绕沙路河道问题的博弈基本落下帷幕。

（四）结语

鸦片战争后，外国商轮由香港、澳门至广州通商，大多经虎门、狮子洋入省河至黄埔长洲，中分南北两路，南路经沙路、大黄滘至白鹅潭入省城，北路经鱼珠、猎德、中流沙、白鹅潭亦可入省城。沙路河道比鱼珠河道较为深广，外国商轮多择沙路入广州，沙路河道成为晚清广州商船往来的水路要道。至光绪年间，沙路及其河道，与江心的长洲岛南、对岸的鱼珠、牛山等地区被称为广州的"第二重门户"，地理位置十分显要。后随着中法战争爆发以及西式大炮的引进，沙路河道的区位优势和战略价值得以凸显，清政府主张塞断河道以求防御，而西方各国力求开通河道以达自由通商之目的。光绪十年（1884），清政府迫于海防形势塞断沙路河道进行防守；到光绪十五年（1889），西方各国借剿匪之事迫使清政府对沙路河道既塞既开；最后至光绪三十二年（1906），又借《续议通商行船条约》等条约，要求撤去黄埔五栅，开沙路河道以自由通商。清政府与西方各国围绕沙路河道进行了长期的互动和博弈，沙路河道经历了一个"塞断防御—既塞既开—撤栅通商"的变化过程。这种变化既是近代清政府与西方各国互动的一个缩影，亦是费正清"冲击—回应"模式下的个案，反映了清政府与西方各国在政策、力量以及制度等层面的碰撞和较量。

第五节　光绪年间广州长洲炮台体系的形成及其防御格局

长洲岛位于广州城东南，是黄埔地区珠江上的一个江心岛，省河在此一分为二。该岛面积约 6 平方千米，四面环水，山峦起伏，形势险要，是由狮子洋进入广州的门户，地理位置十分险要。第一次鸦片战争失败后，清廷和广东督抚开始重视发挥江防的次第支援作用。中法战争期间，广州防务压力逐渐增大，战争的威胁刺激广州地方政府大量引进西方新式武器，其中江防的选址和装备等方面均发生了重大变革。随着中法战争的演进，长洲岛及其南北两岸战略地位凸显并构筑炮台，逐渐成为广州江防的核心（图二四七）。

----

① 《照约拆毁黄埔五栅》，《申报》1906 年 2 月 1 日第 3 版。

图二四七

黄

式　圖

廣州市近傍第五號

萬五

(1929年)

法军侵越，作为宗主的清廷颇为重视，广东与越南邻近，成为战争威胁的最前沿。西方新式火炮等装备的大量引进，克服了广州江面过宽不利于设防的缺陷，处在咽喉之地的长洲岛地位凸显。中法战争爆发后，长洲地区的炮台建设进度深受战局影响。经过几位督抚、钦差的努力，基本建成由长洲、鱼珠、沙路和牛山等炮台构成的炮台群，并成为广州江防核心。

（一）越南战事、西方新式火炮与长洲地位凸显

早在第二次鸦片战争期间，法国便开始武力侵占越南南部。19世纪80年代，法国侵吞越南之心昭然若揭。在有藩属之名的越南阮朝一再请求之下，清廷鉴于形势变化，命令滇、桂、粤等省督抚督饬边外防军扼要进扎并在边境认真布防。1881年5月19日，法军在与刘永福之黑旗军于怀德府纸桥（今越南怀德县）的决战中遭受重大打击，法军北上扩大侵略战果的企图受阻。因此，中国成为法国独霸越南的最大障碍，中法之间剑拔弩张，西南战云密布。

1. 粤越切近，首当其冲

法军意在侵吞越南，甚至觊觎滇桂，清廷上下已察觉并高度重视这一形势，加紧边防布置、筹办海防等事项。光绪九年（1883）农历五月十六日给云贵督抚的上谕中指出："法越构兵一事，久未定局，法使脱利古与李鸿章会晤，以中国是否助越为言，意在挑衅，甚为叵测，亟应先事筹防，以杜狡谋。着将沿海防务实力筹办，认真布置，不可虚应故事。"[1]朝中主战派周德润认为"不图近日法郎西狡焉思启，欲灭越南以自广，此震邻切肤之灾也，此唇亡齿寒之患也，或以为蛮触相争，不足与较。臣窃谓越南之存亡，中夏之安危系之"[2]。陈宝琛在《论越事不可中止折》中指出："越南之于滇粤，谚所谓'辅车相依、唇亡齿寒'者也。在阮氏事我不专，奉法惟谨，放虎自卫，坐取灭亡，本无足惜……特越折而入于法，则滇粤水陆，处处逼于他族。彼既定越南，挟新胜之威，以与我争隙地，责逃人，廓商岸，求取无厌，衅端必作。故今日法军之捷，在越南为心腹之忧，在中国亦岂癣疥之疾哉！"[3]可见，战前清廷中央和地方不少大员不仅认为越南为腹心之忧，还意识到法国侵越恐会危及国内，不可不防。

社会舆论也注意到法军侵越意在中国的野心。《申报》于光绪九年（1883）7月1日头版刊文指出："或谓法人所欲，实在红河，将渐以入中国之边界，特以安南为藉口，今日取安南而不之问，将他日取中国边界而亦不之问乎？"[4]这样的社会舆论也反

---

① （清）朱寿朋编，张静庐等校点：《光绪朝东华录》（2），北京：中华书局，1958年，总第1558页。

② 蒋廷黻编著：《近代中国外交史资料辑要》（中），北京：东方出版社，2014年，第244页。

③ （清）张佩纶：《涧于集》，"奏议卷2"，民国十五年（1926）涧于草堂刻本，广东省立中山图书馆藏。

④ 《法越胜负关系地球全局论》，《申报》1883年7月1日第1版。

映了当时国内民众已广泛认识到法越起衅终将波及中国。

广东临南海，其廉州与越南接壤，加之这里是清廷海外贸易重镇，清廷官员进一步意识到广东尤其广州可能会受到法军袭扰。广东对于越南战局至关重要。早在光绪八年（1882），仍在山西巡抚任上的张之洞因"目击时艰，不胜焦灼"而提出"他年受病之处在滇，而今日制敌之道在粤……广东为洋舶来华第一重门户，越事既需经营，则以后粤防愈要"的看法①，这也是日后作为清流派的张之洞之所以被临阵委派去两广署理总督之职的原因。"今法人构兵，外人借以生端，欲挑衅于中国。粤东洋面，实为外人入华首要冲途，且通商最久。香港、澳门及附省沙面一带，在在皆有洋人馆舍房屋，处处皆有领事商贾屯驻，沿河水势之浅深，山谷之险要，皆敌所稔知也。"②广东地方大员已经注意到一旦中法开战，广州无疑首当其冲，面临着巨大的潜在威胁。开战前后，刚到广东的钦差大臣彭玉麟在奏折中也持类似看法："臣按法人自陷越国之北宁、太原、兴化等省，其势日张，肆其狡焉思逞之心，自不无窥伺中华之意。粤省三面濒海，而西南陆地，又与越南毗连，故防务紧要，尤以粤东为先。"③广东无论海陆均与越南相近，面临着中法在越南的冲突可能带来的最直接的威胁。

因此，越南战事的发展引起了广东督抚们的高度警惕，牵动着广州防务的布置，使广东比其他地方更迫切需要加强防务。

2. 如虎添翼：引进西方新式岸防火炮和筑台技术

在洋务运动和镇压国内动乱的背景下，十九世纪七八十年代的中国引进西方先进的军事装备技术和思想。历经工业革命洗礼的西方新式火炮和相应的技术随之传入中国。以德国和英国为代表的西方新式海岸火炮已经取得长足进步，远胜于国产火炮。在这样的趋势下，国内一些有识之士也逐渐认识到必须利用西洋先进火炮加强国内防务。广州成为最早应用西方新式岸防火炮的地区之一。

相对于北洋水师举国之力购买西方新式战舰来组建近代化海军的策略，广东督抚意识到仅靠自身力量恐难如愿。"若议筹办大队水师，则当多购铁甲兵轮，计非二三百万不可。只以需款过巨，（广）东省财力、物产均有未逮。"④因此，广东督抚主要着力于发展炮台防御体系。但限于光绪朝以前的广州城防、江防、海防炮台多是国产或旧式洋炮，其射程、威力等均有限，因而大力引进国外的炮台建设技术及配置西方新式火炮刻不容缓。另外，炮台作为火炮的作战平台，其主要任务是为了最大限度地

---

①　吴剑杰编著：《张之洞年谱长编》（上），上海：上海交通大学出版社，2009年，第70、71页。

②　（清）朱寿朋编，张静庐等校点：《光绪朝东华录》（2），北京：中华书局，1958年，总第1558页。

③　（清）彭玉麟著，梁绍辉等点校：《彭玉麟集》（1），"遵旨并奏今昔情形折"，长沙：岳麓书社，2008年，第408页。

④　（清）曾国荃著，梁小进整理：《曾国荃全集》，第2册，长沙：岳麓书社，2006年，第99页。

发挥火炮的威力，打击敌方，同时减少敌方火炮对我方的打击，为火炮装备及兵员提供保护。因此，火炮的演变直接影响了炮台的建设，不同类型的火炮大小、威力、使用方法都不相同。这一时期德英等国在火炮技术突飞猛进的同时对炮台建设的改进也相得益彰，传入中国。

引进以克虏伯为代表的岸防火炮对广州江防、海防建设均产生了重大影响。19世纪70年代欧洲新式火炮传入中国，其中广州地区以德国的克虏伯后膛炮（Krupp）使用最为广泛，也购进少量英国的阿（安）姆斯特朗前膛炮（Armstrong & Co，也称阿摩斯庄或暗士当前膛炮）。以德国克虏伯火炮为代表的西方新式火炮在射程、射速、精度、火力以及安全性方面都力压国产、旧式洋炮，甚至英法俄的火炮都略逊一筹。因此，这一时期以引进克虏伯公司所产火炮为主，对广州等地炮台修造也产生了重要影响。

早在光绪七年（1881）广州的炮台已经开始装备西方新式火炮。广州江防中的大黄滘和中流砥柱等炮台也是此时改装的西方新式火炮。不仅如此，曾国荃署理两广总督之前，建成于光绪七年（1881）农历十二月的虎门地区海防炮台已大量遵循西法，配备新式西炮和快枪，"惟此次建筑各炮台，均系参用西法，所用铁板、红毛泥等物购自外洋，既难绳以例价，而镶合、砌筑则用机器工匠，亦与部定做法不同"①。

此时正值洋务运动如火如荼之时，广州等沿海城市大力引进火炮等西方先进武器，以及相应的军事思想、技术，优化了原有的防御格局。其中，以火炮射程的延伸对长洲炮台体系的影响最深。

3. 号为极冲：长洲岛是省河之咽喉

长洲岛是由虎门海口、狮子洋进出广州的咽喉之地。自广州城"东南迳大黄滘口，过沥滘、新造，而北绕常洲（一名长洲），与北支合，是为珠江南支，两支会合之口号为极冲"②。而长洲正是此极冲之地的核心区域。"黄埔之尾曰长洲，居南北两支之中"③。"两支之中"意在指出珠江在此一分为二、有南北两条水道进出广州，而长洲居其间，为必经之地。这个由珠江泥沙冲积而成、形状狭长而略呈东北至西南走向的江心岛居广州黄埔岛之东，扼守珠江咽喉，战略地位不言而喻。

鸦片战争后，《海国图志》对长洲的军事地位就有记载："此两处（猎德、二沙尾）办成后，应致力于内洋之长洲冈及蚝墩，最后则筹及虎门。"④由此可见魏源已经

① （清）曾国荃著，梁小进整理：《曾国荃全集》，第2册，长沙：岳麓书社，2006年，第124页。

② （清）佚名：《广东全省海图总说》，陈建华、曹淳亮主编：《广州大典》，第238册，第34辑，史部地理类，广州：广州出版社，2015年，第138页。

③ （清）张之洞：《张文襄公奏议》，卷9，"敬陈海防情形折"，《续修四库全书》，第510册，上海：上海古籍出版社，2002年，第267页。

④ （清）魏源：《海国图志》，卷80，"筹海总论4"，"答奕将军防御粤省六条"，清光绪二年(1876)平庆泾固道署重刻，影印本，广州市文物考古研究院藏。

看到了长洲的重要性，并已有三重设防的初步设想。1847 年，在与英人和广州官员就巴斯墓地选址进行交涉抗议时，长洲岛民宣称："我长洲居省会之东，山势蟠郁，实为省河要隘。"[①]可见，长洲岛作为省河防御的重点由来已久，在鸦片战争后则更加突出。

长洲岛所扼的南北两支河道是中外船只出入省城的必经之路。"广东省河入虎门后至黄埔尾，分为南北两支，南支溯流经沙路至省城西南四里之白鹅潭，北支溯流经鱼珠过城南亦至白鹅潭，北支较浅，南支较深，均为广州口岸中外船只出入必经之路。"[②]可见，相对北支来说，长洲南面的省河较深，通航条件更优。

前文已述，西方新式火炮有性能更优、射程更远等优势，这也深刻影响着长洲地区的军事布防。因此，从火炮技术层面来看，中式火炮大多笨重不便，射程一般只有 300~400 米，最多不超过 1 000 米，而早期购买的西方新式重型大炮最大射程在 2 000 米，有效射程约为 1 500 米。[③]光绪年间，因沙路比鱼珠更深更宽，向来轮船多择沙路进入省城。而中式火炮和旧式西炮的有效射程最多不超过 1 500 米，只能覆盖像中流沙、大黄滘这样江面较窄的区域，而很难防御沙路、鱼珠这样河道深阔之地，这是嘉道年间广州江防重心设在中流沙、大黄滘等地区的原因。光绪时期引进西方的新式克虏伯大炮，口径在 15~21 厘米之间，其射程可达到 4 800~11 000 米（仅一门 3 800 米）。[④]这些火炮的有效射程应足以覆盖沙路、鱼珠、长洲等宽广的河面。因此，广州江防重心得以从中流沙、大黄滘等移至长洲、沙路和鱼珠地区。

（二）中法战争与构建长洲炮台体系

随着中法冲突的升级，加之广东与越南的地缘关系，广东督抚起着指挥前线将士、联系战场与中央的关键作用。游荡在南海的法国军舰对广州形成一定的潜在威胁。虎门海防炮台加紧完善的同时，长洲岛及临近之南北两岸区域也逐渐受到重视，建设长洲炮台体系的目标逐渐明确。

1883 年 12 月中法冲突升级前，时任两广总督的淮军名将张树声、钦差大臣彭玉麟等已经注意到黄埔、长洲地理位置的重要性。早在光绪六年（1880）至光绪八年（1882）间，第一次任两广总督的张树声就注意到长洲一带的地理位置非常重要，并谈及在此应修建炮台。经过实地考察后，他奏称"黄埔、常洲一带，中权形胜，扼省河

①　陈胜粦、廖伟章、吴宝晓编：《广州河南洲头嘴抗英斗争资料选编》，广州市海珠地区炎黄文化研究会编：《南漱风华》（纪念广州河南洲头嘴抗英 150 周年研讨会论文集），内部资料，1997 年，第 120 页。

②　（清）张之洞：《张文襄公奏议》，卷 26，"沙路设防筹定久计折"，《续修四库全书》，第 510 册，上海：上海古籍出版社，2002 年，第 552 页。

③　刘洪亮：《中英火炮与鸦片战争》，北京：科学出版社，2011 年，第 126 页；张建雄、刘洪亮：《鸦片战争中的中英船炮比较研究》，北京：人民出版社，2011 年，第 146 页。

④　（民国）军政部编：《拟定虎门要塞各台现有每炮编制一览表》，中国第二历史档案馆，全宗号 787，案卷号 2372，1936 年。

南北两路之冲，断蕉门、横门各港绕越进城之路"①。钦差大臣彭玉麟光绪九年（1883）冬抵粤，巡阅各海口，细察情势，自宜以虎门为入省第一要隘，黄埔、沙路、长洲、鱼珠、乌涌次之。沙路、长洲、鱼珠等炮台作为虎门以内的次第防御位置而进入高层视野。

其实，当年（1883）6月，时任两广总督的曾国荃注意到法军可能袭扰广东的情报，主张早做准备。"现在法人叵测，端倪初露，尚是和战未定之局，断不宜遽行召募多营，既不敢过涉张扬，又不敢徒滋耗费，所幸粤省民风尚称刚劲，一朝中外失和，遇有紧急，立刻雇募，三万之众不难旬日屯集。"②曾国荃认为广州省城为全粤根本，自当首为之防，将广州作为防务核心，以虎门为第一门户。③他进一步认识到虎门以内，长洲为第二门户，"离省四十里之黄埔、常洲相距，两岸各百四五十丈，山形包裹，水势瀁洄，若能于此设防，大足以资控扼"④。虎门和长洲一样，是广州安全的保障，"果能扼守虎门、常洲，则省城自可无虞矣"⑤。因此，他要求在黄埔、长洲之白兔岗、白鹤山、鱼珠、沙路等扼要之区"更应赶紧购料并工，刻期修筑炮台，便可与省城附近之大黄滘、中流砥柱等处第三重门户炮台联为一气"，形成三重拱卫广州的军事布局。⑥

曾国荃参与了长洲、鱼珠、沙路等炮台的修筑，但其离任时可能未完全建成或安炮，后由张树声第二次接任两广总督时继续完善。"九年，国荃以虎门为省城门户，而黄埔、长洲、白兔、轮冈、鱼珠、沙路尤为要区，乃于南岸屯重兵，为炮台犄角，兼顾后路。"⑦该年（1883）10月6日《申报》报道称，轮船招商局之怀远轮自上海开来广东，载有克虏伯、英式火炮和炮架，以及枪械弹药等军事物资。⑧到12月12日《申报》又刊登消息称"尔来，省中官宪整顿军务甚为严密，闻虎门、黄埔等处炮台皆已安放大炮"⑨，可见，两月前由上海起运的克虏伯和英式火炮很可能安放在了虎门、黄埔（黄埔、长洲经常混用，此处"黄埔"应指长洲）等处。就在此前两日，法军开始攻击越南山西的中国驻军，并于16日占领该地，中法冲突随之升级。

自光绪九年（1883）12月法军进犯越南之山西以来，随着越南北部渐失，法军步

---

① 中国第一历史档案馆、鸦片战争博物馆合编：《明清皇宫虎门秘档图录》，北京：人民出版社，2011年，第294页。

② （清）朱寿朋编，张静庐等校点：《光绪朝东华录》（2），北京：中华书局，1958年，总第1560页。

③ （清）曾国荃著，梁小进整理：《曾国荃全集》，第2册，长沙：岳麓书社，2006年，第147页。

④ （清）曾国荃著，梁小进整理：《曾国荃全集》，第2册，长沙：岳麓书社，2006年，第148页。

⑤ （清）曾国荃著，梁小进整理：《曾国荃全集》，第2册，长沙：岳麓书社，2006年，第148页。

⑥ （清）曾国荃著，梁小进整理：《曾国荃全集》，第2册，长沙：岳麓书社，2006年，第149页。

⑦ （民国）赵尔巽等撰：《清史稿》（4），"志113"，北京：中华书局，1976年，第4117页。

⑧ 《枪械赴粤》，《申报》1883年10月6日第2版。

⑨ 《粤垣军事汇录》，《申报》1883年12月12日第1版。

步紧逼中越边境。清廷和广东督抚调整了广州防务之侧重，长洲地区的战略地位进一步提升，进而加紧赶筑长洲等地的炮台。

因越南战事引起的防务吃紧、边务紧急使得长洲等地赶筑炮台的工程非常紧急，甚至只用一个多月时间就筑成长洲之白兔岗炮台，这也离不开两广督抚的高度关注。光绪十年（1884）西历 5 月 11 日《申报》报道："中外新报云：'穗垣筹办海防，特于长洲白土（兔）岗地面添筑炮台，并增建桥梁一道，直达沙路、鱼珠，以便军士往来。前月大宪特委水师游府监督建造，业已鸠工庀材。经营伊始，兹因防务吃紧，广集工匠，以冀速成。故削伐之声，终日不绝，并连日由省搬运军装器械等物，络绎于道，以备不虞，则边务之孔亟于此可见矣。'"①

值得注意的是，光绪九年（1883）12 月，钦差大臣彭玉麟在奏折中虽然也意识到"由虎门进至常（长）洲，为入省水路总口，是省城第二重门户，为黄埔、为白兔岗、白鹤山，皆常（长）洲要隘"，鱼珠附近可供敌登陆进而威胁广州也最为紧要，但其主张"以全力守虎门"②。随后，彭玉麟在虎门之沙角、大角和蒲洲加筑炮台。次年 3 月，张树声则主张"以长洲总扼诸路，两岸犄角设守，较有把握"③，他把兵力集中在长洲以加强广州的防务，其行营也驻在临近的黄埔岛上。二者意见相左时，张有奏请将彭调离广州而派往海南或中越边境之举，也体现了二者对广州防务布置的不同见解。张树声是淮军主要将领，与中法战争期间主和派的李鸿章关系密切。但他与曾主持过长江防务的湘军宿将、主战派的钦差大臣彭玉麟似乎存在许多掣肘之处，这对中法战事、广州防务及长洲炮台修建均有不利。

光绪十年（1884）5、6 月间，越南北宁、太原、兴化等北部重镇相继失守。正当时局紧张之时，清廷在两广的人事上做出重要调整，主战派张之洞主政两广，又得在粤的钦差彭玉麟协助。"广东与越南切近，首当其冲，现张树声行将交卸，张之洞甫经赴任，诸事生疏，该处一切防务，彭玉麟务当妥筹兼顾，以期严密。"④此项人事调动是清廷鉴于战事急切，意在尽量避免中法战争期间多次出现的两广高层相互掣肘的情况。而张之洞是较早支持和落实洋务的清流派，他的到来避免了张树声和彭玉麟的冲突。

彭玉麟经过勘查也认识到长洲地区的重要性。"鱼珠为入省城陆路总要，与常洲、沙路唇齿相依，饬署广州副将记名总兵邓安邦亦添两营。……又派小轮船十号，并红

---

①　《防务关心》，《申报》1884 年 5 月 11 日第 2 版。

②　（清）彭玉麟著，梁绍辉等点校：《彭玉麟集》（上），"奏报到粤布置折"，长沙：岳麓书社，2008 年，第 316—317 页。

③　（清）张树声：《复李星使凤苞书》，中国史学会编：《中法战争》（4），上海：新知识出版社，1955 年，第 339 页。

④　（清）陈忠倚辑：《皇朝经世文三编》，卷 46，"兵政 2"，"遵旨覆奏并陈今昔情形不同折"，清光绪二十八年（1902）上海书局石印本。

单船四号，驻泊黄埔一带，以为常洲、沙路、鱼珠各炮台应援。如此节节水陆设防，较前似稍为严密，万一有警，尚可无虞。"①与刚到广州时相比，彭玉麟接受了应在长洲地区也抓紧修筑炮台的观点。

但是，此时长洲岛上的炮台工程似乎只达到三分之二的进度。因而，钦差彭玉麟新募工匠，加紧施工。6月5日，《申报》报道："长洲炮台告成者仅有二座，其余四座工程未半"，彭玉麟唯恐旷日持久而新添募200工匠，凑到600余人的规模，并命令驻防各营轮流修筑，即便如此仍感到"尤恨时局仓猝，工程尚有将就也"②。

8月，战火蔓延至中国本土的福建和台湾。法军舰队骚扰台海，轰击基隆，觊觎台湾岛。当月，法军进而在福州马尾重创福建水师和马尾造船厂，震动清廷和广州督抚。中国对法宣战，抗击法军的态度坚决。而法军图粤情报纷至沓来，促使广东督抚加紧广州防务筹备。

法军袭扰闽台，清廷试图调拨驻扎长洲等地的粤军援台，张之洞力陈法军可能袭粤的情报，因而不能忽视长洲炮台防务的艰巨。"台防自应赴援，粤海口太深广，防遏最难。长洲扼要，吴宏洛筑台甫竣，万难移动，前已拨潮防五营，今再移五营。粤事，港报毕登。昨日西人言法正谋设法捣粤，敌乘虚，粤危矣。粤为南洋冲，尤要于台。"③吴宏洛的长洲部队若被抽调援台，势必对原有防务造成不利影响。"守台不比行队，长洲最要，将领尤难，方恭未胜此任。法屡有窥粤信，未敢轻举，与彭、倪熟商，移沙路守将提督蔡金章守长洲，抽湘将刘树元接守沙路，添募湘勇两营，令吴将炮台弁勇酌留二三百。惟两台交替，船到总需十数日，已定议，正拟覆奏，昨接闽电，法船八，到马祖澳。今日接港密探，法船二，到港口外，与法领事谋扰粤，孤拔到闽。西电言法因台病多术穷，撤围扰他口岸，是台围已松，粤防正急，无抽动理，拟请暂缓数日，局势定再筹酌。方恭五营十五日已齐备，候船，然刘既不愿，重费无益。"④从中也可见中法战争的升级对广州局势的影响，以及以广州为核心的广东防务于东南海疆的重要性。

随着中法战事愈演愈烈，广州防务更加紧迫，张之洞下令阻塞了长洲以南的省河南支河道，并加紧了长洲炮台体系的建设工程。"窃臣（张之洞）到任之初，即闻法人渝盟，警报狃至……长洲之南北两河，沈船载石，择要拦塞，每一河内外拦塞两道，上皆海防也。陆防东路，自鱼珠登岸可以抵省，为曩年洋人登陆之熟路，除邓安邦各

---

① （清）陈忠倚辑：《皇朝经世文三编》，卷46，"兵政2"，"遵旨覆奏并陈今昔情形不同折"，清光绪二十八年（1902）上海书局石印本。

② 《粤中近闻》，《申报》1884年6月5日第2版。

③ 台湾史料集成编辑委员会编：《明清台湾档案汇编》，第5辑，第86册，"清光绪十年六月至十年八月"，台北：远流出版事业股份有限公司，2009年，第266页。

④ 台湾史料集成编辑委员会编：《明清台湾档案汇编》，第5辑，第89册，"清光绪十年十一月至十一年一月"，台北：远流出版事业股份有限公司，2009年，第287页。

营外，提督杨安典所部炮队助之。鱼珠岸上北亘大山曰吉山，自吉山以西，南及猎德河滨，北抵燕塘山麓，迤逦至省城东门，陆军可行大队，此为最冲，署陆路提督郑绍忠所部东七营任之。"①

阻塞长洲以南的省河南支河道对长洲、鱼珠和沙路的防务助益颇大，也与牛山炮台的修建息息相关。光绪十年（1884）八月，将"沙路一支两层口门塞断，华洋官商轮船专由鱼珠一路行走，鱼珠暨中流沙留口门十五丈（约 50 米——引者注），其商船较大者，即至黄埔起剥换船入内"②。南北两支入省水道中，以南支为深，通航条件稍优，进出省城的中外船只多选此路。但于长洲岛的防务而言，则大有不便。因为若两路并行，则三面居水的长洲岛将面临东、南、北之敌，压力颇大。但阻断南支后，该区域的形势则随之改变，长洲炮台不仅只需对阵东面之敌，兼顾北面些许漏网船只，还能与鱼珠和沙路之炮台互为犄角，呼应援助，形成交叉火力。张之洞正是深谙此道，在奏折中道："盖沙路一支，但能三年不开，自然沙长滩多，巨舰永难驶入。若专由北支一路，不惟鱼珠以内水浅行迟，且自四沙口起须先过牛山、新造炮台，再过长洲、鱼珠各炮台，关键既多，防遏归于一路，全力扼此，简要易施，其为利害出入实相悬绝。"③因此，长洲岛以东至狮子洋以西的江面成为布防重点区域，张之洞适时增建牛山炮台。

中法战事蔓延至闽台的 8 月前后，由长洲、鱼珠、沙路三部分构成的炮台体系初步形成。"惟粤东防务，当去年（指 1884 年——引者注）秋冬之间，中路首冲自虎门以内至黄埔、鱼珠、沙路、南石头等处，水陆战守之具已有规模。"④由此可见，在 1884 年秋冬之际，黄埔、鱼珠、沙路等炮台已经初具规模。准确来说，应在当年 8 月前后完成了长洲、鱼珠和沙路炮台的工程，并安置好火炮、弹药等。曾主持过长洲等地炮台修建的王懋官，后因贪污被捕，他供称光绪九年（1883）农历自九月开办黄埔支应局事务起至光绪十年（1884）农历八月撤局止，统计建成长洲、沙路、鱼珠炮台26 座，又小炮台 13 座。⑤炮台初成，张之洞又意识到炮台孤立无援，防御效果将大打折扣。所以，在构筑长洲、鱼珠、沙路等炮台后，继续完善、加筑策应的西式炮台。"黄埔一段，长洲较为完密，惟鱼珠屏蔽趋省陆路，原台尚孤，因于鱼珠以内之狮山筑

---

① 台湾史料集成编辑委员会编：《明清台湾档案汇编》，第 5 辑，第 87 册，"清光绪十年八月至十年九月"，台北：远流出版事业股份有限公司，2009 年，第 287 页。

② （清）张之洞：《张文襄公奏议》，卷 12，"缓开塞河片"，《续修四库全书》，第 510 册，上海：上海古籍出版社，2002 年，第 316 页。

③ （清）张之洞：《张文襄公奏议》，卷 14，"已塞沙路永远不宜复开折"，《续修四库全书》，第 510 册，上海：上海古籍出版社，2002 年，第 355—356 页。

④ （清）张之洞：《张文襄公奏议》，卷 12，"创造炮划设立广安水军折"，《续修四库全书》，第 510 册，上海：上海古籍出版社，2002 年，第 310 页。

⑤ 《光绪十二年正月二十三日京报全录》，《申报》1886 年 3 月 16 日第 16 版。此数据多于光绪十五年张之洞奏报的 31 个炮位。

台二座，蟹山增台一座。沙路远接莲花山，狮子洋最为近外，地势散漫。因于沙路以外之马鞍山增台二座，共应添十八台，均采取西法作露天台式，以灰沙洋泥层层舂筑，皆有暗道、兵房、药库。滨海余地较宽者，酌量加筑濠墙。即饬各营统领、督勇募工分承修筑。"①

到了光绪十一年（1885），牛山炮台在中法战事且战且谈中开始修建。法军袭扰闽台后很可能进犯广州的这一威胁不容忽视，加紧完善长洲炮台体系的工程仍在进行。张之洞在奏折中多次提到这一时期法军对广东仍然存在很大的威胁，"臣之洞抵任后（1884 年 7 月前后——引者注），正值法人启衅闽洋，时图窥伺粤东，海防事机日紧"②，1884 年 8 月以后，"粤防日形吃重，法船退出长门以后，多来香港，声言扰粤"③，"至腊正之交（1885 年初），警报日亟，皆谓将袭五门，以窥粤省"④。

在南支河道堵塞之后，江面的防御格局也随之变化，长洲炮台体系的防御区域集中到了长洲岛以东至四沙口以西的江面。张之洞遂着手在鱼珠东七里处增修牛山炮台，完善长洲炮台体系。

（牛山）其地与沙路南北相对，为长洲之左臂，鱼珠之外屏，其下海洲四段相接，名曰沙口。凡由虎门入口之船，必经莲花山下驶进四沙口，方能上抵黄埔，以达省城，水陆均当冲要。光绪十一年间，饬委德弁周览省防形势，佥谓此处必宜筑造炮台，方不致令敌人由波罗一带登陆，袭我鱼珠各台营后路。当饬记名总兵李先义督率副将吴元恺、都司吴良儒相度形势，绘具图说。经臣之洞覆加核定，就该山建筑新式炮台七座，兵房、暗道、子药房均依法配造，炮路所向正扼四沙口咽喉，若敌船将近，可与沙路之炮犄角呼应，即使敌船横过，又可与鱼珠之炮首尾夹攻。安设阿模士庄十二吨新式钢炮四尊、克虏伯二十一生特（指口径 21 厘米——引者注）三十五倍口径新式钢炮三尊，各炮系先后电托出使大臣曾纪泽、许景澄分向英、德两厂订购，台工于本年（指光绪十三年——引者注）二月间告竣。各炮自前年六月至今年十月陆续到齐，安放安贴，臣等亲往验视台工，演放炮位，均属合法得用，所费亦较从前所建炮台为省，所有炮价、台工、地价饬局汇案造销。现派记名总兵李先义督同副将吴元恺率营驻守操练，以固省河藩篱。⑤

---

① （清）张之洞撰，苑书义等主编：《张之洞全集》，石家庄：河北人民出版社，1998 年，第 331 页。

② （清）张之洞：《张文襄公奏议》，卷 9，"添募水陆勇营折"，《续修四库全书》，第 510 册，上海：上海古籍出版社，2002 年，第 273 页。

③ （清）张之洞：《张文襄公奏议》，卷 11，"续增勇丁并规越援台各营补陈备案折"，《续修四库全书》，第 510 册，上海：上海古籍出版社，2002 年，第 299 页。

④ （清）张之洞：《张文襄公奏议》，卷 12，"创造炮划设立广安水军折"，《续修四库全书》，第 510 册，上海：上海古籍出版社，2002 年，第 310 页。

⑤ （清）张之洞：《张文襄公奏议》，卷 23，"建筑牛山炮台完竣折"，《续修四库全书》，第 510 册，上海：上海古籍出版社，2002 年，第 503-504 页。

自光绪十一年（1885）七月到光绪十三年（1887）十月，牛山炮台历时两年多最终完成。牛山炮台的建成意味着由北鱼珠、中长洲、南沙路构成的炮台体系更加完善。到了光绪十五年（1889），张之洞即将卸任两广总督时上报的长洲炮台体系炮位情况如表四所示：

表四　光绪十五年长洲炮台体系炮位情况表[1]

炮台名称	位置	始建时间	组数（所）	台数（座）	炮位
长洲炮台	黄埔之（东）尾、珠江南北二支合流处	光绪九年（1883）	5	15	15[2]
沙路炮台	在珠江南支南岸	光绪十年（1884）	3	9	9
鱼珠炮台	在珠江北支北岸	光绪十一年（1885）	3	7	7
牛山炮台	在珠江北支北岸（鱼珠炮台之东侧）	光绪十一年（1885）	2	7	7

1882年，张树声与曾国荃对长洲防御进行筹划，次年张树声回任两广总督始建炮台，后经彭玉麟与张之洞续修，至1884年，初步建成长洲、鱼珠和沙路三大炮台。1885年，中法战争且战且谈时，张之洞又着手修建牛山炮台并于1887年2月建成。至此，以长洲为核心，北有鱼珠、牛山，南有沙路的炮台体系形成，起着战时防御、闲时威慑、兼顾缉私捕匪等作用，是拱卫广州的第二门户，成为广州江防之核心。

（三）　"品"字犄角：长洲炮台体系的防御格局

自光绪八年（1882）开始，迫于法国侵越的压力，长洲岛因处省河南北两支交会而渐受高层关注，长洲、沙路、鱼珠以及稍后的牛山炮台相继建成。四个大炮台组成的炮台体系呈"品"字犄角，遥相呼应，扼守入省之咽喉，逐渐被置于广州江防之核心位置。遗憾的是，这一炮台体系未在实战中发挥效用。但作为防御工事的长洲炮台体系，它所发挥的武装威慑作用对保障广州的安全不容忽视，其防御体系也值得我们进一步研究。长洲炮台防御体系的大体格局是"四台之中，惟长洲居中央，四面环水，鱼珠则通西北两江，并近接九广铁路，扼陆路之要冲屏蔽全粤，牛山距九广铁路亦仅七里，如遇浅水，兵舰由横门越大虎门之背，则牛山、沙路为前敌，而长洲、鱼珠为

---

① 数据来自（清）张之洞：《广东海图说》，清光绪十五年（1889）广雅书局刊本，《广东历代方志集成》，省部（27），广州：岭南美术出版社，2006年，第826-828页。

② 后来，张之洞的继任者李瀚章在长洲炮台又新增克虏伯火炮1门。

助援，粤省中路险要全恃乎此"①。长洲、鱼珠、沙路和牛山组成的区域得地利之便、扼守入省城之冲要。

长洲炮台防御体系从创设之初到建设过程都十分注意各台之间相互呼应援助，互为犄角，以防炮台出现孤立无援之窘境。光绪九年（1883），曾国荃"以虎门为省城门户，而黄埔、长洲、白兔、轮冈、鱼珠、沙路尤为要区，乃于南岸屯重兵，为炮台犄角，兼顾后路。光绪十年（1884），彭玉麟办理广东军务，就粤省原有各炮台，修整改造，并于炮台后辟山开路，以藏弁兵，筑绵亘墙濠，联络各炮台声势"②。

四个炮台均有相应防御的目标和区域，发挥着各自的作用。首先，长洲岛上的炮台是该防御体系的核心和中坚力量，火力覆盖了长洲岛以东、四沙口以西之江面，引导南北各炮台封锁南北两支入省城河道，拥有 16 座炮台（中法战争期间为 15 座，继张之洞任两广总督的李瀚章又添 1 座）（图二四八）。其于长洲"光绪九年筑台，诸山阜北对鱼山诸台，以扼北支之口，东南对沙路诸台，以扼南支之口，划岩凿磴，高下因势"③。

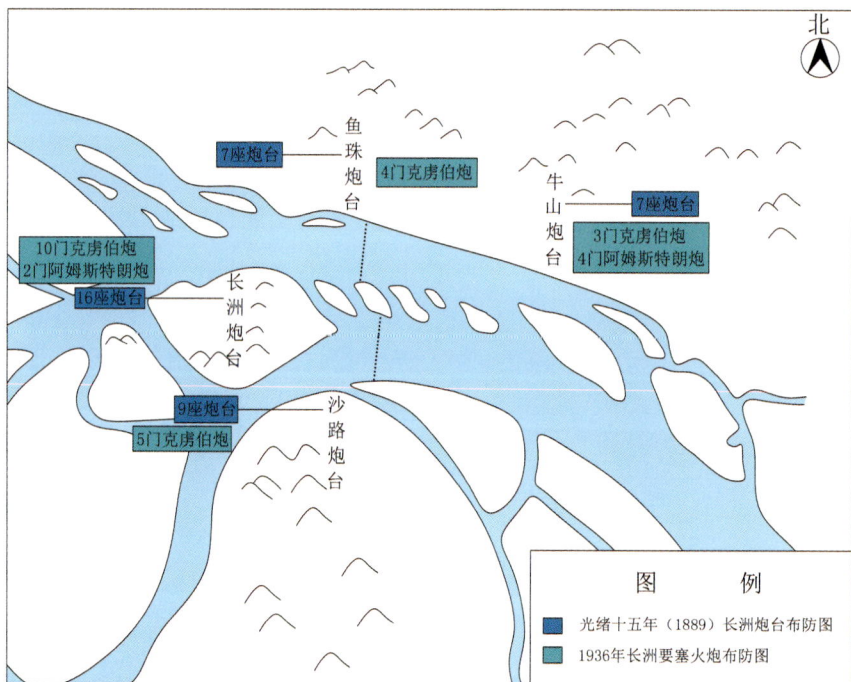

图二四八　长洲布防图（参考黄利平：《清代民国广州城防、江防与海防炮台研究》，广州：广州出版社，第 161、165 页）

① （清）李准：《广东水师国防要塞图说》，"广东沿海总图说"，陈建华、曹淳亮主编：《广州大典》，第 331 册，第 37 辑，史部政书类，广州：广州出版社，2015 年，第 848 页。

② （民国）赵尔巽等撰：《清史稿》（14），"志 113"，北京：中华书局，1976 年。

③ （清）佚名：《广东全省海图总说》，陈建华、曹淳亮主编：《广州大典》，第 238 册，第 34 辑，史部地理类，广州：广州出版社，2015 年，第 139 页。

北岸之鱼珠炮台的主要任务被定位为封锁江面四沙，以免敌军登陆固守。"鱼珠为入省城陆路总要，与常洲、沙路，唇齿相依。"①尤其在南支堵塞之后，北支入口处的鱼珠地位就更加凸显。鱼珠新建明炮台凡三所共七座，鱼珠在牛山西，连峰横峙北岸，扼海中四沙，与南岸沙路诸台、西岸长洲诸台为"品"字犄角之势。牛山是鱼珠的外屏，可直击由莲花山方向进入狮子洋的敌船，同时呼应长洲、沙路等炮台。"牛山南值大濠沙尾，东南对狮子洋，斜望莲花山塔，得南偏东又东一分之向，山前后陆路四达，临高筑台，正扼要势。"②牛山炮台的第一重作用即为鱼珠外屏，此处设台"方不致令敌人由波罗一带登陆袭我鱼珠各台"③。牛山是狮子洋入省城必经之路，处在"长洲之左臂、鱼珠之外屏……水陆均当冲要"的重要位置。张之洞派李先义等人考察了该地形势，绘制出地图并建造新式炮台7座。炮台所向正扼珠江洋面之咽喉，可与沙路之炮犄角呼应，若敌船驶过，则可与鱼珠之炮首尾夹攻。其第二重功能则是作为长洲犄角，与南岸沙路炮台成交叉火力，封锁江面。此举也突出了各炮台之间相互援助，互为犄角的筑台理念。

南岸之沙路，扼守省河南支河道入口，外接莲花山，内通南石头炮台，距离长洲岛三里余，北与鱼珠、牛山地区隔江对望，面积约二方里，山高约五十米，山陡滩平，地理位置十分扼要。④沙路炮台的功能是响应北岸，形成交叉火力，封锁江面，并兼顾莲花山后陆路。一方面，封锁江面是沙路炮台的主要功能。"沙路当珠江南支右岸，山陡滩平，台面北向轮帆内驶，炮线交角合度，足以固狮子洋内口之防。"⑤沙路之石头山炮台也是用于封锁珠江水面，该台"建在山上，前向东南，后坐西北，炮口对四沙入省水道"⑥。另一方面，建在山腰处的沙路之"南炮口前对莲花山后陆路"⑦，此举意在防止进攻之敌从陆路袭扰沙路诸炮台的后路。

值得注意的是，从今天长洲炮台体系诸炮台遗址之间的距离来看，长洲岛上诸炮位距防御目标最远处四沙口约6 000米（直线距离，下同），距最远的牛山炮台约5 000米；鱼珠距四沙口也是约6 000米；沙路距牛山炮台约4 600米，距四沙口约4 000

①　（清）陈忠倚辑：《皇朝经世文三编》，卷46，"兵政2"，"遵旨覆奏并陈今昔情形不同折"，清光绪二十八年（1902）上海书局石印本。

②　（清）佚名：《广东全省海图总说》，陈建华、曹淳亮主编：《广州大典》，第238册，第34辑，史部政书类，广州：广州出版社，2015年，第138、139页。

③　（清）张之洞：《张文襄公奏议》，卷12，"缓开塞河片"《续修四库全书》，第510册，上海：上海古籍出版社，2002年，第316页。

④　（清）李准：《广东水师国防要塞图说》，"广东中路长洲各炮台形势险要详细图说"，陈建华、曹淳亮主编：《广州大典》，第331册，第37辑，史部政书类，广州：广州出版社，2015年。

⑤　（清）佚名：《广东全省海图总说》，陈建华、曹淳亮主编：《广州大典》，第238册，第34辑，史部地理类，广州：广州出版社，2015年，第139页。

⑥　（清）萨承钰：《南北洋炮台图说》，一砚斋藏本，2008年影印本，广东省立中山图书馆藏。

⑦　（清）萨承钰：《南北洋炮台图说》，一砚斋藏本，2008年影印本，广东省立中山图书馆藏。

米。今天已很难逐一确认炮台体系内各炮位所安何炮，但根据民国时调查的火炮性能[1]来看，自四沙口到长洲岛之间的洋面都在多数火炮射程范围内。考虑到岸防火炮有射击夹角问题，从上文所分析来看，各炮台，甚至不少炮位都是有针对性的，其炮垛开口即其射击角度覆盖了所需控制的目标区域。如已经发掘的沙路马鞍山炮台垛口朝向东北偏东或正东方向即面向四沙口，覆盖四沙口这一区域。[2]

通过以上分析可知，长洲炮台主要功能是封锁四沙两侧到长洲岛的南北两支河道入口，尤其南支堵塞后与鱼珠等炮台夹击企图进入北支河道的敌船；鱼珠及狮山等炮台则呼应长洲炮台控制的四沙和周围洋面；牛山炮台直击由莲花山方向进入狮子洋、四沙口的来犯敌船，为鱼珠之屏障、协助其控制四沙洋面；沙路呼应牛山，阻击进入四沙口及四沙洋面敌船，其南炮台则防御东南莲花山方向登陆之敌。这样，由长洲、鱼珠连成一区，牛山、沙路各成一区，相互应援并严密封锁自狮子洋到长洲岛南北两支河道入口前的整个江面，从而形成"品"字犄角之势（图二四九）。可见，这样一种互为应援、水陆兼备的防御思想，构建交叉封锁的火力网，构建起的"品"字犄角、互为应援的防御格局，其目的已经不再是鸦片战争时广州江防主要针对的缉私防匪，而是抵御像法国舰队这样的外敌入侵。

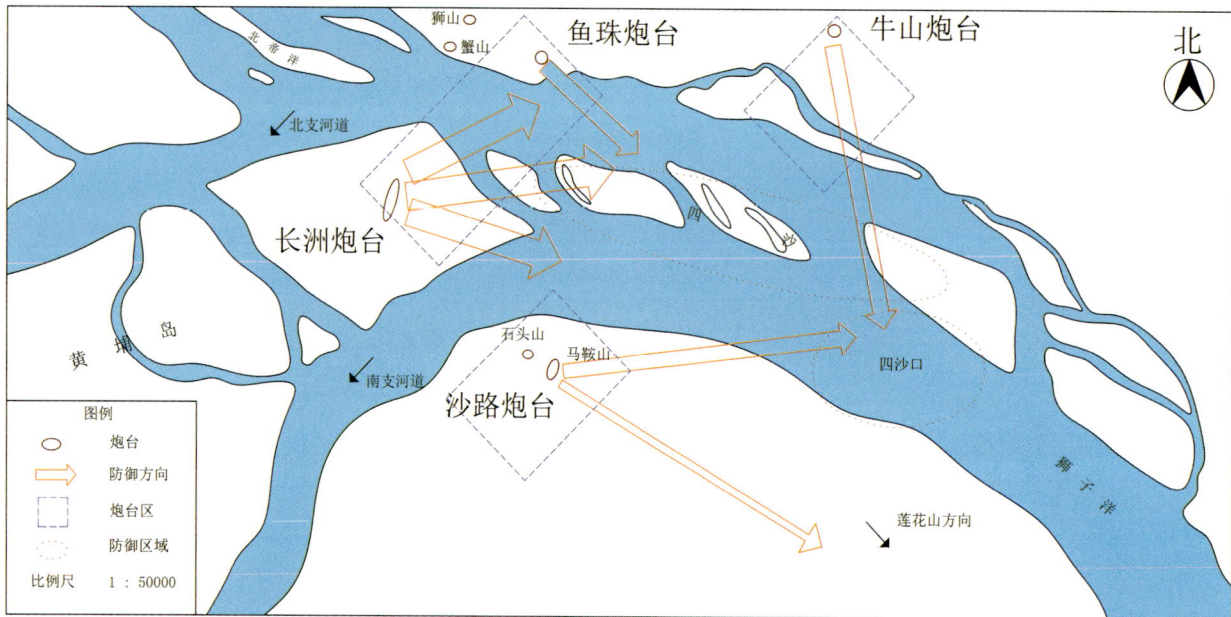

图二四九　长洲炮台体系布防格局示意图

① （民国）军政部编：《拟定虎门要塞各台现有每炮编制一览表》，中国第二历史档案馆，全宗号787，案卷号2372，1936年。
② 广州市文物考古研究院：《广州沙路炮台考古发掘报告》，待刊。

（四）结语

光绪年间，越南局势愈加紧张，引起了清廷和广东督抚的警惕，广州江防得以调整和完善。性能更优、射程更远的西方新式火炮和相应的筑台技术大量引入中国，弥补了旧式火炮无法覆盖像长洲岛以东至狮子洋以西这样较宽江面的缺陷。因此，长洲岛极冲之地、省河咽喉的地位得以凸显，从技术上解决了在此修造炮台群的障碍。中法战争爆发，战事牵动着广州防务布局和人事调整，深刻地影响着长洲炮台群的修建。光绪十三年（1887），陆续建成由长洲、鱼珠、沙路、牛山诸炮台和众多炮位构成的、采用西方先进新式岸防火炮和筑台技术的炮台群。这一炮台群充分利用了地理条件，互为应援，形成"品"字犄角的防御格局。长洲炮台群的完成是时局使然，得利器相助和地利之便，最终成为清末至民国时期广州江防的核心。

第六节　长洲要塞在近代广州城防体系中的地位和作用

广州长洲岛、鱼珠、牛山、沙路等地区，清光绪年间被两广总督曾国荃、张树声、张之洞等人称为广州"第二重门户"，迨及民国时期因长洲要塞司令部设立，又称为"长洲要塞"。因鸦片战争、中法战争以及西式大炮的引进，从光绪九年（1883）至光绪十三年（1887），"长洲要塞"地区修建了长洲、鱼珠、沙路、牛山等四个炮台群，共计 30 余门西式大炮，这些炮台大多配有兵房、火药库、子药库、木炮遮、明路、暗道等辅助设施，亦设有大量营兵操练和驻防，从而构成了近代广州"长洲要塞"炮台防御体系，成为广州江防防御重心和第二道防线。虽然长洲要塞炮台基本未与西方列强直接交火，但在中法战争和抗日战争时期，其为抵御法军和日军的入侵起到了不可或缺的作用，在近代广州的全局防御和布局上有着极其重要的地位。

（一）长洲要塞称谓的由来及其范围

"长洲要塞"一词，现今常常见于各类学术期刊、著作、文史资料、报纸及网络等媒介，如黄利平的《虎门长洲要塞佚名炮台考》[1]、沈丽莉的《巡视长洲要塞》[2]，这些文章和著作大多侧重于考证和论述长洲要塞炮台，以及长洲要塞与重要历史人物之关系，而忽视了对"长洲要塞"名称由来的关注。那么，长洲要塞是怎样来的？"长洲要塞"这一名称正式确定于何时？长洲要塞指的又是哪些地区？这些问题关乎长洲要塞在近代广州城防体系中的地位和作用，因此，很有必要对长洲要塞的由来进行考察。

---

① 黄利平：《虎门长洲要塞佚名炮台考》，《广州文博（玖）》，北京：文物出版社，2016 年，第 261—277 页。

② 沈丽莉：《巡视长洲要塞》，《广州文史资料》，第 50 辑，"孙中山在广州"，广州：广东人民出版社，1996 年，第 29—31 页。

据《广东海防汇览》记载，顺治七年（1650），清政府在广州设提督，在潮州、碣石和高州等地区设水师总兵。康熙三年（1664），在惠州设立广东水师提督。至嘉庆十五年（1810），由于广东南滨海域，海盗猖獗，水陆事务繁重，仅水师提督一员已无力应付，于是两广总督百龄两次奏请，最终朝廷于该年增设水师提督一员驻扎虎门，统领广东省中、东、西三路水师，专门管理珠江下游的岛屿及两岸炮台，处理相关事宜。①至光绪年间，两广总督张树声、曾国荃、张之洞等人筹办广东防务，长洲岛、鱼珠、沙路、牛山等险要地区逐渐凸显出来，先后在长洲岛及南北两岸修筑了一批防御炮台，这些区域的炮台归广东水师经营和管理。

1911年，广东水师提督李准与两广总督张鸣岐关系紧张，革命党人胡汉民拉拢李准。该年11月，广东水师提督李准宣布反正，并下令其所管辖的虎门、长洲等地炮台、部分水雷队、舰队以及运输船等皆归属广州的中华民国政府。1913年，成立虎门长洲各要塞司令部，司令部设在虎门寨，"任命饶景华为虎门长洲各要塞司令官"②，统率沙角、威远、长洲三个总炮台、一个水雷队并配置三四个守备营。

据曾任虎门要塞司令的李洁之回忆，1920年，因虎门要塞守备部队与当地民军发生冲突，导致虎门寨即要塞司令部全部建筑物和仓库军实被烧掉。事变平息后，虎门要塞司令部迁到沙角总台办公。该年冬，粤军将桂系军队驱逐回广西，孙中山委陈炯明任广东省省长兼粤军总司令，粤军随后进行整编，因虎门与长洲两地相距不下30 000米，而虎门要塞设在沙角，对长洲总台指挥不便，于是在虎门要塞司令部外增设一个长洲要塞司令部，专管所属长洲、沙路、鱼珠、牛山四个分台。长洲要塞司令部的组织、规模较小，约为虎门要塞司令部人员的半数，当时由马伯麟任长洲要塞司令。③对于1920年马伯麟任长洲要塞司令，《申报》却有不同的报道："（1923年）孙中山委马伯麟为长洲要塞司令。"④查《申报》对长洲要塞司令的最早报道是："（1922年4月）香港电敬（二十四），孙任梁鸿楷第一师长，朱卓文暂署兵工厂总办，陈策长洲要塞司令，姜汉翘代理二师第四旅长，拟于省署设军务厅，专理全省军事案件。"⑤根据《申报》的记载，陈策应为长洲要塞司令部第一任司令官，其后谢铁良、苏从山、马伯麟、蒋中正、林振雄、方鼎英、李尚庸、陈庆云都接任过长洲要塞司令职位。

自长洲要塞设置司令部后，长洲要塞司令部经过了几番裁撤。据李洁之回忆，1925年广州成立国民政府后，为统一事权，改编驻粤各军为国民革命军，裁撤长洲要

① 嘉庆《雷州府志》，卷13，"海防"，清嘉庆十六年（1811）刻本，《广东历代方志集成》，雷州府部，广州：岭南美术出版社，2009年，第340页。

② 《申报》1913年1月24日。

③ 李洁之：《虎门要塞史略》，中国人民政治协商会议广东省委员会文史资料研究委员会编：《广东文史资料》，第7辑，内部资料，1962年，第54页。

④ 《申报》1923年9月29日。

⑤ 《申报》1922年4月26日。

塞司令部，改为长洲总台，归虎门要塞司令部管辖。《申报》于1929年1月亦报道：
"陈庆云就虎门司令职后，拟呈请裁撤长洲要塞司令，只设台长。"[①]此后《申报》未有
长洲要塞司令的相关报道，似此番长洲要塞司令部撤销后再未恢复。随着20世纪20
年代长洲要塞司令部这一军事机构的设置，长洲要塞这一名称才正式确定。虽然1929
年长洲要塞司令部撤销未复，但长洲要塞已成为一个专有地理名词或军事名词常见于
各类官方文件、报纸等文献。

前文提及，长洲要塞司令部辖长洲、鱼珠、牛山、沙路四处分台，那么由长洲、
鱼珠、牛山和沙路组成的长洲要塞范围有多广呢？四处炮台的防御范围又有多大？据
广东水师提督李准的《广东水师国防要塞图说》记载：

> 黄埔之尾曰长洲，面积约十二方里，大小山约十余座，高由十余密达至四十余密
> 达不等，内海至此中分为二，长洲介南北两支之中，与沙路、鱼珠隔岸相望，由狮子
> 洋入省河者必取道于此，是为粤省第二重门户，临水筑台，于轮船来路可以迎头截击，
> 三方夹攻，最扼冲要。沙路，当珠江南支之尾，距长洲约三里余，面积约二方里，山
> 高五十密达，水道宽深，较鱼珠河行驶尤便。鱼珠当珠江北支之尾，距长洲约五里，
> 面积约二方里，高约四十密达，为从前洋人登陆之熟路。牛山在珠江下流北岸，正接
> 四沙尾，距长洲约九里，面积约二方里，山高约四十密达，当狮子洋内驶之路，为长
> 洲、鱼珠前面屏蔽，形势扼要，道路四达，可以屯军，兼顾水陆，由水平面测量各台
> 相距及台位与山之高度，暨四台所居地位，纵横五十七方里。[②]

从这段材料可知，长洲、鱼珠、沙路、牛山四处构成的长洲要塞面积约18方里，
而四处炮台所能防御的范围达到57方里。

（二）长洲要塞地区炮台的兴修

明代为了防止倭寇对沿海的侵袭，从辽东至海南的沿海地区设置了规模、密度不
同的城堡、卫所进行防御。至明末，"海寇郑芝龙踞台湾，子成功相继跳梁。我朝定
鼎，差内阁满洲大臣苏纳海、鳌拜议，沿海建墩台，贼至，烽火为号，以便守御。徙
民内地以杜奸宄接济台湾之患，粤省东起饶平大城所上里尾，西迄钦州防城。康熙元
年壬寅，命吏部侍郎科尔坤、兵部侍郎介山同平南王尚可喜、将军王国光、沈永忠、
提督杨遇明等巡勘潮属滨海六县，建墩台七十有三"[③]。清初，为断绝广东沿海居民与

---

① 《申报》1929年1月15日。

② （清）李准：《广东水师国防要塞图说》，"广东中路长洲各炮台形势险要详细图说"，陈建华、
曹淳亮主编：《广州大典》，第331册，第37辑，史部政书类，广州：广州出版社，2015年，第848页。

③ 道光《广东通志》，卷123，"海防略1"，清道光二年（1822）刻本，《续修四库全书》，第671
册，上海：上海古籍出版社，2002年，第704页。

台湾郑氏家族势力的联系，清政府厉行海禁政策，将广东沿海居民大规模内迁，并逐渐改城堡、卫所为墩台、炮台进行防御。①这一时期长洲要塞地区亦建有炮台，据康熙《广东通志》记载："番禺县新设墩台凡七，曰白蚬壳炮台，什长一名，官兵二十员名；曰海珠炮台；曰鱼珠炮台，守兵七名；曰波罗庙，守兵八名；曰南岗，守兵八名；曰双对岗，守兵七名；曰石子头。"②康熙时期，长洲要塞的鱼珠已设有炮台，并有守兵七名防守。整体而言，清初广州的防御重心在广州城附近，炮台的设置也主要集中于广州城北地区，设有永宁（后改为永康）、耆定、神安、保厘、拱极、保极等炮台。随后，广州的防御重心逐渐从广州城北向虎门、省河地区转移。"伏查广东沿海各口，嘉庆年间设立炮台一百二十余座，道光以后，添修至一百六十余座，由省河以达虎门，炮台林立，添修者为多，所以防洋船之出入也。"③嘉庆至道光时期，广州省河、虎门一带修建炮台160余座，其主要集中于省河北路的猎德、二沙尾，南路的大黄滘以及虎门等地区。特别是虎门地区，嘉庆十五年（1810），随着广东水师提督移驻虎门，修建了沙角、蕉门、新涌、大虎山、镇远等一批炮台，虎门炮台的防御力量大增。反之，这时期长洲要塞险要的地理位置被当局所忽视，目前尚未发现该时期关于长洲要塞地区设有炮台的记载，即使历史时期设有炮台，恐也是单个炮台，远不及虎门地区已设有三道防线，形成了一个较为完整、有层次的炮台防御体系。

第一次鸦片战争期间，1840年12月15日，英军攻陷虎门的第一道防线沙角和大角山炮台，副将陈连升父子战死，广东水师提督关天培、总兵李廷钰等退守横档、靖远、威远各炮台防守。1841年2月5日，英军又攻陷虎门上下横档等炮台，关天培死后，"虎门各隘所列大炮三百余门，至是皆为夷有"。虎门失守后，只能依靠省河炮台和城北炮台进行防御。"广东省河广阔，惟东路二十里之猎德、二沙尾，西南十五里之大黄滘，河面稍狭，可以扼守。"④然而省河炮台的布置远不如虎门，从2月5日英军攻破横档、虎门炮台后，初七日，攻乌涌炮台；初九日，夷人陷琶洲土炮台；初十日，陷猎德炮台；十四日，夷人陷二沙尾炮台；二十一日，夷人陷大黄滘口炮台，遂扰掠南石头、东塱；二十六日，夷人攻凤凰岗土炮台、西炮台、永靖炮台、珠海炮台⑤。因省河炮台不似虎门形成了较为完整、有层次的炮台防御体系，省河炮台未月而被英军攻陷，致使"新城卑薄，无险可守"⑥。第一次鸦片战争清军战败与虎门地区炮台孤立

---

① 唐立鹏：《从城堡到炮台：清初广东海防工程嬗变考略》，《地方文化研究》2016年第2期。

② 康熙《广东通志》，卷12，"兵防"，清康熙三十六年（1697）刻本，《广东历代方志集成》，省部（8），广州：岭南美术出版社，2006年，第584页。

③ （清）郭嵩焘：《郭侍郎（嵩焘）奏疏》，卷2，"修筑广东省城炮台片"，《近代中国史料丛刊》，第16辑，台北：文海出版社，1968年。

④ （清）王之春：《防海纪略》，中国史学会主编：《鸦片战争》（6），上海：神州国光社，1954年，第179页。

⑤ 广东省文史研究馆编：《三元里人民抗英斗争史料》，北京：中华书局，1978年，第5页。

⑥ （清）王之春：《防海纪略》，中国史学会主编：《鸦片战争》（6），上海：神州国光社，1954年，第180页。

无援有很大关系，后来两广总督曾国荃就曾指出："此孤立无援，故外寇遂由下游登岸以袭炮台之背，因而一败涂地，不可收拾。"①第一次鸦片战争后，清政府吸取省河和省城炮台防御不足的经验和教训，修复和增设了省城、省河以及虎门地区的炮台，此时广州城北有保极、保厘、拱极、耆定、永康、神安、粤秀东、东得胜、西得胜和西炮台共10座，省河也形成二沙尾、大黄滘、柳波涌及新造、仑头等几个重点防御区域，虎门地区新建和修复了炮台16座。然而在第二次鸦片战争期间，因为清军采取不抵抗政策，这些新建和修复的炮台遭到了严重的破坏和废弃。

光绪六年（1880），广州开始引进德国克虏伯后膛炮、英国阿姆斯特朗前膛炮等西式炮。从火炮的技术射程层面而言，清军使用的几百至一千多斤的铸铁舰炮，其有效射程只有300~400米，而早期购买的重型西式大炮最大射程在2 000米，有效射程约为1 500米。②这些西式大炮的控制和射击范围比之前国产的大炮有了极大的提高，这也使得省河的防御区域重心发生了重大改变。在此之前，中式火炮射程难以覆盖长洲岛至两岸沙路、鱼珠、牛山广阔的江面，而使用西式火炮则能进行有效防御，广州省河防御的重心由之前的大黄滘、二流沙地区逐渐转移到长洲岛及两岸区域，长洲、鱼珠、牛山和沙路的地理位置得到清政府重视。

关于长洲、鱼珠、牛山、沙路的地理位置（图二五〇），宣统《番禺县续志》将此四地的冲要等级划为极冲扼要之地。长洲岛位于黄埔之尾，其西偏北距离省城约27里，东南距离东江大缆口20里，水道深广，长洲河面宽270丈至300丈不等，水深40尺至50尺。长洲内通珠江北支及省河之水，内海至此中分为二，长洲介于入省河者，必道于此，是为广东第二重门户。从香港、澳门来的各国商轮均在长洲停泊，此处有小渔船百余号，黄埔、长洲在清代长期是商船的卸货之地，外洋商船常常每年七月在此换货，然后冬季返回澳门贸易。鱼珠，为珠江北支之尾，在长洲之东北岸，西距离省城30里，北抵燕塘山麓至省城东门，河面宽330丈，深至26尺，内通北支及省河之水，外国商轮往来均要通过此地。牛山，在珠江下流北岸，西边距离省城36里，距离鱼珠6里，南略偏东距离狮子洋20里，正接四沙尾，能防守狮子洋内驶之路，为长洲、鱼珠前端之区域提供屏障，山下乌涌道路四通八达，水深道广，河面宽750丈，深30丈（疑为"尺"之误——引者注），商船渔船往来皆道于此，形势十分扼要。沙路，珠江南支之尾，在省城之东略偏南，由黄埔至省城38里，由大石河至省城50里，东南至狮子洋20余里，又南偏东至虎门40余里，水道宽深，河道宽至390丈，深至36尺，较鱼珠河行驶尤便，向来轮船到省必由此进入。③

---

①　（清）朱寿朋编，张静庐等校点：《光绪朝东华续录》（2），北京：中华书局，1958年，总第1559页。

②　张建雄、刘鸿亮：《鸦片战争中的中英船炮比较研究》，北京：人民出版社，2011年，第146页。

③　《番禺县续志》，卷2，"舆地志2"，民国二十年（1931）刊本，广州市文物考古研究院藏。

图二五〇 黄埔长洲要塞史迹分布图

光绪六年（1880），两广总督张树声筹办广东海防上奏折称："黄埔、常洲一带，中权扼要，亦宜有兵驻守，有台御敌，方能首尾相应。"从张树声所言可知，其已认识到长洲要塞地理位置的重要性。但当时购买西式大炮捉襟见肘，修筑炮台经费难筹，只能将长洲要塞一带修筑炮台事宜搁置。光绪九年（1883），两广总督曾国荃上奏朝廷时再次重申了长洲要塞的重要性：

自虎门至省，计程约一百八十里，香港、澳门已为外人蹲踞，惟虎门、沙角、上下横档，尚见锁钥之域，洋面虽宽，中只一泫（同"泓"，指一片或一道水域——引者注）三等四等炮力尚能洞中船只，若深入数十里，则水道渐窄矣。惟离省四十里之黄埔、常洲相距两岸各百四五十丈，山形包裹，水势漾洄，若能于此设防，大足以资控扼，是以言防粤者，佥谓虎门、沙角、上下横档为省垣第一重门户，万不可弃而不守。黄埔、常洲、白兔岗、白鹤山、鱼珠、沙路等处实为第二重门户，尤宜厚集兵力，多筑炮台，严为之备，勇夫尚且重闭，况省垣要临乎……臣等察看形势，窃以为今日防务孔亟，不可虚应故事。虎门固为最要，而黄埔、常洲、白兔岗等处，尤为门户锁钥，此更不可不先事预防，果能扼守虎门、常洲，则省城自可无虞矣。至于设守之方，与其仅防于水面，犹是孤注之势，不若兼防于两岸，可成掎角之形。①

由此可知，曾国荃也赞同张树声的想法，重视长洲要塞的险要位置，认为不可虚以应付，应在长洲及两岸的鱼珠、沙路等地修筑炮台，使之互为掎角，在长洲形成一个较为完整的防御体系。但是曾国荃任两广总督时并未付诸实践，后张树声二次任两广总督时云："迨入粤境，行经虎门，见沙角、上横档、浮州山、饭箩牌均寂如也，过常洲、黄埔，见白兔岗、白鹤山、鱼珠、沙路亦寂如也。"

随着中法战争的爆发，广东沿海地区受到极大的冲击和威胁，张树声加紧广州防务的筹办，将炮台的修建计划付诸实践，至光绪十年（1884）张之洞任两广总督时，黄埔、长洲、白兔、轮冈、鱼珠、沙路等要区已修筑炮台并屯重兵驻守，使得这些地区炮台颇具规模，互为联络，渐成声势。且考虑当时长洲要塞一带，黄埔长洲地区炮台已较为完密，然而鱼珠地区只有一孤台以及沙路地势散漫。张之洞考虑到珠江长洲岛及两岸水路辽阔，于是在鱼珠内的狮山、蟹山以及沙路的马鞍山等地区继续添筑炮台。光绪十三年（1887），张之洞考察省河北岸的牛山地区，指出"其地与沙路南北相对，为长洲之左臂，鱼珠之外屏，其下海洲四段相接，名曰沙口。凡由虎门入口之船，必经莲花山下驶进四沙口，方能上抵黄埔，以达省城，水陆均当冲要。光绪十一年

---

① （清）朱寿朋编，张静庐等校点：《光绪朝东华录》（2），北京：中华书局，1958年，总第1558-1559页。

（1885——引者注），饬委德弁周览省防形势，金谓此处必宜筑造炮台，方不致令敌人由波罗一带登陆袭我鱼珠各台营后路……经臣之洞覆加核定，就该山建筑新式炮台七座，兵房、暗道、子药房均依法配造，炮路所向正扼四沙口咽喉，若敌船将近，可与沙路之炮犄角呼应，即使敌船横过，又可与鱼珠之炮首尾夹攻"①。至此，以长洲、鱼珠、沙路、牛山为主的四个炮台群互为"品"字犄角，从而构成了一个有层次性、系统性的长洲炮台防御体系。

（三）长洲要塞炮台体系的构成及辅助设施

清初厉行海禁政策，广东沿海居民大量内迁，为了防止倭寇入侵，康熙时期在长洲要塞地区的鱼珠山设有炮台，当时配置了 7 名士兵进行防守。迨至光绪之前，长洲要塞地区疑似很长一段时间未修造炮台。光绪九年至光绪十三年之间，特别是随着中法战争的爆发，东南沿海海防形势严峻，两广总督张树声、曾国荃、张之洞等人先后经营长洲要塞地区，筑成了长洲、鱼珠、沙路、牛山四大炮台群。关于长洲要塞炮台的资料，主要有萨承钰的《南北洋炮台图说》、佚名撰《广东全省海图总说》、《张文襄公奏议》、《张靖达公奏议》、南京中国第二历史档案馆所藏的关于长洲炮台的档案。据了解，中国国家图书馆藏《虎门各炮台形势总图》之《长洲沙路鱼珠牛山总图》《鱼珠狮山鱼山蟹山炮台册》，中国国家博物馆藏有《沿江沿海各省炮台图说》（上卷之《广东省炮台第一图》及《广东省炮台第二图》），另外国家档案馆也藏有一些尚未公开的江防、海防炮台图说，这些资料都较为集中地记载了长洲要塞地区炮台的修建、数量、保养等情况。②下面试通过目前掌握的资料对长洲、鱼珠、沙路、牛山等四个炮台群的构成和配置做·论述。

长洲炮台群位于广州东面珠江支航道南岸的长洲岛上，分别建在岛上东南方向的几个山冈上，由北向南有白兔岗、白鹤岗、大坡地、西岗、蝴蝶岗成扇形依次排列，前后距离全长约 2 000 米，所配置的炮的数量和大小因地势而不同，各炮位均有辅助设施，如兵房、弹药库等。张之洞《广东海图说》有记："长洲炮台在珠江南北二支合流处。光绪九年新建，凡五所，计十五座，置洋炮十五尊。"③光绪十四年（1888），帮办海军大臣张曜派遣萨承钰考察各省沿海炮台情况，于光绪十六年（1890）著成《南北洋炮台图说》一书，其记有长洲白兔岗、白鹤岗、大坡地、大坡地山右、西岗山、

---

① （清）张之洞：《张文襄公奏议》，卷 23，"建筑牛山炮台完竣折"，《续修四库全书》，第 510 册，上海：上海古籍出版社，2002 年，第 503-504 页。

② 贾浩：《〈沿江沿海各省炮台图说〉与叶祖珪的海防思想》，《中国国家博物馆馆刊》2016 年第 8 期。

③ （清）张之洞：《广东海图说》，清光绪十五年（1889）广雅书局刊本，《广东历代方志集成》，省部（27），广州：岭南美术出版社，2006 年，第 826 页。

蝴蝶岗等地的炮台共计 15 炮位，具体情况见表五：

表五　长洲炮台群

炮台位置	名称	辅助设施
白兔岗	第一台炮位	炮墩 1 座、木弹子架数量不详、通风暗路 1 条、通气铁盖筒 3 个、木药柜 1 个、兵房 1 所（此处所列为主要辅助设施，实际情况应远超于此）
	第二台炮位	炮墩 1 座、通风暗路 1 条、通气铁盖筒 2 个、火药房 1 所、木火药柜 1 个、木弹子架 1 个、兵房 1 所、明路 1 条、厨房 1 所、粮食房 1 所、望楼 1 座
白鹤岗	第一台炮位	木炮遮 1 架、台门 1 道、火药房 1 所、木火药柜 1 个、木弹子架数量不详、通风暗路 1 条、通气铁盖筒 4 个
	第二台炮位	木炮遮 1 架、台门 1 道、火药房 1 所、通风暗路 1 条、木弹子架数量不详、通气铁盖筒 5 个
	第三台炮位	木炮遮 1 架、台门 1 道、火药房 1 所、通风暗路 1 条
	第四台炮位	木炮遮 1 架、台门 1 道、火药房 1 所、通风暗路 2 条、通气铁盖筒 13 个、木弹子架数量不详
	其他	官厅 1 座、左边房 1 间、右边房 1 间、水池 1 口、兵房 2 所、火药库 1 所、子药房 1 所、通风暗道 1 条、厨房 2 所、粮食房 2 所、通气铁盖筒 10 个、木弹子架数量不详
大坡地	第一台炮位	木炮遮 1 架、台门 1 道、火药房 1 所、木火药柜 1 个、通风暗路 1 条、通气铁盖筒 4 个、木弹子架数量不详
	第二台炮位	木炮遮 1 架、台门 1 道、望楼 1 座、暗路 4 条、通气铁盖筒 14 个、兵房 1 所、火药库 1 所、子药房 1 所、木弹子架数量不详
	第三台炮位	台门 1 道、木炮遮 1 架、暗路 2 条、兵房 1 所、火药房 1 所、通气铁盖筒 2 个
	其他	官厅 1 座 3 间、水井 1 口、厨房 2 间、粮食房 2 所
大坡地山右	第一台炮位	木炮遮 1 架、台门 1 道
	第二台炮位	木炮遮 1 架、台门 1 道、暗路 1 条、通气铁盖筒 7 个、兵房 1 所、火药房 2 所、木火药柜 1 个、马路 1 条、厨房 2间、木弹子架数量不详
西岗山	第一台炮位	木炮遮 1 架
	第二台炮位	木炮遮 1 架、台门 1 道、暗路 2 条、火药房 2 所、兵房 3 所、厨房 2 所、木弹子架数量不详
蝴蝶岗	第一台炮位	木炮遮 1 架、台门 1 道、暗巷 1 条、通气铁盖筒 2 个、木弹子架数量不详
	第二台炮位	木炮遮 1 架、台门 1 道、暗路 2 条、通气铁盖筒 5 个、火药房 2 所、木火药柜 2 个、兵房 3 所、木弹子架数量不详
	其他	官厅 1 座、右边房 2 所、厨房 2 所、通气铁盖筒 2 个

清代《广东全省海图总说》记载："常洲新建明炮台凡五所共十五座，珠江南北两支东注狮子洋，当水汇之交有洲，形斜方，冈峦縣互攒为山岛，曰常洲。光绪九年筑台，诸山阜北对鱼山诸台，以扼北支之口，东南对沙路诸台，以扼南支之口，划岩凿磴，高下因势，广胜军驻守，总兵李先义管带。"[①]由此可知，其记长洲炮台数量与1890年萨承钰所记一致。这里需要指出两点：一是四缝炮台，据《广州文物志》的记载，四缝炮台位于长洲下庄金花古庙附近，其距大坡地炮台约150米，海拔约20米，有炮台2座，查阅相关文献，未见四缝炮台的文字记录，四缝炮台应为民间俗称，其指的应是萨承钰《南北洋炮台图说》所提及大坡地山右炮台；二是西岗炮台，据光绪十年张树声所奏："西冈（岗）一处，筑台四座，安炮四尊；西冈后山嘴筑台一座，安炮一尊。"[②]从这条材料可知西岗曾修筑5座炮台，可能迨至张之洞与萨承钰之时存有2座，抑或张之洞与萨承钰等人误记或漏记。此外，据张之洞的《敬陈海防情形折》记载，在长洲岛南北江域设有水雷，由淮军将领吴宏洛统领该地炮台与士兵，且两广总督张树声驻防在此。

鱼珠炮台群，位于珠江长洲岛的北岸，分别由鱼珠山、狮山、蟹山三座山岗上的炮台构成。张之洞的《广东海图说》记："鱼珠炮台，在珠江北支北岸，光绪十一年新建，凡三所，计七座，置洋炮七尊。"[③]后萨承钰《南北洋炮台图说》记载鱼珠炮台亦为7座，分别为鱼珠山炮台3座、狮山和狮腰炮台3座、蟹山炮台1座，并记载了每位炮台的辅助设施和配置，具体情况如表六所示：

表六 鱼珠炮台群

炮台位置	名称	辅助设施
鱼珠山	第一台炮位	炮子孔16个、铁环11个、水井3口、木炮遮1架
	第二台炮位	炮子孔11个、铁环11个、水井3口、木炮遮1架
	第三台炮位	炮子孔8个，铁环8个，木炮遮1架，水井2口，护身小炮台1座及炮墩14个，暗路墙2道，小子药房6所，子药房、躲身房、军器房共9所，石砧1条，通光孔7个，通气孔9个，台门1道，明路1条，闸门1道
狮山	狮山炮台	炮子孔16个、铁环14个、水井3口、护炮台1座及炮墩4个、暗路1条、通光孔5个、闸门1道、小子药房2间、台门2道、子药房1所、躲身房1所、军器房1所、官厅1座3间、厨房1间
	狮山腰右炮台	水井3口、八字炮门1座、木炮遮1架、暗路1条、机器房1间、子药房1间、兵房1间、台门1道、便门2处、炮子孔数量不详

① （清）佚名：《广东全省海图总说》，陈建华、曹淳亮主编：《广州大典》，第238册，第34辑，史部地理类，广州：广州出版社，2015年，第139页。

② 《清光绪朝中法交涉史料》，第13辑，台北：文海出版社，1967年，第13页。

③ （清）张之洞：《广东海图说》，清光绪十五年（1889）广雅书局刊本，《广东历代方志集成》，省部（27），广州：岭南美术出版社，2006年，第828页。

（续上表）

炮台位置	名称	辅助设施
狮山	狮山腰左炮台	八字炮门 1 座、水井 3 口、木炮遮 1 架、暗路 1 条、机器房 1 间、子药房 1 间、兵房 1 间、台门 1 道、炮子孔数量不详
蟹山	蟹山露天炮台	水井 3 口、木炮遮 1 架、暗路 1 条、机器房 1 间、子药房 1 间、台门 1 道、炮子孔数量不详

清代《广东全省海图总说》亦载："鱼山新建明炮台凡三所共七座，鱼山在牛山西，连峰横峙，北岸扼海中四沙，与南岸沙路诸台、西岸常洲诸台为"品"字犄角之势，光绪十一年建，水师提督拨兵驻守，其西北狮山、蟹山两所，锐字左营勇丁驻守，都司黄松管带。"[①]需要指出的是，张之洞、萨承钰等人所记鱼珠炮台群均为光绪十一年（1885）所建，鱼珠与狮山炮台为光绪十年（1884）所建，狮腰、蟹山等炮台为光绪十一年所建。鱼珠炮台群光绪十年开始办防，在鱼珠由广州协副将记名总兵邓安邦率领 1 000 士兵进行防守，后仍嫌驻防力量不够，又继续增添 1 000 名士兵驻扎鱼珠附近的波罗庙作为策应。[②]

沙路炮台群，位于广州市番禺区化龙镇沙亭村，北面斜望黄埔长洲岛，扼守珠江南支水道，沙路炮台遗址主要是由马腰岗 6 座炮台和兵岗 3 座炮台共同组成。张之洞《广东海图说》记："沙路炮台在珠江南支南岸，光绪十年新建，凡三所，计九座，置洋炮九尊。"[③]1890 年，萨承钰记载了马鞍山 3 座、马鞍小山 2 座、马鞍山山腰 1 座、石头山上下 2 座、石头山 1 座，共计 9 座炮台。沙路 9 座炮台的详细情况如表七所示：

表七　沙路炮台群

炮台位置	名称	辅助设施
马鞍山	第一台炮位	明路 2 条、木闸门 1 道、火药房 1 间、木火药柜 1 个、左右暗路各 1 条、通气铁盖筒 4 个、兵房 1 所
	第二台炮位	木闸门 1 道、明路 1 条、火药房 1 间、木火药柜 1 个、暗路 1 条、通气铁盖筒 3 个、兵房 1 所、通气铁盖筒 2 个
	第三台炮位	木闸门 1 道、闸外明路 1 条、火药房 1 间、木火药柜 1 个、暗路 1 条、通气铁盖筒 8 个、兵房 1 所、厨房 3 间

---

① （清）佚名：《广东全省海图总说》，陈建华、曹淳亮主编：《广州大典》，第 238 册，第 34 辑，史部地理类，广州：广州出版社，2015 年，第 139 页。

② （清）张之洞：《张文襄公奏议》，卷 9，"添募水陆勇营折"，《续修四库全书》，第 510 册，上海：上海古籍出版社，2002 年，第 273 页。

③ （清）张之洞：《广东海图说》，清光绪十五年 (1889) 广雅书局刊本，《广东历代方志集成》，省部 (27)，广州：岭南美术出版社，2006 年，第 827 页。

（续上表）

炮台位置	名称	辅助设施
马鞍小山	第一台炮位	木炮遮 1 架、炮墩 1 座、明路 1 条、火药房 1 间、木火药柜 1 个、通气铁盖筒 2 个
	第二台炮位	明路 1 条、火药房 1 间、明巷 1 条、兵房 1 所
马鞍山山腰	沙路马鞍山山腰炮台	铁路 2 条、子药洞 25 个、垛口 2 个、水井 1 口、阶级马路 1 条、子药房 1 间、兵房 2 间、火药房 1 座、台门 1 道、六角炮遮 1 架、顶柱 1 条、竖柱 6 条、拱柱 6 条
石头山	上台炮位	木炮遮 1 架、明路 1 条、火药房 1 间、木火药柜 1 个、暗路 1 条、通气铁盖筒 3 个、兵房 1 所、通气铁盖筒 2 个
	下台炮位	木炮遮 1 架、明路 1 条、火药房 1 间、暗路 1 条、通气铁盖筒 1 个、兵房 1 所、通气铁盖筒 1 个、官厅 1 座、厨房 3 间、木闸口 1 个、灰沙明路 1 条
石头山上	沙路石头山炮台	炮子孔 25 个、垛口 1 个、铁路 2 条、水井 1 口、子药房 1 间、兵房 1 间、八字台门 1 座、门外兵房 2 间、子药房 1 间、台后围墙 1 道、马路 1 条、六角炮遮 1 架、顶柱 1 条、拱柱 6 条、竖柱 6 条

清代《广东全省海图总说》亦记载："沙路新建明炮台凡三所九座，沙路当珠江南支右岸，山陡滩平，台面北向轮帆内驶，炮线交角合度足以固狮子洋内口之防。"[①]马鞍小山炮台即现在的马腰岗 1 号、2 号炮台，马鞍山炮台即现在的马腰岗 3 号、4 号、5 号炮台，石头山上、下炮台及石头山炮台即兵岗 1 号、2 号、3 号炮台。光绪十年（1884）办防，先是准将总兵王孝祺勤勇四营、提督蔡金章广济军四营在此驻守，后又令副将黄德耀招募兵勇五百名在此驻扎，添筑土台进行防守并且联络莲花山各乡民团藉资补助。[②]中法战争后裁撤，仅总兵李光义广胜军一个营驻防。[③]

牛山炮台群遗迹位于广州市黄埔区红山街牛山公园内，清代《广东全省海图总说》有记："牛山新建明炮台一所凡三座，牛山在县东鸡冠岭，西岭之南为南海神庙，俗所称菠萝庙是也。西北约七里即牛山，南值大濠沙尾，东南对狮子洋，斜望莲花山塔得南偏东又东一分之向，山前后陆路四达，临高筑台，正扼要势，台在山顶，筑于光绪十一年（1885），广胜军一营驻守，副将吴元凯管带。"[④]张之洞的《广东海图说》记载牛山炮台增添至 6 座，其记："牛山炮台光绪十一年新建，山脊三座，置洋炮三尊，

① （清）佚名：《广东全省海图总说》，陈建华、曹淳亮主编：《广州大典》，第 238 册，第 34 辑，史部地理类，广州：广州出版社，2015 年，第 139 页。

② （清）张之洞：《张文襄公奏议》，卷 9，"添募水陆勇营折"，《续修四库全书》，第 510 册，上海：上海古籍出版社，2002 年，第 273 页。

③ 《番禺县续志》，卷 2，"舆地志 2"，民国二十年（1931）刊本，广州市文物考古研究院藏。

④ （清）佚名：《广东全省海图总说》，陈建华、曹淳亮主编：《广州大典》，第 238 册，第 34 辑，史部地理类，广州：广州出版社，2015 年，第 138、139 页。

山麓三座，置洋炮三尊。"① 到光绪十三年（1887），张之洞在《建筑牛山炮台完竣折》写到："（牛山）该山建筑新式炮台七座，兵房、暗道、子药房均依法配造……安设阿模士庄十二吨新式钢炮四尊、克虏伯二十一生特三十五倍口径新式钢炮三尊。"② 此时牛山炮台增至 7 座，并派记名总兵李先义与副将吴元恺率营在此操练驻防。1890 年萨承钰在《南北洋炮台图说》中所记炮台亦为 7 座，其名称、辅助设施情况如表八所示：

表八　牛山炮台群

炮台位置	名称	辅助设施
牛山	中台克敌	暗道 1 条、哨弁暗厅 1 所、暗道内兵房 8 所、子药库 1 所、木炮遮 1 架、水池 1 口
	南台克胜	暗道 1 条、暗道内兵房 8 所、子药库 1 所、木炮遮 1 架
	北台克虏	暗道 1 条、暗道内兵房 10 所、子药库 1 所、木炮遮 1 架、水池 1 口
	第一台威远	暗道 1 条、暗道内兵房 12 所、子药库 1 所、木炮遮 1 架
	第二台靖远	暗道 1 条、暗道内兵房 12 所、子药库 1 所、木炮遮 1 架
	第三台绥远	暗道 1 条、暗道内兵房 16 所、子药库 1 所、木炮遮 1 架
	第四台定远	暗道 1 条、暗道内兵房 16 所、子药库 1 所、机器房 1 所、木炮遮 1 架

综上所述，从康熙时期的只设鱼珠 1 台、派士兵 7 名进行防守，到光绪九年（1883）开始在长洲、沙路、鱼珠地区修筑西式炮台，至光绪十年（1884）八月，"统计建长洲、沙路、鱼珠炮台二十六座，又小炮台一十三座"③。至光绪十六年（1890），依据萨承钰《南北洋炮台图说》记载，长洲地区有炮台 15 座、鱼珠地区有炮台 7 座、沙路地区有炮台 9 座、牛山地区有炮台 7 座，整个长洲要塞共计 38 座炮台，这些炮台大多数都配有兵房、火药库、子药库、木炮遮、明道与暗道等辅助设施，而且还有大量营兵在此操练和驻防，从而使长洲要塞成为一个较为完整的炮台防御区域。

（四）长洲要塞在近代广州城防中的地位和作用

上文提及，鸦片战争期间，英军攻破虎门炮台防御，未月而抵达省城。广州防御被如此迅速攻破的一个重要原因就是省河防御力量的薄弱。清政府吸取鸦片战争的经验和教训，不仅加强了广东中路的海防力量，修复和新建了虎门、长洲等地区的诸多

① （清）张之洞：《广东海图说》，清光绪十五年（1889）广雅书局刊本，《广东历代方志集成》，省部（27），广州：岭南美术出版社，2006 年，第 827 页。

② （清）张之洞：《张文襄公奏议》，卷 23，"建筑牛山炮台完竣折"，《续修四库全书》，第 510 册，上海：上海古籍出版社，2002 年，第 503、504 页。

③ 《光绪十二年正月二十三日京报全录》，《申报》1886 年 3 月 16 日第 16 版。

炮台，同时也调整了广东的防御政策和防御重心。关于广东海防防御政策调整，魏源在《海国图志》中提到：

自守之策二：一曰守外洋，不如守海口，守海口，不如守内河；二曰调客兵，不如练土兵，调水师，不如练水勇。今议防堵者，莫不曰御诸内河，不若御诸海口，御诸海口，不若御诸外洋，不知此适得其反也。制敌者必使敌失其所长。夷艘所长者，外洋乎内河乎？……观于安南两次创夷，片帆不返，皆诱其深入内河，而后大创之。则知欲奏奇功，断无舍内河而御大洋之理。……谓其口内四路可以设伏，口门要害，可截其走，寇能入而不能出也。自用兵以来，寇入粤东珠江者一，入宁波甬江者一，入黄埔松江者一，皆惟全力拒口外，而堂奥门庭，荡然无备。及门庭一失，而腹地皆溃，使舍守口外之力以守内河。守口外兵六七千者，守口内兵不过三千，得以其余为犄角奇伏之用，狷贼知兵，必不肯入，如果深入送死，一处受创，处处戒心，断不敢东闯西突，而长江高枕矣。何至鲸驶石头之矶，霆震金焦之下哉？故曰：守远不若守近，守多不若守约，守正不若守奇，守阔不若守狭，守深不若守浅。……盖广东外城卑薄，而城外市廛鳞次，必应扼其要口，以为外障。至四方炮台，踞省城后山，俯视全城，乃国初王师破城所设是攻城之要，非守城之要也。事平后早宜毁折，而阻其上山之径，乃不严守省河要口，而反守四方炮台，即使不失守，其炮能遥击夷船乎？抑将俯击城中之人乎？[1]

后来彭玉麟督办广东防务，对魏源的"守外洋不如守海口，守海口不如守内河"之说做了进一步延伸："守海口不如守内港，宜舍虎门炮台，专顾黄埔、沙路。"郑观应《盛世危言增订新编》对此评价道：

盖当时水师未精，无铁舰、水雷护卫故耳。今若不守外洋，则为敌人封口，水路不通，若不守海口，为敌人所据，施放桅炮，四乡遭毁，彼必得步进步，大势危矣。愚见：现无铁舰，虽不能出战外洋，惟既有炮船、水雷仍可扼守海口内港，所云沙路、黄埔、鱼珠之炮台，极应固守。虎门为合省门户，地势扼要，有险可守，尤不可废。惟海口炮台，易受敌攻，不似内港易守，必须护以铁舰、快船，成犄角之势，布置水雷，不使敌船近前（所放水雷之处，须派兵船看守，勿为敌人偷进）。若使铁舰出战，宜张铁网以避水雷，备鱼雷以破敌舰。海口以内，炮台守备尤宜周密。[2]

---

① （清）魏源：《海国图志》，卷1，"筹海篇"，清光绪二年（1876）平庆泾固道署重刻本，广州市文物考古研究院藏。

② （清）郑观应：《盛世危言增订新编》，卷6，兵政，"海防中"，清光绪二十六年（1900）铅印本，广东省立中山图书馆藏。

基于当时水师力量薄弱和铁舰、水雷缺乏等情况，其对彭玉麟"守海口不如守内港"防御之说持肯定态度，但认为广东的防御应当注重海防和江防的双重防御政策。

伴随着广东海防政策的调整、西式火炮的引进等，长洲、鱼珠、牛山、沙路等地区险要的地理位置亦得到重视。如《光绪朝东华录》记："黄埔、常洲、白兔岗、白鹤山（即白鹤岗——引者注）、鱼珠、沙路等处实为第二重门户，尤宜厚集兵力。"两广总督曾国荃亦上奏："黄浦（埔）、白兔岗等处亦拟择要兴筑炮台，作为第二重门户。"① 广东水师提督李准认为："长洲介南北两支之中，与沙路、鱼珠隔岸相望，由狮子洋入省河者必取道于此，是为粤省第二重门户，临水筑台，于轮船来路可以迎头截击，三方夹攻，最扼冲要。"②《广东全省海图总说》亦记载："珠江南北两支，形势略异，北支自猎德汛以下节经填阻，水浅多淤，黄埔新洲迤西，水深不满二拓，北岸为登陆趋省之通衢，其巡守重在陆道，南支水深常在二丈外，商舶停埠，直达会垣，而陆路涌港纷杂，迂回间阻，其巡守重在水道，水路筹防取判于此，故粤省形势，虎门之内，即是处为第二要隘。"③ 从上述材料来看，清光绪年间开始，长洲岛及两岸的鱼珠、牛山、沙路地区有着"第二重门户"和"第二要塞"之称，其下连"第一重门户"虎门地区，上接"第三重门户"二沙尾、大黄滘地区及省城。长洲及两岸地区独特的地理位置使得其具有极高的战略价值，被视为广州省河防御乃至整个防御的重心。

光绪九年（1883），中法战争使得广州海防形势紧张，张树声、张之洞等于次年陆续在沙路建炮台9座，与附近长洲、鱼珠、牛山等地炮台联为一体。其后，清政府与西方各国的核心战场转移至京畿地区，八国联军进攻天津、北京等地，长洲要塞地区的炮台无用武之地，这也使得炮台基本免遭战争破坏，完整地保留到民国。

民国初年，长洲要塞炮台成为广东军阀及政治派别争相争夺的军事资源。如1922年，陈炯明占据蟹山炮台，以其大炮轰击孙中山所乘坐的"永丰号"船舰。民国时期，长洲要塞地区成立了长洲要塞司令部，管辖长洲、牛山、鱼珠、沙路四个分台，统称为长洲总台，几度与虎门要塞司令部分分合合。1937年日军入侵虎门地区，长洲要塞炮台虽处于战争的二线而未与日本海军直接交手，但其作为虎门要塞炮台的支援，使得虎门炮台坚守了一年多才被攻破。1938年，日军从陆路攻陷广州，长洲要塞炮台也落入日军之手。总体而言，晚清、民国时期，长洲要塞炮台基本未与西方列强交火，也未达到"师夷长技以制夷"的目的，但不可否认的是，长洲要塞炮台在中法战争以及抗日战争时期，为抵御法军和日军的入侵起到了不可或缺的作用。

① 曾国荃：《曾国荃集》（4），"致方照轩"，长沙：岳麓书社，2008年，第211页。

② （清）李准：《广东水师国防要塞图说》，"广东中路长洲各炮台形势险要详细图说"，陈建华、曹淳亮主编：《广州大典》，第331册，第37辑，史部政书类，广州：广州出版社，2015年，第848页。

③ （清）佚名：《广东全省海图总说》，陈建华、曹淳亮主编：《广州大典》，第238册，第34辑，史部地理类，广州：广州出版社，2015年，第139、140页。

第七节　从历史记忆到文化景观——以广州蟹山炮台为例

广州炮台史迹众多，历经时代变迁，承载多重历史记忆。其在不同历史时空，随着功能与作用的发展演变，景观亦随之改变。梳理清楚广州炮台历史脉络，增进对炮台的历史认知，有助于理解炮台景观形成的背后因由，对于今后科学保护与利用这一历史文化景观遗产具有重要的现实意义。而保护与利用好广州炮台遗产，也有助于历史记忆的传承、爱国主义教育的熏陶。试以广州蟹山炮台（图二五一）为例释之。

图二五一　蟹山炮台入口

（一）建设背景

"广东省河入虎门后至黄埔尾，分为南北两支，南支溯流经沙路至省城西南四里之白鹅潭，北支溯流经鱼珠过城南亦至白鹅潭，北支较浅，南支较深，均为广州口岸中外船只出入必经之路。"①而"黄埔、常洲之白兔岗、白鹤山、鱼珠、沙路等处，尤为扼要之区。"②从中可见鱼珠、沙路在整个广州城防中的历史地理位置和作用。鱼珠炮台位于广州城东鱼珠山脚，建于清康熙年间，雍正年间废弃。

清光绪六年（1880），两广总督张树声认为"黄埔常州一带中权扼要，亦宜有兵驻守，有台御，方能首尾相应"。直到光绪九年（1883）"炮台所购之炮，尚未一齐到粤，是以不能设备"③。该年五月，适值中法关系紧张，法国部队进攻安南（越南），中法军队在安南境内爆发战争。时任两广总督的曾国荃认为省城广州无论在地理位置还是政治意义上皆为防卫重点。"虎门、沙角、上下横档为省垣第一重门户，万不可弃而不守。黄埔、常州、白兔岗、白鹤山、鱼珠、沙路等处，实为第二重门户，尤宜厚集兵力，多筑炮台，严为之备，勇夫尚且重闭，况省垣要隘。""今日防务孔亟，不可虚应故事，虎门固为最要，而黄埔、常州、白兔岗等处尤为门户锁钥，此更不可不事先预防。果能扼守虎门、常州，则省城自可无虞矣。"④长洲台所在的长洲岛位于广州东部珠江主航道南岸，面积约6平方公里，四面环水，山峦起伏，形势险要，是由狮子洋进入广州的门户，历来为兵家必争之咽喉要地。

为防止法军乘机进攻中国，清政府下令沿海各省海口戒严，并派兵部尚书彭玉麟为钦差大臣，赴广东主持防务。光绪十年（1884），经向朝廷奏准，再任两广总督的张树声与彭玉麟在长洲岛6个山冈上自北向南修筑炮台6个，呈扇面形排列，全长2 000米。同时，建西式鱼珠炮台、沙路炮台。彭玉麟在鱼珠一带建筑坚固炮台，"其工役石匠，多有以兵勇充当者，撙节军需，不至糜费"⑤。

萨承钰《南北洋炮台图说》载：

蟹山露天炮台一座，形如扇面式，台基就山势凿深八尺，横宽四十七尺，直长二十六尺，周围一百零七尺，前垛墙厚一十四尺，墙脚入土深三尺。后墙厚四尺，墙内开炮子孔。台内水井三口，木炮遮一架。暗道一条，长九十七尺，宽七尺，高八尺。机器房一间，宽、深均四尺。子药房一间，深三十一尺，宽一十尺，四围用青砖砌成，顶上用红砖四隔，再加红毛泥石子一层，外铺泥土草皮，厚五六尺至七八尺不等，仍如原山形势。上开天窗一方。台前安大门一道。⑥

① （清）张之洞：《张文襄公奏议》，卷26，"沙路设防筹定久计折"，《续修四库全书》，第860册，上海：上海古籍出版社，2002年，第552页。
② （清）朱寿朋编，张静庐等校点：《光绪朝东华录》（2），北京：中华书局，1958年，总第1559页。
③ （清）朱寿朋编，张静庐等校点：《光绪朝东华录》（2），北京：中华书局，1958年，总第1559页。
④ （清）朱寿朋编，张静庐等校点：《光绪朝东华录》（2），北京：中华书局，1958年，总第1559页。
⑤ 《粤海炮台》，《益闻录》1884年第374期。
⑥ （清）萨承钰：《南北洋炮台图说》，一砚斋藏本，2008年影印本，广东省立中山图书馆藏，第241页。

从中我们可知蟹山炮台建筑情形及其大致规模。建成后的鱼珠炮台与长洲炮台、沙路炮台彼此成"犄角之势"，作为广州珠江水道上的第二道防线，夹击水上来犯之敌。又"可与省城附近之大黄滘、中流砥柱等处第三重门户炮台联为一气"[①]拱卫广州。

（二）不同时空的历史记忆

广州炮台在不同历史时空，因其承担任务的不同，而发挥不同的功能，因而携带了丰富的历史记忆。蟹山炮台在历史中发挥的作用，既有积极的一面，也有消极的一面。

1911年10月武昌起义后，广东的革命党人立即响应，到各地联络会党、绿林，招募民军，举行起义。南海的陆兰清、张炳、周康、麦锡以及顺德的陆领、黎义、何江、何梦等部数千人在顺德乐从墟起义，击溃前来围剿的督办江孔殷。11月1日，陈炯明、邓铿回到惠州，发动了3000余人，组成"循军"（军营番号），于9日光复惠州府。王和顺、石锦泉、谭瀛等民军首领举众数千人，在惠阳甲子步、博罗、增城、东莞一带起义，攻克石龙镇。郑彼岸部与任鹤年部合编为"香军"（军营番号），以任鹤年、何振分别为正、副司令，莫纪彭为参谋长，部队由郑彼岸、林君复（同盟会会员）率领进入广州，后参加了广东北伐军。11月上旬，各地民军陆续迫近广州，造成"威迫省垣"之势，两广总督张鸣岐被迫同意广东"和平独立"。1911年11月9日广东光复后，成立了以革命党人胡汉民为都督，陈炯明为副都督的广东军政府。随着民军各部先后进入广州，共有50多支队伍，总人数达14万，分驻城厢内外。辛亥革命时期的广东民军，骨干人物多为原来的绿林好汉，为促成广东独立起过重要作用，但成分复杂，其中不少破坏性大于革命性。民军被商民视为引起社会秩序混乱的主要原因，民军的存在又常常使得军政府威令难行、无法正常运作。

为此，陈炯明采取军事行动予以解决。1912年2月至3月，陈炯明部多次向惠军（王和顺部番号）驻地开枪。3月9日陈派队向惠军永汉街驻地开枪，引起惠军及仁军、协军反击。从9日至12日，陈军与惠军及其盟军在天字码头、长堤、永汉街、仓前街、广府前及财政司署前等处交战，陈军发开花炮，市民伤亡、财产损失惨重，军民死者2000余人。惠、仁、协军失败后被缴械。当月21日，陈炯明又派陆军第9标和何程光部攻取惠军黄埔、虎门等驻地、炮台。双方在长洲炮台、蟹山炮台发生激战，最后以王和顺等失败告终。其后蟹山炮台一度归长洲要塞司令部统辖。

1922年6月16日，陈炯明发动兵变，与孙中山彻底决裂。此际蟹山炮台表现了消极的一面。陈炯明军占据蟹山炮台，炮轰泊于长洲水域的孙中山座舰"永丰号"。孙中山蒙难之时，支持孙中山的海军集于黄埔，陈炯明军队炮击海军舰队，一弹命中长洲鱼雷

---

① （清）朱寿朋编，张静庐等校点：《光绪朝东华录》（2），北京：中华书局，1958年，总第1559页。

局，旋即起火，迫使孙中山不得不率领舰队转入广州白鹅潭。其后孙中山被迫赴上海。

蟹山炮台自被陈炯明军占据之后，炮台内各炮件已散失无存。时隔六年多，蟹山炮台变为废台。1928 年底，海军司令陈庆云、参谋长王仲榆计划将蟹山炮台辟为中山公园，以此纪念孙中山"生平革命不屈不挠之大无畏精神"，同时计划"该公园除了建筑物系召工匠建筑，其余均系各官兵作工兵，自行开辟"①。参与工兵达数百人，极行踊跃。②

图二五二　中山公园（1937 年）（廖淑伦主编：《广州大观》，广州：天南出版社，1948 年，插页）

除了"以总理（指孙中山——引者注）生平革命不屈不挠之大无畏精神，应有所纪念，特将该台改辟为中山先生公园，以资观感"动议外，其实中山公园（图二五二）的建设也与当时广州市政建设大兴公园之风气有关。有识者留意于此并建议："都市设计之时，即将此公园地位为之留出，以都市面积之大小，人口之密度，而定市内公园之多寡及其布置。此外并宜于市外规划一二大规模之公园以相互为用。盖市内公园与市民密接，往来便利，所以供市民朝夕之游憩。市外公园，距离较远，逢星期例假或春秋佳节，市民对于天然景物有尽情之观赏，皆所以调济城市单调生活之偏枯，而因工作疲劳，亦藉此而恢复其固有之精神，即所以寓游艺于卫生，深合近代科学的人生。"③"都市能按此规划将市外市内公园，一律设备齐全，纵都市因物质文明、工商发达、人口集中、交通频繁，而市亏损人生之点，亦得以调剂而无大害，且都市文明，将因而愈增，即都市之华丽，市政之成效，亦随之而显明表见。这也是都市建设者之职责。"④为纪念黄埔军校校长、副校长，黄埔长洲即建有中正公园、济深公园。⑤而济深公园恰好就建在长洲蝴蝶岗炮台附近。

20 世纪 30 年代，正是广州市政建设如火如荼之时。昔日城防，许多转化为公园。这一功能变化，见证了时代变迁。为纪念孙中山蒙难，建设中山公园，这可作为此时广州周边炮台军事功能降低的表征。还有不少炮台建设成为公园，如位于二沙头东端

①　《蟹山炮台开辟为中山公园》，《广州日日新闻》1928 年 12 月 13 日第 11 页。

②　《蟹山炮台改建中山公园之进行》，《广州日日新闻》1928 年 12 月 18 日第 10 页。

③　陆丹林：《都市之公园建设》，《广州日日新闻》，副刊《启明》第 332 号，1929 年 7 月 29 日第 9 页。

④　陆丹林：《都市之公园建设》（续），《广州日日新闻》，副刊《启明》第 334 号，1929 年 7 月 31 日第 9 页。

⑤　《黄埔军校筹建济深公园》，《广州日日新闻》1928 年 11 月 21 日第 10 页。

图二五三　蟹山炮台炮池藏弹洞和拴炮的铁环

的中流砥柱处，原有中流砥柱炮台，后辟为中流公园，"水天一色，风光明媚""利用原有草木，加以亭台之点缀，树影波光，别饶幽致"。①

　　蟹山炮台最初辟为中山公园，但此中山公园后来并未得到正式承认，人们后来大多呼为蟹山公园（或蟹岗公园），或将其作为鱼珠炮台的一部分。其实，在蟹山炮台辟为中山公园前后，广东政府曾计划在观音山（今越秀山，下同）、石牌等地建设中山公园，皆因各种原因半途而废。迄于今日，全国共有267座中山公园，广东占57座，但广州今日没有一座中山公园。有研究者认为这与广州已有中山纪念堂有关。②

　　蟹山炮台现炮池尚存轨道痕迹、炮池壁的炮子孔及拴炮的铁环（图二五三）。从蟹山炮台炮池边遗留的残损严重的日军死亡官兵碑记（图二五四）约略可见，蟹山炮台及其周边在抗战时期曾遭日军铁蹄践踏当无疑。

　　值得注意的是，广州近郊的炮台，大多没有发挥军事作用，但作为海防前哨的虎门

图二五四　蟹山炮台炮池边的侵华日军死亡官兵碑石残件

---

①　广州年鉴编纂委员会编：《广州年鉴》"卷十一·工务"，广州：奇文印务公司，1935年，第119页。
②　林文俏：《你所不知道的中山公园大数据》，《时代周报》2016年11月22日。

炮台发挥了相当长时间的作用，抗日初期，其与日寇进行过殊死一战，虽败犹荣。其后功能变迁，而今亦成公园对外开放，以供游客凭吊，发思古之幽情，受爱国主义教育之熏陶。

20 世纪 50 年代初，位于蟹山公园的蟹山炮台大炮移至位于越秀山上的广州博物馆广场右侧陈列。还有不少其他炮台的大炮从原位置移至博物馆或图书馆予以展示。关于此番移动，也曾经过一番斟酌，可见中华人民共和国成立初期文物保护的特殊性。

综上可知，蟹山炮台经过时空变迁，承载了不同的历史记忆，蕴藏着丰富的历史信息和内涵。

（三）炮台景观变迁

随着历史时空演变，广州炮台景观也随之改变。广州炮台作为军事景观，凭借自然地理条件，成为重要军事据点，其设计、布局精心，因而在建筑科学上有一定意义和价值。

1925 年，广州市工务局规划市内公园，"除原有之第一公园预定在观音山、大沙头等处设置外，海珠亦预定建设公园一所，利用天然风景作市民公众之娱乐场。原属至为适当，惟是海珠一隅处海珠之中心，兵气所渎，竟变为军事上重要之地，几无日不有军队驻扎。而大好风光，为之顿然变，市民之足迹，亦久已不沾此地"[1]。从中可知这一往昔军事上的炮台，政府之重心已放在"利用天然风景作市民公众之娱乐场"。

图二五五　1933 年香港学生参观蟹山炮台留影（邓集侣：《广州鸿爪录》，《柯达杂志》1934 年第 5 卷第 4 期）

由于城区狭窄，人口密度大，没有足够空地来建设公园，市区公园发展缓慢。1933 年，市政建设当局开始制定开辟郊外公园计划，广州市的公园开始向郊外发展。到 1934 年，广州公园增至 10 余个，在数量上居全国之首。[2]

蟹山炮台辟为公园后，即引来青年学生成群结队参观，成为学生郊游之地（图二五五）。这也侧面见证了广州市政建设的成就。1935 年 1 月初，信奉"自由主义"的学者胡

---

[1]　《重提建筑海珠公园》，广州《国民新闻》剪报，1925 年，广东省立中山图书馆藏。
[2]　方智：《民国时期广州的公园建设》，《羊城今古》2014 年第 2 期。

适到广州。其间，胡适"充分利用那两天半的时间去游览广州的地方。黄花岗，观音山，鱼珠炮台，石牌的中山大学新校舍，禅宗六祖的六榕寺，六百年前的五层楼的镇海楼，中山纪念塔，中山纪念大礼堂，都游遍了。"[1]胡适涉足的鱼珠炮台，应包括蟹山炮台改建的公园。因蟹山炮台被辟为公园，加上此有纪念孙中山蒙难的碑记，引人注目。

图二五六　中山公园内的孙中山蒙难纪念碑（《广州月刊》1931年第3期）

胡汉民书"先大总统孙公蒙难碑"竖立于公园内炮台旁（图二五六），曾任孙中山秘书的林直勉撰文刻于碑阴。[2]参与抗击陈炯明的陈策等，也在此建广平亭，以纪念孙中山蒙难。由公园"山顶远眺，一江流水，尽呈眼底，由此可见这公园的建筑，极具山水之美的。战后（指抗日战争胜利后——引者注）荒芜冷落，亭台凋败，不免令人有无限沧桑之感了"[3]。蟹山炮台的德国克虏伯兵工厂订造的转轨后膛炮后来被移置广州越秀山上的广州博物馆广场右侧，这无形中影响了蟹山炮台原有的景观。

从军事景观演变为文化景观，这与城市建设、市政建设理念息息相关。蟹山炮台的特殊性在于最初还具有一定的纪念性，因而具有多重意义和历史价值。

受政治意识形态影响，尤其是"文革"时期，广州炮台文物史迹遭到不同程度的破坏。"先大总统孙公蒙难碑"及其炮池上方建筑的亭台等皆遭毁坏。从今日公园内的凉亭可大致想象昔日广平亭的模样（图二五七）。幸存的蟹山炮台门额为一块长2.7米、宽0.75米、厚0.14米的花岗岩石板，正中阴刻"蟹山台"3个大字，右款阴刻"光绪十一年孟夏吉旦"一行小字，左款阴刻"钦命两广总督部堂张　钦命广东巡抚部院倪　记名总兵署广州协锐勇巴图鲁邓安邦督造　绘图监造同知衔陈棨熙[4]"4列小

---

①　欧阳哲生编：《胡适文集》（5），北京：北京大学出版社，1998年，第624页。

②　"先大总统孙公蒙难碑"碑文详见第三章第二节"蟹山炮台"条。

③　廖淑伦主编：《广州大观》，广州：天南出版社，1948年，第28页。

④　陈棨熙，即陈照南，归国华侨，拥有怡南号建造行。陈棨熙是清末广州附近多处炮台的建造商。光绪年间倡议组织广东陈氏合族祠。1894年为香港东华医院首任总理，1904年成为清末民初广州城内省躬草堂弟子。梁其姿：《道堂乎？善堂乎？清末民初广州城内省躬草堂的独特模式》，《变中谋稳：明清至近代的启蒙教育与施善济贫》（梁其姿自选集），上海：上海人民出版社，2017年，第174-195页。

图二五七 蟹山公园（原中山公园）内的凉亭

字。现存蟹山炮台巷道长 15 米，高 2.32 米，巷道上端有通气孔 3 个。有藏兵洞 2 个，每个洞长 6.1 米、宽 3.08 米。炮池呈不规则半月形，东西宽 16.3 米，南北较窄，深 1.28 米，而炮池口部略低，深 0.8 米。

蟹山炮台旧址一度名为"黄埔公园"，今以"蟹山公园"名之。

如今，拥有丰富文化景观内涵的广州炮台史迹大多变为市民休闲、游客发思古幽情之地。广州不少炮台史迹，因其历史价值和现实意义，相继被列为各级文物保护单位，被辟为中国人民反抗外来侵略的纪念地，是进行爱国主义教育的最佳场所。

（四）余言

无论是从文化遗产保护，还是从国家战略现实考量，社会日益重视城防历史遗产。以蟹山炮台为例，从军事要塞到市民公园、历史纪念地，对其进行历时性考察，厘清广州炮台历史脉络，关注炮台功能变迁及其意义，有助于今后科学保护与利用广州炮台历史文化景观遗产，传承历史记忆。

为增进历史认知，需进一步加强广州炮台资料收集的力度和范围，重视对相关历史地图、影像史料、历史档案和考古资料的收集和整理。对于已湮没的炮台也不应忽略，除了文献的搜集，还应注意相关实物资料，相互参证，进行更加细致的研究，进而为保护与利用提供坚实有效的智力支持，促使文物保护与利用落到实处。与此同时，讲好"广州故事"，使广州历史文化景观遗产价值真正发挥出来，惠及民众。

历史文化景观承载历史记忆，又受历史记忆形塑。梳理清楚历史记忆，便于理解历史文化景观的形成因由，更能立体感知广州炮台等城防文化遗产的沧桑历史。而保护好历史景观及所有历史烙印的存在，注重其原真性与历史现状，有助于历史记忆的传承。

参考文献

（甲）文集、奏稿

1. （宋）朱彧：《萍洲可谈》，北京：中华书局，2007年。

2. （宋）方信孺：《南海百咏》，清嘉庆宛委别藏本，广东省立中山图书馆藏。

3. （明）屈大均：《广东新语》，北京：中华书局，1985年。

4. （清）张渠撰，程明校点：《粤东见闻录》，广州：广东高等教育出版社，1990年。

5. （清）卢坤、邓廷桢主编，王宏斌等校点：《广东海防汇览》，石家庄：河北人民出版社，2009年。

6. （清）关天培：《筹海初集》，《近代中国史料丛刊》，第43辑，台北：文海出版社，1969年。

7. （清）林则徐：《林文忠公政书》，清光绪三山林氏刻，林文忠公遗集本，广州市文物考古研究院藏。

8. （清）魏源：《海国图志》，清光绪二年（1876）平庆泾固道署重刻本，广州市文物考古研究院藏。

9. （清）梁廷枏著，杨芷华点校：《艺文汇编》，广州：暨南大学出版社，2001年。

10. （清）彭玉麟著，梁绍辉等点校：《彭玉麟集》，长沙：岳麓书社，2008年。

11. （清）郭嵩焘：《郭侍郎（嵩焘）奏疏》，《近代中国史料丛刊》，第16辑，台北：文海出版社，1968年。

12. （清）郭嵩焘著，杨坚校补：《郭嵩焘奏稿》，长沙：岳麓书社，1983年。

13. （清）曾国荃著，梁小进整理：《曾国荃全集》，长沙：岳麓书社，2006年。

14. （清）张树声：《张靖达公（树声）奏议》，《近代中国史料丛刊》，第23辑，台北：文海出版社，1968年。

15. （清）张之洞：《张文襄公奏议》，《续修四库全书》，第510册，上海：上海古籍出版社，2002年。

16. （清）张之洞著，苑书义等主编：《张之洞全集》，石家庄：河北人民出版社，

1998 年。

17. （清）张佩纶：《涧于集》，民国十五年（1926）涧于草堂刻本，广东省立中山图书馆藏。

18. （清）郑观应：《盛世危言增订新编》，清光绪二十六年（1900）铅印本，广东省立中山图书馆藏。

19. （清）萨承钰：《南北洋炮台图说》，一砚斋藏本，2008 年影印本，广东省立中山图书馆藏。

（乙）资料汇编、档案

1. （清）陈忠倚辑：《皇朝经世文三编》，清光绪二十八年（1902）上海书局石印本。

2. 广州年鉴编纂委员会编：《广州年鉴》，广州：广州奇文印务公司，1935 年。

3. （民国）军政部编：《拟定虎门要塞各台现有每炮编制一览表》，中国第二历史档案馆，全宗号 787，案卷号 2372，1936 年。

4. 中国史学会主编：《鸦片战争》（6），上海：神州国光社，1954 年。

5. 中国史学会主编：《中法战争》（4），上海：新知识出版社，1955 年。

6. 王铁崖编：《中外旧约章汇编》（1），北京：生活·读书·新知三联书店，1957 年。

7. （清）朱寿鹏编，张静庐等校点：《光绪朝东华录》，上海：中华书局，1958 年。

8. （明）陈子龙等选辑：《明经世文编》，北京：中华书局，1962 年。

9. 《清季外交史料》（光绪朝），台北：文海出版社，1963 年。

10. 《清光绪朝中法交涉史料》，《近代中国史料丛刊》，第 15 辑，台北：文海出版社，1967 年。

11. （清）贺长龄等编：《皇朝经世文编》，《近代中国史料丛刊》，第 74 辑，台北：文海出版社，1972 年。

12. （民国）赵尔巽等撰：《清史稿》，北京：中华书局，1976 年。

13. 齐思和等编：《第二次鸦片战争》，上海：上海人民出版社，1978 年。

14. 广东省文史研究馆编：《三元里人民抗英斗争史料》，北京：中华书局，1978 年。

15. （清）王锡祺辑：《小方壶斋舆地丛钞》，杭州古籍书店影印，内部发行，1985 年。

16. 中国第一历史档案馆编：《鸦片战争档案史料》，天津：天津古籍出版社，1992 年。

17. 广东省文史研究馆、中山大学历史系编：《广东洪兵起义史料》，广州：广东人民出版社，1992 年。

18. 王洁玉编：《道光间广东防务未刊文牍六种》，北京：全国图书馆文献缩微复制中心，1994 年。

19. 中国第一历史档案馆编：《光绪朝朱批奏折》，北京：中华书局，1996 年。

20. 陈胜粦、廖伟章、吴宝晓编：《广州河南洲头嘴抗英斗争资料选编》，广州市海珠地区炎黄文化研究会编：《南溆风华》（纪念广州河南洲头嘴抗英 150 周年研讨会论文集），内部印刷，1997 年。

21. 邵循正等编：《中国近代史资料丛刊》(4)，上海：上海人民出版社，2000 年。

22. 陈建华主编：《广州市文物普查汇编》，广州：广州出版社，2008 年。

23. 台湾史料集成编辑委员会编：《明清台湾档案汇编》，第 5 辑，台北：远流出版事业股份有限公司，2009 年。

24. 来新夏主编：《清代经世文全编》，北京：学苑出版社，2010 年。

25. 国家清史编纂委员会：《清代诗文集汇编》，第 587 册，上海：上海古籍出版社，2010 年。

26. 中国第一历史档案馆、鸦片战争博物馆合编：《明清皇宫虎门秘档图录》，北京：人民出版社，2011 年。

27. 蒋廷黻编著：《近代中国外交史资料辑要》，北京：东方出版社，2014 年。

（丙）方志、舆图

1. （宋）乐史撰，王文楚等点校：《太平寰宇记》，北京：中华书局，2007 年。

2. （元）勃兰肹等撰：《元一统志》，中国国家图书馆编：《原国立北平图书馆甲库善本丛书》，第 276 册，北京：国家图书馆出版社，2013 年。

3. （元）陈大震、吕桂孙纂修：大德《南海志》，元大德八年（1304）刻本，陈建华、曹淳亮主编：《广州大典》，第 263 册，第 35 辑，史部方志类，广州：广州出版社，2015 年。

4. 嘉靖《广东通志》，明嘉靖四十年（1561）刻本，《广东历代方志集成》，省部(2)，广州：岭南美术出版社，2006 年。

5. 万历《广东通志》，明万历三十年（1602）刻本，《广东历代方志集成》，省部(5)，广州：岭南美术出版社，2006 年。

6. （明）茅元仪：《武备志》，明天启刻本，广东省立中山图书馆藏。

7. （明）郭棐撰，黄国声、邓贵忠点校：《粤大记》，广州：中山大学出版社，1998 年。

8. 康熙《东莞县志》，清康熙二十八年（1689）刻本，东莞市人民政府办公室印行，影印本，1994 年。

9. 康熙《南海县志》，清康熙三十年（1691）刻本，《广东历代方志集成》，广州府部(11)，广州：岭南美术出版社，2007 年。

10. 康熙《广东通志》，清康熙三十六年(1697) 刻本，《广东历代方志集成》，省部（8），广州：岭南美术出版社，2006 年。

11. （清）齐召南：《水道提纲》，《景印文渊阁四库全书》，第 583 册，史部 341，台北：台湾商务印书馆，2008 年。

12. 乾隆《南海县志》，乾隆六年（1741）刻本，广东省立中山图书馆藏。

13. 乾隆《广州府志》，清乾隆二十四年（1759）刻本，《广东历代方志集成》，广州府部（4），广州：岭南美术出版社，2007 年。

14. 乾隆《番禺县志》，清乾隆三十九年（1774）刻本，《广东历代方志集成》，广州府部（19），广州：岭南美术出版社，2007 年。

15. （清）齐翀纂修：《南澳志》，清乾隆四十年（1775）刊本，广东省立中山图书馆藏。

16. （清）仇巨川纂，陈宪猷校注：《羊城古钞》，广州：广东人民出版社，1993 年。

17. （清）庆保辑：《广州驻防事宜》，《续修四库全书》，第 860 册，上海：上海古籍出版社，2002 年。

18. 嘉庆《雷州府志》，清嘉庆十六年（1811）刻本，《广东历代方志集成》，雷州府部，广州：岭南美术出版社，2009 年。

19. （清）许鸿磐：《方舆考证》，民国济宁潘氏华鉴阁本，中国国家图书馆藏。

20. （清）仲振履：《虎门览胜》，汉化轩抄本，暨南大学图书馆藏。

21. 道光《广东通志》，清道光二年（1822）刻本，《续修四库全书》，第 671 册，上海：上海古籍出版社，2002 年。

22. （清）梁廷枏撰，袁钟仁点校：《粤海关志》，广州：广东人民出版社，2014 年。

23. 道光《南海县志》，清道光三十年（1850）刻本，南海市地方志办公室翻印，2008 年。

24. 咸丰《顺德县志》，清咸丰六年（1856）刊本，广东省立中山图书馆藏。

25. 同治《番禺县志》，清同治十年（1871）月光霁堂刊本，广东省立中山图书馆藏。

26. 同治《南海县志》，清同治十一年（1872）刻本，《广东历代方志集成》，广州府部（11），广州：岭南美术出版社，2007 年。

27. （清）陈坤：《虎门炮台图说》，油印本，暨南大学图书馆藏。

28. 光绪《广州府志》，清光绪五年（1879）广州粤秀书院刻本，广东省立中山图书馆藏。

29. 光绪《香山县志》，广东省立中山图书馆据光绪五年（1879）刻本复制，1982 年，广州市文物考古研究院藏。

30. （清）长善等修、刘彦明纂：《驻粤八旗志》，《续修四库全书》，第 860 册，上海：上海古籍出版社，2002 年。

31. （清）张之洞：《广东海图说》，光绪十五年（1889）广雅书局刊本，《广东历代方志集成》，省部（27），广州：岭南美术出版社，2006年。

32. （清）佚名：《广东全省海图总说》，陈建华、曹淳亮主编：《广州大典》，第238册，第34辑，史部地理类，广州：广州出版社，2015年。

33. （清）李准：《广东水师国防要塞图说》，陈建华、曹淳亮主编：《广州大典》，第331册，第37辑，史部政书类，广州：广州出版社，2015年。

34. 宣统《东莞县志》，清宣统辛亥（1911）重修，广东东莞县养和印务局印，广州市文物考古研究院藏。

35. 《番禺县续志》，民国二十年（1931）刊本，广州市文物考古研究院藏。

36. （民国）黄佛颐编纂，仇江、郑力民、池以武点注：《广州城坊志》，广州：广东人民出版社，1994年。

37. （民国）黄任恒：《番禺河南小志》，广州：广东人民出版社，2012年。

38. 广州市地方志编纂委员会编：《广州市志》，卷13，广州：广州出版社，1995年。

39. 东莞市政协文史资料委员会主编：《东莞历代地图集》，东莞：东莞市政协文史资料委员会出版，内部印刷，2002年。

40. 中国第一历史档案馆等编著：《广州历史地图精粹》，北京：中国大百科全书出版社，2003年。

41. 华林甫：《英国国家档案馆庋藏近代中文舆图》，上海：上海社会科学出版社，2009年。

42. 广州市规划局、广州市城市建设档案馆编：《图说城市文脉——广州古今地图集》，广州：广东省地图出版社，2010年。

43. 东莞市政协主编：《东莞历代地图选》，广州：广东人民出版社，2012年。

（丁）报刊

1. 《申报》，1872—1949年，影印本。

2. 《述报》，1884年，电子缩微。

3. 上海《民国日报》，1916—1949年，影印本。

4. 《广州民国日报》，1925—1930年，影印本。

5. 广州《国民新闻》，1925—1930年，电子缩微。

6. 《广州日日新闻》，1928—1929年，电子缩微。

7. 《广州月刊》，1931年。

8. 《建国月刊》，1935年。

（戊）今人论著

1. 陈代光：《广州城市发展史》，广州：暨南大学出版社，1996年。

2. 陈恩维：《梁廷枏与地方海防通史〈广东海防汇览〉》，《中国地方志》2010年第10期。

3. 陈恭禄：《中国近百年史》，北京：商务印书馆，2012年。

4. 陈泽泓：《岭南建筑志》，广州：广东人民出版社，1999年。

5. 戴鞍钢：《盛宣怀与清末中英商约谈判——以内河行轮交涉为中心》，《河北学刊》2016年第5期。

6. 定宜庄：《清代八旗驻防研究》，沈阳：辽宁民族出版社，2003年。

7. 福建社会科学院历史研究所编：《林则徐与鸦片战争论文集》，福州：福建人民出版社，1985年。

8. 东莞市打击走私综合治理办公室编著：《东莞海防史》，广州：广东人民出版社，2014年。

9. 杜永镇：《对虎门炮台抗英大炮和虎门海口各炮台的初步考察》，《文物》1963年第10期。

10. 方智：《民国时期广州的公园建设》，《羊城今古》2014年第2期。

11. 广东省文物局编：《广东明清海防遗存调查与研究》，上海：上海古籍出版社，2014年。

12. 广东省文物局等编：《广东文物考古三十年》，广州：暨南大学出版社，2009年。

13. 广州百科全书编纂委员会编：《广州百科全书》，北京：中国大百科全书出版社，1994年。

14. 广州博物馆编：《镇海楼史文图志》，广州：花城出版社，2004年。

15. 广州市档案局、广州市国家档案馆编：《水城广州美》，广州：广州出版社，2015年。

16. 广州市地方志办公室编：《广州近现代大事典》，广州：广州出版社，2003年。

17. 广州市地方志办公室编：《广州山水》，第1辑，广州：广州出版社，2004年。

18. 广州市文化局编：《广州秦汉考古三大发现》，广州：广州出版社，1999年。

19. 广州市文化局编：《广州文物保护工作五年》，广州：广州出版社，2001年。

20. 广州市文化局、广州市地方志办公室、广州市文物考古研究所编：《广州文物志》，广州：广州出版社，2000年。

21. 广州市文物考古研究所编：《铢积寸累——广州考古十年出土文物选萃》，北京：文物出版社，2005年。

22. 广州市文物考古研究所编：《广州考古六十年》，广州：广东人民出版社，2013年。

23. 广州市文物考古研究所、番禺博物馆：《虎门大角山炮台鸦片战争抗英清兵丛葬大冢的发现与论证》，广州市文物考古研究所编：《广州文物考古集：广州考古五十年文选》，广州：广州出版社，2003 年。

24. 广州市文物考古研究院：《大力开展城市考古　探索传承广州文脉》，《中国文物报》2018 年 6 月 8 日。

25. 广州市文物考古研究院：《广州沙路炮台考古发掘报告》，待刊。

26. 《广州市文物志》编委会编著：《广州市文物志》，广州：岭南美术出版社，1990 年。

27. 国家文物局文物保护司等编：《中国古城墙保护研究》，北京：文物出版社，2001 年。

28. 海南省文物考古研究所、中山大学南中国海考古研究中心编：《环海南岛明清时期海防设施考古调查报告》，海口：南方出版社，2014 年。

29. 胡岩涛：《中国古代城防遗存研究综述》，《宁夏大学学报》2017 年第 2 期。

30. 黄汉纲：《广州美术学院卢振寰教授捐献广州古代城砖》，《文物》1963 年第 2 期。

31. 黄利平：《清代民国广州城防、江防与海防炮台研究》，广州：广州出版社，2016 年。

32. 黄利平：《广州南沙历史文化笔谈》，广州：广州出版社，2016 年。

33. 黄利平：《虎门长洲要塞佚名炮台考》，《广州文博（玖）》，北京：文物出版社，2016 年。

34. 黄利平：《浅说晚清广州江防重镇沙路炮台》，《文物鉴定与鉴赏》2017 年第 3 期。

35. 黄利平：《李瀚章对虎门炮台的改造》，《岭南文史》2020 年第 2 期。

36. 贾浩：《〈沿江沿海各省炮台图说〉与叶祖珪的海防思想》，《中国国家博物馆馆刊》2016 年第 8 期。

37. 蒋祖缘、方志钦主编：《简明广东史》，广州：广东人民出版社，2006 年。

38. 鞠北平：《论张之洞与晚清国防建设》，河南大学硕士学位论文，2003 年。

39. 来新夏编著：《林则徐年谱新编》，天津：南开大学出版社，1997 年。

40. 郎爱萍：《古城墙遗产的展示问题——以台州府城墙为例》，《中国文物报》2016 年 1 月 8 日。

41. 李春初：《中国南方河口过程与演变规律》，北京：科学出版社，2004 年。

42. 李才尧：《清代虎门炮台略——简评苏氏的小册子〈虎门〉》，《岭南文史》1988 年第 1 期。

43. 李恭忠，李霞：《倭寇记忆与中国海权观念的演进——从〈筹海图编〉到

〈洋防辑要〉的考察》，《江海学刊》2007 年第 3 期。

44. 林志杰：《1854 年广东洪兵围攻广州之役考辩》，《学术研究》2000 年第 6 期。

45. 李洁之：《虎门要塞史略》，中国人民政治协商会议广东省委员会文史资料研究委员会编：《广东文史资料》，第 7 辑，内部资料，1962 年。

46. 荔湾区政协文史委编：《荔湾风采》，广州：广东人民出版社，1996 年。

47. 梁敏玲：《明清广州的城防》，北京大学硕士学位论文，2009 年。

48. 梁尚贤：《孙中山广州蒙难与各方调停活动》，《近代史研究》1997 年第 1 期。

49. 廖淑伦主编：《广州大观》，广州：天南出版社，1948 年。

50. 林敏仪：《广州市黄埔区牛山炮台公园二期规划设计浅析》，《广东建材》2007 年第 6 期。

51. 刘洪亮：《中英火炮与鸦片战争》，北京：科学出版社，2011 年。

52. 刘明鑫：《晚清时期虎门炮台的变迁》，《中山大学研究生学刊》2010 年第 2 期。

53. 鲁延召：《明清伶仃洋地区海防地理研究》，北京：人民日报出版社，2017 年。

54. 马永山：《彭玉麟与中法战争》，《内蒙古民族大学学报》2006 年第 1 期。

55. 马鼎盛：《论两次鸦片战争时期的广州城防战》，《开放时代》1988 年第 1 期。

56. 莫稚：《虎门大角炮台大冢（白骨坟）是抗英烈士墓》，《广东文物》2002 年第 2 期。

57. 茅海建：《天朝的崩溃：鸦片战争再研究》，北京：生活·读书·新知三联书店，2017 年。

58. 区家发：《鸦片战争期间广东人民抗英斗争遗迹调查》，庄建平主编：《近代史资料文库》，第 4 卷，上海：上海书店出版社，2009 年。

59. 齐晓光：《番禺建筑》，广州：中山大学出版社，2017 年。

60. 曲庆玲：《试论第一次鸦片战争时期的虎门海防要塞》，《军事历史研究》2012 年第 1 期。

61. 全国政协文化文史和学习委员会编：《近代中国要塞》，北京：中国文史出版社，2019 年。

62. 邵先军：《近代中国海防爱国主义研究》，济南：山东大学出版社，2013 年。

63. 上海师范大学历史系中国近代史组编：《林则徐诗文选注》，上海：上海古籍出版社，1978 年。

64. 沈丽莉：《巡视长洲要塞》，《广州文史资料》，第 50 辑，广州：广东人民出版社，1996 年。

65. 沈林：《清代广州旗境粤秀山炮台历史钩沉——永宁与永康炮台辩证》，《满族研究》2013 年第 2 期。

66. 司徒彤主编：《番禺县文物志》，内部印刷，1988 年。

67. 宋其蕤、冯粤松：《广州军事史》，广州：广东经济出版社，2012 年。

68. 苏乾：《广州越秀山"永宁台"考》，《广东文物》2003 年第 1 期。

69. 唐立鹏：《从城堡到炮台：清初广东海防工程嬗变考略》，《地方文化研究》2016 年第 2 期。

70. 唐上意：《中法战争与张之洞》，广州：暨南大学出版社，2004 年。

71. 唐兆民：《珠江河口虎门"门"的地貌动力学研究》，中山大学博士学位论文，2005 年。

72. 陶道强：《清代前期广东海防研究》，暨南大学硕士学位论文，2003 年。

73. 王朝彬：《中国海疆炮台图志》，济南：山东画报出版社，2008 年。

74. 王尔敏：《晚清商约外交》，北京：中华书局，2009 年。

75. 王宏斌：《晚清海防：思想与制度研究》，北京：商务印书馆，2005 年。

76. 吴剑杰编著：《张之洞年谱长编》，上海：上海交通大学出版社，2009 年。

77. 萧国健：《关城与炮台：明清两代广东海防》，香港：香港市政局，1997 年。

78. 萧致治主编：《鸦片战争史：中国历史发展中第三次社会大变革研究》，福州：福建人民出版社，2017 年。

79. 谢放：《张树声督粤政绩述略》，《湘淮人物与晚清社会》，北京：社会科学文献出版社，2011 年。

80. 谢澜：《从地名的演变看广州的城市特色——兼论地名学上的意义》，《广东史志》2000 年第 4 期。

81. 张亚红、徐炯明编：《宁波明清海防研究》，宁波：宁波出版社，2012 年。

82. 张建雄：《五秩风华——鸦片战争博物馆五十年》，广州：广东人民出版社，2008 年。

83. 邢继贤、曾红玲：《历史从这里走过：鸦片战争文物、遗址故事》，广州：广东人民出版社，2012 年。

84. 杨国桢：《林则徐传》，北京：人民出版社，1981 年。

85. 杨宏烈、夏建国：《珠江古炮台遗产廊道旅游景观的系统保护与开发》，《中国园林》2012 年第 7 期。

86. 杨少祥：《虎门靖远炮台遗址》，中国考古学会编：《中国考古学年鉴1995》，北京：文物出版社，1997 年。

87. 杨万秀、钟卓安主编：《广州简史》，广州：广东人民出版社，1996 年。

88. 易西兵：《广州市中山四路长塘街南汉宋代城墙遗址》，中国考古学会编：《中国考古学年鉴2008》，北京：文物出版社，2009年。

89. 易西兵：《广州市第一人民医院建设工地宋明时期城墙遗址》，中国考古学会编：《中国考古学年鉴2015》，北京：文物出版社，2016年。

90. 曾新：《明清广州城及方志城图研究》，广州：广东人民出版社，2013年。

91. 曾小全：《清代前期的海防体系与广东海盗》，《社会科学》2006年第8期。

92. 曾昭璇：《广州历史地理》，广州：广东人民出版社，1995年。

93. 张建雄：《清代前期广东海防体制研究》，广州：广东人民出版社，2012年。

94. 张建雄、刘洪亮：《鸦片战争中的中英船炮比较研究》，北京：人民出版社，2011年。

95. 张强禄、黄利平：《小谷围岛清代炮台遗址发掘报告》，《广州文博（陆）》，北京：文物出版社，2013年。

96. 张驭寰：《中国城池史》，天津：百花文艺出版社，2003年。

97. 赵立人、黄伟：《黄埔港变迁》，《岭南文史》1986年第2期。

98. 赵文斌：《珠江口沿岸古炮台研究》，张复合主编：《建筑史论文集》，第11辑，北京：清华大学出版社，1999年。

99. 赵咏茹：《保护炮台遗迹构建风景园林——广州名城长洲岛炮台遗址公园规划设想》，《广州城市职业学院学报》2013年第1期。

100. 政协广东省委员会办公厅、广东省政协学习和文史资料委员会编：《广东近代要塞》，北京：中共党史出版社，2007年。

101. 中共广州市委宣传部、广州市文化局编：《海上丝绸之路——广州文化遗产》，北京：文物出版社，2008年。

102. 周锡瑞：《导言：重塑中国城市——城市空间和大众文化》，姜进、李德英主编：《近代中国城市与大众文化》，北京：新星出版社，2008年。

103. 朱迪光：《彭玉麟江防、海防之事功及其方略述论》，《船山学刊》2017年第2期。

104. 朱文瑜：《张之洞海防思想和实践研究》，中国科学院博士学位论文，2012年。

（己）外文资料与译著

1. [德] 达尔马：《考察广东要塞报告书》（1934年），中国第二历史档案馆藏。

2. [德] 马德著，张果译：《虎门要塞视察报告书》，中国第二历史档案馆藏。

3. 广东省文史研究馆译：《鸦片战争史料选译》，北京：中华书局，1983年。

4. 张富强、乐正等译编：《广州现代化历程——〈粤海关十年报告（1882—

1941）〉译编》，广州：广州出版社，1993 年。

5. [美] 马士著，张汇文等译：《中华帝国对外关系史》，上海：上海书店出版社，2000 年。

6. [美] 施坚雅主编，叶光庭等译：《中华帝国晚期的城市》，北京：中华书局，2000 年。

7. [葡] 克路士：《中国志》，[英] C. R. 博客舍编注，何高济译：《十六世纪中国南部行纪》，北京：中华书局，1990 年。

8. [瑞典] 龙思泰著，吴义雄等译，章文钦校注：《早期澳门史》，北京：东方出版社，1997 年。

9. [日] 森清太郎：《岭南纪胜》，东京：秋山印刷所，1928 年。

后　记

2016—2017 年，我院负责编制"广州古代城防总体保护规划"，并与广东省珠江文化研究会合作开展"'长洲要塞'与广州近代城防综合研究"。两个项目于 2017 年 9 月顺利结项。

本书是在项目成果基础上，结合广州以往历次文物普查和文物考古成果编著而成，属于集体研究成果。绪言、第一章、第二章、第三章由李克义执笔；第四章第一、二节由刘和富执笔，第三、四、五、六、七节分别由谢应祥、李鼎、张茹霞、李丹丹、李克义执笔。胡丽华、郑立华、廖文宇参与图纸和照片的编排与校正工作。全书由李克义统稿，易西兵、张强禄、王元林审阅全稿。

本书征引照片、图纸、拓片等所有资料，主要来源于我院保存的考古资料、文物档案，陈鸿钧、冼永城先生慷慨提供部分资料，其余均在图后注明出处。

广州城防史迹调查与研究项目由我院前院长韩维龙、朱海仁和副院长张强禄牵头组织，李克义具体负责实施。本项目得到广州市文化广电旅游局（市文物局）统筹领导和广州市文物保护专项经费资助，得到黄埔区文广旅局、荔湾区文物管理所、南沙炮台管理所、番禺区文管办、广东革命历史博物馆、黄埔军校旧址纪念馆、辛亥革命纪念馆、鸦片战争博物馆，以及炮台管理或使用单位、广东宏图建筑设计有限公司、广州市天驰测绘技术有限公司鼎力协助，谨致谢忱。

本书在资料收集、编写过程中，我院领导、同事给予热情帮助，黄利平、李岩、龚伯洪、陈鸿钧、邓仕超、胡跃生等专家学者就本书内容及编排设计给予许多建设性意见，暨南大学出版社编辑曾小利和设计团队为本书顺利出版做了耐心、细致的工作，特此一并致谢。

囿于眼光和学识，本书错漏不当之处，祈请读者批评指正。

编　者

二〇二一年十月